금성에서 온 여인

옴넥 오넥 지음 / 光率 옮김

도서출판 은하문명

진정한 사랑

　진정한 사랑은 창조주로부터 흘러나와 모든 살아 있는 형태들을 부양하는 에너지이다. 그것이 없이는 아무 것도 존재할 수가 없다. 그렇기에 우리는 모두 우주적 존재들이고, 한 가지 존재에 제한돼 있지 않다. 사랑에는 한계가 없다.

– 옴넥 오넥 –

창조의 열쇠

 우리 모두는 실수를 한다. 그럼으로써 우리는 그 실수를 통해 배울 수가 있다. 우리가 자신의 부정적인 부분들과 문제들을 배우고 받아들여야 하는 것과 마찬가지로, 우리는 우리 자신에 관해 자족하고 긍정적이고 선한 부분을 믿어야 한다. 그리고 그런 것에다 우리의 모든 주의를 집중해야 한다. 우리의 상상력이 바로 창조의 열쇠임을 결코 잊지 말기 바란다.

– 옴넥 오넥 –

1991년 미국에서의 "나는 금성에서 왔다" 초판 서문

우리는 지구상의 가장 오래된 사서(史書)들 속에서 금성으로부터 온 UFO 방문자들에 관한 보고들을 찾아볼 수 있다. 인도의 '우파니샤드'와 중국의 '도덕경' 그리고 현대의 UFO 역사에도 광범위한 보고들이 있다. 수많은 UFO 컨택티(Contact -ee:접촉자)들이 그들이 만난 방문자들로부터 금성에서 왔다는 말을 들었다. 이런 지구 방문에 관한 많은 정보들을 공표했던 사람들 중에는 조지 아담스키, 하워드 멘저, 케빈 로우어, 빌 클렌딘, 미첼 시스터, 프랭크와 타나 하슬리, 윌버트 B. 스미스 박사 등이 있으며 그밖에도 다수이다. 이들 중에 일부는 불리한 평판을 받기도 했지만, 그렇다고 그 내용 속에 있는 실제적인 진실이 변하지는 않는다.

옴넥은 이 책에서 자기가 금성에서 원래의 금성인 몸의 상태로부터 의식적으로 이곳 지구인에 가까운 동일한 육체로의 전환이 이루어졌다고 주장한다. 즉 그녀의 설명에 따르자면, 지구의 3차원 밀도 속에서 살기 위해 단계적으로 몸의 밀도를 농후한 상태로 높였다는 것이다. 그녀는 혼자 오지 않았고 일행과 더불어 우주선을 타고 왔는데, 그 우주선 역시도 이곳 지구라는 3차원 밀도의 환경에서 물리적으로 운용되기 위해 단계별로 밀도가 높여졌다. 그녀와 일행 및 밀도가 강화된 우주선은 다른 이들과 더불어 시가형의 거대한 호송선(모선)으로 지구 인근까지 왔다. 그리고 최종적인 밀도의 높임은 4차원 진동에 해당되는 지구상의 히말라야에 있는 한 사원(寺院)에서 행해졌으며, 그곳에서의 적응훈련은 이와 같은 여러 차원을 넘나드는 작업에 도움이 되었다.

옴넥은 자신의 진보된 능력의 상당 부분을 상실하기는 했지만, 이런 능력의 일부를 이 물질적 밀도의 세계로 가져오기 위해 훈련했다. 그럼에도 여전히 그녀는 타인의 생각과 오라(Aura)를 읽을 수가 있고, 그들의 전생(前生) 경험들을 감지하며, 미래에 일어날 사건들을 알아차린다. 또 옴넥은 유체이탈 여행을 할 수 있으며, 어떤 조건하에서 열리는 자물쇠같이 염력에 의한 어느 정도의 물질 조종이 가능하다. 그녀는 이곳 지구로 오기 전의 금성에서의 자기 과거의 삶에 관한 완전한 기억은 물론이고 수많은 전생들을 의식적으로 떠올릴 수 있는 뛰어난 회상능력을 가지고 있기도 하다. 아울러 그녀는 나비와 새 같은 작은 동물들이 자신의 손에 내려앉도록 유도할 수가 있고, 그들을 쓰다듬어주곤 한다. 그리고 야생동물들은 그녀로부터 달아나지 않는다. 그녀는 또한 거의 편지를 쓰는 것만큼이나 쉽게 시(詩)를 떠올리거나 지을 수가 있다. 그녀가 나에게 편지를 쓰고 있을 때 즉흥적으로 지은 시가 있는데, 그것은 다음과 같다.

우리가 머물러 있기를 동경하는 장소가 있다.
그곳은 우리의 영원한 고향,
우리는 한밤 중 몸이 잠들어 있을 때 그곳으로 여행을 하지.
그리고 오직 날이 밝을 때라야 다시 돌아온다네.
나와 그대가 영혼이기는 역시 마찬가지 …
이 육체라는 용기(容器) 안에 우리는 거주한다네.
그것은 우리가 배워야 할 삶의 교훈들을 경험하기 위해서이지.
지금부터 영원에 이르기까지 우리는 영적 자유를 성취하리라.

-쉴라, 1983 -

옴넥은 1955년에 지구에 온 이래, 1975년 경 자신의 경험에 관한 원고를 끝냈을 때 잠시 노출된 것을 제외하고는 대부분의 시간을 쉴라로서 낮은 자세로 살았다. 당시 그녀가 느끼던 시기가 바로 그 직후는 아니었지만, 그녀는 금성인 스승들로부터 그녀가 자신의 진짜 정체를 밝힐 때가 왔다고 들었으며, 따라서 이 원고가 지금 공개되는 것이다.

그녀는 머지않아 우리가 UFO의 활동이 갑자기 증가하는 것을 경험할 수도 있고, 인간의 몸으로 있는 많은 외계인들이 막 자신의 참다운 정체를 깨닫거나 상기하려하고 있다고 믿는다. 그리고 이런 많은 존재들이 자기들의 신분을 본격적으로 드러내게 되리라는 것이다.

그러므로 여러분이 이 책을 읽을 때 이 내용을 꾸며낸 일종의 과학적인 픽션(Fiction)으로 여기거나 저자(著者)를 사람들의 주의나 끌어보려는 영적인 광(狂) 정도로 폄하하지는 말기 바란다. 여러분은 선의(善意)의 사명을 수행하기 위해 3차원 밀도의 세계로 들어와 적응한 외계 존재들 중의 한 사람이 의식적으로 과거를 회상하는 내용을 읽게 될 것이다. 그리고 금성인 영혼들이 우리 인류 속에 섞여서 다시 초등학교(지구)를 떠맡고 있다는 사실과 그것은 그 영적인 이주자들이 인류의 후원자로서 우리를 돕기 위한 것임을 알게 될 것이다.

여기 금성에서 온 옴넥 오넥의 이야기가 있다.

- 발행자 웬델 스티븐슨 -

머리말

"나는 금성에서 왔다"라는 제목의 내 자서전 첫 부분에서 나는 금성의 아스트랄 수준의 문명에서 살았던 나의 삶을 묘사했다. 이제 이것은 지구에서의 나의 삶, 즉 평화롭고 아름다웠던 금성에서의 삶과는 대단히 대조적인 인간 세상의 삶에 관한 개인적인 설명이고 서술이다. 나는 나의 삼촌 오딘과 이모 아레나로부터 어떤 지구 사람들은 금성인들을 천사로 믿는다고 들었다.

내가 지구에 온지 3년 후인 지구 나이로 단지 10살이었을 때, 나는 학교의 성탄절 연극에서 천사 역할을 하도록 뽑혔었다. 내할머니는 기독교인이었고, 천사들과 천상에 관한 인간적 개념들을 많이 알고 계신 것처럼 보였다. 그녀는 천사들이 날개와 둥근 후광(後光)을 갖고 있다는 사실을 포함해 자신이 천사에 관해 읽은 모든 것을 나에게 이야기하셨다. 할머니는 내가 거기에 관심을 나타내자 즐거우신 것 같았다. 나는 그녀가 천사들이 양치기들에게 나타났던 성경 내용을 읽는 동안 바닥에 앉아 있었다.

내가 그녀에게 "할머니, 천사들도 우나요?"라고 물었을 때, 그녀는 놀라서 나를 쳐다보며 말했다. "아니, 난 그렇게 믿지 않는다." "그들의 일은 사람들을 고통과 시련으로부터 보호해주는 것으로 생각되는구나. 그래서 그들은 사람들의 눈물을 닦아주는 그런 것과 비슷한 거란다."

"할머니!" 나는 말했다. "할머니는 제가 천사가 되는 것이 괜찮다고 생각하세요? 왜냐하면 제가 잘 울기 때문이에요." 그녀는 나를 꼭 껴안고 웃으면서 답변했다. "네가 울든, 안 울든 너는 언제나 내 천사일 거다. 왜냐하면 난 네가 오직 정말 울어야 할 때와 다른 사람을 위해서만 운다는 것을 알기 때문이란다."

나는 이곳 지구에서 눈물어린 삶의 여정을 계속해 나아갔고, 두려움과 분노, 공격성과 같은 내게는 미지의 감정들에 관해 배우고 있다. 그리고 최악의 시기에 늘 나는 내 자신에게 혼자소리로 속삭였다. "천사는 울지 않아. 천사는 울지 않아."

나의 삶에 관한 이 이야기를 읽는 가운데 어떻게 날마다 중요한 경험이나 위기가 잇따라 일어나는지가 비현실적으로 보일지도 모른다. 내게는 종종 숨 한 번 내쉴 정도만큼만 휴식이 주어진다고 생각되었고, 그럼에도 또 다른 위기가 펼쳐져 내 마음을 자주 휘청거리게 하고 감정들은 혼란스럽게 하였다.

이것이 바로 금성의 리츠에서 대사들이 나에게 설명할 때 의미했던 것이었다. 즉 그것은 예정된 물질계로의 나의 마지막 육화를 통해 내가 쉴라의 고난을 떠맡기로 선택했기 때문에 카르마(業)의 무거운 짐이 예상된다는 뜻이었던 것이다. 나는 영혼으로서 내 자신이 경험하기 쉽지 않은 어떤 조건들을 창조했고, 그것들이 지구에서의 나의 미래 사명을 예비할 것이었다. 그런 여건들이 온갖 나쁜 경험들로부터 좋은 일이 다가올 것이고 미래의 언젠가 내가 그것을 이해하리라는 것을 나에게 확실히 해주었다.

많은 세월이 흐른 후, 나는 그들이 설명했던 것이 사실임을 알았다. 지구상의 많은 사람들이 내가 경험한 것 같은 고난을 겪는다. 그리고 나의 고난으로 인해 그들은 나를 외계인이라기보다는 오히려 한 인간으로 보고 내게 이야기할 수 있게 될 것이다. 어쩌면 그것이 심지어 그들이 자신의 어려움들을 받아들여 더 낫게 대처하는 것을 배우도록 영감을 불어넣을지도 모른다. 우리 모두는 우리를 보호하고 인도하는 특별한 천사들을 갖고 있고 이곳 지상에서 어느 정도 육체적으로도 그러한데, 친구들로 위장한 그 존재들은 우리를 위로해 주고, 우리의 눈물을 닦아주며, 우리의 상처를 치료해준다.

이곳의 모든 나의 천사들에게 말하노니, - 고맙습니다!

아몰 아박투 바라카 바샤드
(우주적인 사랑과 은총이 있기를 기원합니다!)

- 옴넥 오넥 -

▷ 목 차 ◁

머리말

1부 천사는 울지 않는다

1장 독재자와 함께 했던 삶 - 15
2장 터널 끝의 빛 - 60
3장 시카고 - 77
4장 사랑과 이해에 대한 갈망 - 102
5장 회복된 신뢰 - 128
6장 금성에서 온 소녀 - 149
7장 영적인 가르침과 다시 만나다 - 175
8장 아이들 - 우리의 미래 - 197
9장 대중을 향한 나의 길 - 224
10장 나의 사명 수행 - 240

2부 나의 메시지

1.육체와 물질계 이해하기 - 254
2.감정 다루는 법 배우기 - 259
3.원인계가 미치는 영향 - 267
4.정신적 과정 - 272
5.에테르체의 기능 - 281
6.영혼 - 참된 나 - 284
7.최고신의 법칙들 - 292

8.카르마에 관해 - 295

9.영성과 종교들 - 299

10.명상과 묵상 - 302

11.영혼여행 기법 - 306

12.만트라와 그 이로운 점들 - 311

13.치료와 자기치유의 절차들 - 318

14.에너지 그것을 날마다 느끼고 이용하는 방법들 - 323

15.사랑과 관계들 - 331

16.죽음에 대한 금성인들의 이해 - 336

17.삶의 계획에 대해 알기 - 342

18.영적인 여정 - 349

19.우리 태양계에 관해 알려지지 않은 이야기와 지구의 영적인
   변형 - 355

20.새로운 최고신 또는 서그매드 확장 광선 - 369

21.감사의 말 -376

□ 용어해설 - 377

3부 역자해제 및 부록

■역자해제 : 한 금성인에 의해 조지 아담스키에게 전달된
             문서와 관련해서 - 387

■부록-1 : 옴넥 오넥과의 인터뷰 - 402

■부록-2 : 우주형제들의 실체와 활동 및 마이트레야와의 관련성
             - 415

1부 천사는 울지 않는다

1장

독재자와 함께 했던 삶

내가 플로리다행 버스에 올라탔을 때인 1962년 6월의 날은 온화했다. 나는 과거 버스에서의 사고를 통해 지구상의 삶으로 들어왔고, 이제 나를 엄마에게 데려다 주게 될 것도 다시 그런 회색 버스들 가운데 하나였다. 나는 마음이 들떠 있었고, 그녀를 다시 보기를 고대하고 있었다. 그것은 '과연 어떤 일들을 우리가 함께 경험하게 될 것인가'라는 일종의 부픈 기대감이었다.

버스가 채터누가의 시(市) 경계선을 벗어났을 때, 나는 과거를 돌아보며 곰곰이 생각해 보았다. 채터누가에서 할머니와 함께 살았던 나의 삶은 재미있기도 했지만, 때로는 혼란스러웠다. 거기서 나는 지구상의 삶에 관해 많은 것들을 배웠다. 이제 나는 다른 곳에서 하게 될 새로운 경험을 기대하고 있었다. 그곳을 떠나는 것이 기뻤던 것은 아름답고 무성한 녹색의 산과 경치가 아니라 그 지역 사람들의 의식수준에서 벗어난다는 것 때문이었다. 사람들은 기독교 신앙에 의해 제한된 시야가 형성돼 있었는데, 그런 편견들은 아주 종종 나를 혼란스럽게 했다. 내가 기억하는 그런 한 가지 특정 사건은 이러했다.

우리가 빙판과 눈을 경험했을 때인 그때는 채터누가에서는 드물게 추운 겨울 중에 한 해였다. 우리는 한 주에 3번 정도 교회에 나가고는 했었다. 월요일 밤이었고, 우리는 기도회에 가는 길이었다. 한 무리의 사람들과 함께 우리는 걷고 있었으며, 나는 그 일행 중에서 몇 안 되는 어린 아이들 중의 한 명이었다.

교회로부터 외진 거리 건너편에 살고 있던 한 흑인 가족 사람들이 있었다. 그런데 가까워짐에 따라 우리는 그 집에서 연기와 화염이 치솟는 것을 볼 수 있었고, 먼 곳에서 소방차 사이렌 소리가 다가오고 있었다. 불타고 있던 것이 그 흑인 가족의 집이라는 것을 알았을 때 나는 달리기 시작했다.

내가 거기에 도착했을 때, 나는 한 여인이 손에 아기를 안고 집에서 뛰쳐나와 도와달라고 외치고 있음을 볼 수 있었다. 그녀는 단지 기저귀만이 채워진 작은 아기를 눈이 덮인 땅바닥에다 눕혀 놓았다! 그녀는 추가로 자신의 아이들이나 소지품들을 갖고 나오려고 다시 집 안으로 달려 들어갔다.

나는 모든 사람들이 아무도 그녀를 돕지 않고 그곳에 그냥 서있는 모습을 보았다. 그저 쩔쩔매고 있는 그녀의 공황(恐慌)과 아기가 울고 있는 것을 바라볼 뿐이었다. 나는 그 집 마당으로 달려가 무릎을 꿇고 약 3개월 정도 된 그 아기를 안았다. 그리고 나는 윗도리를 벗어 그 아기를 감싼 후, 온기를 유지하기 위해 아기를 몸에 안은 채로 일어섰다. 어느새 내 곁에는 할머니가 와 계셨다. 그런데 그때 우리는 사람들이 아우성치는 소리를 들었다.

"네가 무슨 일을 하고 있다고 생각하니? 그 애는 검둥이 아이야! 너는 뭐니? 검둥이 찬미자냐?"

나는 울기 시작했다. "할머니, 왜 저 사람들이 나한테 화를 내는 거죠? 우리는 이 작은 아기가 동상에 걸리고 겁먹게 놔둘 수 없어요. 저들은 기독교인들이잖아요!"

그때 흑인 여성이 다가와서 아기를 내 손에서 받아들었다. 그리고 나는 그날 교회에 가지 않았다.

수많은 경우가 이와 같았음을 나는 기억한다. 할머니께서 내게 사람들을 사랑하고 돌보라고 가르치셨던 것은 이런 것이 아니었다. 그녀는 결코 인종차별적인 경우가 없었다. 할머니는 많은 사랑과 자비심을 갖고 있었고, 모든 이들에게 부드럽고 친절하셨다.

그녀는 잘 알려진 명문 집안에서 태어났다. 심지어는 그 집안 이름으로 명명된 거리조차 있었다. 하지만 그녀는 탄광에서 일했던 아일랜드 출신의 영국인 후손인 한 남자와 결혼했다. 그 남자가 진폐증으로 사망하자, 그녀는 자신의 11명의 아이들을 데리고 전쟁 후 모든 돈을 잃은 가족과 함께 그곳을 떠났다. 그리고 그녀는 가족의 생계를 위해 일하러 가야만 했다. 그녀는 대공황기 동안에 한 흑인의사 집안의 가사(家事) 일을 맡아 일했었는데, 이것은 당시로서는 매우 이례적인 것이었고, 그녀는 항상 그들에게 고마워했다.

나는 그녀를 빠뜨리고 있었으며, 그녀는 나를 이곳에서 돌봐주고 사랑해주었던 사람이었다. 그녀는 나의 보호자였다. 나는 그녀를 떠나는 것이 정말 안 좋다고 느꼈다. 하지만 여전히 나는 지구에 관해 보다 많은 것을 알기를 기대하고 있었다. 나는 다른 지역에 있는 사람들은 삶과 그들 자신에 대해 다르게 느껴야 했을 것이라고 확신했다. 내가 버스 창문 밖을 내다보았을 때, 야자수 나무들을 볼 수 있었다. 플로리다(Florida), 그곳은 기복이 없고 햇빛이 밝게 비치는 곳이었다.

버스가 포트 메이어즈(Fort Myers)에 도착하자 나는 돈나를 찾았지만, 그녀를 볼 수 없었다. 그때 갑자기 모자를 쓴 키 큰 남자가 나타나더니 "쉴라!"라고 불렀다. 나는 C.L.의 웃는 얼굴을 바라보고 서 있었다. 그는 약 6피트의 키에 담갈색 눈, 검은 머리, 그리고 코 밑 수염을 하고 있었다. 내 가슴은 가라앉았고, 나는 정말 그녀가 오기를 바랐었다. 그는 내 여행 가방을 받아들었고 나는 차를 향해 그를 따라갔다. 그는 나를 겁나게 했다.

"엄마는 어디 있죠?"

나는 겁먹은 목소리로 그에게 물었다.

"아, 그녀는 섬에 있어. 우린 연락선을 타야해."

그가 응답했다.

"연락선이라고요!"

내가 소리쳤다. 잠시 동안 나는 내 두려움을 잊었다. 그것은 여하튼 나의 첫 보트 여행이 될 것이었다. 새니벨(Sanibel) 섬으로 가는 연락선 여행은 내가 상상한대로 멋지고 흥분되었다. 수평선 위에는 길고 가느다란 땅이 보였고, 내가 목을 길게 빼고 그쪽 너머를 보아야만 간신히 볼 수 있었다. 우리가 부두에 닿아 울창한 밀림을 통과해 자동차 여행을 시작했을 때 얼마나 멋진 경치가 펼쳐지던지! 섬의 대부분은 열대성 야자나무와 앉은부채(Skunk cabbage)[1], 그리고 수많은 야생의 식물들로 이루어져 있었다. 플라밍고(紅鶴)와 야생 토끼들은 도처에 서식하는 것으로 보였다. 그곳은 낙원이었다.

주요 도로에서 벗어나자, 곧 목제 토대기둥 위에 세워진 방갈로 무리가 나타났다. 주변은 온통 오렌지색 관목 숲이었다. 바다가 매우 인접해 있는 것 같았다.

---

1) 천남성과(科)의 다년초

"여기가 샌드캐슬 휴양지란다."

C.L.이 알려주었다. 그가 리조트 바로 앞에 있는 작은 개간지에다 차를 주차시켰다. 잠시 후 문이 활짝 열렸고, 아름다운 여인이 나를 향해 달려왔다. 돈나였다! 그녀의 길고 곱슬인 금발 머리칼이 출렁거렸다. 그것은 그녀의 허리까지 내려와 있었다. 그녀의 피부는 짙고 윤택한 갈색이었다. 그리고 그녀는 매우 활기차보였고 발랄해 보였다. 돈나는 두 팔을 내 밀어 숨이 막힐 정도로 나를 힘껏 껴안았다. 그녀를 다시 보게 된 것은 너무나 멋진 일이었다.

그녀는 내게 매일 4시까지 일을 한다고 즐겁게 말했다. 그 다음에는 리조트 풀장에 가서 수영을 하든, 조개껍질을 모으며 해변을 걷든, 그 무엇을 하든 그녀의 자유였다. 새니벨 섬은 그곳 해변에 밀려온 아주 다양한 바다 조개로 유명한 곳이었다.

해변은 환상적이었다! 작은 도요새의 무리들이 이리저리 날아다녔고 파도가 밀려올 때는 홰를 치며 날아올랐다. 이 모든 것들, 즉 바다의 소음들, 수많은 자줏빛 조개들, 소금기가 있는 상쾌한 산들바람, 나비처럼 보이는 코키나(Coquina:貝殼巖) 조가비들은 나의 생각을 잠시 동안이나마 (금성의) 티타니아 해변으로 돌아가게 해주었다. 그 때 나는 발가락을 모래에 묻고 그저 해변을 응시하고 있었다. 그것은 우리가 네바다 사막에 착륙했던 그날 밤에 남겨두고 온 삶을 내게 생각나게 하였다.

나는 물속으로 걸어 들어가 파도가 밀려올 때 내 발에 부딪쳐 흩어지는 물을 바라보며 오후의 태양을 즐기고 있었다. 아름답고 다채로운 꽃이 물 위에 떠다니고 있었고 나는 그것을 집어 올리기 위해 걸음을 옮겼다. 그때 엄마의 비명소리가 내 귀에 울려 퍼졌다. 나는 몸이 오싹해지며 얼어붙었다. 그녀가 달려와 내 손을 움켜쥐었고 그녀의 눈은 두려움에 사로잡혀 있었다. 떠다니던 그 아름다운 것은 꽃이 아니었다 - 그것은 치명적인 해파리였다!

엄마는 왼쪽을 가리켰다. 얼마나 놀라운 광경이던가! 먼 모래톱에 플라밍고 수백 마리가 떼를 지어 모여 있었다. 전체 무리가 날아오를 때 그것들은 일종의 핑크빛 구름처럼 형언할 수 없을 만큼 아름다웠다. 그곳은 플라밍고들이 짝짓기 하는 장소였다. 이처럼 그들을 보는 것은 매우 드문 일이라고 엄마는 말했다. 그들은 항상 짝짓기를 할 외딴 장소를 선택하는 모양이었다.

해가 지기 시작했고 엄마는 돌아가자고 했다.

"모기들이 나타나기 때문에 서둘러야 해. 이 주변에서 그것들은 정말 해롭단다."

우리의 방갈로는 숲 속으로 한 참 거슬러 올라간 곳에 있는 것 같았다. 우리가 자동차로 도착하자마자 나는 될 수 있는 대로 신속히 집 안으로 뛰어 들어가라는 주의를 받았다. 그렇지 않으면 모기들이 살아 있는 나를 잡아먹기 위해 달려들 것이기 때문이라는 거였다. 나는 엄마가 어느 정도 과장해서 말한다고 생각하고 있었다. 하지만 아니나 다를까, 차 안에서 내 팔이 더럽다고 알아차린 후의 순간이었다. 그것은 두려운 광경이었는데, 하늘에 모기들의 무리가 가득 차 있었기 때문이었다. 그들은 내 얼굴과 노출된 내 몸의 모든 부분들을 가렸다. 내가 그 모기들을 손으로 일소하기 위해 할 수 있는 것은 아무 것도 없었다.

저녁 식사로 우리는 맥주에다 삶은 작은 새우요리를 먹었다. 먹기 전에 내가 그 요리를 좋아할지는 확신할 수 없었는데, 그것을 먹어본 적이 없기 때문이었다. 그리고 나는 새우를 맥주에다 데친다는 것을 전혀 들어보지 못했다. 그러나 나는 그 음식을 좋아했다. 맥주에다 데친 새우요리는 그때 이래 내가 좋아하는 음식들 중의 하나이다. 잠자리에 들어서 밤의 모든 소리를 듣는 것, 열대 우림 속의 모든 생물들이 만들어내는 소음을 듣는 것은 새롭고도 낯선 경험이었다.

다음 날, 엄마는 덮은 커다란 상자를 날랐고, 내게 무엇인가를 보라고 불렀다. "이게 뭐야?" "이것은 내 예술작품이란다. 보아라. 나는 조가비들을 수집해 왔고, 어떤 것은 그림을 그려왔지. 다른 나라에서 만(灣)으로 밀려온 조가비들은 매우 희귀한 것들인데, 내가 그것들을 모아두었단다."

그녀는 나에게 완성된 그림들을 보여주었다. 엄마는 목제 틀 뒤에다 베니아 판 조각을 접착제로 붙이고는 그 틀과 검은 배경에 착색을 하곤 했었다. 그녀는 해변 장면을 형상화하기 위해 바탕에다 모래를 아교로 붙여 배열했다. 그런 다음 다른 장소에서 건조시켜 붙인 해초가 식물을 이루었다. 이어서 색깔 있는 조가비들을 그곳에다 부착시켰는데, 코키나 조가비들이 나비처럼 배열돼 있었다. 그것은 수수하게 아름다웠고 많은 관광객들이 그것을 구입했다.

그녀는 내게 조가비에 관한 책을 보여주었다. 그리고 나는 다양한 조가비 이름에 관해 알게 되었다. 나는 그녀와 함께 있는 것을 좋아했다. 우리는 C.L이 소란스럽게 돌아와 고함을 칠 때까지 그림 작업을 즐겼다. 그리고 그때 그는 확실히 술에 취해 있었다. 우리는 서둘러 모든 것을 치웠다.

어느 날 밤, 보름달이 떴을 때 우리는 조개들을 찾으러 밖으로 나갔다. 그날은 조수(潮水)의 간만(干滿)으로 바닷물이 섬에서 밀려나가 보통 때는 물 아래에 있던 바다바닥이 몇 마일 정도 드러나는 시기였다. 그것은 놀라웠다. 그것은 아슬아슬한 경험이었고 기묘하게도 우리가 달빛 속으로 걸어 들어갈 때 너무도 조용했었다. 들리는 것은 엄마와 내가 웃고 나누는 이야기들뿐이었다. 그녀와 나는 드러난 모래 바닥으로 걸어갔고, 그곳은 조개들과 함께 살아 있었다. 발밑에서 그들이 꿈틀거리는 소리를 들을 수 있었다. 우리는 그것들을 양동이에다 그러모을 수 있는 만큼 담아서 갖고 돌아왔다.

C.L.은 물론 사무실에서 술을 들이키며 기다리고 있었다. 그에게는 우리가 했던 조개를 수집하는 것 같은 열정이 없었다. 그는 조바심을 내며 참지를 못했으며, 몹시 취해 있었다.

"뭘 꾸물거리고 있는 거야!"

그가 고함을 질렀다.

"여기서 나가자고."

엄마는 내일 그 조개들을 씻을 거라고 말했다. C.L.은 난폭한 성질을 갖고 있었고, 어떤 때는 엄마를 구타하는 적도 있었다. 다음 날 아침 엄마와 나는 호스로 물을 뿌려 그 조개에 붙은 모래들을 씻어내어 다른 양동이에다 옮겨 담았다. 엄마는 내게 그 조개들의 광택을 보존하기 위해서는 모두 삶아야 하고 죽은 바다 생물들을 제거해야 한다고 설명했다. 그것들은 달팽이나 게처럼 보였다. 우리는 일부 아름답고 희귀한 것들도 갖고 있었다. 또한 우리는 성게들도 있었다. 이것들은 관광객들에게 매우 인기가 있었다.

처음 잡혔을 때 성게들은 관광객들이 그것들을 볼 때처럼 하얗고 윤이 나지 않았다. 그들은 사실 갈색이며, 표백제에 흠뻑 젖어 살아 있을 때까지는 재미있게 보인다. 스며드는 표백제 속에서 살아 있다는 것은 끔찍한 일이라고 나는 생각했다. 어떻게 사람들은 그런 잔인한 일을 할 수 있단 말인가!

나는 섬에서 다른 젊은이들과 춤추고 파티하는 많은 사회적 행사에 초대를 받았는데, 그들의 부모들은 다른 장소들을 관리하는 이들이었다. 하지만 나는 가도 좋다고 결코 허락받은 적이 없었다. C.L.은 매우 소유욕이 강한 남자였다. 나는 그가 두려웠고, 그와 홀로 있는 것을 피했다. 그는 여러 차례 나에게 억지로 술을 마시게 하려고 시도했었다.

나는 새니벨 섬을 정말 사랑했고 그곳이 평화롭고 교육적인 곳임을 알게 되었다. 거기에는 볼거리와 배울 것이 너무 많았다. 한 번은 내가 바다로 나가 수영하고 있었는데, 그 때 나는 두 마리의 바다표범이 나를 향해 다가오는 것을 보았다. 나는 소리치며 미친 듯이 해변을 향해 헤엄치기 시작했다. 엄마가 거기에 있었고 그녀는 웃고 있었다. 나는 외쳤다.

"도와줘요. 상어에요!"

"아니야. 진정해. 그것들은 돌고래들이야. 나도 그들을 처음 보았을 때는 깜짝 놀랐단다."

나는 뒤를 돌아다보았고 그들이 파도를 넘나들며 뛰어 오르는 것을 보았다. 나는 수영을 좋아했다. 시간이 없는 가운데 결국 나는 일이 끝난 후 다른 곳의 풀장에서 수영을 배웠다. 물속에서 발레를 하는 것은 더 어려웠지만, 역시 훨씬 더 재미있었다. 바다에서 수영하는 것을 별로였다. 소금기가 있는 물 냄새는 좋았지만, 그것은 눈을 화끈거리게 했고 지독한 맛이었다. 대부분의 시간 동안 나는 해변에 앉아 바다를 바라보았고 나의 새로운 삶에 관해 생각하고 있었다. 새니벨 섬에서의 삶으로 인해 나는 지구상의 나의 삶을 더욱 더 감사하게 생각했다.

세월이 지나감에 따라 엄마와 나는 더 가까운 친구가 되었다. 이전에 그녀가 테네시를 방문했을 때, 나는 그녀를 한 번에 2~3일 정도만 볼 수 있었다. 하지만 이제는 그녀와 날마다 함께하고 있었다. 나는 남아 있는 내 삶 동안 안락하게 새니벨 섬에 머무를 수 있었다. 나는 채터누가의 집에 남아 있는 할머니와 다른 사람들에게 얼마나 그곳이 멋진가를 편지에다 썼다.

비록 C.L.이 나를 파티에 가지 못하게 했지만, 나는 많은 친구들이 있었다. 나는 자기들의 부모와 함께 그 리조트에 왔던 아이들과 만났고 같이 놀았다.

하지만 몇 주가 지났을 때 C.L은 점점 더 불친절해졌다. 엄마와 그는 다시 낡은 방식으로 향하고 있었고, 술을 마시고 싸웠다. 그들은 내가 할머니가 있는 집으로 돌아가지 못할 것이라고 말했다. 그 때 엄마와 C.L.은 가을에 내가 학교에 다시 가는 문제에 대해 큰 말다툼을 벌였다. 그는 꼬마도 아닌 내가 학교에 다니는 비용을 대지 않겠다는 것이었다.

나는 할머니에게 이 모든 것에 관해서 편지를 썼다. 그녀의 응답은 내가 기대했던 것이 아니었다. "쉴라야, 나는 너에게 돌아오라고 강요하지 않으련다. 왜냐하면 비록 네가 18살이 될 때까지는 너에 대한 보호의무가 내게 있긴 하지만, 네가 얼마나 너희 엄마를 사랑하는지를 난 알고 있기 때문이란다." 그리고 그것은 사실이었다.

우리는 8월 중순까지 새니벨 섬에 머물렀다. 그런데 우리가 떠난다는 것을 알게 된 것은 내 15번째 생일이 가까웠을 때였다. 그것은 가을에 공공보류지에 수많은 돈이 들어올 거라는 사실에 기초한 C.L.의 갑작스러운 결정이었다. C.L.은 투기성의 모든 돈에 충동적으로 이끌렸고, 돈을 은행에 예금을 하기보다는 대개 그랬듯이 그것을 숨겨 놓았다. 그리고 가치 있는 모든 것을 훔쳤다. 나는 놀랍게도 C.L.이 자동판매기에서 동전들과 탄산음료를 빼내 차에다 잔뜩 싣는 것을 본 적이 있었다. 또한 거기에는 타자기와 쌍방향 선박용 무전기, 그리고 공공보류지에서 나온 현금과 지불금, 잡다한 과자들도 있었다. 이제 나는 어떻게 C.L.이 그의 더러운 작업을 행하는지를 내 스스로 보았다. 나는 충격을 받았으며, 아무런 예고도 없이 C.L.은 그저 짐을 꾸려 떠나자는 것이었다.

나는 해변으로 달려 내려갔다. 아름다운 석양(夕陽)이 지고 있었다. 이것이 내가 생각해낸 이 아름다운 장소를 기억하고 싶은 방법이었다. 포트 메이어즈에서 새니벨 섬까지 다리가 건설된다는 이야기가 있었기 때문에, 그때 나는 대형호텔, 포장된 도로와 수많은 변화들이 이곳을 천연의 섬에 가까운 조용한 곳이 아니라 번잡한 곳으로 만들 것이라는 사실을 알았다.

나는 엄마가 나를 부르는 소리를 들었고, 고개를 돌려 이 낙원과 아름다운 살아 있는 모든 것들과의 마지막 일별(一瞥)을 끝냈다. 나는 자라서 지난 과거 속의 이 3개월을 사랑하게 되었다. 나는 슬픔에 젖어 차가 주차돼 있던 곳으로 다시 걸어갔다. 모든 짐이 다 꾸려져 있었다. 나는 엄마와 C.L.과 함께 앞쪽에 타야만 했다. 다행히도 조가비로 가득찬 트렁크도 짐 속에 들어 있었다.

우리가 옷을 챙기기 위해 방갈로를 향해 주행함에 따라 날이 점점 어두워졌다. 그리고 첫 번째 연락선이 들어오기를 새벽 동안 기다려야 했다. C.L.은 가능한 한 빨리 주(州) 경계선을 넘기를 원했는데, 그는 자신이 털 수 있는 모든 것을 훔쳤기 때문이었다. C.L.은 우리가 멕시코로 갈 것이라고 말했다. 그것은 8월 15일이었고, 도로를 몇 마일 정도 달려 내려왔을 때였다. 나는 내 생일인 5일 내에 내가 어디에 있게 될까를 생각했다. 나는 우리가 출발하는 것을 알고 싶었고 그때 나는 할머니에게 편지를 쓰거나 전화를 할 수 있었다. 그녀와 함께 했던 나의 삶이 지루했을지라도 그것은 안전하고 걱정이 없는 삶이었다. 반드시 나는 그녀와 연락을 유지해야만 했다.

나는 여기서 내 인생의 새로운 에피소드를 언급하기 시작하려 한다. 첫째 엄마는 술을 혼합하는 방법을 보여주었다. 그녀는 늘 성급한 C.L과 나 사이에 앉아 있었다. 보드카(Vodka)는 약간의 라임(lime)2)과 그레이프프루트(grapefruit)3)와 함께 차의 내가 앉은 쪽 바닥에 놓여 있었다. 나는 소다수는 좋아했지만 보드카는 좋아하지 않았다.

---

2) 열대산의 레몬 비슷한 과일, 청량음료용으로 이용된다.
3) 미국 남부에서 나는 감귤류 열매.

지금 나는 우리가 멕시코행 고속도로를 달려가던 시기에 술을 혼합하는 이야기를 하고 있는 것이다. 이게 무슨 꼴이란 말인가! 하지만 그것은 분명히 지루하지는 않았다.

나는 눈을 감고 우리가 막 떠나온 장소에 대해 반추해 보았다. 그곳은 내가 금성을 떠난 이래 낙원에 가까운 유일한 곳이었다. 그러나 새니벨조차도 금성과 비교할 수는 없었다. 금성에서의 삶은 오직 아름다운 꿈처럼 생각되었다.

나는 늘 새니벨 섬을 그 부드럽고 흰 모래, 온화하고 상쾌한 바람 속에서 흔들거리는 야자수 나무들과 함께 기억하고 싶다. 바다의 소리는 평화롭지만, 강렬하다. 밀림의 울창한 잎들이 그곳의 배경을 이루고 있었다. 도요새는 분주히 날아다니고, 더불어 파도는 들어왔다 나가기를 끊임없이 반복했다. 때때로 돌고래들이 내는 소리가 갈매기 소리와 뒤섞였다. 뜨거운 태양은 몸을 달구고 그것을 황금빛 갈색으로 바꾸어 놓았다. 정말로 달(月)은 내가 아스트랄 또는 영혼체로 춤추기를 꿈꾸었던 은빛 도로를 바다를 가로질러 만들었다. 그리고 일출(日出)은 바다를 분홍색과 황금색으로 변형시키고 있었다.

폭풍우가 멋지긴 했어도 바다는 검푸른 회색으로 변해갔고, 실제로 비구름이 몰려올 때 멀리서 그것을 볼 수 있었다. 청회색 소용돌이의 검은 천둥구름에서 비가 지상을 향해 쏟아져 내렸다. 천둥소리가 더 요란해졌을 때 벼락이 떨어졌고, 하늘이 번쩍거리며 밝아져 사람들을 놀라게 했다. 빗방울이 떨어져 그것이 원래 나왔던 바다로 다시 돌아갔다. 각각의 빗방울이 만드는 원주(圓周)들이 다른 것과 충돌하는 가운데 그것들은 거의 은색 방울이나 영롱한 천상의 보석처럼 보였다. 심해진 바람은 바닷물을 사납게 보이도록 만들었고 그것은 일종의 조짐이었다.

나는 검은 구름들이 물러가고 태양이 다시 섬의 하늘에 우뚝 솟아 하늘이 엷은 청록색으로 바뀌는 것을 좋아했다. 물방울들이 나뭇잎에 떨어져 반짝일 때, 그것은 식물들을 장식하는 수많은 보석들과 같았다. 정말 빠르게 모래는 수분을 흡수하여 다시 한 번 모든 것은 청정한 상태를 드러냈다. 비는 먼지와 안개를 깨끗이 씻어내어 나의 낙원을 새롭고 아름다운 멋진 곳으로 탈바꿈시키고 있었다.

차가 멈춤에 따라 나는 갑자기 현실로 돌아왔다! 우리는 멕시코에 도착해 있었다. 하지만 우리는 불과 며칠 후에 다시 플로리다로 돌아갔다. 우리는 C.L.의 어머니 뒷마당 바로 건너편에다 방갈로를 임차했다. C.L.의 가족들은 아무도 그에게 진정으로 신경 쓰는 사람이 없었다. 그리고 C.L.의 딸인 레슬리는 그를 감당할 수 없었다. 그녀는 엄마에게 자기는 C.L.을 신뢰하지 않는다고 말했다. 그녀 주변에는 4명의 작은 여자애들이 있었고, 대부분의 가족들은 레슬리의 엄마가 C.L.의 폭력 때문에 아이 하나를 잃었다는 것을 알고 있었다.

나는 C.L.쪽의 그런 의미에 관해서 좀 더 깨닫기 시작했다. 왜 그가 그런 무서운 기질을 갖게 되었는가는 내가 모르지만, 나는 그의 어머니가 C.L.이 악령(惡靈)에 사로잡혀 있다고 믿었다는 사실을 기억했다.

C.L.은 일종의 독재자였고 매우 지배적인 거만한 사람이었다. 나는 그를 두려워했으며, 그의 존재가 항상 신경 쓰였다. 모든 것은 그의 방식대로 해야만 했고, 폭력은 그가 선호하는 오락이었다. 만약 그가 우리에게 먹으라고 했던 것을 엄마와 내가 안 먹었을 경우, 그리고 그가 하라고 했던 것을 안 했을 때 그는 우리에게 폭력을 가하곤 했다. 혹시라도 음식이 우리와는 상관없이 그가 좋아했던 식으로 요리되지 않았다면, 그는 격노하여 날뛰게 될 것이다. 한 번은 내가 핫도그에다 케찹을 바르는 것을 대해 그에게

물어본 적이 있었는데, C.L.은 이렇게 소리를 질렀다.

"나는 핫도그에 케첩을 발라 먹지 않아, 아무도 핫도그에다 케첩을 첨가하지 않는다구 … 오직 바보들만 핫도그에 케첩을 발라 먹는 거야!"

다른 경우는 엄마가 세면장에 가기 위해 테이블에서 일어선 적이 있었다. 그러자 C.L은 자신의 허락을 받지 않았다며 즉시 엄마의 머리를 후려치는 것이었다.

그래서 엄마와 내가 현관에 앉아 C.L.이 집으로 돌아오지 않기를 바라던 수많은 나날들이 있었다. 나중에 우리가 서부에서 삶을 이어갈 때 C.L.은 청부업에 종사하고 있었는데, 우리는 그가 교수대(絞首臺)에 매달리던지, 목이 부러지기를 희망했다. 그만큼 그의 악행은 주변에 소문이 자자했었다.

C.L.은 그 자신이 노래하는 코스이외에는 음악을 싫어했다. 그리고 라디오 듣는 것 역시 마찬가지였다. 그러나 엄마와 나는 밤에 앉아 대화하며 컨추리 웨스턴 음악을 듣는 것을 즐겼다. 대개 그는 일찍 잠자리에 들었고, 우리가 대담하게 라디오를 켜기 전에 코를 골며 잠에 빠졌다. 하지만 때로는 라디오 소리가 적당하지 않을 때가 있었다. 이 때 그는 침실에서 "그 빌어먹을 라디오 꺼버려!"라고 버럭 소리를 지르고는 했었다.

C.L.과 함께하는 삶은 전쟁터의 수용소에서 사는 것과 같았다. 그것은 최악이었다.

삼촌 오딘은 언젠가 음악을 좋아하지 않는 사람은 분명히 부정적인 세력들에 의해 통제받고 있는 것이라고 언급했었다. C.L.은 도통 문화에는 관심이 없었다. 그는 오직 돈과 술만을 좋아했다.

논리(論理)는 C.L.이 어느 정도 갖고 있던 한 가지 재능이었다. 왜냐하면 그는 자기의 사고방식을 나에게 주입해야할 경우, 그것을 이해시킬 수 있었기 때문이다. 나는 그로부터 많은 것을 알게 되었다. 나는 논리적이고 실용적이 되는 것이 필요할 때 그렇게 되는 것을 배웠다.

C.L.은 자신의 아이를 잃은 것에 대해 스스로 처벌을 받았다. 그는 자신이 어떻게 임신한 전 부인을 구타했는지를 주절주절 늘어놓았다. 그리고 그 아기는 나중에 신장(腎臟)이 없이 태어났던 것이다. 그렇다. C.L.은 그렇게 비열했다. 그러나 그는 정신적인 문제와 음주 문제도 갖고 있었다.

그가 자신의 나은 모습을 보여주었던 때도 몇 번 있었지만, 그런 분위기는 그 다음 한 순간에 극적으로 바뀌었다. 나는 C.L.이 비열했든, 친절했든 간에 그가 나를 어떻게 취급했는지를 결코 말할 수 없었다. C.L.의 나쁜 건강, 특히 그의 팔의 통증은 그의 음주에서 연유했다. 그래서 그의 침대 주변에는 늘 침을 뱉기 위해 신문지가 놓여 있었다.

나는 내가 그를 싫어했던 만큼 그에게 미안함을 느끼기도 했다. C.L.은 그가 삶 속에서 저질렀던 모든 나쁜 일들을 스스로 내면에서 겪고 있었다. 나는 그가 많고도 많은 일들에 대해 죄의식을 느꼈다는 것을 알고 있었고, 그것이 향후 오랜 시간 동안 그를 따라다닐 것임을 확신했다.

어느 날 C.L.은 기존의 일을 다시 할 때라고 선언했다. 그의 새 직업은 자신의 매부가 운영하는 제조업체에서 일하는 것이었다. 나는 그가 상당한 양의 낙과(落果)와 곰팡이가 난 과일을 집으로 가져왔을 때 그의 속마음을 확실히 알 수는 없었다, 그 다음날은 더 많은 포도와 바나나, 오렌지 등이 쌓여 있었는데, 그때 나는 C.L.이 밀주(密酒) 제조업체에 들어갔다는 것을 알았다. 그리고 엄마와 나는 졸지에 그의 첫 (무급의) 고용인이 된 것이었다.

우리는 날마다 거실에서 커다란 통에다 포도, 바나나, 오렌지를 넣고 그것들을 칼로 자르거나 으깨어 부수는 일을 하는 데 대부분의 시간을 보냈다. 다름 아닌 맨발로 우리가 그것을 했다는 것을 누구 알겠는가? 우리는 그 일을 하는 동안 법석대며 아주 재미있는 시간을 가졌다고 말할 수 있다. 엄마와 나는 과일통 주변에서 춤추고, 웃었으며, 포도알이 우리 발가락 사이로 불쑥 들어오는 것을 느끼고는 했다.

C.L.은 날마다 더 많은 과일과 5파운드의 설탕포대들을 집으로 가져왔다. 그런데 첫 번째로 나타난 문제는 우리의 이웃들과 관계된 문제였는데, 그들이 과일 냄새를 맡고 점차 낌새를 채게 된 것이다. 과일통은 차를 주차해 두는 곳 뒤편에 판으로 덮어서 놔두고 있었다. 그들은 우리가 과일을 설탕 조림하여 저장해 둔 것으로 추측했고, C.L.은 즉시 그렇다고 동의했다.

어느 날 C.L.의 어머니가 우리를 방문했는데, 그녀는 킁킁거리며 냄새를 맡더니 곧장 주차장 뒤쪽으로 향했고, C.L.은 우려하는 눈치임을 알 수 있었다. 하지만 그녀는 과일조림 이야기를 순순히 믿을 만큼 순진하지는 않았다.

우리가 만든 와인은 아주 맛이 좋은 것으로 판명되었다! 엄마와 나는 온종일 그 주차장에 앉아 술 단지들에다 그 혼합액을 담느라고 혹사를 당했다. 우리는 조심스럽게 천으로 된 깔때기 맞춰 잘 발효돼 있는 걸쭉한 액체를 그 위에 쏟아 부었다. 그런 다음 안에 있는 질퍽거리는 과일들과 함께 압착하여 그 천을 짜내야 했다.

C.L.이 귀가해서 우리가 해낸 성과에 대해 아주 기뻐했다. 다음 날 그는 밀주업체에 있는 동료 업자들에게 그 와인을 판매했다. 그리고 이런 식의 일은 한 동안 계속되었다. C.L.의 다음 아이디어는 마을 주변을 차로 돌며 술집에서 나온 빈병 상자들을 수집하는 것이었다. 곧 우리는 하루 내내 진행되는 일거리를 갖게 되었는데, 엄마와 나는 온종일 앉아서 온갖 종류의 작은 술병들에다 술을 채워 넣는 일에 시달려야 했다. 그야말로 그것은 완전히 불

법적인 밀조품이었다.

C.L.은 자신의 사업수단에 만족하지 않고 술을 박스채로 팔기 시작했다. 늦은 밤에 C.L.은 술 1~2 상자를 우편함에다 넣어 두었다. 그러면 이른 아침 C.L.의 고객 가운데 한 사람이 돈을 들고 와서 그것을 우편함에다 넣고, 한 상자를 가져가고는 했었다.

우리를 계속 바쁘게 혹사시키는 과로와 긴장은 날마다 시시각각 계속되었다. 술 냄새 때문에 우리가 맑은 정신으로 일을 끝마친 적은 한 번도 없었다. 어느 날 그것은 너무나 안 좋았고 우리는 솔직히 말할 수조차도 없었다. 마침 집주인 여자가 지나가다 멈추더니 "계세요?"하며 들어섰다. 그때 C.L.이 귀가했는데, (힘들었던) 엄마와 주인여자는 거실바닥에 벌렁 누워있었다. 그것을 보고 C.L.은 웃었다. 그러나 주인여자가 돌아가고 나자, 그의 포악성은 폭발했다. 엄마는 C.L.의 구타로 인해 침대로 가서 누워있어야 했다.

우리의 밀주사업은 그것이 갑작스럽게 시작되었던 만큼이나 불시에 막을 내렸다. 경찰이 어느 정도 눈치를 채고 어느 날 아침에 조사차 왔던 것이다. 창문으로 밖을 엿본 결과, 우리는 경찰 순찰차가 속도를 늦추더니 우편함 우측에 와서 정차하는 것을 보았으며, 거기에는 와인 상자가 넣어져 있었다.

우리는 겁에 질렸다! 다행히 경찰이 시야에서 사라지자마자 C.L.은 밖으로 달려 나갔고, 그 상자를 들고는 뒷마당으로 내달렸다. 몇 분 후 우리는 땅에 구멍을 파느라고 바빴다. 그리고 엄마와 내가 그렇게 오랜 시간을 고생하며 만든 모든 와인들과 통들에 담긴 과실주들이 거기에 쏟아 부어짐으로써 최후를 맞이했다. 그 구멍이 흘러넘칠 정도로 그렇게 많은 와인들이 있었다. 그리고 그 냄새가 진동했다! 며칠 동안 그 술기운은 우리 뒷마당 안의 자욱한 연기와도 같았다. 그런데 우리 집주인의 독일산 사냥개가 그

구멍에 빠지고 말았다. 그 가여운 작은 놈은 취한 채 우리 집 뒷마당을 며칠 동안 어기적어기적 걸어 다녔다.

그 이후 얼마 되지 않아 다른 어려움들이 엄마와 C.L.과 함께했던 나의 삶에 나타났다. 몇 주 후에 C.L.의 아버지가 우리와 함께 살기 위해 왔던 것이다. 그것은 모든 괴로움이 시작되었던 때였다. 우리가 그를 불렀던 이름인 팝(Pap)은 그가 취했을 때는 추잡한 노인이었고, 자신의 모든 옷을 벗어 내팽개친 후 침대로 몸을 던지는 습관이 있었다. 엄마는 대개 살금살금 걸어 들어가 그 문을 닫았다. 그러나 어떤 경우는 그가 나를 갑자기 꽉 잡거나, 더듬는 때가 있었다. 그럼 나는 그것에 대해 엄마에게 불평을 늘어놓고는 했었다.

"글쎄! 그는 노인네잖니."

그녀는 말했다.

"그냥 그를 무시해 버려라."

그렇게 하는 것 외에는 다른 수가 없었다. 나는 그로부터 멀리 머물러 있었다.

내가 모르고 있었던 것은 팝이 내가 그를 피한 것에 대해 앙갚음을 했다는 사실이었다. 그는 엄마에게 그녀가 없을 때 나와 C.L.이 함께 있던 것에 관해 능청스런 거짓말을 했던 것이다. 엄마는 술에 취했을 때 외에는 그것에 관해 절대 이야기하지 않았다. 그때 엄마와 C.L.은 나에 관해 격앙된 말싸움에 돌입하고는 했었다. 그 동안 팝은 뒤에 앉아 웃고 있었다.

그녀가 밖에 나가 바로 돌아오지 않았을 때 우리가 함께 잤다고 뒤집어 씌웠던 것인데, 그녀는 주변의 것들을 집어던지며 비방을 늘어놓았다. C.L.은 그 상황에서 충분한 이점을 취했다. 그녀가 일을 벌일 때 그는 이렇게 말하고는 했다.

"혹시라도 우리가 그런 비난을 받을 바에는 아예 우린 실제로 그렇게 할지도 몰라."

나는 금방이라도 눈물을 터뜨릴 것처럼 단호히 말했다.

"절대 아니에요."

대개 나는 그를 무시하려고 노력했다.

나는 최면을 걸기 위해 엄마에게 거짓말을 하고 있는 C.L. 아버지의 사악한 시도에 걸려 있었다. 엄마는 C.L.과 나를 비난하고, C.L. 자신은 나를 침대로 끌어들이고자 꾀하고 있었다.

내 위장(胃腸)은 그들이 술에 취할 때마다 문제를 일으켰다. 그들이 다시 싸우기 오래 전부터 나는 이것을 알고 있었고, 복통 때문에 흐느껴 울었다. 하지만 그들은 "멍청한 여자애"라고 말하며 웃었다. 나는 이 사람들이 어쩌면 그렇게 심술궂을 수 있는지 이해할 수 없었다. 그것은 C.L.같은 나쁜 인간에게는 충분히 그럴만한 것이지만, 엄마의 잔혹함은 내 가슴을 찢어 놓았다. 나는 어디 가서 도움을 청해야 할는지 알지 못했다.

나는 진정으로 엄마를 책망하지는 않았다. 그녀는 단지 팝의 거짓말에 혼란을 겪고 있는 중이었고, 어린 소녀들과 관련된 C.L.의 평판에 대해 알고 있었다. 그리고 그녀는 취했을 때만 평상시에는 말하지 않았던 것들을 털어놓았던 것이다.

나는 혼란스러워졌고 당황해서 어쩔 줄 모르는 아이가 되었다. 나는 집에서 별로 자유가 없었으며, 친구도 없었다. 저녁에 나는 원피스 수영복 차림으로 살금살금 나와 우리 이웃집 잔디 스프링클러 사이를 달려 통과하기를 좋아했다. 하지만 그것은 모든 사람들이 집에서 술에 취해 곯아떨어지지 않는 한은 불가능했다. 가정에 그렇게 사랑과 배려가 결여돼 있었기에 나는 관심과 자유에 굶주려 있었다.

밤마다 나는 하늘을 올려다보았고, 우주선을 볼 수 있기를 희망했다. 그리고 정신적으로 교신해보고자 노력해 보았지만, 아무런 응답도 오지 않았다. 나는 그들이 나와 접촉하는 것을 내켜하지 않는다고 추측했는데, 그들은 나를 돕기 위한 시도를 계속 해왔었기 때문이다. 하지만 내 스스로 알지 못했던 용기를 북돋우는 사념들이 내 마음으로 스며들 때마다 나는 어떻게 그들이 무엇이 일어나고 있는가를 아는지 깨달았다. 내가 포기하지 않도록 내면에서 인도해준 그들에게 감사한다. 그리고 내가 학교에서 배웠던 많은 것들이 같은 방식으로 내게 들어왔다.

테우토니아에 있는 내 고향과 내가 한때 알고 있었던 오딘, 아레나, 아름다운 모든 이들에 관한 기억들이 종종 돌아와 나를 따라다녔다. 나는 외롭고 슬펐다. 그리고 내가 겪고 있는 것 대신에 포기했던 모든 것에 관해 나는 너무 길고도 벅차다고 생각했다. 내가 업(業) 때문에 나의 삶을 받아들일 필요가 있었다는 것을 다시 스스로에게 확신시키고 또 그것을 견디는 것은 세월이 감에 따

옴넥 오넥이 태어나서 자라났던 금성에 있는 아스트랄 도시 테우토니아.(상상도)

라 더욱 더 힘들었다.

나는 수렁에 빠져 있었으며, 삼촌 오딘의 다음과 같은 말을 생각했다.

"네가 고통을 겪더라도 이런 불행한 경험들 속에서 가치 있는 교훈을 깨닫기 위해 노력해라."

그리고 나는 나의 교사인 라미 누리(Rami Nuri)의 말씀을 기억했다.

"모든 이런 불행한 순간들이 너에게 수많은 귀중한 경험들을 가져올 것이며, 그것을 통해 너는 비로소 동료 인간들과 그들의 태도에 대해 이해할 수 있을 것이다."

하지만 이런 생각들은 단지 잠시 동안만 나를 고양시켰다. 혼자서 눈물을 흘리는 것이 삶의 습관처럼 자리 잡힘에 따라 나는 내 처지가 얼마나 괴로운지를 알았다. 그리고 이것은 단지 작은 시작에 불과했다 …

때가 되자 C.L.은 어딘가 다른 곳에서 돈을 벌기 위해 옮겨가는 것에 대해 억지를 부리기 시작했다. 버지니아가 우리의 다음 정착지였다. 이곳에서 엄마와 C.L.은 "바베큐 피트"라는 간선 도로변의 트럭기사 식당을 운영했다. C.L.은 바베큐 소스를 만드는 데 솜씨가 있었다. 그리고 그 장소 앞에다 건물 신축을 시작하려는 기발한 아이디어를 갖고 있었다. 소비자들을 끌기 위해 그는 바베큐용 화덕에다 양파를 구워 강한 향기를 폭넓게 퍼뜨렸다. 우리가 버지니아에 정착할 만큼 오랫동안 그곳에 머물지는 않았다. C.L.은 다시 다른 곳으로 옮겨가고 싶어 몸이 근질거리는 모양이었다.

전국을 횡단하는 도로여정에 지치고 싫증나게 된 후에 우리는 캘리포니아 샌 디에고(San Diego)에서 비로소 차에서 벗어났다. 한 우유트럭 운전사가 우리에게 방향을 알려주기 위해 멈추었다. 그리고 그때 C.L.은 자신의 눈물 나는 신파조의 이야기들을 늘어

놓았고, 그 운전사는 우리에게 우유 몇 통을 남겨 주었다. 그는 어디에 가면 염가의 아파트가 있는지를 알려주었다.

엄마는 즉시 웨이트리스 직업을 찾아보러 나갔다. 그녀는 운이 좋았다. 샌 디에고 만(灣)의 한 섬에서 그녀는 급료가 좋은 연회(宴會) 일자리를 얻었다. 나는 날마다 그녀를 마중하러 나가서 연락선을 타고 도시의 야경(夜景)을 보는 것을 즐겼다.

한편 C.L.은 청부 일을 하느라 바빴다. 그의 일은 아주 단순했는데, 그가 자유 견적서를 내밀고 나서, 그 일을 하려는 하도급업자와 합의를 보면 끝이었다. 계약서에 사인이 되자마자 C.L.은 그 돈을 착복했다. 그러나 수상쩍게 여기지 않은 고객(하도급업자)들은 그 일을 끝마쳤다.

C.L.의 고객 가운데 한 사람은 그의 치과의사였다. C.L.이 병원 사무실에다 추가적인 건축 일을 해주는 답례로 그 치과의사는 1,000 달러를 지불하고 C.L.의 모든 충치를 뽑아주기로 동의했다. 그런데 그에게 잘못된 의치(義齒)가 맞춰졌다. 이것은 C.L.이 겪은 끔찍한 경험이었다. 그가 일종의 악마가 된 경험에 관해 이야기한다면, 그의 이빨을 뽑았을 때 우리는 그와 함께 지옥을 경험했다. 엄마와 나는 농구공처럼 느끼기 시작했는데, 즉 우리는 그만큼 그에게 매질을 당했던 것이다.

말할 필요도 없이 그 치과의사의 건물 신축은 시작되지도 않았다. 착복한 1,000 달러와 새로 끼워 넣은 의치 세트를 갖고 C.L.은 달아났다.

하지만 이 때 행운은 그를 외면하고 있었다. 라디오에서 샌 디에고 전역에다 그의 인상착의에 관한 방송을 시작했을 때, 엄마와 나는 아직도 허겁지겁 짐을 꾸리고 있었다. 이전에 샌 디에고를 방문했을 때, C.L.은 한 어린 소녀와 관계를 가졌고, 그녀가 임신하자 정리했었다. 텍사스 당국자들은 그녀가 사라지기 전에 그가 그녀를 그곳에 데려왔다고 믿고 있었다.

우리는 고속도로에서 별로 멀리 달아나지 못했으며, 결국 경찰은 우리를 도로 한쪽에다 정차시켰다. 엄마와 나는 차에 앉아 밖을 바라보면서 C.L.이 체포되어 가기를 원하고 있었다. 그때 우리는 경찰 무전기가 C.L.의 인상착의와 운전면허번호를 알려주는 것을 들었다. 한편 그와 경찰은 어찌된 일인지 밖에 서서 대화하고 웃으면서 마치 오래된 친구처럼 행동하고 있었다. C.L.은 사람들과 은밀하게 거래하는 방법을 알고 있었던 것이다!

머리털이 곤두서는 우리의 샌 디에고로부터의 도피는 적어도 C.L.에게는 대수롭지 않은 것처럼 보였다. 엘파소에서 우리는 멕시코로 건너가 트럭에다 데킬라와 위스키들을 실었으며, C.L.은 그것을 엘파소로 가져다 더 높은 가격으로 판매했다. 샌 디에고에서의 그의 작업에서 얻어지는 수입과 더불어 우리는 한동안 모텔에서 살 수 있었다. C.L.은 엄마가 웨이트리스로 일하는 동안 집에 늘어져 있었다. 그때 우리는 트레일러 파크(Trailer Park)[4]에 자리 잡고 있었으며 C.L.은 "청부업"을 어느 정도 좀 더 했었다.

어느 날 밤 나는 삼촌 오딘이 (텔레파시로) 나를 부르는 소리를 들었다. 나는 깨어났고, 그 때는 밤 11시 30분경이었다. 엄마와 C.L.은 다량의 술을 마신 후 잠에 빠져 있었다. 나는 일찍 잠자리에 들었다. 삼촌은 내게 행성형제단이 이곳 지구상의 내 삶 동안 어떤 신체적 감정적 변화들이 있었는가를 알기 위해서 나에 대해 특별검사를 하기로 결정했다고 설명했다.

"어떻게요?"

내가 물었다.

"우리는 모든 것을 신경 쓰고 있다. 너는 단지 옷을 입고 트레

---

4) 이동주택 차량용 주차장

일러 파크 입구에서 누군가 너를 태워가기를 기다리고 있으면 된다."

"그들이 깨어나 나를 찾으러 오면 어쩌죠?"

"걱정마라. 우리는 그들이 계속 잠에 빠져있도록 우리의 에너지를 사용하고 있다. 네가 돌아올 때까지 그들은 계속 잠들어있을 것이다."

"삼촌 말은 내가 정말 삼촌을 보러 가게 된다는 뜻인가요?"

"그래, 내 사랑스러운 것아! 하지만 너는 네 스스로 마음을 고요히 가라앉혀야만 한다. 나는 네가 사전에 명상을 하는 것이 좋을 것 같구나. 그래야 내가 걱정 없이 너와 함께 있을 수가 있다."

나는 잠시 명상을 했다. 그리고 옷을 입은 후 대기하기 위해 거리로 나갔다. 거리는 매우 조용했다. 우리는 사막에 가까운 피닉스 외곽에 있었다. 내가 그곳에 서 있을 때 나는 단지 몇 개의 불빛만을 보았다.

갑자기 커다란 캐딜락이 다가오더니 멈추어 섰고, 창문이 내려졌다. 거기에 우리가 과거 헤어진 이후 처음 보는 삼촌 오딘이 있었다! 나는 - 슬픔이 아닌 기쁨의 - 눈물이 흘러내리는 것을 느꼈다. 내가 기쁨의 눈물을 안 것은 처음이었다. 거기에 내가 너무나 오랫동안 만나지 못했던 그의 잘생기고 사랑스러운 얼굴이 있었다! 그가 차에서 내려섰고 나를 껴안았다. 나는 흐느껴 울었다.

"울지 마라. 천사야"

그가 말했다.

"나는 그것이 호된 시련이었다는 것을 잘 알고 있다. 나는 네 운명이 다르게 될 수 있기를 바라지만, 우리가 그것을 조종하지는 않는다. 그리고 너는 단지 쉴라의 카르마(業)만이 아니라 너 자신의 개인적인 부채도 갚고 있는 중이란다. 나는 네가 경험하고 있는 그 - 신체적, 감정적 - 고통을 내가 견뎌낼 수 있다고 생각하지 않았기 때문에 너의 용기에 감탄하고 있다."

나는 차에 탑승했고 그는 나를 이완시키기 위해 혈청이 담긴 유리 약병 하나를 내게 넘겨주었다. 내 주변의 부정적인 에너지를 정화할 필요가 있었으며, 그래야 그가 해로운 영향을 받지 않고 나와 가까이 있을 수가 있었다. 오딘은 설명했다.

"너는 이곳 지구의 새로운 것에 너무 많이 노출돼 있었다."

나는 그것을 마셨으며, 나를 압도하는 기묘한 평화로움을 느꼈다. 이는 단순히 육체적인 것이 아니라 보다 심오한 것이었다. 우리는 약 30분 정도 차를 달렸고 사막으로 향한 중앙도로 옆길로 들어섰다. 주변은 매우 어둡고 조용했다. 우리가 차를 주차시키고 오딘 삼촌이 내가 내리는 것을 도와줄 때, 나는 대략 직경이 30피트인 우주선(UFO)의 모습을 목격했다. 그것은 희미하게 빤짝이는 현창(舷窓)들을 제외하고는 어두운 그림자처럼 보였다. 거기에 우주선 내부로 들어가는 작은 이동 트랩이 있었다. 우리가 안에 도착했을 때, 나는 어렴풋이 윙윙거리는 소리를 들었고 사방을 은은하게 비추는 푸르스름한 색조를 보았다. 우리는 두 개의 좌석이 있는 둥근 방안에 있었으며, 전면에는 스위치들과 스크린으로 이루어진 판넬(Panel)이 있었다. 2명의 남성이 우리를 기다리고 있었다. 나는 그들을 따라 좁은 복도를 통과해 파이 형태의 작은 방으로 갔다. 거기에는 의사의 병실에 있는 진찰대와 비슷한 작은 테이블이 놓여 있었다. 나는 요청받은 대로 옷을 벗었다. 아시아인과 백인이 혼합된 듯한 인상적으로 잘생긴 남성이 그 옷을 받아 작은 의자 위에 올려놓았다. 그는 분명히 화성인이었다. 나는 자의식적인 약간의 부끄러움을 느꼈는데, 나는 혼자서 3명의 남성과 함께 있었기 때문이다. 이것은 또한 내가 지구상의 삶에서 얻은 어떤 습성 같은 것인데, 말하자면 자신의 벗은 몸을 타인들에게 감추고자 하는 것이었다.

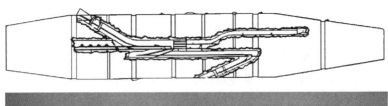

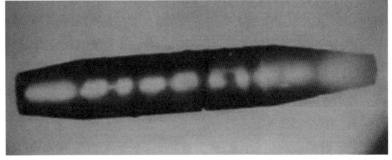

금성의 시가형 우주모선의 내부구조(상)와 실제로 아담스키에 의해 찍힌 사진

　나는 테이블 위에 누웠고 일종의 사각형 장치가 내 몸 위로 내
려왔다. 그것의 중심에는 눈과 매우 흡사한 커다란 수정(水晶)이
장착돼 있었다. 그것은 핑크빛과 자줏빛으로 번쩍이면서 내 머리
에서 발끝까지 정밀하게 검사를 했다. 나는 거기서 방사되는 따뜻
한 에너지를 느꼈으며 그것은 매우 긴장을 완화시켜 주었다. 나는
점차 잠에 빠져들었다. 갑자기 삼촌 오딘이 나를 불렀다. 나는 눈
을 떴고, 혹시 내가 꿈을 꾸고 있는지를 분간하지 못했다. 아니었
다. 나는 여전히 우주선 안에 있었으며, 삼촌 오딘이 미소 지으며
내 곁에 서 있었다.

　나는 일어나서 옷을 입고 밖으로 나가 대기하고 있던 차로 향했
다. 나는 아까 도착했을 때보다 훨씬 컨디션이 좋다고 느꼈는데,
그것은 일종의 충전된 상태와 같은 것이었다. 차로 돌아오는 길에
시간을 물어보니, 불과 1시간 30분 정도가 지나 있었다! 나는 피
곤했지만 평화를 느꼈고, 나의 금성 사람들이 아직도 나를 돌보고
있고 또한 나를 버리지 않았다는 것을 재확인했다.

오딘 삼촌은 내 생각을 읽고는 이렇게 말했다.

"너는 절대로 우리가 너에 대해 신경 쓰지 않는다고 생각해서는 안 된다. 너는 우리에게 중요하다. 많은 부분이 네가 배우고 경험하는 것에 달려 있다. 우리가 단지 근처에 서서 너를 바라볼 수밖에 없다는 것이 우리는 매우 슬프다. 하지만 우리는 너를 격려하기 위해 보호와 사랑의 에너지를 보내고자 노력하고 있단다."

"그래요." 내가 말했다.

"저는 그걸 느껴요. 성공해야만 한다는 것을 전 잘 알아요. 이 일이 사실 어려운 만큼 저는 그것을 선택했어요."

나는 그들이 트레일러 파크 입구에서 나를 떠나갈 때 마음의 편안함을 느꼈다. 삼촌 오딘은 나를 포옹했고 내 이마에다 입맞춤을 했다.

"아레나 이모가 자신의 키스를 너에게 전해 달라고 하더구나. 그녀는 아직 우리 금성의 차원에 머물러 있다. 그렇기에 그녀가 우리와 합류할 수는 없다. 네 아버지는 잘 있고, 그분은 너를 사랑하고 있다. 그리고 그분 나름의 거리를 둔 방식으로 너에 대해 자랑스럽게 생각하고 계신단다."

나는 다시 한 번 다른 현실과 마주하기 위해 걸어서 트레일러로 돌아왔고, 그곳은 두려움과 고통이 지배하는 곳이었다. 나는 얼마 동안이나 내가 내 자신과 엄마를 보호할 수 있을까를 생각했다. 아무도 밖에 다녀온 내 존재를 눈치 채지는 못했다.

한 동안 나는 트레일러 파크에서의 우리의 삶에 만족했다. 많은 나날 동안 C.L.은 집에 돌아와서 현금 다발을 침대에다 내 던지고는 했는데, 그것은 10달러나 20달러, 혹은 수백 달러일 때도 있었다. 엄마와 나는 일당제로 계산해주는 직업을 갖고 있었다. 우리는 어떻게 C.L.이 그렇게 많은 사람들에게 사기를 칠 수 있었는지를 결코 알지 못했다.

엄마와 내가 새로운 환경에 적응하여 익숙해지기 시작하자마자 그 불가피한 일이 또 발생했다. C.L.이 아리조나를 떠나기로 결정했던 것이다. 이틀 후 우리는 뉴멕시코 주, 앨버쿼키에 도착했다.

이제는 내가 생계를 위한 일을 시작해야 할 때라고 C.L.이 선포했다. 그는 자신이 원하는 일을 구할 수 없었으며, 따라서 생활보조금을 받았다. 물론 나는 겁 많은 이제 겨우 갓 15살이 된 소녀였고, 생계를 위해 일한다는 생각을 제대로 갖고 있지 못했다. 엄마와 C.L.의 도움으로 나는 드라이브인(drive-in)5) 레스토랑에서 배달 서비스를 하는 일자리를 구했다. 내가 일하는 시간은 밤 12시부터 아침 6시까지였다. 나는 밤에 일한다는 생각은 하지 않았었다. 그러나 한 동안 집에서 멀리 벗어나 온갖 종류의 사람들과 만난다는 것은 좋은 느낌이 들었다. 2년 동안 우리에 갇혀 있던 누군가에게 그것은 일종의 구원이나 마찬가지였다.

거의 날마다 어떤 멕시코 소년 - 그의 이름은 미구엘이었다 - 이 들어와 "안녕하세요."라고 인사를 했다. 그리고 그는 달려들어 내 허리 주변을 잡고 나를 빙 돌렸다. "이봐요. 당신은 레스토랑 안에서 그런 일을 할 수 없어요." 내가 강하게 항의하자 미구엘은 그저 웃었다. 그는 나에게 푹 빠진 듯 보였고. 나 역시 그를 좋아했다. 그것은 사실 나의 첫 로맨스였으며, 지구의 삶에서의 첫 사랑이었다.

미구엘이 나를 집에 바래다주는 때가 있었다. 그리고 외향적인 사람이다 보니 그는 자연히 집에 들어가 C.L.과 엄마를 만나보고 싶어 했다. 하지만 나는 C.L.의 인종적 편견을 너무나 잘 알고 있었다. 더욱 불리한 것은 아직 C.L.이 그 소년이 나를 차로 집에까

---

5)차를 탄 채 들어가는 미국의 식당이나 영화관. (역주)

지 데려다준다는 것조차도 알지 못한다는 점이었다. 내가 C.L.과 같은 종류의 인간이 어떠한가를 미구엘에게 말했을 때, 그는 혹시 내가 그로부터 도망치지 않았는지를 물어보았다. 하지만 나의 가정생활이 최악이었던 만큼 나는 집에서 떠날 용기를 갖지 못했다. 나는 C.L.을 너무나 두려워했다.

C.L.은 어느 날 아침 나를 깜짝 놀라게 했다.

"내가 너를 태우러 레스토랑으로 갈 거다. 너를 데리러 갈 때까지 그 장소를 떠나지 않기 바란다."

그가 말했다. 그가 자신이 했던 행위를 알았든 몰랐든 그는 내가 미구엘과 함께 가능한 한 시간을 보내곤 했다는 것을 드러나게 만들었다.

그 다음 날의 화창한 아침에 나는 기다리고 … 또 기다리고 있었다. 한 시간이 지나고, 두 시간, 세 시간이 지났으며 … 마침내 10시가 되었다. 레스토랑 사장은 왜 내가 거기서 그러고 서 있는지를 의아하게 생각했다. 나는 택시를 타고 집으로 돌아왔다.

내가 문 안으로 들어섰을 때 나는 C.L.이 돌아다니고 있는 소리를 들을 수 있었다. 나는 앞에서 시끄러운 일이 벌어지고 있음을 감지했다. 나는 그를 무시하고 목욕을 하기 위해 욕실로 걸어가서 욕조 언저리에 앉았다. 그때 갑자기 C.L.이 들어왔고, 그는 악마처럼 보였다.

"너 아침 내내 어디 있었던 거야?"

"무슨 말이에요?"

내가 물었다. 나는 당황해서 어찌할 바를 몰랐다.

"당신이 나더러 기다리라고 했잖아요. 나는 10시까지 기다리고 있었어요. 당신은 나타나지 않았고요."

"이 형편없는 거짓말쟁이 계집애!"

그가 날카롭게 소리를 질렀다.

"넌 밤새 돌아다니며 매춘행위를 했었어. 그것뿐이잖아."

이 말과 더불어 그가 나를 후려쳤다. 내 머리는 며칠 동안 쓰라린 통증에 시달려야 했다. 그날 아침 이후 나는 그가 나타나든, 나타나지 않든 제 시간에 집에 있어야만 했다. 그가 취했을 때는 나를 잊어버렸고, 나는 택시를 타고 집으로 돌아와야만 했다.

몇 주 후, 아침에 집에 돌아왔을 때, 나는 모든 짐이 꾸려져 있고 떠날 준비가 돼 있음을 발견했다. C.L.은 라스베가스로 가기를 원했다. 결국 그게 그거였다. 나는 가슴이 찢어지는 것 같았다. 나는 미구엘에게 작별 인사를 할 수도, 또 레스토랑에다 관두겠다고 말하고 내 급료를 청구할 수조차도 없었다. 나는 그것에 관해 아무 것도 말할 수 없었는데, C.L.은 내가 남자친구를 갖고 있었다는 것도 알지 못했고 매춘행위를 했다고 뒤집어씌워 늘 비난했기 때문이다.

직업이 있든 없든 나는 내 자신의 남자 친구나 여자 친구를 가질 수도 없다는 것을 깨달았다. 나는 사막을 통과하는 내내 울었다.

하지만 나는 아리조나 사막과 그 기묘한 아름다움에 정말 매혹되었다. 그곳이 비록 불모지이긴 했지만 말이다. 그곳에는 선인장과 나무가 없는 아름다운 산들이 있었다. 그때 나는 절벽에 만들어진 작은 동굴들처럼 보이는 것을 목격했다.

"저것은 뭐죠?"

내가 물었다. 엄마는 그것이 인디언들의 거주지라고 설명해주었다. 이곳의 인디언들은 천막집에서 살지 않고 절벽 속의 동굴들에서 사는데, 그들 스스로 주거지를 개척해서 사다리로 그곳을 오르내린다는 것이었다. 우리는 인디언 보호구역에 정차하여 판매중인

물품들을 살펴보았다. 그것은 유명한 수제 터키옥 보석이었다. 인디언들의 대부분은 나바호족(Navajo)이었지만, 또한 일부 호피족(Hopi)도 있었다. 나는 보석보다도 그들의 거주지와 바위 위에 그려진 그림들에 더 관심이 갔다. 이런 그림들이 그들의 역사를 말해준다는 것을 알고 있었기 때문이다. 나는 그들의 역사를 읽을 수 있기를 원했고 이해하고 싶었다.

나는 불길이 꼭대기에서부터 시작해서 아래에까지 타고 내려온 것처럼 보이는 커다란 바위를 발견했다. 늙은 인디언 남성이 갑자기 나타난 것 같았다. 나는 그를 좀 더 잘 보기 위해 내 얼굴을 태양으로부터 감쌌다. 바로 그때 독수리 한 마리가 날아오르더니 날카로운 울음소리를 냈다. 이상한 영화 속에서처럼 나는 오싹 하다고 생각했다. "안녕하세요." 나는 겁먹은 채로 말했다. 나는 그가 영어를 알아듣는지를 정말 알지 못했다. 그는 단지 내게 고개를 끄덕였고, 내 옆에 앉았다.

나는 그가 스웨이드 가죽 복장을 하고 있음을 알아차렸다. 즉 바지와 아름다운 구슬로 장식된 청백색이 섞인 붉은 벨트를 허리에만 걸치는 간단한 옷차림이었다. 그것은 거미들처럼 보였고 바탕은 검은 구슬들이었다. 그의 머리 밴드는 가죽끈에 의해 매달려 있는 청색-검은색-백색의 3가지 깃털들이 조화되어 있었다. 그의 머리칼은 단단한 회색이었고, 가운데가 나누어져 거의 허리까지 드리워져 있었으며, 그의 얼굴은 나이와 기후로 수많은 주름이 져 있었다. 그의 눈은 온순했고 황갈색으로 반짝였다. 그는 약간 굽은 코를 갖고 있었다. 그리고 그는 가죽, 대지, 나무 같은 냄새를 맡았다. 그는 나를 보고 웃으면서 크고 흰 치아를 드러냈다.

"나는 네 주변 도처에서 위대한 영혼을 느낀다."

그가 말했다. 나는 말할 수 있는 모든 것은 "고마워요"가 전부였다.

"너는 여기서 많은 일을 하게 될 거야. 너는 인간의 위대한 아버지에 의해 보내졌어."

그가 응답했다.

"너의 행로는 어렵지만, 너를 강하게 만들 것이다."

나는 그가 이야기할 때 손으로 하는 제스처가 금성에서 우리가 하는 것과 매우 흡사하다는 것을 눈치 챘다.

"너는 만인(萬人)이 연결되는 대령(大靈)을 많은 이들이 이해하도록 인도하게 될 거야. 너의 존재 안에 함께 있는 것은 영예로운 일이지. 여러 예언들이 네가 온다는 것을 예고했단다. 너는 미래의 커다란 순백의 희망이야."

"제가요?"

"운명을 의심하지 말거라! 무엇이든 있는 그대로 받아들여. 그리고 항상 영혼 속에서 강하게 머물러 있도록 해라. 너는 축복받았다."

이윽고 그가 일어섰다. 나도 또한 일어났다.

"당신을 만난 것은 너무나 멋진 경험이었어요. 저는 쉴라예요. 옴넥이라는 뜻이죠."

나는 불쑥 말을 했다. 그는 자신의 거칠고 투박한 손으로 내 작은 손을 잡았다.

"나는 수많은 이름으로 알려져 있지. 그중 하나는 '나와 라키' 추장이라고 하네."

그는 내 손바닥에다 작은 적색 혈석(血石) 및 약간 더 큰 터키 옥석과 함께 은(銀)으로 만든 고리를 놓아주었다. 그는 그것이 호피 스파이더족의 상징이라고 말했다.

나는 그의 걸음이 멀어질 때까지 바라보고 있었다. 와, 그는 정말 추장(酋長)이었다! 한 가지 확실한 것은 꿈이 없던 내가 선물을 받았다는 것이었다. 그것은 나의 고리였다! 나는 각종 인디언 수제 품들을 팔고 있던 텐트들을 향해 돌아올 때 생각하기를, 내가 그에게 내 실제 이름을 말했다는 사실을 믿을 수 없었다. 나는 아무에게도 이것에 관해서 말하지 않았고, 그 고리는 안전한 장소인 내 여행가방 속에 넣어 두었다.

우리가 떠나기 전, C.L.은 자신의 차를 1949년형 포드와 맞바꾸었다. 나는 그것이 싫었으며, 그런 행위가 어리석다고 느껴졌다. 왜냐하면 그 차는 아주 오래되었고 우리가 앉는 좌석이 너무 높게 장착돼 있었기 때문이었다. 우리가 네바다로 진입했을 때 차가 고장을 일으켜 정밀 분해수리를 받아야 했는데, 덕분에 우리 돈의 상당부분이 수리비로 날아가고 말았다. 그것은 수시로 고장이 났다. 그리고 우리는 계속해서 이곳 저 곳을 떠돌아 다녔다.

C.L.의 간질환 때문에 결국 그 차 수리의 대부분을 내가 도맡아 했다. 나는 전에는 들어본 적도 없는 브레이크슈, 가스 펌프, 오일 필터와 기타 다른 것들을 갈아 끼웠다. 그러다 보니 나는 아주 숙련된 자동차 수리공이 돼가고 있었다.

플랙스태프에서 그리 멀지 않은 아리조나에서 우리는 한 휴게소에 정차해 식사를 요리하기 시작했다. C.L.은 절단용 쇠톱을 가지고 차 위의 어떤 것을 수선하고자 시도하고 있었다.

온종일 C.L.과 엄마는 술을 마시고 악다구니를 벌였으며, 나의 신경은 예민해져 있었다. 그러나 C.L.이 그 쇠톱으로 엄마의 머리를 후려치는 모습을 보았을 때 나는 모든 통제를 상실했다. 나는 큰 바위 구릉지대로 기어 올라가 내려가지 않을 것이라고 소리치며 울부짖었다. 그들이 싸움을 멈출 때까지는 아니었다. 나는 더 이상은 참을 수가 없었다. C.L.과 엄마는 그들이 취해 있을 때는 내려오라고 나를 달래고 간청했었다. 그들은 자기들이 절대로 싸우지 않을 것이라고 약속까지 했다! 하지만 나는 그것이 단지 잠시 뿐이라는 것을 알고 있었다. 그렇지만 나는 엄마가 정말 다치지 않은 것이 기뻤다.

보울더 댐[6]에서 불과 몇 마일 떨어진 지점에서 그 낡은 차는 주저앉고 말았다. C.L.이 도움을 청하러 걸어서 댐으로 가는 동안, 우리는 타는 듯한 사막의 열기 속에 앉아 있었다. 그는 라디에이터를 위해 물을 갖고 돌아왔지만, 그것은 소용이 없었다. 견딜 수 없는 긴 시간이 흐른 후에 지나가던 한 좋은 사람이 무슨 문제인가를 보기 위해 자신의 차를 멈추었다. 그는 우리를 댐과 교차로에 이르는 남은 길까지 밀어주었다.

나는 보울더 댐을 좋아했다. 그것은 매우 거대했고, 놀라웠으며, 장엄했다. 양쪽의 깎아지른 듯한 거대한 바위벽은 나를 매혹시켰다. 그리고 나는 사막과 그 광막한 공간들, 밤의 고요함, 다채로운 사막의 식물들이 좋았다. 무엇보다 나는 언제나 푸른 하늘과 한낮의 건조한 열기를 사랑했다. 나는 다른 어떤 곳보다도 이곳이 나의 사람들(금성인들)에 가까이 있는 곳이라고 느꼈다. 이곳은 내가 미국에 와서 처음 보았던 아름다운 그 네바다 주였다. 약 9년 전의 잊을 수 없는 그 날 밤에 나와 삼촌은 인근의 황야 저 어딘가에 우주선으로 착륙했었던 것이다. 그런 자각과 더불어 나의 실제 고향에 관한 온갖 아름다운 기억들이 생각났다.

"지고의 신(神)이시여, 감사합니다."

나는 낮은 목소리로 중얼거렸다. 나는 거기에 앉아 하늘의 우주선들을 바라보며 그것들 가운데 한 대라도 착륙하기를 바라고 있었다. 나는 눈물을 흘리며 내 삶이 좀 더 나았다면 어떠했을까를

---

6)아리조나와 네바다 사이에 있는 이 중요한 댐의 현재 공식적 이름은 후버댐 (Hoover Dam)이다.(저자 주)

생각했다. 나는 외롭고 쓸쓸하고 혼란스럽다고 느꼈다. 그리고 나는 의기소침해 있었다.

우리는 보울더 시(市)를 향해 고속도로를 따라 내려갔다. 도중에 그 도로의 어딘가에서 우리의 차는 또 고장을 일으켰다. C.L.은 다음 행선지를 결정하려 했다. 그는 차가 고장난 것을 포함해 모든 것을 엄마에게 뒤집어 씌워 책망하기에 바빴다.

그의 논리는 나보다 뛰어났다. 나는 그저 과도한 불안과 긴장이 엉켜 있었다. 그에게 있어 모든 것은 언제나 다른 누군가의 잘못이었다. 그리고 만약 내가 잘못이라고 인정하지 않을 경우, 곧이어서 그의 손찌검이 날아오고는 했었다.

태양이 지평선으로 지기 시작했을 때, 우리의 생각은 걱정으로 바뀌었다. 어디 가서 우리가 밤을 지내야 한다는 말인가? 그리고 아침에 어떻게 우리가 식사문제를 해결할 것인가? 그리고 점심은?

바로 그때 소형트럭이 천천히 내려오더니 멈추어 섰다.

"무슨 도움 필요하세요?"

유쾌한 말투와 함께 체구가 좋은 사람이 차에서 내렸다. 조지 피쉬맨이 그의 이름이었다. 몇 시간 동안 그와 C.L.은 브레이크가 없는 그 차 수리작업에 매달렸는데, 그들은 그런 노력이 소용없다는 것을 알게 되었다. 하지만 그때 C.L.은 우리가 얼마나 절망적이었는지를 하소연했고, 조지는 우리를 자기 집 저녁식사에 초대했다.

피쉬맨 가족들은 보울더 교외에 살고 있었다. 그들의 뒷마당에서 우리는 중간에 솟아 있는 인상적인 산봉우리들과 함께 미드 호수를 볼 수 있었다. C.L.은 그들과 함께 있는 것이 편하다고 느꼈고, C.L.이 떠드는 그럴싸한 모든 말들로 조지의 아버지와 그는 금방 친구가 되었다. 나는 그의 사기꾼적인 언변만큼은 높은 수준이라고 말할 수 있다. 그러나 나는 마음이 편치 않았다.

C.L.의 계획은 체인으로 연결되는 울타리 사업을 시작하는 것이었는데, 그것은 매우 적은 사람들만이 관여하고 있었다. 그것은 실제로 이곳 네바다에서는 아주 좋은 사업 아이디어였다. 우리는 몇 주 동안 피쉬맨 가족들과 함께 살았으며, 그 시기 동안 그 노인네(조지의 아버지)는 C.L.의 사업에다 6,000달러를 투자했다. 그 돈에는 새로운 브랜드의 4륜구동 픽업트럭 비용이 포함되어 있었다. 나는 조지의 아버지를 무척 좋아 했고 그들 가족 전체가 매우 따뜻하고 친절했다. 나는 어느 날 모든 것을 갖고 도주하려는 C.L.의 생각을 우려했지만, 내가 할 수 있는 것은 거의 없었다.

나는 엄마와 C.L.이 그렇게 사이가 좋고 매우 행복해하는 것이 놀랍기도 했고, 한편으로는 기쁘기도 했다. 하지만 그런 모습이 단지 피쉬맨의 앞에서만, 또 C.L.의 관심사에 한해서만 그렇다는 것을 깨닫는 데는 오래 걸리지 않았다. 점점 더 나아지고 같은 곳에 체류하는 대신에 시간은 악화되었다.

C.L.은 울타리 사업을 아주 잘하고 있었다. 한동안 그는 또한 용접일도 했었는데, 그것이 돈을 버는 빠른 방법이었기 때문이다. 그리고 C.L.은 돈을 아주 좋아했다. 그런데 문제는 그의 간장 질환이 어려운 시기를 맞고 있다는 사실이었다. 있는 그대로의 상태가 종종 그의 손에 나타나기 시작했다. 나는 그것이 생기는 것을 보고서도 놀라지 않았다. 날마다 그와 엄마는 술을 사기 위해 15마일 정도 차를 몰아야 했는데, 보울더 시는 금주 지역이었기 때문이다. C.L.이 건강했을 때는 일종의 악마였지만, 그가 병들었을 때는 두 배로 초라하고 처량했다. 그는 뭔가에 대해 소리나 지르는 시시한 상태에서 결코 벗어나지를 못했다. 그에게 있어 엄마와 나는 가족이 아니라 하인들에 더 가까웠다.

나는 일할 때를 제외하고는 절대로 그의 시야에서 자유로울 수 없었기 때문에 친구를 갖지 못했다. 내가 상점에 갈 경우 만약 5분 안에 돌아오지 않는다면, 그 상점이 얼마나 바쁜가와는 상관없이 나는 심한 꾸짖음을 받았다. 매사가 그런 식이었다. 나는 계속해서 겁에 질려 있었다.

엄마와 내가 보울더 시 병원에 간호사 보조 일자리가 두 개 비어있고 급료가 좋다는 소식을 들었을 때, 우리는 웨이트리스 직업을 포기했다. 비록 우리가 환자들의 임상목욕과 관장(灌腸), 그리고 변기 교체 같은 일을 해야 했을지라도 우리는 새로운 일을 좋아했다. 가장 중요한 것은 우리가 하루 종일 C.L.로부터 멀리 떨어져 있을 수 있었다는 것이다. 우리의 하루는 환자들의 맥박과 혈압, 체온을 기록하기 위해 병실을 도는 것으로부터 시작되었다. 우리는 식사준비를 하고, 침대를 정돈했다. 그리고 간호사들이 우리에게 요청하는 것은 무엇이든 했다.

나는 간호사들 중에 한 명이 내게 관심을 보이고 환자 관장을 하기 위해 말을 걸었던 날을 절대 잊지 못할 것이다. 우리는 모두 관장하는 방법에 대해 훈련을 받았지만, 이것은 내가 난생 처음으로 해보는 때였다. 그녀가 문 하나를 가리키며 알려주었다. 나는 내가 할 수 있는 만큼 용기를 내어 떨면서 그 문으로 들어갔다. 그 때 나는 어떤 여자를 보았고, 경악해서 거의 급사할 뻔했다! 그녀의 체중은 무려 500파운드(226.5Kg)나 나가는 것이 틀림없었다. 나는 결코 내 인생에서 그렇게 뚱뚱한 여자를 본 적이 없었다. 그리고 여기서 그녀에게 내가 관장을 시켰던 장본인이었던 것이다.

나는 15세 나이에 체중이 불과 89파운드(40.3Kg) 밖에 나가지 않았기 때문에 그녀가 두려웠다. 그리고 내가 그렇게 말랐던 까닭에 모든 무거운 사람들은 나와는 근본적으로 다르다고 생각되었다. 물론 나는 그들이 내분비선에 문제를 갖고 있거나, 아니면 내가 체구가 작은 것과 마찬가지로 선천적으로 그렇게 크다는 것을 이해했다.

그녀는 환자복을 벗고 등을 내게 보인채로 누워 있었다. 따라서 나는 당당하게 걸어 들어가 마치 내가 날마다 이런 일을 해온 것처럼 행동했다. 나는 그녀의 살찐 엉덩이 사이로 튜브를 밀어 넣었다. 튜브는 안으로 들어갔다. 나는 밀어 넣기를 계속 했지만 아무 일도 발생하지 않았다. 그녀가 말했다.

"도대체 무슨 일이야?"

나는 의아하다고 생각했다.

"이 튜브는 원래대로 장이 텅 비워지지 않는다는 거에요."

몸 내부의 압력은 관장을 하기에 적당한 것으로 보였다. 나는 최대한 그녀의 접힌 살을 따로 따로 펴기로 결정했다. 맙소사! 내가 내 아랫배가 뒤집어진 것처럼 생각되었다. 튜브는 주름살 속으로 퍼지고 퍼져 나갔다. 그때까지 나는 그것을 적절하게 하고 있었지만, 내가 스스로 그녀의 뒤에 삽관(揷管)을 달았다는 사실에 너무 당황해서 쩔쩔매고 있었다. 그 숙녀는 그것에 대해 만족스러운 듯이 큰 웃음을 터뜨렸지만, 나는 밖으로 달아났다.

그 다음에 나는 사전에 준비하는 방법을 배웠다. 나는 전에는 그것이 이루어지는 것을 전혀 본 적이 없었으며, 그래서 다행히 한 간호사가 나에게 그 방법을 보여줄 예정이었다. 마지막 순간에 그녀가 나를 불렀다. 내가 맡은 환자는 자궁절제술을 막 받으려던 나이 들어 보이는 부인이었다. 나는 그 간호사가 내게 건네준 면도기와 물 사발을 들고 다가갔다.

'하지만 어떻게 비누 없이 내가 이걸 하지?' 나는 이상하게 생각되었다. 비누거품을 내기 위해 나는 욕실로 들어갔다 돌아와서 일을 계속해 나갔다. 어찌된 일인지 그것은 계획대로 되지 않았다. 그 노부인은 침대에서 요란스럽게 몸을 움직였고, 도움을 요청하며 부저를 누르려고 했다. 이것은 혼란스러운 상황이었는데, 나는 일생 동안 그런 행동을 경험해 본 적이 없었다. 간호사 한 명이 뛰어 들어오더니 나를 밀쳐냈다. 그 가련한 여성은 히스테리 상태로 빠져들고 있었다.

"너 그 사람한테 어떻게 하고 있었던 거니?"

그 간호사가 방에서 나갈 때 물었다.

"저는 그분에게 손으로 비누를 문지르고 있었어요. 비누 없이 누군가에게 면도를 할 수는 없잖아요."

나는 대답했다. 그녀는 웃음을 터뜨렸다.

"쉴라, 너 비누를 그 사람들에게 대서는 안 된다는 것을 모르니? 그런 식으로 사람들에게 아래에다 문지를 수는 없는 거야. 그녀는 네가 괴상하다고 생각했다구."

"저기, 그게 무슨 뜻이죠?"

나는 뭐가 괴상하다는 것인지 정말 알지 못했다.

나중에 그녀는 설명해주었고, 나는 너무 난처해서 그 방에는 두 번 다시는 들어가지 않았다. 그리고 그 부인은 나더러 나가 있으라고 엄격한 주의를 주었다.

그 다음에 저지른 엉뚱한 실수는 엄마와 나, 우리 두 사람 모두 꾸지람을 듣게 만들었다. 사실 우리는 거의 일자리를 잃을 뻔 했다. 그녀와 나는 벽에 붙은 거미를 누가 없앨 것인가에 관해 실랑이를 벌였는데, 우리는 거미들을 끔찍이도 두려워했다. 결국에는 엄마가 졌고, 그녀는 의자에 올라서더니 자신의 신발을 거미를 향해 내던졌다. 엄마는 거미를 없애기 위해 있는 힘을 다했지만, 그녀의 신발은 누워있던 환자의 부러진 다리 부분에 가서 떨어지고 말았다. 우리의 얼굴은 사색(死色)이 되었고, 엄마는 당황한 나머지 비명을 질렀다. 그리고 거미는 도망쳤다! 우리는 그 병실에 다시 들어갈 때마다 그 노인으로부터 안 좋은 눈총을 받았을 뿐만 아니라, 그 거미가 아직도 거기에 잠복해 있다는 사실을 두려워했었다.

  C.L.의 사악한 성질은 여전히 우리를 불안하게 괴롭혔다. 하지만 그는 많은 술을 마시지는 않았는데, 변호사들을 속이는 쇼를 하고 있었기 때문이다. C.L.은 오랜 기간 동안 탈장(脫腸) 증상을 갖고 있었으나, 단지 최근에야 보험에 의해 수술비가 지급된다는 사실을 알았다. 그런데 그가 용접일을 하고 있던 장소에는 전기회로가 있었다. 그리고 그곳의 전등 빛은 근처에 트럭이 지나갈 때마다 꺼지고는 했었다. C.L.은 그 빛이 잠시 나갔을 때 발을 헛디뎌 넘어진 것처럼 꾸몄다.

  이때까지만 해도 C.L.은 보통 때보다 시끄럽지는 않았다. 하지만 엄마와 C.L.은 가끔은 술에 취해 있었으며, 그것은 여전히 꽤 안 좋았다. 한번은 그녀는 취했을 때 C.L.과 잠잔 것에 관해 내게 되풀이해서 말을 했다. 그리고 C.L.은 그런 행위를 나와 실제로 했다는 식으로 이야기를 했다. 나는 울음을 터뜨렸다. 그리고 그는 나에게 집적거리기 시작했다. 나는 그를 증오했지만, 그를 무시하기 위해 노력하는 것 외에 내가 할 수 있는 것은 아무 것도 없었다. 나는 엄마에게 확실하게 어떤 것을 말할 수가 없었다. 그녀는 나를 처음으로 책망했던 사람이었다. 내가 C.L.이 하고 있던 무엇인가에 관해 울고 있지 않을 때는 C.L.이 과거에 저질렀던 무슨 일인가에 관해 울고 있었다. 사실상 나는 늘 그렇게 많고도 많은 일들 때문에 울었다. 하지만 최악의 것은 아직 오지 않았다.

C.L.은 자기가 병에 걸려 있으므로 매일 아침 내가 그의 침대로 커피와 신문을 갖다 주어야 한다고 주장했다. 이 특별한 날이 내가 결코 잊을 수 없는 바로 그 날이다. 나는 신문과 커피를 그에게 갖다 주었고, 평상시대로 내 침대로 돌아오려고 했다. 내 침실은 복도 건너편에 있었다.

　"쉴라!"

　그가 나를 불렀다.

　"왜 그러시죠."

　"이리 오거라."

　그가 소리를 질렀다.

　"나는 이미 당신에게 신문과 커피를 가져다 드렸잖아요. 난 가서 자고 싶어요."

　나는 이렇게 응대했다.

　"빌어먹을! 이리오지 못해."

　그의 음성은 더욱 높아졌다. 잠시 시간이 지나갔다.

　"만약 네가 오지 않는다면, 네 머리채를 잡아끌고 올 거다."

　내 두려움은 극도에 달했다. 돈나는 병원에서 일하느라 밖에 나가고 없었다. C.L.은 얼마든지 내 머리채를 휘어잡을 그런 종류의 인간이었다. 나는 어쩔 수 없이 그의 문 안으로 들어섰고, 나를 노려보는 그의 이글거리는 눈을 보았다.

　"지금 제가 무엇을 잘못했죠?"

　"침대 내 옆으로 들어오너라."

　그가 뻔뻔스럽게 말을 내뱉었다.

　"싫어요."

　"젠장, 이리 들어와!"

　그가 날카롭게 소리를 질렀다.

"난 당신과는 싫어요. 하지 않을 거예요."

나는 울음을 터뜨렸다.

잠시 동안 나는 너무 충격을 받아서 움직일 수가 없었다. 그리고 나는 그런 병든 인간이 그렇게 잽싸게 몸을 일으켜 나를 잡아챌 줄은 전혀 예상하지 못했다. 그 짐승 같은 인간과 마주한 채 나는 그를 밀치고 나가거나 발로 걷어찰 기회를 얻지 못했다. 그는 한 손으로 내 잠옷을 잡아 찢으며 주먹으로 내 머리를 사납게 후려쳤다. 나는 그가 나를 죽일 거라고 생각했다.

그가 나를 겁탈하는 내내 나는 몸이 축 늘어진 채 누워있었다. 그는 내 몸을 망치고 내게 치명적인 상처를 주었다. 나는 울고, 또 울었으며, 울음을 멈출 수 없었다. 모든 나의 감정들, 즉 혐오감과 수치심, 두려움 등이 한꺼번에 흘러나오는 것 같았다. 나는 눈을 꼭 감았고, 그 모든 것이 그저 하룻밤의 악몽(惡夢)이기를 바랐다.

C.L.은 한 마디 말도 하지 않고 그냥 일어서더니, 욕실로 들어갔다. 나는 내 방으로 달려가 베개에 머리를 파묻고 흐느껴 울었다. 그는 내가 느끼는 감정 같은 것은 신경 쓰지도 않았으며, 그저 내게 상처를 주고 나를 이용했다. 격정적인 울음 속에서 얼마나 내가 이 남자를 혐오했는가에 관한 모든 감정들이 솟아났다. 그때 나는 C.L.의 음성을 들었다.

"네가 만약 엄마한테 고자질을 한다면, 나는 네가 나를 끌어들여 억지로 그 짓을 했다고 말할 거다. 그러면 그녀가 그 일 때문에 널 미워하게 되겠지. 알다시피 그녀는 널 믿어주지 않을 게다."

나는 눈물이 말라붙어 몸이 녹초가 되어 잠에 빠져들 때까지 울었다. 나는 엄마가 집에 돌아오면 분개하면서 그녀에게 모든 것을 말하고 싶었다. 그렇지만 그녀가 내 말을 듣고 나서 뭐라고 할 것인지 겁이 났다. 그리고 C.L.이 그녀에게 말을 하면 어찌 될 것인가? - 그녀는 그 말을 믿었을 것이다. 나는 몸서리가 쳐졌다. 누군가가 C.L.과 잠잔 것에 관해 나를 계속적으로 비난한 2년이라는 시간은 긴 시간이었다.

내가 도움을 청하거나 이야기를 할 만한 사람은 아무도 없었다. 오늘날 내가 그것에 관해 회상해 보았을 때, 사람들이 그것을 믿으리라는 것은 결국 모두 나의 잘못이라는 사실을 깨달았다. 내가 누구에게도 말하지 않은 이유는 남들에게 거부당하고 심하게 비난받게 되리라는 두려움 때문이었다.

그 다음날부터 C.L.은 내게 술을 마시라고 권하기 시작했다. 나는 내게 일어난 일들을 차례차례 잊고 지워버리기 위한 탈출구로서 기꺼이 그것을 받아들였다.

"사막으로 나가자."

그는 사실상 날마다 제의를 했고, 나는 그가 어떤 마음을 품고 있는지 알고 있었다. 하지만 대부분의 시간 동안 나는 너무 취해 있어서 어떤 것도 기억할 수 없었다. 밤이 되면 나는 울었다. 나는 너무나 커다란 고통을 겪고 있었으며, 난 그저 엄마에게도 이야기할 수 없었다.

나는 나의 사람들(금성인들)에게 호소했다.

"왜 당신들은 저를 도와주지 않는 거죠? 내가 더 이상 고통을 겪지 않으면 안 되나요?"

그들은 대답했다 - 그리고 그 대답은 내가 그것들을 겪는 것 외에는 다른 선택의 여지가 없다는 것이었다. 오랜 시간 동안 나는 그들을 이해할 수 없었다. 나는 그들이 나에게 무자비하며, 나를 저버렸다고 느꼈다. 나는 밤에 하늘에서 그들의 우주선들을 보았고, 다음과 같은 그들의 메시지들을 들었다. 즉 내가 강해져야 하며, 또 나는 내가 과거에 행한 것에 대해 갚아야만 한다는 것이었다.

C.L.은 병자(病者)였고, 심한 혼란 속에 있었다. 그리고 나는 그에 대해 가엾다고 느껴야 했었다. 영혼으로서 그는 자신이 하고 있는 행위가 잘못돼 있음을 알고 있었지만, 그의 마음과 육신이 점거당해 통제할 수 없는 동안 의지할 곳 없는 상태에 놓여 있었다.

나는 평상시에는 회색이던 그의 눈동자가 그가 폭력적일 때는 황록색으로 변한다는 것을 알아차렸다. 하지만 그는 나에게 성경을 읽어달라고 간청하기도 했고 그것이 그를 진정시키고는 했었다. 때때로 그는 울기도 했으며, 또 왜 자신이 남들에게 상처를 입히는 그런 공격적이고 죄악적인 것들을 행하고 말했는지를 모르겠다고 중얼거렸다.

나중에 나는 C.L.의 어머니가 내게 말했던 이야기가 생각났다. C.L.이 약 3살이었던 대공황기 동안에 그들 가족은 돈이 없어 낡은 기차 객차 칸에서 살고 있었다. 어느 날 밤에 심한 천둥과 번개가 치고 있었다. 잠시 동안 전기가 나가 전등이 꺼졌고, 그때 침대에서 잠자고 있던 C.L.이 그녀를 오싹하게 하는 무서운 비명을 질렀다. 그리고 그녀는 아들에게 무슨 일이 일어났는가를 보기 위해 달려갔다. 그는 울고 있지는 않았지만, 단지 폭풍우에 의해 놀란 것처럼 보였다. 그러나 그 후부터 그는 귀여운 작은 소년에서 매우 주의가 필요하고 때로는 잔혹하기까지 한 인간으로 변했다고 한다. 그녀는 그 변화를 즉각 눈치 챘는데, 왜냐하면 그가 그 이상한 날 밤 이후부터는 계속 모자를 쓰겠다고 고집했고, C.L.외에는 자신의 원래 이름인 클래런스 리(Clarence Lee)로 불리는 것을 더 이상 원치 않았기 때문이다. 그가 질러댔던 그 섬뜩

한 비명소리는 늘 그녀의 뇌리에서 떠나지 않았으며, 그녀는 그가 그 이상한 밤 이후 쭉 불가사의한 에너지에 의해 지배당해 왔다고 확신하고 있었다. 아마도 이것이 그의 괴상한 행동에 관한 한 가지 설명이 될 것이다.

지금 내가 이해하건대, C.L.은 악령에 의해 사로잡혀 있었다! C.L.은 내가 그의 시야에서 벗어나는 것을 한 번도 허용하지 않았다. 상점에 혼자 가는 것도 더 이상은 못하게 했다. 나는 내가 죽든, 살든 개의치 않았고, 삶의 모든 것은 그 의미를 상실했다.

C.L.이 집에 없을 때, 우리는 테이블에 함께 앉아 그가 결코 다시는 집에 돌아오지 않을 무슨 일인가가 그에게 일어났으면 하고 바라고 있었다. 우리의 계획은 그가 탈장 수술을 위해 병원에 가는 것에 동의하는 즉시 도망치는 것이었다.

2장

터널 끝의 빛

어느 날 밤, 내가 집에 온 것은 대략 8시였다. 거실로 들어서자마자 나는 그들이 다시 싸웠다는 것을 알았다. 엄마는 소파에 멍하니 앉아 있었다. 그녀의 겉옷은 찢겨 있었다.

"무슨 일이죠?"

내가 그녀에게 물었다. 그녀는 대답 없이 그저 나를 쳐다보았다. 잠시 후 나는 노크 소리를 들었고, 걸어가 현관문을 열었다. 그는 주류 판매점에서 배달 온 남성이었는데, 보드카 50병이 든 상자를 들고 있었다. 나는 내 눈을 믿을 수 없었다!

C.L.이 침실에서 소리를 질렀으므로 나는 그 사람에게 말했다.

"이 술을 가져오라고 시킨 것은 정말 잘못됐어요. 당신이 상황을 제대로 알았다면, 이 술을 가져오지 않았을 거예요."

"왜요? 뭐가 문제죠?"

그가 거실로 들어섰다.

"그들은 방금 대판 싸움을 벌였어요."

내가 배달 온 사람에게 설명했다.

"보세요. 이해가 안 되십니까? 그들은 보통 사람들처럼 친목으로 술을 마시는 게 아니에요. 그들은 날마다 술을 들이킨다구요."

"저기, 제가 진작 알았더라면, 사실 오지 않았을 거예요. 정말 미안합니다."

그가 진심으로 사과의 말을 했다. 나는 그에게 내가 방금 전에 집에 도착했고 무슨 일이 벌어지고 있는지를 알지 못했다고 소곤거렸다.

바로 그때 C.L.이 침실에서 나오며 고함을 쳤고, 이리저리 비틀거렸다.

"그래? 넌 내가 모든 것을 들을 수 없다고 생각하니? 흥! 나는 네가 나한테 온갖 매춘부 짓을 했다는 걸 너희 둘에게 가르쳐주마. 빌어먹을 그 입 닥쳐, 그걸 바로 내가 할 거라구."

우리가 움직이기도 전에 C.L.은 주방 싱크대에서 길고 가는 흉측한 칼을 움켜쥐었다. 그리고 갈지자(之)로 비척대며 엄마한테로 향했다. 나는 즉각 그의 앞길을 막아섰다.

"C.L, 제발 엄마를 혼자 그냥 내버려둬요."

나는 그에게 항변했다. 그는 불타는 듯한 증오의 눈길로 나를 응시했다.

"난 네 목을 저년만큼 재빨리 끊어버리겠다."

나는 돈나를 침실로 밀어 넣고 문을 닫았다. 그는 거기에 서 있었고, 내가 용기를 갖고 공공연히 대들고 나서자 놀란 눈치였다.

"좋다, 작은 암캐 같은 년! 내가 네 목도 따주마."

그 주류 판매점 남자는 깜짝 놀라 어안이 벙벙해 서 있었으며,

입이 떡 벌어져 있었다. 마침내 그가 내편에 붙어 나를 돕기로 결정했다.

"안돼요, 제발요."

내가 소리쳤다.

"단지 그 불 좀 꺼주세요. 당신까지 말려든다면 집안싸움보다도 더 심각해져요."

나는 C.L.과 눈을 바라보며 서 있었다. 나는 그가 취할 만큼 취했고 나를 죽이는 것을 주저하지 않으리라는 사실을 알고 있다. '하느님, 도와주세요.' 나는 기도하며 내 앞의 그의 복부를 향해 돌진했다. 나는 그의 손목을 움켜잡고 칼을 빼앗기 위해 분투하면서 그를 뒤쪽으로 밀어붙였다. 도처에 피가 튀기 시작했다. 나의 공포가 칼이 바닥에 떨어질 때까지 그를 벽으로 후진시키고 그의 손목을 능가하는 힘을 나에게 주었다. 마지막으로 밀어붙이자 그는 문에 기대어 침실 옆으로 쓰러졌다. 그리고 그는 혼자서 중얼거리며 침대로 기어갔다.

나는 벽에 기대어 서 있었으며 기진맥진해 있었다. 몸을 부들부들 떨면서 나는 칼을 집어 들었고, 침실쪽을 바라보았다.

"자, 어서 하거라."

C.L.이 천천히 말을 내뱉었다.

"네가 원한다면, 내 목을 찌르거라."

"나는 당신과 달라요. C.L."

내가 말했다.

"난 분별력이 있어요. 나는 앙갚음하려고 하지 않아요. 나는 결과를 깨달았기 때문에 폭력적이지 않아요."

아마도 C.L.은 너무 취해서 내 말을 이해하지 못했을 것이다. 나는 거실에서 보드카를 큰 잔에다 따랐다. 내가 그를 죽이지는 않을 것이었지만, 분명히 나는 충분히 그를 녹초가 되게 할 것이다.

주류 판매점 남자가 내게로 걸어왔다.

"이봐요, 당신 상처를 입은 것 같아요. 온통 피투성이잖아요."

"아니요, 난 괜찮다고 생각해요."

내가 말했다.

"어쩌면 상처를 입은 것은 저 사람일거에요."

바로 그때 나는 C.L.이 침실에서 엄마를 다시 화나게 하는 소리를 들었다.

"하느님, 저 사람 좀 멈추게 할 수 없나요."

그는 보드카를 단 번에 들이켰으며, 곤드레만드레가 되어 침대 뒤로 굴러 떨어졌다. 그 다음에 그는 잠에 곯아떨어졌다.

몸에 힘이 없고 축 처진 나는 거실에 다시 주저앉았다.

"보세요, 당신 상처투성이에요."

그 남자가 나의 피로 얼룩진 부분을 가리켜 말했다. 그날 밤 나는 병원에서 3-바늘을 꿰매고 귀가했으며, 완전히 녹초가 되어 침실로 들어왔다. 돈나와 C.L.은 잠든 것처럼 보였다. 이것은 막바지까지 간 것이었으며, 나는 또 다른 날을 받아들일 수 없었다. 그 후 나는 선해지고 순종적이 되려고 노력했지만, 늘 그들이 다시 싸움에 열중할 때 귀가했다. 이때 C.L.은 역시 칼과 깨진 맥주병을 손에 쥐고 있었다. 언제쯤이나 이 모든 것이 끝날 것인가? 나는 알고 싶었다. 오늘밤에 혹시라도 그리 될까?

나는 다시 울면서 잠들었던 지난 몇 개월이 너무나 혼란스럽고 충격적이었으며, 크나큰 상처를 받았다.

오직 이때만은 내 배가 수면제와 술로 가득 채워져 있었다. 나는 그것이 나쁘다는 것을 알고 있었다. 그리고 꾸벅꾸벅 졸면서 의식이 혼미해지는 가운데 나는 신(神)과 나의 사람들에게 용서를 구했다. 나는 자살이 해결책이 아니라는 것을 알고 있었지만, 그 순간에는 어떤 방법을 끝까지 볼 수는 없었다. 서서히 나는 선잠에 빠져들었다.

다음날 아침에 깨어나는 것은 가장 당황스러웠다. 나는 내가 죽을 것이라고 확신했던 것이다.

"오, 감사합니다. 신이시여!"

나는 이렇게 생각했다.

'나는 내 사명을 기억해야 하며, 결코 다시는 바보 같은 짓을 해서는 안 된다.'

우리 모두는 그날 늦게까지 잠을 잤다. C.L.은 전날 밤 일을 기억하지 못했으며, 나는 성가시게 그에게 말하지 않았다. 나는 엄마를 추가적인 고통 속에서 구해주고 싶었기 때문에 그녀에게는 어떤 것도 말하지 않았다. 어느 날인가 그녀와 나는 적당한 시기에 미련 없이 떠나게 될 것이다. 그것은 의심할 바가 없었으며, 그 남자는 정신적으로 악화되고 있었다. 그리고 우리가 그와 함께 더 이상의 다른 날들을 함께 한다는 것은 견딜 수 없었다. 엄마와 나는 이제 너무나 슬프고 우울한 상태에 빠져있었고, 우리는 그가 죽든가, 아니면 우리가 죽기를 희망했다.

나는 여전히 불행하고 혼란스럽다고 느꼈다. 금성에서의 나의 삶이 얼마나 평화롭고 멋진 것이었는가를 알고 있었기에 이곳의 삶이 더더욱 비참하고 최악이라고 생각되었다. 그럼에도 나는 이 모든 것이 나의 선택이었음을 이해하고 있었다. 이것이 칸주리와 보닉, 그리고 오딘이 나를 위해 준비하고 있던 삶이었다. 나는 금성에서의 나의 삶이 내가 과거보다 점점 더 감정적으로 혼란을 겪지 않고 생존하는 데 도움이 되었다는 것을 안다. 적어도 인간에 대한 나의 태도가 부정적으로 되지는 않았다. 나는 대부분의 인간들이 C.L.과는 다르다는 사실을 아주 잘 알고 있다.

내가 그날 밤의 사건에 너무 감정적으로 사로잡혀 있지 않을 때는 이따금씩 꿈을 꾸는 동안 나는 오딘과 아레나를 방문했다. 그들로부터 나는 많은 격려를 받았다. 그들은 나의 삶이 점점 나아질 것이라고 말했다. 그리고 그것이 어쩌면 많은 세월이 걸릴지라도 내가 결국은 나의 영적인 교훈들을 발견하게 될 것이라고 했다. 선(善)의 의지는 모든 나쁜 경험들로부터 생겨나며, 그것들이 나를 뒷받침해 주었다. 미래에 나는 이해할 것이다. 지구상의 수많은 사람들이 내가 겪은 것 같은 고난을 경험한다. 그리고 나의 그 고난 때문에 그들은 나를 외계인이 아닌 한 인간으로 여길 수 있게 될 것이다.

그날 오후 병원에서 C.L.을 탈장수술을 위해 받아들였다! C.L.로부터 탈출하기 위한 기회가 이제 우리에게 와 있었다. 우리는 그의 소지품들을 꾸리는 것을 도와주었고, 그를 병원까지 바래다주었다. 아, 어린애들처럼 우리는 행복했다! 하지만 우리가 그를 처음 방문했을 때 그가 너무나 심한 고통 속에 있는 모습에 미안하다고 느꼈으며, 우리는 초콜릿 한 상자를 그에게 가져다주었다. C.L.은 평상시 그대로였다. 그는 그곳 병원에서도 엄마의 화를 돋우며 그녀를 실망시켰다.

그것이 그녀에게 계획을 진전시켜 리스트를 작성하게끔 힘을 실어주었다. 그 리스트는 C.L.이 무엇을 검사받아야 하는지를 의사에게 제시하는 일종의 메모였는데, C.L.은 그것을 받아들였다. 그의 병실 밖에서 우리는 거기에다 "그의 정신장애를 체크하세요."라는 항목을 추가시켰다.

그런데 의사가 우리를 불렀을 때 그가 C.L.의 탈장수술을 계속 진행할 수 없을 것으로 보였으며, 그 이유는 그의 보험료가 수술을 감당할 만큼 충분히 납부돼 있지 않았기 때문이었다.

"그를 군(郡) 병원으로 옮기는 게 어떨까요?"

의사가 물었다. 그는 C.L.이 일찍이 군 병원에 수용되는 것을 절대적으로 거부했다는 사실을 아주 잘 알고 있었다. 그 순간 좋은 생각이 엄마의 마음속에 번뜩였고, 그녀는 완벽한 해결책을 갖고 있었다. 의사는 C.L.에게 그를 초라하고 가난한 이들을 위한 군 병원으로 호송하려는 것임을 알리지 말고 발전된 수술 기술을 가진 병원으로 옮기려는 것임을 납득시켜야 했다. 다음 순간 그 의사는 다시 이도 저도 아닌 애매한 상태에 있었다. 우리가 할 필요가 있는 모든 것은 그와 구급차 운전사와 합의해서 진실을 C.L.로부터 감추는 것이었다. 그는 동의했다. 그 다음날 그 병원에 있는 돈나의 간호사 친구가 우리에게 전화를 했다. C.L.이 안전하게 구급차로 호송되었다는 것이었다. 그리하여 우리가 도망치기 위한 기회가 정말로 당도했던 것이다.

잠시 동안 우리는 트레일러 파크에 있는 친구들과 함께 살았다. 엄마는 C.L.로부터 벗어나는 것이 너무 행복했으며, 그녀는 술 마시기를 중단했다. 나는 그때만큼 그녀가 만족스러워하는 것을 본 적이 없었다. 나 역시 내 자신을 즐기고 있었다. 이것이 내가 나의 고통들을 잊고 아이들과 놀 수 있는 얼마만의 기회이던가! 하지만 나는 내면 깊은 곳에서 C.L.이 우리를 쫓아올 것임을 알고 있었다. 의심 많은 C.L.이 무슨 일이 벌어졌는가를 깨닫는 것은 시간문제였다. 돈나는 보울더 시를 곧 떠날 계획을 세웠지만, 생각대로 그렇게 즉시 되지가 않았다.

그런데 느닷없이 어느 날 밤, 엄마의 병원 동료 직원들 중에 한 사람인 마리아가 우리의 트레일러까지 달려왔다. 그리고 그녀가 "돈나! C.L.이 나왔어요!"라고 숨을 헐떡이며 말했을 때, 우리는 경악했다. 큰 충격과 두려움에 사로잡힌 채 우리는 그녀에게 다음과 같은 말을 들었다.

"그가 가서 당신들이 살았던 집을 완전히 부숴버렸어요. 커튼을 잡아 찢고, 매트리스를 칼로 모조리 난도질을 한 모양이에요. 완전히 미쳐서 갈 데까지 간 것 같아요."

그녀가 계속 말했다.

"여자 집주인이 경찰을 불렀지만, 그들이 그곳에 도착했을 때 그는 '나는 너희들이 어디에 있는지 알고 있다'라고 떠들며 우리 집 너머에 있었어요. 게다가 그는 가방 속에 다이나마이트와 엽총, 칼과 같은 온갖 흉기를 가지고 있었어요. 그가 당신을 찾고 있어요, 그리고 당신들이 그를 군 병원에 보내고 도주한 것 때문에 그가 당신과 쉴라를 죽일 거에요. 그는 아무도 자기로부터 달아날 수 없다고 말했어요! 알다시피 당신은 기회가 없어요. 당신은 경찰을 불러야 하고, 이곳에서 나가야만 해요!"

두려움에 몸을 떨며 우리는 보울더 시 경찰을 불렀다. 그리고 우리의 상황을 설명했다. 마리아는 경찰에게 그가 위험한 무기들을 소지하고 있고 제정신이 아니기 때문에 그것을 사용하기 쉽다고 증언했다. 군 병원에다 확인한 후에 그들은 즉시 C.L.에 관한 경계태세를 발령했고, 우리를 태우러 왔다. 3대의 경찰 순찰차가 트레일러 파크에 도착했다. 돈나와 나는 그 가운데 차에 탑승했다.

"바닥으로 저자세를 유지하세요. 이자는 위험합니다." 경찰관이 우리에게 지시했다.

"그가 만약 당신들이 차 안에 있는 것을 본다면, 다이너마이트나 어떤 것을 차에다 던질 가능성이 있습니다. 그러니 제발 자세를 낮추고 고개를 숙이세요!"

엄마와 나는 보울더 시 경찰국 뒤에 있는 주차장 부지에서 경관들과 차안에 함께 앉아 기다리고 있었다.

"리널드 부인, 우리는 그 자가 매우 위험하다는 것을 잘 압니다."

그들 중의 한 사람이 우리에게 말했다.

"우리는 그가 이 마을 주변에서 실제로 이상한 행동을 했기 때문에 그의 기록을 조사했습니다. 그것은 그가 당신 딸을 자기 시야에서 벗어나지 못하게 했다든가, 대략적인 행적 같은 것이지요. 우리는 모든 주(州)들에서 그의 행적에 관해 조사했고, 그 보고서들이 우리가 전체 사건 리스트를 보유할 때까지 들어오기 시작했습니다. 하지만 우리는 그가 네바다에서 저지른 범죄에 대한 것 외에 다른 것을 가지고 그를 체포할 수는 없습니다."

그때 다른 경찰관들이 우리에게 설명하기 위해 나타났는데, 마침 태양이 떠오르기 시작했다.

"됐습니다. 이제 당신들은 차에서 내리셔도 좋습니다. 리널드 부인, 우리는 그를 감옥에다 가두었습니다. 우리가 마침내 그를 체포했습니다."

얼마나 고대하던 안도의 소식이던가!

"어떻게 그를 잡으셨나요?"

엄마가 질문했다.

"어떤 주유소 종업원들이 그를 우리가 찾고 있던 탈출한 정신병 환자로 생각하고 실수를 했습니다."

경찰관이 설명했다. 그리고 우리가 경찰서에 도착해서 들어갔을 때 그 경관이 말했다.

"그가 우리에게 연락을 했고, 우리는 그를 도로에서 체포했습니다. 우리는 그자가 폭발물들을 소지하고 있었기 때문에 그를 붙잡아 두고 있습니다."

감옥은 아래층에 있었다.

엄마와 나는 아래에 있는 그에 관한 소식을 들을 수 있었다. 우리는 그저 두려움에 찬 눈으로 서로를 쳐다보았다.

"걱정 마세요. 그는 나올 수 없습니다. 그자는 지금 노발대발하고 있고 속이 뒤집혀 있습니다. 하지만 우리는 그를 이곳에다 붙잡아 둘 뭔가가 있어야 합니다. 그렇지 않으면 24시간 안에 그를 풀어줘야 할 것입니다. 위험한 무기를 소지했다는 것만으로는 우리가 그를 더 이상 잡아둘 수가 없습니다. 우리가 그 혐의보다 더 나쁜, 그가 저질렀다고 추정되는 절도, 사기, 주류(酒類) 불법판매 사건에 관한 긴 리스트를 갖고는 있습니다. 하지만 다른 주(州)들의 당국자들이 와서 그를 잡아가지 않는 한, 당신들은 그에 관한 어떤 증거들이 있어야 합니다."

내가 공개적으로 말했다.

"저기, 우리는 그가 칼을 이용해 엄마를 협박했고, 나를 실제로 찌른 것을 신고할 수 있어요."

나는 그들에게 내 상처자국을 보여주었다. 엄마는 소스라치게 놀랐다! 우리가 모든 조서(調書) 작성을 끝낸 후에 그들은 우리에게 지문(指紋)을 찍게 했고, 우리는 떠날 준비를 했다. 바로 그때 경찰서장이 나를 혼자 개인 사무실에 데리고 들어갔다.

"우리에게 잠시만 시간을 주세요."

그가 엄마에게 말했다.

"음, 쉴라양, 혹시 C.L.이 당신을 겁탈한 적이 있는지 내게 말해주지 않겠어요?"

그가 물었다.

"아니요, 그는 그러지 않았어요."

나는 자동적으로 불쑥 내뱉었다.

"이봐요, 쉴라, 당신은 나한테 진실을 말하는 것을 두려워할 필요가 없어요. 그가 더 이상 아가씨한테 상처를 입히지는 못할 것이기 때문이죠. 미성년자에 대한 강간은 네바다 주에서 중죄(重罪)입니다. 그러나 칼로 가족들에게 협박한 정도 가지고는 우리가 그자를 길게 잡아둘 수가 없어요. 우리는 단지 폭행 및 구타 정도의 혐의로 그를 집어넣을 수 있겠지만, 만약 그자가 감옥에서 나온다면, 그건 정말로 우리와 아가씨에게도 곤란해질 겁니다. 당신은 그곳에 있는 동안 무슨 일이 있었는지 진실을 우리에게 말해주어야 합니다."

나는 계속 침묵을 유지했다. 내 생각은 제멋대로 날 뛰었다. 내가 어떻게 해야 한다는 말인가?

"이봐요, 쉴라, 나는 바보가 아니에요. 보울더 시는 아주 작은 마을입니다. 나는 그가 당신이 어떤 친구도 사귀지 못하게 했고, 또 자신의 시야에서 절대로 벗어나지 못하도록 했다는 사실을 알고 있어요. 나는 당신 혼자 있는 것을 본 적이 없어요. 그리고 당신이 상점에 갔다가 서둘러 집으로 달려가는 점 등은 정말 뭔가 의심스러워요. 성인 남성은 일반적으로 자신의 딸에 대해 그렇게 하지 않습니다. 따라서 우리는 무엇인가 잘못돼 있다는 것을 압니다. 하지만 우리가 당신으로부터 문서화된 진술을 얻지 못하는 한은 어떤 것도 할 수가 없습니다."

"예, 그것이 사실이에요."

나는 울음을 터뜨리며 돌발적으로 외쳤다. 매우 남부끄럽고 당혹스러웠지만, 나는 서장에게 그 첫날 일에 관해 말했다. 그리고 그때 이후로 그가 얼마나 많이 그 짓을 했는지 나는 알지 못했다. 왜냐하면 나는 알고 싶지 않았기 때문이다.

"하지만 왜 당신은 엄마에게 그것을 말하지 않았죠?"

그가 물었다. 나는 아빠와 엄마, 그리고 C.L.에 관한 전반적인 이야기를 설명했다. 그러자 서장은 몇 분 동안 사무실에서 나갔다. 그런 다음 그가 나를 나오라고 불렀다. 엄마는 울고 있었다.

"쉴라, 네가 어째서 전혀 말을 하지 않았니? 왜 C.L.이 너에게 그런 짓을 했다는 것을 나한테 말하지 않았니?"

"엄마, 난 두려웠어요."

눈물을 꾹 참으며 나는 말했다.

"나는 엄마가 날 믿어줄 것이라는 확신이 없었어요. 난 C.L.이 엄마에게 내가 그와 관계를 가졌다는 사실을 말할 것이고 그때 엄마가 날 미워할 거라는 것이 두려웠어요. 난 엄마가 날 미워하는 것을 바라지 않았어요. 그는 내가 자신을 유인했다는 것을 엄마가 믿을 거라고 했어요."

우리 두 사람은 울면서 서로를 끌어안았다.

"쉴라야."

그녀는 목메어 울면서 털어 놓았다.

"나는 결코 너를 미워하지 않을 것이다. 내가 증오하는 누군가가 있다면, 그건 바로 그 놈이란다. 만약 내가 그자가 한 짓을 알았더라면, 나는 권총 방아쇠를 당겨 그 놈의 머리통을 날려버렸을 것이다. 나는 그것이 진실이기 때문에 너를 책망할 수가 없다. 나는 질시하는 마음으로 그것에 관해 너를 비난해 왔다. 하지만 나는 네가 나에게 이야기해주기를 원했단다. 그렇게 하는 것이 문제를 더 쉽게 만들었을 것이다. 쉴라야, 나는 너를 내 생명보다도 더 사랑한다."

우리를 서로를 바라보았다. 엄마는 몹시 어쩔 줄 모르며 초췌한 표정으로 모든 것을 자기 탓으로 돌렸다. 마침내 그녀는 내가 왜 갑자기 음주를 시작했는지를 이해했다. 경찰은 나를 즉각 병원으로 호송했으며, 거기서 의사는 내 이야기를 듣고 검사했다. 한 때 나와 함께 일했던 모든 사람들에게 그런 일이 있었다는 사실이 지금 알려진다는 것은 얼마나 치욕스러운 일인가. 의사가 엄마에게 말하기를, 나는 분명히 더 이상 처녀가 아니라고 했다. 그리고 그 일이 일어났던 것은 그리 오래되지 않았었던 것이다.

경찰서에서 서장은 나를 자신의 사무실로 데려갔다.

"쉴라양, 이런 말을 하기가 난처하고 싫지만, 보고를 위해서 당신은 자신이 겪은 일을 손수 육필로 기록해야만 합니다. 그렇지 않으면 그것은 효력이 없습니다."

나는 고통스럽게도 그날 아침 C.L.에게 당한 일을 한 마디 한 마디 기록해 나갔다. 즉 그가 어떻게 나를 구타한 후 짓누른 채 내 잠옷을 찢었는지, 그리고 내가 눈물을 흘리며 거기 그저 누워 있는 동안 어떻게 그가 계속해서 "어때 좋지 않니?"라고 물었는지를 말이다.

"자, 이 정도면 그자를 구속하기에 충분합니다."

서장이 말했다.

"우리가 당신을 변호사에게 데려가야 하겠지만, 이것이 주(州) 사건이기 때문에 라스 베가스 구역 안이 될 것입니다."

그가 잠시 말을 멈추었다.

"쉴라, 당신에게는 괴롭겠지만, 이 자는 사회에 위험하고, 또 당신과 당신 엄마뿐만이 아니라 모든 이들에게도 위험인물이기 때문에 우리는 이 자를 구속해야만 합니다. 아마도 그는 과거에도 이런 짓을 수도 없이 자행하고 도주하기를 반복했을 겁니다."

보울더 시 경찰서장은 내가 주 법정 대리인들 중의 한 명인 라스 베가스의 변호사를 접견하던 그 날, 나와 함께 동행했다. 그는 내가 처음으로 거짓말탐지기 테스트를 받는 동안 변호사와 이야기를 나누기 위해 들어갔다. 그 장치가 타당한 결과를 산출하게끔 하기 위해 내가 긴장을 이완하는 데는 긴 시간이 걸렸다. 내가 충분히 이완되기까지는 모든 것이 일종의 거짓말이었다. 이어서 그 심문 과정이 시작되었다.

"당신은 확실히 다른 소년하고는 성행위를 하지 않았습니까? 당신은 이것에 관해 확실합니까, … 에 대해서 틀림없습니까?"

이런 식으로 진행되는 그것은 지긋지긋하고 몸서리쳐지는 것이었다. 나의 경우는 법률적으로 미성년자 강간죄에 해당되었으며, 네바다 주가 C.L. 리널드에 대해 집행하는 것이었다. 내가 주 법정 대리인을 접견하게 된 것은 이런 이유 때문이었다. 그는 아주 좋은 사람으로 보였고 내게 동정적이었다.

"자, 쉴라양"

그가 입을 열기 시작했다.

"우리는 이전에 발생했던 이런 사건 사례들을 많이 갖고 있어요. 당신은 정말 솔직해져야 합니다. 당신은 어떤 사람에 대해 거짓말하기를 원치 않습니다. 내가 당신을 진심으로 믿기 때문에 이런 말을 하는 것입니다. 하지만 우리는 장차 배심원이 되어 판결을 내리게 될 다수의 면밀한 사람들과 마주해야하는데, 이들 모두는 당신을 모릅니다. 즉 그들은 당신의 상황을 알지 못합니다. 많은 남성들이 이런 미성년자와의 성관계에 빠져있고, 따라서 그들이 반드시 동정적이지는 않을 것입니다. 그들은 전체의 의견에 동조하지 않으려 할 겁니다. 당신은 그들을 자기편으로 끌어들이려고 노력해야만 할 것입니다."

주 법정대리인 사무소 출신의 변호사들 중의 한 사람이 내 사건을 취급할 것이었다. 잡다한 전체 문제가 마무리되기까지는 어느 정도 시간이 걸릴 것이라고 그는 말했다. 그 때까지 나는 학교에 다녀야만 했는데, 왜냐하면 내 나이의 소녀가 학교에 등록돼 있지 않다는 것은 법에 위배되는 것이기 때문이었다. 내 속은 뒤집어졌다. 그들의 논거는 매우 단순했다. 만약 내가 법을 어겼을 경우에는 네바다 주가 나에게 변호사를 제공할 수 없다는 것이었다. 그렇지만 나는 학교로 다시 돌아간다는 생각에 위축되었다.

나는 내가 짧은 기간 동안만 학교에 다녔고 진지하게 공부에 몰두할 수 없었다는 것을 알고 있다. 그럼에도 나의 교사는 내가 얼마나 빠르게 학급의 나머지 학생들을 따라잡는지를 보고서 놀랐다. 수학에서 나의 우리 반 1등이었다. 하지만 나는 제자리가 아닌 어색한 장소에 와 있다고 느꼈다.

몇 주 후, 우리의 첫 법정 심문이 보울더 시에서 개최되었다.

C.L.이 돈나의 동생인 엘렌과 찍은 사진. (1957년)

나는 C.L.이 엄마와 나를 폭행했고 칼로 나를 위협했다는 사실을 증언했다. 나는 그들에게 내 몸의 상처를 보여주고 병원진단서를 제시했다. 그 주류 판매점 남자가 내 이야기가 사실임을 입증해주었다.

C.L.은 화를 벌컥 내며 나를 지독한 거짓말쟁이라고 소리를 질렀다. 그때 그의 법정 변호사는 그를 진정시키기 위해 애를 썼다. 판사는 C.L.의 분별없는 발언에 주의를 주었으며, 그런 행동 또한 처벌받을 수 있다고 경고했다. C.L.은 얼굴에 핏기가 없고 병들어 보였다. 병원 밖에서의 생활이 그를 죽음으로 몰아갈 수도 있었는데, 특히 일생 동안의 음주로 인해 그의 간(肝)은 이미 악화될 대로 악화돼 있었다.

"그에 대해 미안하다고 느끼지 말아요."

경찰관 중에 한 사람이 말했다.

"아가씨는 자신이 겪을 수 있는 최악의 것을 경험한 것입니다. 그는 한 인간이지만, 또한 범죄자입니다. 그리고 중요한 사실은 그가 당신만이 아니라 수많은 사람들에게도 위험하다는 것입니다. 그러므로 부디 그에 대해 미안하다고 생각하지 말기 바랍니다."

어느 날 아침 내가 아이들의 무리와 함께 학교로 걸어가던 중, 차 한 대가 길을 따라 달려오더니 멈추어 섰다. 그리고 두 대의 엽총이 창문에서 나를 향해 겨누어졌다. 그 갱들은 나에게 말하기를, C.L.은 감옥에 있고 아무 것도 할 수 없지만, C.L.의 친구들은 감옥 안에 있지 않다고 했다. 그리고 그들은 내가 만약 계속 법정에서 증언한다면, 나를 죽일 것이라고 위협했다. 나는 완전히 충격에 사로잡혔다. 나는 뛰어달아 나기 시작했고, 그 자들이 뒤에서 나를 쏘지 않을까 두려웠다. 다른 아이들은 그들이 차에서 큰 소리로 떠들 때, 그저 멍하니 입을 벌린 채 바라보고 서 있었다.

"저게 모두 무슨 소리니?"

그들이 나에게 물었다.

"그건 그냥 농담이야."

나는 속으로는 떨면서도 억지로 미소를 지으려고 애쓰며 대답했다. 나는 그날 내 변호사에게 연락했고, 등교길에 일어난 일들과 감시받고 있는 것이 두렵다고 그에게 말했다. 나는 다음 날 학교에 가기를 거부했다.

"쉴라, 당신은 계속 학교에 다녀야 합니다. 하지만 우리의 형사들이 당신을 바래다줄 것입니다."

그는 내게 보장해 주었다. 그것이 6월에 학교가 끝날 때까지 내가 학교를 오갔던 방법이었다.

그러니 엄마가 귀가하지 않은 어느 늦은 밤에 그놈들이 그녀를 덮친 것이 아닌가하고 생각하는 것 외에 내가 다른 무슨 생각을 할 수 있었겠는가? 마침내 엄마는 아침에 돌아왔는데, 그녀는 들뜬 채로 밝게 웃는 얼굴이었다. 나는 울고 또 울면서 얼마나 내가 그녀가 죽지 않았나하고 속 태우며 걱정했는가를 말했다.

"오, 아가야, 미안 … 내가 정말 너를 생각하지 않은 것은 아니야."

그녀가 나를 껴안으며 말했다.

"엄마가 어떤 일 때문에 너에 대해 신경써주지 못했지만, 나는 내가 정말 좋아하는 누군가를 만났단다. 우린 곧 결혼할 것이고, 시카고로 갈 예정이란다."

"하지만 나는 시카고에 갈 수 없어요. 난 법정에 나가야해요."

"음, 알았다. 네가 이곳에 그 피쉬맨 가족들과 머물러 있고 싶다면, 나는 너를 이곳에다 맡기마."

엄마가 제의했다. 그리고 그게 그거였다. 이 모든 시기 동안 나는 의지하기 위한 버팀목으로서 이모 아레나와 삼촌 오딘, 그리고 사랑하는 모든 나의 다정한 친구들에 관한 기억들을 이용했다. 내가 눈을 감을 수 있을 때마다 나는 아름다운 고향을 볼 수 있었고 그들의 사랑과 보살핌을 느낄 수 있었다. 나는 모든 나의 고난이 내가 이런 기억들을 지구의 사람들과 나눌 수만 있다면 그럴만한 가치가 있음을 알았다. 매일 밤 나는 최고신께 앞으로 나갈 힘을 주신 데 대해 감사드렸다.

3장

시카고

 그 후, 이윽고 나는 엄마 인생의 새로운 남자인 페드로를 만났다. 그는 트레일러 파크 인근에 살고 있었다. 그것은 도보로 불과 얼마 되지 않는 거리였다. 그곳을 걷는 도중에 엄마는 그에 관한 모든 것을 나에게 말해 주었다. 페드로와 돈나는 술집에서 처음 만났고, 첫 눈에 사랑에 빠졌다. 페드로는 돈나에게 열광적이었으며, 그녀를 연회에 데려가고 싶어 했지만, 결국 버섯요리와 스테이크, 와인을 준비하기 위한 쇼핑을 하기로 합의를 보았다. 그런 다음 그가 엄마를 자신의 트레일러로 데려다가 멋진 스테이크 식사를 마련해 대접했다고 한다. 이것이 그녀가 밤새도록 밖에 나가 있었던 이유였다.
 페드로는 실제로 다정한 보통사람으로 밝혀졌으며, 매우 미남이

었다. 호리호리한 체구와 검은 용모를 가진 그가 자신의 스페인식 전통을 보여주었다. 그는 갈색 눈과 길고 우아한 전형적인 스페인 사람의 코, 그리고 짙은 코밑수염, 또한 검은 곱슬머리를 갖고 있었다. 그는 C.L.의 꼴사나운 육중한 체구에 비교하자면, 작은 사람이었다. 중요한 것은 그가 엄마를 사랑하며 친절하고 이해심 많은 사람인 것처럼 보인다는 것이었다. 나는 그가 수많은 자긍심과 선천적인 아이디어를 갖고 있던 사람이라고 말할 수 있다.

그는 멕시코, 치와와의 부자 가문 출신이었다. 그의 첫 아내는 그와 5명의 아이들을 낳았는데, 나는 그가 먼저 아내를 배신했다고 추측한다. 왜냐하면 어느 날 그녀가 그를 버렸기 때문이었다. 그는 미국으로 건너가서 식당 웨이터 조수, 접시닦이, 그 다음에는 웨이터로 일했다. 그리고 그는 이용(理容)학원에 다니기 위해서 돈을 저축했다. 이제 그는 숙련된 이발사이자 레이저커팅(razor-cutting)[7] 디자이너가 되었으며, 라스 베가스 공항에서 일하고 있었다. 하지만 그의 꿈은 시카고로 가서 자신의 가게를 여는 것이었다. 엄마는 흥분했고, 그녀 때문에 나도 행복했다. 그들은 만난 지 한 달도 못 되어 라스 베가스에서 결혼했다. 그들은 일리노이즈로 떠날 때까지 그의 트레일러에 머물렀다. 그리고 나는 피쉬맨 가족들과 함께 그들의 집에 묵고 있었다.

그 사이에 법원에서 다른 공판일이 있었고, 거기서 C.L.에 대해 강간죄가 선고되었다. C.L.은 판사 앞에 서서 모든 것을 부정했다. 나는 그의 체중이 많이 감소했다는 것을 알 수 있었다. 그들은 그가 의사가 특별식을 그에게 처방할 때까지 음식을 거부했으며 술을 끊게 하는 것이 쉽지 않았다고 내게 말해주었다.

9월에 학교가 다시 시작되자, 피쉬맨의 10대 아들인 헨리가 나

---

7) 면도날로 하는 헤어컷(Hair Cut) 기술

를 날마다 차로 태워다 주었다. 그와 나는 같은 고등학교에 등록 돼 있었다. 잠시 동안 우리의 로맨스가 꽃피었다. 비록 내가 그를 친구로서 아주 많이 좋아했지만, 대체로 나에 대해 열을 올린 것은 그였다. 우리는 많은 시간을 함께 보냈다. 그리고 더욱 더 나는 내 나이 또래의 사람들과 사귀는 것을 즐기게 되었다.

우리 고등학교 재봉반의 소녀들은 유명한 패션 잡지, 맥콜 (McCall)이 개최한 다과회에서 대접을 받았다. 그들이 우리의 드레스 양식에 관심을 가졌지만, 그들은 내가 만든 디자인보다도 나에게 흥미가 있는 것으로 보였다. 그들은 놀랍게도 나에게 패션모델 직업과 3년 계약을 제안했다. 그리고 나는 주 법정 대리인 사무소에서 허가를 받은 후에 이 두 가지 제안을 받아들였다. 나의 변호사는 내가 꼭 학교를 마칠 필요가 없다는 것에 동의했는데, 맥콜 잡지사측이 나와 다른 젊은 모델들에게 수학, 역사, 영어와 같은 기본교육과정을 제공했기 때문이다.

맥콜측이 내가 모델 일을 하기에 정신적으로 육체적으로 건강한가를 알기 위해 검사했던 방법 중 하나는 나를 정신과 의사에게 보낸 것이었다. 그가 내 자신에 관해 질문했을 때, 나는 그 의사에게 진리를 철저히 한 번 시험해보기로 결심했다. 금성에서부터의 삶에 관해 매우 참을성 있게 묵묵히 내 말을 들은 후에 그는 내게 말하기를 주저하지 않았던 하나의 결론에 이르게 되었다. 즉 금성에서의 나의 삶에 관한 이런 이야기들은 내가 적응할 수 없었던 매우 불행한 어린 시절로 인한 결과로서 일종의 상상력의 산물이라는 것이다. 다시 말하면, 내가 마음의 안락함을 구하기 위해 상상으로 내 자신만의 세계를 창조해 냈다는 이야기였다.

나는 그의 결론 때문에 불쾌하지는 않다고 응답했는데, 왜냐하면 인간세계의 모든 물질적인 것들, 모든 경이로운 것들에 대한 핵심 열쇠가 상상력이기 때문이다. 나는 인간이 만든 모든 것은 그것이 물질세계에서 창조되기 이전에는 최초로 누군가의 상상 속에서 존재했다는 것을 계속 설명해 나갔다.

그 정신과 의사는 내가 무엇을 생각하고 무엇을 말하는 것인지 알지 못한 채 그저 나를 쳐다보았다. 그는 거기에 대해 논쟁할 수 없었으며, 매우 당황한 것으로 보였다. 맥콜 잡지사측은 그로부터 금성에 관한 언급이 없는 매우 훌륭한 보고서를 받았는데, 이것은 은밀한 대담내용이었기 때문이다. 그 정신과 의사는 내가 문제들을 받아들여 다룰 수 있는 정신적으로 균형 잡힌 여성이라고 언급했다. 그리고 사실 나는 그 어떤 심각한 감정적 문제도 갖고 있지 않았다.

내가 네바다에 머물고 있다는 것을 상기시켜 준 것은 수많은 새로운 장소들을 보는 시간이었다. 카메라맨들과 장비 담당조와 함께 우리는 캘리포니아, 아리조나, 네바다 등에 있는 경치 좋은 지역들을 여행했다. 학교에 가는 대신에 나는 매주 하루나 이틀 정도 일했으며, 보수는 매우 좋았다. 맥콜측과 일했던 나의 경력은 3명의 소녀들과 함께 잡지 표지에 나온 직후에 끝났다. 주 법정대리인 사무소는 나의 계약을 무효로 해달라고 요청했는데, 내가 마을 밖으로 자주 이동해야 하다 보니 법정에 출석하는 문제와 종종 갈등을 일으켰기 때문이다.

어느 날 경찰관 한 사람이 걸어서 다가오더니, 아주 굳은 표정으로 이렇게 물었다.

"당신이 쉴라 집슨, 허드슨, 리널드, 맥리란이 맞나요?"

"예"

내가 대답했다.

"옳거니! 당신은 분명히 당신 나이 또래의 소녀치고는 많은 별칭들을 갖고 있군요."

그가 웃었다. 그가 내게 말한 것은 인상적이었다. 그때 그는 소

80

환영장을 내게 전해 주었다. 나는 그것을 보고 내가 C.L.의 재판에 출석하는 것이 매우 중요하다는 모든 법률 전문용어들을 이해했다. 내 변호사는 그 영장 내용대로 지키라고 내게 같은 조언을 해주었다. 우리의 공판일은 곧 시작될 예정이었다.

바로 그때 나는 돈나로부터 온 편지를 받았는데, 그것은 자기가 심한 병에 걸려서 내 도움이 필요하다는 내용이었다. 내가 공판일에 앞서 몇 주 동안 시카고로 가야할 것인가? 나는 내 변호사에게 이렇게 해도 좋은지를 물어보았다. 그는 좋다고 말했지만, 나는 떠나기 전에 들러서 그를 만나보았다.

변호사는 내게 자기 카드를 건네주며 말했다.

"우리가 당신 교통요금을 지불할 것입니다. 그러니 돌아올 수 없는 어떤 일이 발생하면, 반드시 내게 전화하기 바랍니다. 당신은 비행기로 돌아올 수도 있습니다 … C.L.이 오랜 시간 동안 교도소에 수감돼 있었고, 모든 공판날짜가 정해졌기 때문에 당신은 이 시기에 이곳에 있어야 합니다. 그래야 우리가 그를 한동안 감옥에 집어넣을 수가 있습니다."

나는 그에게 고맙다고 말하고 작별인사를 했다. 한 번 더 나는 미국 땅을 횡단하여 새로운 주(州)로 가는 버스에 올랐다.

버스 창문을 통해 내가 처음 본 시카고는 춥고 음산하여 볼품없는 모습이었다.

'태양이 강렬하고 탁 트인 사막과 비교할 때, 이곳은 얼마나 우중충한 곳인가!'

나는 이렇게 속으로 생각했다. 하지만 그때 이후 나는 마음을 바꾸었다. 오늘날 나는 시카고가 미국에서 가장 아름다운 도시들 중의 하나라고 생각한다. 거대한 괴물처럼 보이는 버스터미널에 내려서자, 나는 완전히 방향감각을 상실했다.

'도대체 그들은 어디 있는 거지?'

'어디로 가야하나?'

'누구에게 연락을 해야 하지?'

그리고 나는 역시 엄마가 걱정되었다.

나는 터미널 2층으로 올라갔고, 대기소를 보았다. 그래서 나는 가장 좋은 방법은 앉아서 기다리는 것이라고 결정했다. 도처에서 사람들의 무리가 북적거리며 웅성댔다.

"쉴라야!"

그때 나는 내 이름을 부르는 소리를 들었다. 내가 그들을 보기에 앞서 엄마와 페드로가 거의 내 가까이에 서 있었다.

"안녕하세요. 엄마! 몸은 어떠세요?"

"많이 좋아졌단다. 귀여운 것."

그녀가 응답했다. 엄마는 몹시 건강해보였다.

"우리는 카우보이 옷을 입은 소녀가 너라고 생각하고 쫓아왔지 뭐냐."

나는 기뻐해야 할지, 아니면 슬퍼해야 할지 알지 못했다. 나는 그녀가 전혀 앓은 적이 없고 그녀의 편지는 단지 나를 네바다에서 유인하기 위한 속임수라고 느꼈다.

얼마 후에 우리는 집에 도착했고 엄마는 내 소환영장을 보고 싶어 했다. 나는 머뭇거리며 그것을 그녀에게 건네주었다. 그런데 그녀가 바로 내 면전에서 그것을 갈가리 찢어버릴 때 나는 몸이 얼어붙었으며, 그저 눈이 휘둥그레져 그녀를 쳐다 보았다.

"무슨 짓을 하시는 거예요!"

내가 놀라서 소리쳤다.

"나는 너를 C.L.의 법정에 못나가게 할거다."

"하지만 왜요?"

"난 그놈이 너를 죽일까봐 두렵기 때문이다."

엄마 돈나는 격한 어투로 말했다.

나는 얼떨떨한 심정으로 거기 서 있었다.

"저는 법정에 나가 C.L.과 얼굴을 마주하는 것이 두렵지 않아요."

입씨름하는 것은 쓸모없는 짓이었다.

"네가 나처럼 두렵지가 않다고?"

엄마는 말했다.

"나는 네가 어떻게 될지 두렵다. 왜냐하면 나는 C.L.이 어떤 인간인지 알기 때문이다. 나는 그놈과 10년을 같이 살았기에 너보다는 내가 그자를 더 잘 안다."

페드로는 내가 네바다로 돌아가서는 안 된다는 엄마의 주장에 동의했다. 그 순간 나는 그 문제를 내버려 두기로 했다. 하지만 마음속으로는 내가 혼자 있게 되자마자 변호사에게 전화를 하기로 마음먹었다. 그런데 그 다음 날 나는 지갑 속에서 카드를 찾을 수가 없었는데, 엄마와 페드로가 그것은 슬쩍 빼낸 것이 틀림없었다. 나는 피쉬맨 가족들에게 (그곳에 남아 있는) 나머지 내 옷들을 포기하겠다고 편지를 썼다. 그리고 아마도 내가 그들을 다시는 보지 못할 거라는 사실을 깨달았다. 나의 시카고에서의 생활은 마음이 편치 않은 뜻밖의 사태로 시작되고 있었다.

가구가 비치된 우리의 원룸 아파트는 내부가 낡고 고장난 건물보다 별로 나을 게 없어 보였다. 그것은 정말로 하나의 침실에 지나지 않았다. 나는 엄마와 페드로가 늘 근처에 있는 작은 멕시칸 레스토랑에 갔다 온다는 것을 알았다. 엄마는 생활하는 것이 잠시 동안 불편하겠지만, 곧 우리가 더 나은 곳으로 이사하게 될 것이라고 애써 설명했다. 그녀와 페드로는 그가 이곳 일리노이즈 주에서 개업자격을 따기 위해 이용학원에 다니는 동안 여전히 이발소를 열기 위해 돈을 저축하고 있었다. 동시에 그는 스타일리스트나 이발사로 일했다.

나는 페드로에 대해서는 별로 신경쓰지 않았다. 그에 관한 무엇인가가 나를 성가시게 하는 것이 있었지만, 그것이 정확히 무엇인지는 알지 못했다. 그렇더라도 나는 그가 늘 호의적이고 관대했다는 것, 그리고 그와 함께하는 삶이 엄마에게는 분명히 멋진 것이었다는 사실만은 인정해야 했다.

무엇보다 나를 난처하게 했던 것은 우리의 아파트가 우리 셋 모두가 같은 침대에서 함께 자야만 했다는 것이다. 나는 될 수 있는 한은 벽 쪽을 향해 가깝게 누워 잤다. 벽을 따라서 꼭지가 달린 송수관이 쭉 나와 있었는데, 나는 때때로 한 밤중에 돌아눕는 동안 잠에서 깼다. 가끔 그 수도관에서 미처 알아차리기도 전에 물이 분출되어 침대 위의 우리 모두를 적시곤 했기 때문이다. 분명히 말하지만 그렇다고 그것이 한 겨울 밤에 침대에서 샤워하는 것 같은 상황은 아니었다.

나는 컴컴한 밤에 누군가가 나를 손으로 건드리는 불안한 느낌에 깨어났던 적이 몇 번 있었다. 그러나 내가 완전히 깨어 일어났을 때, 돈나와 페드로는 평화롭게 자고 있었다.

'어쩌면 그것은 단지 나의 상상일 뿐이야.'

나는 생각했다.

'아마도 내가 그냥 꿈을 꾸고 있었겠지'

나는 그때 페드로를 믿고 있었기 때문에 그것에 대해 크게 주의를 기울이지 않았다. 나는 그저 그들과 함께 자다보니 그런 것이 내 꿈에 영향이 미쳐진 것이라고 추측했다.

우리가 그 아파트에서 내가 도착한 이후 1주일 이상 살지는 않았다. 드디어 페드로가 우리를 데리고 가서 새 이발소를 보여주었다. 그것은 번화한 유대인 거주구역 한 가운데에 위치해 있었다. 그 가게는 어수선했으며, 우리는 청소와 걸레질, 페인트칠을 하느라 며칠을 보냈다. 페드로는 새로운 이발의자를 주문했고, 타일 바닥을 교체했다.

나는 우리가 돈을 모으기 위해서 이발소 뒤에 있는 공간에서 살게 된다는 것에 실망했는데, 그곳은 한 때 미용실이었다. 하루 내지 이틀을 그곳을 수선하는 데 보낸 후에야 우리가 살 새 거처가 준비되었다. 엄마와 페드로는 그들만의 침대를 마련했고, 고맙게도 나는 가게로 향한 홀 안에 있는 긴 소파에서 잠을 자게 되었다. 두 개의 버너가 달린 요리용 철판은 주방에서 쓸모가 있었다. 작은 싱크대의 수도꼭지에는 호스가 연결돼 있어서 목욕할 때 우리가 이용했던 함지에다 물을 채울 수 있었다. 화장실은 뒤쪽 입구 옆에 있었다.

오래지 않아 이발소는 아주 잘 운영되어 나갔다. 페드로는 탁월한 이발사였고 훌륭한 이발 솜씨로 유명해졌다. 사람들은 그를 좋아했다. 매우 아량 있는 사람인 페드로는 우리에게 쇼핑을 가자고 했고, 음식점과 영화관에도 데려갔다. 거의 모든 것이 C.L.과 함께 살 때보다 나아졌다고 생각되었다. 때때로 페드로와 엄마는 술을 마셨지만, 거기에 어떤 다툼은 없었다. 그러므로 내가 정말 걱정해야 할 이유는 별로 없었다.

처음에 페드로는 내가 남자친구를 사귀는 것을 허용하지 않았지만, 엄마가 언쟁을 벌여 그의 허락을 받아냈다. 나의 사회생활은 빠른 속도로 계속 진척되었고, 머지않아 나는 많은 남자친구들을 갖게 되었다. 나는 아주 젊었으며, 당시 어떤 일이나 어떤 사람에 대해 심각하게 생각하지 않았다. 나는 다른 무엇보다도 좀 더 자유롭게 되기를 원했다.

나는 스스로 웨이트리스 일자리를 얻었다. 나는 이 일을 즐겼으며, 그것이 지위가 낮은 직종이라는 데는 구애되지 않았다. 동시에 나는 시카고에서 프리랜서 모델 일을 하기 시작했다. 나의 첫 일거리는 〈화이트 레인 샴푸〉를 위한 것이었는데, 그들은 상점들에다 배치할 나에 관한 마분지 포스터를 제작했다. 가장 수입이 좋은 일거리는 폴리보이사의 스웨트셔츠(Sweatshirt)8)였으며, 그것은 1년 동안 매달마다 300달러의 수입을 가져다주었다. 리 바이스(Levi's)사의 TV 광고방송 역시 수입이 좋았다. 때때로 나는 일주일에 2~3번 정도 일을 했다. 그리고 어떤 때는 단지 한 달에 2번 정도 일을 할 때도 있었다.

나는 종종 C.L.의 일이 어떻게 진행되는가에 대해 알고 싶었고, 내가 법정에서 증언할 수 있기를 원했다. 우리는 나중에 C.L.이 석방되었다는 것을 알고 있었다. 테네시에서 편지 한 통이 도착했는데, 그것은 C.L.이 할머니에게 보낸 것을 그녀가 우리에게 다시 우송한 것이었다. 우리에게 전하는 그 내용은 그가 자신의 병을 어떻게 앓고 있는가에 관해 이렇게 시작되고 있었다.

"쉴라, 나는 네가 나의 이 모든 것에 대해 어떻게 말할지 모르겠구나 …"

그 내용으로 미루어 그는 자신이 저지른 행위에 대해 고통의 업보(業報)를 받고 있는 것으로 보였다. 나는 그 편지 이후로는 전혀 그를 보거나 그에 관해 들어보지 못했다.

얼마 후 엄마와 페드로는 술을 마시고 점차 다투기 시작했다. 그 다툼이 그리 최악의 것은 아니었으나, 나는 페드로가 점점 엄마를 구타하는 습관이 들어가는 것을 보았다. 그는 더욱 비열해져 갔고, 내가 밖에서 여자 친구들과 돌아다니는 것을 비난하거나 남자들과 데이트하는 것에 대해 불쾌한 내색을 했다.

페드로는 엄마가 취했거나 반쯤 취했을 때를 충분히 이용했다. 나는 그가 나를 겁탈하려고 끈덕지게 시도하는 가운데 사방에서 그와 싸우면서 발길질을 하고 소리를 질렀다. 거의 날마다 나는

---

8)두껍고 헐거운 스웨터. 운동선수들이 보온 또는 방한용으로 입는 옷.

결국 페드로가 잠들 때까지 욕실에서 스스로 문을 잠그고 있는 처지가 되었다.

페드로가 한 번은 엄마가 궤양으로 침대에 앓아 누워있을 때 나를 외식자리에 데려간 적이 있었다. 귀가하는 길에 그는 나를 꼬셔서 호텔로 데려가고자 내 몸을 잡아끄는 것도 모자라 온갖 수단 방법을 가리려하지 않았다. 그런데 토할 것 같은 느낌과 내 명치 부분에 좀 이상한 증상이 나타났고, 나는 나중에 엄마에게 그것에 관해 이야기 했다.

나는 내가 이사를 나가야 할 때가 왔다고 깨달았다.

"저는 어떤 문제가 시작되기 전에 따로 나가서 살고 싶어요."

나는 엄마에게 말했다.

"C.L.에게 당했던 것과 똑같은 일을 겪고 싶지 않기 때문이에요."

엄마는 동의하지 않았다.

"하지만 너는 너무 어려. 너 혼자 이사 나가서 살 수는 없을 거야."

"저는 이제 곧 16살이 되요. 그리고 직업도 갖고 있어요. 게다가 저는 엄마를 사랑하고 환경이 바뀌길 원해요. 이곳은 우리 모두가 너무 밀접해 있어서 사생활이 거의 없다고 생각해요."

"고생깨나 하게 될 거다."

페드로가 주의를 주었다.

"하지만 난 널 말리고 싶지는 않다."

1주일 좀 못되어 나는 쉐리던 가(街)에서 침실이 하나인 아파트를 발견했다. 그것이 이 지역 내에서 아주 썩 좋은 장소는 아니었지만, 적어도 나는 페드로로부터 멀리 벗어날 수는 있었다.

그날 나는 이사를 나갔고, 은행에 가서 내 예금을 찾았다. 아파트를 계약한 후에 남은 돈은 100달러가 전부였다. 그리고 일하러 갈 때 나는 버스를 타고 다녔다. 어느 날 나는 레스토랑 문을 통과해서 내 동료들에게 인사했다. 그리고 갑자기 멈칫 서버렸다. 아, 내 지갑! 나는 갑자기 돈과 아파트 열쇠, 그 밖의 모든 것을 버스에다 두고 내린 기억이 떠올랐다. 나는 버스에서 쇼핑백을 집어 올리면서 지갑을 좌석에다 놓고 내려 버렸던 것이다.

"어머나!"

나는 급하게 달려 나가 내가 본 첫 번째 차로 돌진했다. 하지만 그 차는 나를 보지 못하고 달아났다. 그때 나는 도로 건너편에서 정지신호 때문에 대기하고 있는 한 경찰을 보았다. 나는 차량행렬을 뚫고 거기까지 뛰어가서 그 놀란 경찰에게 내 처지를 허겁지겁 설명했다.

"뒤에 빨리 타세요."

경찰은 주저 없이 내게 지시했다. 그는 사이렌을 울리고 경광등(警光燈)을 번쩍이며 달려 나갔다. 우리는 전속력으로 로렌스 거리를 질주해 내려갔는데, 그 버스는 멀리 떨어진 거리에서 자그마하게 보여 희망이 없어 보였다. 속도를 높여 나감에 따라 우리는 도로를 건너고 있던 2명의 수녀들에게 가까워지게 되었다.

바로 그때 나는 우리가 페드로의 이발소에 접근하고 있음을 깨달았다. 그리고 우리가 그 4거리에서 정지신호에 걸렸던 것은 나의 행운이었다. 경찰관은 속도를 늦추었고 사이렌 소리가 우리가 그대로 통과하겠다는 경고를 하고 있었다.

그때 문득 밖을 내다보자 페드로가 마침 경찰 순찰차에 뒷좌석에 앉아있던 나를 보았다. 페드로는 면도기를 떨어뜨렸고 전화기를 향해 돌진했다.

"오, 안 돼!"

나는 두렵다고 생각했다. 하지만 지금 내 마음은 버스에다 모두 빼앗긴 상태였다. 나는 지갑을 결코 다시는 되찾지 못할까봐 걱정되었다.

그 버스가 정지신호로 인해 멈추어 섰을 때, 우리는 그 앞에 당도했다. 그리고 차를 도로 한쪽으로 세우라고 소리쳤다. 사이렌 소리는 계속 울리고 있었다. 우리 두 사람이 순찰차에서 뛰어내리는 것을 보자, 버스 운전사는 깜짝 놀랐고, 자신이 체포되는 것이 아닌가 하고 생각했지만 무엇 때문인지 알지 못했다. 그는 경찰이 버스를 뒤쫓아 오는 경우는 드물다는 것을 알고 있었다.

겁먹은 버스 운전사가 자신의 손을 번쩍 쳐들었다. 나는 버스로 올라가 뒷좌석으로 달려갔다. … 그리고 그것은 아직 거기 있었다! 내 지갑은 여전히 그곳에 있었던 것이다. 아마도 그 소형 지갑이 그 좌석 색깔과 같았기 때문에 아무도 그것을 보지 못한 것 같았다.

그동안 경찰관은 버스 운전사를 진정시키기 위해 애쓰고 있었다.

"손을 내려요. 당신은 체포되지 않습니다."

그는 웃으면서 말했다. 운전사가 입을 열었다.

"이제 와서 말이지만, 당신 때문에 겁나서 죽을 뻔했어요."

돌아오는 길에 그 경찰관은 나에게 훈계를 했다.

"젊은 아가씨, 이 사건이 당신에게 하나의 교훈이 되도록 하세요. 모든 경찰들이 당신을 위해 이런 일을 해주지는 않으니까요. 당신은 자신의 소지품에 좀 더 유의해야 합니다. 당신 지갑이 아직 거기에 있었던 것은 정말 운이 좋았습니다. 하지만 그것은 나에게도 역시 즐거운 일이었습니다. 아주 재미있었어요."

레스토랑의 모든 사람들은 어리벙벙해 있었다. 그들은 내가 걸어들어 오더니 돌연 성급히 달려 나갔고, 지나가는 한 남자의 차에 달려들었으며, 이어서 같은 방향으로 가던 경찰차로 뛰어가는 모습을 목격했던 것이다. 그들은 그 남자가 추적당할 만한 무슨 일을 저질렀는지를 궁금해 했다. 전혀 갈피를 잡지 못한 채 그들은 나를 기다리고 있었다.

내가 돌아오자 그들은 떼로 내 주변에 몰려들었다.

"무슨 일이었어? 그 남자가 무슨 짓을 한거야?"

"어떤 남자요?"

나는 난처한 표정으로 물었다.

"차를 타고 달아난 남자 말이야. 그리고 그 후 네가 경찰차로 그를 뒤쫓았잖아?"

"그 사람은 아무 짓도 하지 않았어요."

나는 그들이 얼마나 걱정하며 나를 기다리고 있었는지를 듣고서 놀라고 말았다.

"나는 내가 버스에다 지갑을 두고 내렸기 때문에 그 버스 따라잡는 것을 도와달라고 부탁하려 했었어요. 그리고 그 차를 놓쳤을 때 마침 경찰차를 보았던 것이고요."

모든 사람들은 그것이 아주 재미있는 광경이었다고 생각했다. 최종적으로 나는 엄마에게 전화를 걸었다. 그녀는 안절부절 하고 있었다.

"페드로가 너를 보았을 때 그는 하마터면 손님 귀를 자를 뻔 했단다! 우린 둘 다 놀라서 신경이 곤두 서 있었어."

내가 그 내막을 설명하자, 그녀는 웃기 시작했다. 하지만 페드로는 화가 난 채로 빈정거렸다.

"그거 보라고, 그 애가 혼자 나가 있으면 말썽을 일으킬 거라고 내가 당신한테 말했잖아. 그리고 그게 불과 첫날에 일어난 거 아니냐고."

나 자신만의 생활의 자유는 내가 내 스스로를 돌보기 위해 비용을 치를만한 충분한 가치가 있었다. 나는 그곳에서 오고 가며 생활하는 것이 즐거웠다. 그리고 내가 소중히 하는 친구들과의 만남을 즐겼다. 이것은 나의 새로운 삶의 방식이었으며, 나는 그것을 만끽했다. 페드로의 술 취한 추태에서 벗어나서 사는 것만으로도 천국이었다.

모델 일은 내가 필요로 했던 돈보다 훨씬 많은 수입을 내게 가져다주었고, 나는 그 대부분을 바보같이 낭비했다. 나는 입던 옷을 세탁하는 대신에 그것을 버리고 새 옷을 구입했다. 그리고 모든 내 친구들을 데리고 나가 스테이크 식사를 하곤 했었다. 나는 내 내 외식(外食)만을 고집했다.

이때는 내가 파티와 사교생활에 더욱 더 관심을 갖게 된 삶의 시기였다. 왜냐하면 C.L.은 내가 친구들을 갖는 것을 허용하지 않았고, 우리는 결코 누군가를 충분히 알 만큼 한 장소에서 오래 살지 않았기 때문이다. 나는 곧 내가 살던 아파트의 우리 층에서 좋지 않은 평판을 얻게 되었는데, 그것은 소란스러운 파티가 계속되었기 때문이었다. 그리고 나는 어떻게 소문과 평판이 시작되는지에 대해 무지했다. 즉 사람들은 시끄러운 파티가 있을 경우 거기에는 분명히 알콜과 섹스가 있을 거라고 믿는 경향이 있다는 것이다.

시간이 지나감에 따라 내 아파트에서의 파티는 점점 더 소란스러워졌다. 가장 요란한 파티는 엄마와 페드로가 나를 다시 억지로 이발소로 데려가기 직전에 열렸다. 그렇게 많은 사람들이 파티에 몰려던 이유는 내가 레스토랑에 왔던 학생들에게 그들 모두를 초대하겠다고 말했기 때문이었다.

잊혀 지지 않는 그날 밤에 내 아파트 문에는 다음과 같은 한 가지 게시문구가 부착돼 있었다.

"소년들이여, 들어오기 전에 당신의 셔츠를 벗어라."

그 전반적인 아이디어는 내 아파트 층 한 가운데서 남자들 모두가 셔츠를 벗자는 것이었다. 그리고 소녀들 각자가 그중 하나를 집어 올리면, 그 셔츠의 주인이 그녀의 댄싱 파트너가 된다는 계획이었다.

모든 것 가운데 가장 기묘한 게임은 한 소녀를 어두운 방 안에서 교체하는 것이었다. 그것은 우리들 중의 한 사람이 주변을 빙빙 도는 동안, 모든 소년들이 거실에서 원을 이루어 서 있는 상태에서 지목하는 게임이었다. 즉 방 안에 있는 소녀가 "멈춰!"라고 소리치면, 그 순간 지명 받은 어느 소년이든 방속의 그 소녀와 5분 동안 위치를 바꾸는 것이다. 그것은 지나치게 악의적이지 않은 재미가 5분마다 생길 수 있었다.

내가 만든 발효사과 사이다를 마시는 동안 우리는 시시각각 더 큰 소리로 수다를 떨게 되었다. 물론 사내 녀석들 중에 일부는 우리가 알지 못하는 외부의 비상계단에다 숨겨두었던 위스키를 가져왔다. 경찰이 도착했을 때(아마도 귀를 솜으로 틀어막았던 이웃 주민들이 그것이 별로 도움이 안 되자, 경찰을 불렀을 것이다.) 우리의 아파트는 일종의 난장판이었다. 경관은 최악이라고 추측했다. 그러나 그는 편견 없이 나에게 해명할 기회를 주었다.

"저기, 이것은 해롭지 않은 파티였어요."

그는 내가 했던 설명을 들은 후에 그것을 인정했다. 그리고 나를 복도로 데리고 나갔다.

"쉴라, 당신은 이곳의 나이든 주민들이 어떻다는 것을 알아야 합니다. 그들은 자기들이 방해받는 이런 식의 소란을 좋아하지 않아요. 시끄럽게 소란 피우지 말고 앞으로 조용히 하세요. 그렇게 한다면 우리는 이것을 더 이상 문제 삼지 않고 물러가겠습니다."

나는 그들에게 고맙다고 말했고, 그들은 다른 아이들에게도 같은 말을 전한 후 돌아갔다. 나는 그들을 조용하게 하려고 노력했다. 우리의 파티는 아침 7시 30분에야 끝났다.

9시에 나는 요란하게 울리는 전화벨 소리에 깨어나 주변을 둘러

보았다. 이곳저곳에 사람들이 널브러져 잠자고 있었다. 내 침대에도 나와 함께 4~5명의 남자여자 아이들이 엇갈려 뻗어있었다. 한 녀석은 소파 아래에 누워있었고, 다른 녀석은 욕조 안에서 자고 있었다. 작은 방안에도 역시 마찬가지였다. 한쪽 벽에서 다른 쪽 벽까지 사람들이 꽉 차 있었다. 나는 울리는 전화기를 들어 올렸다. 그것은 엄마였다, 그녀는 내가 어떻게 지내고 있는지를 물었다. 나는 졸려서 눈이 감기고 있었지만 가까스로 몸을 추슬러 모든 게 잘되고 있다고 말했다. 그녀는 별로 의심하지 않았다. 하지만 며칠 후, 경찰에 신고를 했던 옆집에 사는 나이 지긋한 한 여자가 나를 집으로 보내버리기 위한 기회를 잡았다. 전화벨이 울렸을 때 나는 나를 방문했던 친구들과 복도로 나와 있었다. 전화를 한 것은 엄마였다. 그리고 그 나이든 여자가 그것에 관해 답변하기 위해 내 아파트 안으로 들어왔다. 그녀가 갑자기 내 전화를 가로채더니 거기에다 대고 이렇게 잔소리를 했다.

"당신은 자기 딸에 대해 신경도 안 씁니까? 계속 이런 식이라면 와서 당신 딸을 데려가야 할 겁니다. 이애는 어린 매춘부예요. 늘 사내놈들과 들락날락 한다고요."

그날 내가 일하고 돌아오자, 그들은 나를 기다리고 있었다. 나는 현장에서 이발소로 돌아가라는 명령을 받았다. 나는 미성년자였고 법적으로 나에 대한 미성년자 보호감독권은 엄마에게 있었다. 나는 이렇게 해야 하는 것이 정말 싫었고, 내내 불만스러웠지만, 페드로는 내가 집에 도착할 때까지 긴장을 늦추지 않았다. 나는 그곳이 안전하지 않다고 느꼈으나, 결국 이발소로 돌아가게 되고 말았다.

"우리는 네가 점점 더 어떤 문제들을 일으키게 놔둘 수가 없구나."

그들은 우려하는 소리로 말했다. 엄마가 그 전화 통화에 관해 언급했을 때, 나는 물었다.

"왜 그 여자가 그렇게 말했을까요? 단지 내가 많은 친구들을 갖고 있다고 해서 그게 그들 모두와 섹스를 했다는 의미가 아니잖아요?"

엄마는 창녀가 어떤지를 설명했다. 그리고 만약 내가 너무 많은 남자들과 아파트를 들락날락할 경우, 내가 순수하냐 아니냐에 관계없이 그 자체가 좋게 보이지 않는다는 것이었다. 나는 지구사회에서는 혼자 있는 사람이 자신의 거처에 사람을 초대하면 주위의 눈총을 받게 된다는 것을 알았다.

다시 한 번 나는 지구상의 삶에 관한 중요한 교훈을 배웠다. 내가 남녀 친구들을 아파트로 끌어들여 주위를 시끄럽게 했기 때문에 내 평판은 나빴다. 당시 독립해서 제 힘으로 살아가는 젊은 애들은 많지 않았다. 그들 나이 때에는 대개 학교에 다니거나, 부모와 함께 살았다. 그렇기에 나만큼 젊은 누군가가 자기 소유의 아파트에서 사는 것은 인기가 높았다.

"아!"

나는 외쳤다.

"이것이 사람들이 생각하는 방식이라면, 그들이 나를 나쁘다고 생각했던 것은 놀랄만한 것이 아니야."

내가 이발소로 돌아간 지 불과 며칠 후, 우리는 함께 텍사스, 엘파소로 여행했다. 거기서 페드로는 우리를 호텔에다 떨어뜨려놓고 멕시코에 있는 자기 가족들을 방문하러 갔다.

우리가 엘파소에 머문지 이틀이 지났을 때였다. 저녁 때 나는 우리가 선호하는 레스토랑에서 음식과 마실 것을 주문하기 위해 호텔을 나왔고, 엄마는 속이 빈 가운데 내가 돌아오기를 기다리고 있었다.

내가 주문한 것이 나오길 기다리며 부스에 앉아 있을 때, 나는 검은 머리와 푸른 눈을 가진 군복 차림의 젊고 미남인 남성이 나를 쳐다보고 있다는 걸 알아차렸다. 나는 그가 다른 누군가를 보는 것이 아닌가하고 주위를 힐끗 쳐다보았지만, 그것은 아니었다.

이윽고 그가 다가오더니 "안녕하세요."라고 내게 말을 걸었다. 그는 자기가 여자에게 집적거리기 위한 것이 아니라고 설명했다. 내가 자신이 일찍이 본 여자들 중에서 가장 아름답다고 말했던 그는 미술가였다. 그는 나의 얼굴과 눈, 코 등이 모두 균형 잡혀 있다고 했고, 나의 긴 목과 아름다운 머리가 완벽하다는 것이었다.

"실례지만, 제가 언젠가 당신 초상화 작업을 해도 괜찮겠습니까?"

나는 잠자코 있었지만, 매우 기뻤다. 그는 호텔에까지 나를 따라 왔고 자기에게 잠시 시간을 내달라고 말했다. 칼(Carl)이 그의 이름이었는데, 그는 독일 혈통이었다. 독일어를 유창하게 할 수 있었기 때문에 현재 그는 독일에 배치 받아 근무하고 있었다.

나는 그에게 매우 호감이 갔으므로 다음날 오후에 공원에서 만나면 좋겠다고 말했고, 그에게 내 초상화 작업을 할 수 있게 하겠다고 했다.

나는 엄마에게 칼에 관해서 이야기했다. 그리고 우리 두 사람은 다음 날 그를 만나는 것에 마음이 들떠 있었다. 하지만 그날 밤 페드로가 내 풍선(기대)을 터뜨리기 위해 돌아왔다. 즉 그날 아침 10시에 우리가 떠나게 될 거라는 것이었다. 하지만 다음날 아침 우리는 기차가 오후 2시까지는 출발하지 않는다는 사실을 알았다. 나는 속으로 쾌재를 불렀다. 오후가 가까워지자 나는 종잇조각에다 적은 내 이름과 주소를 갖고 살금살금 호텔을 빠져나왔다. 나는 맨발로 공원으로 내달렸다. 칼은 이미 나를 기다리고 있었다.

"칼, 미안하지만, 나는 당신을 위해 포즈를 취해줄 수가 없어요. 왜냐하면 내 계부(繼父)가 돌아왔고, 그는 그런 것을 이해할만한 타입의 사람이 아니기 때문이에요. 그는 이곳의 누구와도 이야기 하지 말라고 했어요."

나는 잠시 숨을 돌렸다.

"하지만 난 당신이 좋아요. 그리고 당신이 원한다면, 내게 편지를 써도 좋다고 생각해요."

칼은 그저 슬픈 표정으로 나를 바라보며 서 있었다.

"우리가 더 이상 함께 시간을 보내지 못한다는 게 얼마나 슬픈지 모르겠어요."

그가 말했다.

"나는 오늘 독일로 돌아가야 한다는 것을 조금 전에 알았습니다. 그리고 내가 이곳에 온 것은 그것을 알려주고 당신이 헛되이 기다리지 않게 하기 위해서예요. 나 역시 당신을 너무 좋아하기 때문에 당신께 편지를 쓸 것입니다. 나는 세상 곳곳에서 여자들을 보아왔지만, 당신만큼 아름다운 사람은 결코 본적이 없어요."

그가 상냥하게 말했다.

"당신에게 얼마나 고마운지 모르겠네요."

나는 당혹스러웠다. 나는 호텔로 돌아왔고, 그것이 내가 그를 마지막으로 본 것이었다. 그 이후 나는 매달마다 칼이 주둔해 있던 독일로부터 온 그의 편지를 받았다. 편지를 보낼 때마다 그는 독일의 풍경이라든가, 자기가 방문했던 성곽에 관한 스케치들을 함께 보내곤 했다. 그리고 그는 자신의 사진들을 동봉했다. 나는 거기에 대한 답례로 나의 모델 사진들을 보내주었다. 그 사진들은 예를 들자면, 업체 측에서 나를 검고 목 부분이 깊이 파진 옷과 패드를 넣은 브라자로 영화배우 마릴린 먼로처럼 포즈를 취하게 한 것들이었다. 내가 옷을 일부 끌어올렸을 때 레이스가 달린 양말대님이 보였다. 칼은 모든 것 가운데 그것을 가장 좋아했다. 그는 그 사진들이 자기가 아는 모든 군인들로 하여금 나에게 열광하도록 만들었다고 말했다.

　우리는 편지 속에서 우리의 종교적 신념과 가족생활, 아이들, 교육, 결혼에 대해 의견을 나누었다. 그리고 많은 것들에서 우리의 의견이 일치한다는 사실과 공통적으로 좋아하고 싫어하는 것이 많다는 점을 발견했다. 그는 이것에 관해 흥분했고, 마침내 자신과 결혼해 줄 수 있는지를 물어보았다. 나는 승낙했다. 비록 우리가 함께 보낸 시간이 거의 없었지만, 나는 칼을 너무 사랑했다. 나는 우리가 전생(前生)에서부터 알고 있었고 서로 사랑했다고 느꼈다.

　다음 편지에서 칼은 다듬어지지 않은 2-캐럿 다이아몬드를 구입했다고 알려왔다. 그리고 얼마나 내가 그것을 끼고 싶은지를 물어보았다. 그는 나에게 약혼반지를 보내려고 계획하고 있었다. 얼마 후 화이트 골드 벨트와 함께 백금 속에 1.1캐럿 다이아몬드가 박힌 반지가 우편으로 도착했다. 내 모든 친구들은 그 아름다움에 숨이 막힐 듯이 놀라워했고, 물론 나는 너무나 기뻤다.

　우리의 계획은 다가오는 여름에 내가 독일로 건너가서 그곳에서 결혼하는 것이었다. 내가 이 모든 것에 관해 들었을 때, 나는 내 과거에 관해, 그리고 내가 더 이상 처녀가 아니라는 사실에 대해 양심의 가책을 느끼기 시작했다. 나는 칼에게 그가 그런 진실을 알아야만 비로소 결혼할 수 있다고 편지를 썼다. 나는 나의 의붓아버지가 나를 14살 때 겁탈했고 더 이상 처녀가 아니라고 말했다. 그러자 독일에서 다음과 같은 전보 한 장이 도착했다.

　“과거는 문제가 되지 않아. 나는 지금의 당신을 사랑해.”
　　　　　　　　　　　　　　　- 사랑하는 칼 -

　비록 내가 그를 단지 편지를 통해 알았고, 또 그가 내게 전혀 애무를 하거나 키스를 한 적이 없었지만, 그것은 별 차이가 없었다. 나는 칼을 사랑했으며, 다가오는 여름을 고대하고 있었다. 그가 내게 돈을 보내왔고, 나는 필요한 모든 것, 특히 결혼예복을 사러갔다. 마음에 드는 예복을 찾지 못한 나는 내 스스로 디자인을 했다. 그런 다음 그것을 결혼예복으로 만들기 위해 재봉사에게 갖고 갔다. 그것은 실크와 레이스가 달린 멋진 것이었다. 레이스로 장식된 면사포는 진주왕관을 갖고 있었다.

나는 칼에게 엄마와 페드로가 이전보다 더 술을 마시고 싸운다고 편지에다 썼다. 페드로는 계속해서 나를 귀찮게 하고 있었으며 나는 그곳에 머물러 있는 것이 걱정되었다. 나는 무엇인가 불길한 일이 일어나지 않을까하는 마음이 편치 않은 느낌이 있었다.

칼은 즉시 답장을 보내왔다. 만약 페드로가 나에게 상처를 입힌다면, 자기가 그를 죽일 것이라고 그는 말했다. 나는 칼과 편지로 가족문제에 관한 최신 소식을 계속 논의했다.

그런데 그 일은 엄마가 술에 취해 비틀거리며 자신의 침대로 가버렸을 때 일어났다. 페드로가 나에게 집적거리며 괴롭히기 시작했다.

"그래 네가 결혼해서 나와 늘 오늘처럼 취해 있는 엄마를 떠날 거라는 거냐? 너는 엄마에 대해 책임을 져야 하기 때문에 나를 떠나가지는 못할 거다."

그가 큰 소리로 말했다.

"페드로, 당신이 엄마에게 술을 사주지 않았다면, 그녀는 술에 취하지 않았을 거예요."

나는 그에게 말했다.

"그리고 알다시피 당신은 엄마와 나를 둘 다 소유할 수 없어요. 당신은 엄마와 결혼했고 그 사실을 인식하지 않으면 안돼요."

그때 나는 술 취한 남자와는 이성적(理性的)으로 대화할 수 없다는 사실을 알았다. 페드로는 자기가 어떤 식이로든 나를 죽일 것이라고 악담을 퍼부었다. 그리고 가게 앞으로 나가더니 우리 둘 다 총으로 쏘아버릴 것이라고 외쳤다. 내가 가게 문밖으로 나갔을 때 나는 그를 끌어들인 후에야 그 문을 닫을 수 있다는 것을 깨달았다. 그것은 미끄러져 이동하는 문이었는데, 그가 술 취한 상태에서 그것을 롤러 위에다 들어올리기에는 너무 무거웠다. 우선 나는 그의 열쇠를 손에 넣어야만 했으며, 그래야만 그가 잠긴 서랍에서 총을 꺼내거나 이발소를 벗어나 뒤로 진입할 수 없었다. 그때 나는 뒤로 달려가 뒷문을 닫으려고 했으나 그것을 내리기는 힘들었다.

다행히도 그 이발소는 앞의 네온사인을 제외하고는 어두웠다. 우리가 그 영업장에서 생활하지는 않았기 때문에 페드로는 그곳의 불을 밤에는 전혀 켜지 않았다.

나는 페드로가 가게 앞에서 서랍의 열쇠를 만지작거리고 있는 것을 보았다. 나는 그의 뒤로 달려가 그것을 낚아챘다. 그리고 안전을 위해 미친 듯이 뒤로 뛰었다. 하지만 나는 이발소의 마지막 발걸이 의자에 걸려 넘어졌고, 문에 세게 부딪치면서 무릎이 거기에 닿고 말았다. 밤의 어둠은 결국 내게 도움이 되지 않았다. 나는 몸을 꼼짝할 수 없었다!

내가 그 곤경상태에서 머리의 어지럼증을 느끼며 가까스로 일어서려고 할 때, 페드로가 나를 향해 뛰어오더니 바닥의 열쇠를 집어 들었다. 그는 곧 총을 가지고 돌아왔고, 그것을 흔들며 나를 죽이려 하고 있었다.

나는 페드로를 향해 몸을 날리며 그를 뒤쪽으로 밀어젖혔다. 그리고 가게 앞을 향해 돌진했다. 나는 얇은 창문 유리를 깨뜨린 후 거리로 나가서 도움을 요청하려고 생각하고 있었다.

하지만 나는 그리 멀리가지 못했다. 내가 그 앞문에 미처 다다르기도 전에 그가 총을 발사했다. 나는 마치 누군가 내 팔에다 쇳

물을 쏟은 것처럼 지독한 통증을 느꼈다. 나는 소름끼치는 죽음의 두려움에 사로 잡혔으며, 다음 총탄이 나를 끝내주기를 기다리고 있었다. 나는 뒤를 돌아보며 머리에서 발끝까지 부들부들 떨면서 털썩 주저 않았다.

이 남자는 취해 있었고 스스로의 몸을 잘 주체하지 못했다. 페드로가 내게 가까이 다가오더니 방아쇠를 뒤로 당긴 채, 그 총을 내 관자노리에다 겨누었다.

"너, 내가 말하는 대로 할래? 아니면 죽을래?"

그는 내가 부상을 입은 것에는 개의치 않고 이를 악물며 말했다.

나는 내가 정말 죽을 때라고 느끼지는 않았다. 나는 나의 지구에서의 미래 사명 때문에 내가 얼마나 자살할 수 없었는지를 기억했다. 그 순간 나는 용감해지는 것을 잊었으며, 취한 페드로가 첫 발로 나를 죽일 수도 있었고, 또 아마도 죽이려고 했지만 빗나갔다는 것을 알고 있었다. 나는 살해당하는 것보다는 겁탈당하는 것이 낫다고 결정했다.

그는 나를 컴컴한 뒤쪽으로 데려가더니 바닥에 눕게 했다. 내가 울면서 그곳에 누워있을 때 그런 고통은 끝나지 않고 계속될 것처럼 생각되었다. 나는 그가 멈출 것이라고 생각하지 않았다. 나는 눈을 감고 내가 사랑했던 누군가를 생각하려고 애썼지만, 그것은 소용이 없었다. 능욕당하고 이용당한다는 느낌 때문에 나는 내 자신에 이렇게 반문했다.

"왜 나는 이런 일을 겪어야만 하는가? 내가 이런 취급을 받을 만큼 (과거 생에) 다른 사람들에게 무자비하고 끔찍한 일을 자행했는가?"

페드로가 일을 끝냈을 때, 그는 아무 말도 하지 않고 일어섰다. 그는 자신의 옷을 정돈한 후 손에 총을 들고 내게 일어나라고 지시했다. 나는 정신이 멍한 상태였고 팔에는 상처가 심했다. 나는 가게를 가로질러 천천히 싱크대로 걸어가 내 팔과 손에 흐르는 피를 씻었다. 총탄은 가까스로 팔에 박혀 있다가 싱크대로 떨어졌다. 나는 욕실 내의 세면대 약장 안에서 거즈와 테이프를 발견하여 상처에 붕대를 감았다. 나는 울다가 잠이 들었고, 일요일이던 그 다음 날 내내 잠에 빠져 있었다.

나중에 엄마는 내 팔에 관해서 물어 보았다. 나는 빈 맥주병을 운반하다 발걸이 의자에 걸려 넘어져서 그것이 떨어져 깨지는 과정에서 팔을 베었다는 거짓 핑계거리를 지어냈다. 그녀는 걱정했고, 그것을 다시 붕대로 감는 것을 도와주었다.

페드로는 아무 일도 일어나지 않은 것처럼 시치미를 떼었다. 그는 어쩌면 너무 취해 있어서 어떤 것을 기억할 수 없었는지도 모른다. 나는 칼에 관해서 생각했다.

'나는 그에게 결코 말하지 않을 거야. 또 그 누구에게도. 그는 이미 내가 더 이상 처녀가 아니라는 사실을 알고 있어.'

나는 엄마가 더 이상 상처받기를 원하지 않았으며, 그것이 나의 가장 큰 문제들 가운데 하나였다. 나는 내 자신을 돌보는 것보다는 지나치게 자주 엄마에 대해 염려했고 엄마를 보호하려고 노력했다. 나는 내 자신을 잊고 그것을 넘어서서 엄마를 너무나 사랑했다.

4장

사랑과 이해에 대한 갈망

몇 주가 지난 후, 나는 아침부터 심한 병을 앓기 시작했다. 날마다 2시가 되어서야 비로소 (아침에) 먹은 음식이 소화가 되곤 했다. 나는 걱정이 되었고 며칠 후 가서 의사를 만나 보았다.

"음, 쉴라, 당신 임신이 되었네요."

그는 분명하게 말했다. 나는 페드로가 나를 겁탈한지 거의 3달 만에 임신이 되었음을 알았다. 나는 울음을 터뜨렸다.

"무슨 일이죠?"

의사가 물었다.

"저는 결혼하기로 되어 있는데, 어떻게 하면 좋을지 모르겠어요."

"그럼, 그 남자의 아이가 아닌가요?"

그가 당황하며 물었다.

"아니에요, 저는 누구하고도 동침하지 않았어요. 내 의붓아버지가 저를 겁탈한 거예요."

나는 흐느껴 울었다.

내가 그에게 전체 이야기를 들려주자, 그는 나를 진정시켰고 나를 도와주겠다고 했다. 그 의사는 내가 임신중절을 원하는지를 물었다. 하지만 나는 그렇게 하룻밤 만에 임신할 수 있는지, 그리고 한 가지 이유로 그 아이를 낳아야 하는지를 의사와 의논했다. 만약 내가 일정한 기간에 걸쳐 누군가와 동침을 해서 임신이 되었다면, 나는 다르게 느꼈을 수도 있다. 아니다. 나는 낙태를 원하지 않았다.

나는 엄마와 페드로에게 말하는 것이 두려웠는데, 그들은 밖에서 기다리고 있었다. 그러나 마침내 그 순간이 왔다. 의사는 페드로와 엄마를 들어오라고 했고, 우리는 그 소식을 그들에게 알렸다. 처음에 페드로는 그것을 부인하려고 애를 썼다.

"너 정말 그 애가 내 아이라고 확신하니?"

"페드로, 어떻게 당신이 그런 식으로 말할 수 있어요? 당신이 그것을 기억하지 못한다면, 나는 굳이 당신을 책망하고 싶지는 않아요. 하지만 내가 거짓말을 할 이유는 없어요."

나는 흐느끼며 말했다.

"나는 어떤 사람과 관계를 가진 적이 없기 때문에 다른 누군가를 탓할 수는 없어요. 나는 결혼하기로 돼 있어요. 만약 그 아기가 다른 사람의 아이라면 나는 그것을 인정했을 거예요. 나는 엄마에게 상처를 주고 싶지 않기 때문이에요."

페드로는 마침내 그날 밤의 일에 관해 어렴풋이 일부 기억난다고 인정했다. 하지만 그는 그 다음날 내가 아무 것도 말하지 않았을 때 자신이 어떤 나쁜 짓도 안한 것 마냥 행동했었다. 페드로는 만약 내가 그 아이를 그에게 넘겨줄 경우 자기가 모든 병원비를 지불하겠다고 제의했다.

집으로 돌아오는 길은 모두가 침통했다. 엄마는 계속해서 그것이 모두 자신의 잘못이라고 말했다. 울면서 그녀는 어떻게 자신과 페드로가 아기를 갖기 위해 나를 임신시키려고 계획했었는지를 말했다. 왜냐하면 그녀는 더 이상 다시는 임신할 수 없었기 때문이라는 것이다. 이것을 듣게 된 것은 나에게 너무나 심한 충격이었다. 그것은 믿을 수 없는 이야기였다. 어떻게 그런 짓을 할 수 있다는 말인가! 나는 무섭다고 생각했다.

"쉴라야, 미안하다."

그녀는 흐느껴 울었다.

"하지만 그때 나는 너무 취해 있었단다."

그녀의 더럽혀진 마음속에서 그것은 또한 나를 자기 곁에 계속 두려는 방법이었다. 그녀는 아직도 나를 멀리 할머니에게 보냈던 것과 내 성장기 동안 나를 보지 못한 것에 대해 유감스럽게 느꼈기 때문이다.

이제 나는 우리의 결혼계획이 임박한 마당에 칼에게 뭐라고 말할 것인가? 또 내가 두 번이나 겁탈당한 사실에 관해 그가 어떻게 반응할 것인가? 그가 그것을 믿을까? 누가 그것을 믿을 것인가? 내 마음을 통해 흐르는 이런 의문들과 더불어 나는 의지할 곳 없는 무기력과 환멸감, 그리고 고통을 느꼈다.

많은 사람들이 우선 여성은 강간당할 수 없다고 말한다. 그러나 내가 아는 사실은 다르다. 그날 밤 이전의 그의 시도에 대해 나는 다리를 오므리고 발로 걷어찼었고, 그는 아무런 성과를 얻지 못했다. 그러나 총을 갖고 있을 때는 상황이 전혀 다른 것이다.

"어떻게 내가 이런 곤경에서 벗어날 수 있죠?"

나는 칼에 관해 생각하며 엄마에게 물었다. 엄마는 잠시 동안

옴넥의 지구에서의 엄마였던 돈나

침묵하더니 이렇게 입을 열며 제의했다.

"왜 그에게 편지를 써서 내가 임신했다고 말하지 않니? 그리고 너는 나를 돌보기 위해 여기 머물러 있어야 한다고 해라."

나는 칼에게 엄마가 늘 아이를 원했는데, 출산계획에 따라 지금 임신했다고 하는 편지를 썼다. 하지만 의사가 말하기를, 그것은 미묘한 상황이고 엄마가 아이를 낳을 때까지 내가 그녀와 함께 있어주라고 했다고 그에게 말했다. 만약 내가 독일로 떠난다면, 그것은 감정적으로 혼란스러워질 수 있었다. 칼은 이것에 관해 좋아하지 않았지만, 내가 머물러야 한다면 알았다고 했다. 그는 나를 기다릴 것이다.

그동안 내 친구들은 페드로를 감옥으로 보내자며 나를 설득하려고 했다. 하지만 엄마는 나에게 그러지 말아달라고 간청했다. 그녀는 그를 사랑했다. 나는 경찰을 부르지 않는다는 데 동의했지만, 오직 한 가지 약속을 한다는 조건에 한해서였다. 그것은 그들이 술을 마시고 더 이상 싸우지 않겠다는 약속이었다. 나는 그것을 견딜 수 없었기 때문이다.

"나는 아기를 임신 중이라 신경과민 상태로 있을 수가 없어요.

더 이상 싸우고 언쟁하지 마세요. 나는 갈 겁니다. 이곳에 머물지 않을 거예요."

나는 억눌린 것들을 갑자기 분출하며 흐느꼈다. 상황은 한 동안 나아졌다.

임신한지 4개월 후, 아무 것도 나타나지 않았다. 나는 단지 여느 때와 마찬가지로 홀쭉한 배 그대로였다. 물론 나는 잘 먹지 않았고, 폴란드식 소시지와 감자 칩을 먹는 정도였다. 나는 당시 영양섭취에 관해 많은 것을 알지 못했다. 그리고 음식에 있어서의 독성예방에 대해 무지했다.

페드로는 엄마가 깊이 잠들거나 취해 있을 때, 나에게 집적거리는 자신의 게임을 계속했다. 나는 거기에 맞서 싸웠고, 나를 혼자 내버려두라고 말했다. 나는 애원하기도 하고 울기도 했지만, 그는 결코 시도를 멈추지 않았다. 어느 날 엄마는 페드로가 혹시 나를 괴롭히고 있는지를 물었다. 그녀는 이것을 의심했다.

"아뇨, 그러지 않았어요."

나는 진실을 그녀한테 감추며 말했다. 엄마는 내 말을 믿지 않았다.

"거짓말하지 마라, 나는 더 이상 말하지 않겠다."

그것이 내가 우려하던 것이었다. 페드로와 엄마는 그것에 관해 점점 더 심하게 싸우는 상태로 빠져들었다.

"그래요, 그가 나를 내버려 두질 않아요."

나는 시인했다.

"하지만 난 아기가 태어날 때까지는, 그리고 엄마를 위해서 참을 수 있어요."

그러나 어느 날 내가 일을 마치고 집에 돌아왔을 때, 그들은 술에 취해서 싸우고 있었다. 그리고 맥주 캔들이 여기 저기 널려 있었다. 의심할 바 없이 돈나는 자신이 한 약속을 깼고, 페드로를 비난했다. 이것은 그녀가 하지 않겠다고 분명히 약속한 것이기에 나는 화가 났다.

나는 모든 것이 괜찮은 척 하고 있었지만, 어떤 식으로든 내가 떠나야만 한다는 것을 알았다.

"세탁하러 빨래방에 가겠어요."

나는 서두르며 말했다. 페드로가 나를 올려다보았다.

"좋아, 내일 가거라."

"아뇨. 내일은 내 비번일이라 지금 가려고 해요."

내 계획은 모든 빨랫감들을 세탁기 속에다 던져 버리고 떠나는 것이었다. 나는 멀리 가버려야 했으며, 이런 상황을 더 이상 용인할 수 없었다. 엄마에게 굿바이 키스를 하고 돈을 챙긴 후, 나는 문을 나섰다.

빨래방에서 나는 이와 같은 상황 속에서 무엇을 어떻게 해야 하는가를 생각하면서 모든 옷들을 세탁기 안에다 집어넣었다. 그것들을 건조기에다 옮긴 후, 나는 강 건너 다리까지 잠시 걸었다. 거기서 갑자기 울음이 터져 나왔고, 눈물이 내 얼굴 아래로 흘러내리고 있었다. 나는 생각하며 혼자 중얼거렸다.

'어디로 가야할까? 내가 갈 곳은 세상 속 어디란 말인가? 어떻게 내가 이런 처지에서 벗어나야 하나? 오딘 삼촌, 도와주세요, 제발!'

바로 그때 차 한 대가 멈춰서더니, 잘 차려입은 남자가 다가왔다.

"당신 여기서 뛰어내리려고 하는 것은 아니겠죠?"

그가 걱정스러운 표정으로 물었다.

"아뇨, 그러려는 것 아니에요."

나는 흐느껴 울며 대답했다. 그는 되풀이해서 우겼다.

"분명 무엇인가 잘못돼 있어요. 나는 그걸 알 수 있어요. 무슨 문제죠? 나한테 말해주지 않을래요?"

"아니에요. 괜찮아요. 아무 것도 아니에요."

이렇게 말한 후 나는 그를 놔두고 걷기 시작했다. 그 남자가 나를 따라왔다.

"나한테 털어 놓으세요, 날 믿어도 좋아요, 난 경찰입니다. 난 오늘 비번이에요."

잠시 침묵이 흘렀다.

"어디 태워다 드릴까요?"

"음, 빨래방에요"

나는 대답했다. 나는 그와 함께 차에 올라탔고 그에게 모든 것을 말했다. 즉 페드로가 나를 겁탈해서 임신한 것에서부터 떠나고 싶었지만 그가 엄마를 죽일지도 모른다는 것 때문에 떠나는 것이 두렵고 내가 책임을 져야한다는 것까지 말이다. 그는 내 말이 끝날 때까지 조용히 듣고 있었다.

"쉴라, 당신은 떠나야 해요."

그는 결론지었다.

"당신은 거기 머물러 있을 수 없어요. 내가 생각하기에 당신이 겪은 인생에서 갖고 있는 문제는 엄마를 보호하려고 했다는 데 있어요. 당신 엄마는 상황이 이렇게 된 데 대해 책임이 있습니다. 사실 당신이 지금 걱정해야 할 모든 것은 다른 사람이 아닌 당신 자신이에요."

그는 자기 이름이 칼(Carl)이라고 했다. 너무나 이상한 우연의 일치였다! 그는 내 나이가 법적으로 집에서 나와 독립할 수 있는지를 알기 위해 경찰서에다 문의한 후 자신의 숙소에 머무는 것이 어떻겠냐고 제의했다. 나는 당시 17살이었다. 그들은 설명하기를 소녀들은 16살에 그게 허용된다고 하였다,

칼은 나를 바라보았다.

"이제 여기서 집에다 전화를 걸어요. 그리고 그들에게 말하도록 해요."

우리 집 전화번호를 돌릴 때 나는 최악의 상황이 두려웠다.

"페드로에요?"

나는 겁먹은 목소리로 말했다.

"나는 집에 돌아가지 않아요! 알아들었어요? 당신 내 말 듣고 있어요? 난 집에 돌아가지 않는다고요!"

"그래, 알았다."

그는 전화를 끊었다. 나는 그가 분명히 미칠 듯이 흥분했을 거라고 생각했다. 그는 처음에는 자기의 성질을 드러내지 않지만, 그것은 단지 격분을 일시적으로 참고 있는 것에 불과했다. 나는 다시 살아날 기회를 얻었다. 그러나 여전히 엄마가 걱정되었다. 나는 다시 전화를 해서 그녀가 어떠한지를 물었다. 그리고 그녀가 남의 눈에 띄지 않는 곳에 있다는 말을 들었을 때 나는 약간 안도가 되었다.

칼은 피자 한 판을 보내주었고 내가 집에 있는 것처럼 느끼게 해주기 위해 애써주었다. 그는 내가 어디에다 방을 하나 임대할 수 있을 만큼의 돈이 생길 때까지, 그리고 이 최후의 위기에서 벗어나 편안해질 때까지 자기와 함께 있어도 좋다고 말했다. 나를 돕기 위한 칼의 제의는 그의 머리에서 나온 것이 아니라 가슴에서 나온 것이었다. 애정을 갈망하는 학대받은 강아지처럼 나는 너무나 감사한 감정을 느꼈다.

하지만 그가 나의 육체적인 매력에 끌린다고 말했을 때, 나는 약혼이 돼 있다고 그에게 설명했다. 그는 약간 낙담해 보였지만, 함께 사는 것이 어렵다는 데 동의했다. 따라서 몇 주가 지난 후, 나는 방을 구하기 위해 나왔다. 나는 또한 병원비를 내야 했기 때문에 여유가 많지 않았다. 내 아파트는 시카고의 낙후되고 싼 지역에 있는 방 하나짜리였다. 거기에는 작은 침대, 냉장고, 그리고 테이블 하나가 있었고, 그것이 전부였다. 샤워시설과 화장실은 아래의 현관에 있었으며 공용(共用)이었다. 그곳의 바닥은 난장판이었으며, 거리에서 잠자던 술주정꾼들이 득실득실했다. 때때로 내가 일을 마치고 집으로 돌아 왔을 때 나는 현관홀에 널 부러져 있는 의식을 잃은 술주정꾼 위를 넘어가야 할 때도 있었다.

아파트 방세는 단지 1주일에 5달러 정도였는데, 그것을 로저라는 이름의 남자와 나눠서 냈기 때문이다. 내가 일하러 나간 동안은 그가 거기서 잠을 잤고, 그 사람이 일하는 동안은 내가 거기서 수면을 취했다. 우리는 전에 서로 열심히 만났었다.

병원비가 나옴에 따라 나는 경제적으로 매우 어려워졌다. 어떤 시기는 모델 일거리가 아주 적었으며, 나는 지난 과거에 돈을 어리석게 낭비한 것에 대해 후회했다. 아, 그 돈이 있었다면 지금 얼마나 유용하게 쓸 수 있었을 것인가. 나는 그 병원비를 지불하기 위해서는 반지를 전당포에 잡히는 것 외에 다른 선택의 여지가 없다는 사실을 알았다. 하지만 불과 50달러였으므로 나는 그것을 나중에 다시 되찾아올 수 있었다. 그런데 전당포를 이용하기에는 내 나이가 충분치 않다는 것이 드러났고, 따라서 나는 로저에게 나를 대신해 사인해 달라고 부탁했다.

나는 어떻게 해야 할지를 몰랐기 때문에 독일의 칼에게 보낸 편지에서 엄마가 현재 임신 중이라는 같은 거짓말을 지속했다. 나는 우체국에다 바뀐 나의 주소를 알려 주었다. 어느 날 내가 땋아 늘인 머리와 바지 및 상의가 인디언식인 옷차림으로 거리를 걷고 있을 때 한 남자가 내 앞을 가로 막았다.

"저기 잠깐만요, 나는 유행하는 사진을 촬영하고 있는데, 당신 사진 좀 몇 장 찍고 싶네요. 만약 사진 찍는 것을 허락해 주신다면, 촬영비는 충분히 지급할게요."

그의 이름은 로니(Lonnie)였다. 그는 괜찮은 사내처럼 보였다.

"음, 좋아요. 저는 지금 돈이 필요하니까요."

나는 응답했다. (그가 누드 사진 촬영 요청을 했지만) 그의 아파트에서 옷을 벗는 것은 정말 부끄러웠으므로 인디언 옷차림 그대로의 내 모습을 몇 장 찍었다. 그가 나를 카슨 시로 데려가 내게 의복 한 벌을 사주었을 때 그는 내 환심을 사기위해 애쓰는 것 같았다. 20달러를 가지고 우리는 아름다운 파로 호수로 갔고 그 앞에서 사진 몇 장을 찍을 수 있었다. 나는 기쁨으로 가슴이 설레었다.

나와 함께 아파트로 돌아오는 길에 로니는 다시 한 번 누드로 포즈를 취해달라고 졸랐다. 나는 그렇게 하는 것이 너무나 부끄러웠지만, 팬티와 브래지어를 벗었다. 그리고 그는 사진 찍기를 계속했다. 최종적으로 그는 배후에서 빛이 비치는 가운데 나체로 김이 서린 샤워 유리 뒤에 서서 사진 몇 장 찍자고 말했다. 그것은 내가 일찍이 보았던 그 누구도 시도해 본적이 없는 가장 수수한 포즈들이었다. 비록 로니가 인정하지는 않았지만, 나는 그가 그 사진들을 대중잡지에다 팔지 않았는가를 의심했다. 내가 그에게 포즈를 취해주기 위해 갈 때마다 그는 내게 50달러를 지급했으며, 때로는 75달러를 주기도 했다. 마침내 그가 나에게 사랑하고 싶다고 한 날이 왔지만, 나는 거절했다.

로니는 나더러 자기의 소녀가 되어 달라고 요청했다. 그리고 그는 내가 임신한 것을 고려하지 않고 아름다운 아파트에서 시작하자고 내게 제의했다. 나는 두려웠다. 어느 날 작업 도중 그가 잠시 잠에 빠졌을 때, 나는 그의 지갑에서 20달러짜리 3장을 꺼낸 후, 그의 곁을 떠났다. 로니의 지갑은 현금으로 가득 차 있었다! 그는 아마도 얼마를 잃어버렸는지 알지 못했을 것이다. 나는 그 일에 관해 최소한의 죄의식도 느끼지 않았다. 그 후 나는 그를 전혀 다시 보지 못했다.

나는 이 경험으로부터 이곳 지구에서 생존하기 위해서는 돈이 필요하다는 것, 또 결핍 속에 있는 인간이 이 부정적인 힘의 함정에 빠지지 않는다는 것은 매우 어렵다는 사실을 배웠다.

나는 여전히 엄마에 관해서 많은 걱정이 되었다. 그래서 어느 날 나는 대담하게 가게(이발소) 근처로 걸어 내려갔다. 그때 나는 엄마가 손에 쇼핑백을 들고 도로를 건너 이발소를 향해 걸어가는 것을 보았다. 이 놀라운 순간에 내 가슴은 두근거렸으며, 재빨리 나는 가게 입구의 통로로 몸을 피했다. 그리고 그녀가 지나가는 것을 지켜보았다. 나는 건물에 비스듬히 기대어 울었다. 그녀는 안 좋게 보였으며, 근심이 많고 수척해 보였다. 당시 내가 할 수 있었던 것은 그녀에게 달려가 두 팔로 그녀를 끌어안고 싶은 심정을 억누르는 것이 전부였다. 그녀가 시야에서 사라질 때까지 눈물을 흘리며 나는 그녀를 보고 있었다. 나는 그녀를 너무나 사랑했다. 카르마를 이해하지도 못하고 그녀가 고통을 겪는 것은 얼마나 끔찍한 일인가. 나는 결코 그녀에게 영적인 문제에 관해 이야기할 수 없었다. 언제나 내가 그녀와 함께 있게 될까? 그날 밤 나는 몹시도 외롭다고 느끼며 잠에 빠졌다.

내가 살던 집에서 멀지 않은 곳에 볼링장과 레스토랑이 함께 있었다. 나는 직감적으로 혹시 그들이 웨이트리스를 필요로 하는지를 문의해 보았는데, 역시 그러했다. 그리고 그 다음날부터 그곳에서 일하기 시작했다. 며칠 후 내 에이전트가 좋은 소식으로 나에게 전화를 했다. 나는 모델 일을 제의받았다. 임신한지 6개월이 되었을 때에도 어떤 것도 거의 티가 나지 않았다. 내 인생이 나은 방향으로 바뀌고 있는 것처럼 생각되었다.

그런데 어느 날 새로운 일을 준비하기 위해 귀가했을 때 나는 깜짝 놀라고 말았다. 페드로와 엄마가 와 있었던 것이다.

'오, 하느님, 제가 어찌 해야 하나요.'

나는 심하게 떨면서 속으로 생각했다.

"너는 우리와 함께 집으로 돌아가는 거다."

페드로가 총을 내보이며 명령했다.

"좋아요, 제가 뭐라고 말할 수 있겠어요. 내가 있는 곳을 어떻게 찾아냈죠?"

"네가 알 바 아니다. 네 옷이나 챙겨라."

페드로가 말했다.

이발소로 돌아가는 길에 그들은 나에게 말했다. 그들은 아기를 원하며, 거기에 다른 일이 생기는 것을 바라지 않는다는 것이다. 그런 이유 때문에 내가 괜찮은지, 그리고 병원비를 모두 지불했는지를 확인하기 위해 나를 집으로 데려갈 필요가 있다는 것이었다. 그들은 내가 혼자서는 살아갈 수 없다고 생각했다. 나는 만약 아기를 낳는다면, 내가 일하는 동안 아기를 봐줄 사람이 필요하다는 것을 깨달았다. 그렇다면 적어도 내가 그들과 함께 그런 사람을 찾아봐야 할 것이고, 그 사람은 아기에게 온 종일 매달려 돌봐주는 사람이어야 했다.

"저는 저당 잡힌 내 반지를 찾으러 가야 해요. 갔다 와도 돼요?"

하지만 그들은 나를 자기들의 눈 밖에서 단 5분도 벗어나지 못하게 했다. 그래서 우리는 함께 반지를 찾으러 전당포로 갔다. 하지만 그것은 사라지고 없었다! 그것은 도둑질 당한 꼴이었다! 나를 대신해 사인했던 룸메이트 로저가 그 반지로 부자가 되고자 찾아가고 말았던 것이다. 절망스럽게도 나는 이것이 내가 사람을 믿은 데 대한 대가라는 것을 깨달았다.

페드로와 엄마는 나를 사실상 포로마냥 만들었다. 특히 어느 날 나 혼자 상점에 갔다 오게 허용한 후에는 더욱 그러했다. 그날 나는 공중전화 박스로 몰래 들어가 경찰에 전화를 했다.

"이야기할 만한 사람을 대주세요. 나는 겁탈당해 임신했고 그들이 날 집 뒤에다 가둬놓고 있어요. 난 도움이 필요해요."

그것은 페드로와 엄마가 갑자기 나타나 내 목덜미를 잡고 집으로 끌고 오는 동안 법적으로 온갖 까다로운 절차를 거치며 이러저리 인계되고 있었다. 그때부터는 그들과 동행하지 않는 한, 나는 어디에도 갈 수가 없었다.

다시 한 번 나는 엄마에게 내가 페드로를 경찰에다 넘기려고 계획하고 있다고 털어놓았다. 그것은 분명히 그에 관한 내 두려움을 책임지고 처리해줄 것이었다. 하지만 엄마는 나에게 그렇게 하지 말아달라고 애원하고 간청했다. 페드로는 그 자신이 하고 있는 일을 모른다는 것이었다. 그리고 엄마는 그를 사랑했다. 마음이 약한 나는 엄마에게 그를 감옥에 보내지는 않겠다고 약속해 주었다.

나는 칼에게 편지를 썼고, 무슨 일이 벌어지고 있는지와 페드로가 나를 겁탈한 진실에 관해 모두 말했다. 나는 그에게 더 이상 거짓말을 할 수가 없었다. 나는 그가 나를 이곳에서 데려가겠다고 약속한 대로 그의 도움이 절박하게 필요했다. 그러나 칼은 내 편지에 대해 전혀 답장이 없었다. 나는 계속해서 다른 편지를 보냈지만, 여전히 어떤 답장도 받지 못했다. 어느 날 나는 독일에서 온 한 장의 편지를 발견했지만, 엄마는 그것을 읽지 못하게 했다. 마침내 엄마는 페드로가 다른 편지들을 모두 갖다버렸다고 설명했다. 그 편지는 도착해서 페드로의 손에 들어가기 직전에 그녀가 먼저 찾아낸 단 1장의 편지였다. 나는 그것을 개봉해서 읽었고, 내가 간절하게 보냈던 마지막 편지 이후 그가 나에 대해 걱정하며 여러 번 답장을 했다는 전반적인 진실을 알게 되었다. 그는 내가 아기를 낳은 후 바로 독일로 오기를 원하고 있었다. 그런데 나로부터 두 달 동안 소식을 받지 못할 때 이미 그는 두 명의 아이가 딸린 어떤 여성과 결혼했다는 것이었다. 그는 이제 누군가의 남편이었다. 그래서 그랬던 것이었다. 나는 울음을 멈출 수 없었다. 나는 생각했다.

'왜 내가 누군가를 사랑할 때마다 그들이 사라지거나, 나를 떠난다는 말인가? 나는 왜 이런 일들을 또 다시 겪어야 할까? 왜 내가 원하는 것이나 필요로 하는 것들을 막 얻으려 할 때 그것들 모두가 나로부터 낚아채진다는 말인가?'

나는 다시 한 번 오랫동안 고통을 겪었으며, 완전한 혼란에 빠졌다. 내가 마지막 산달(産月)이 되었을 때, 그 몸을 끌고 어딘가로 간다는 것은 힘들었다. 그리고 온종일 이발소 뒤편의 공간에서 지내는 것은 지옥이었다. 그것은 마치 내가 얼굴만 다르게 보이는 C.L.과 삶을 다시 시작한 것처럼 생각되었다.

나는 멋진 나의 어린 시절과 나를 이곳 지구에 오게 했던 나의 결정에 관해 생각하며 시간을 보냈다.

카르마라는 말은 단지 단어에 지나지 않으며, 고난은 그런 몇 마디 자구(字句)에 의해 암시돼 있는 것이 아니었다. 나는 일어나고 있는 모든 일들을 받아들이고 이해하기 위해 노력하는 것 외에는 다른 선택권이 없었다.

어느 날 밤, 잠들 수 없었을 때, 나는 오딘 삼촌에게 내가 이런 삶을 선택한 것이 옳은 결정이라고 생각하느냐고 물어 보았다. 그의 답변은 오직 나만이 내 삶을 인도하는 그런 결정들을 할 수 있다는 것이었다. 나는 배 속의 아이가 절대자 아버지 의식의 일부이기 때문에 결코 책망해서는 안 되었다. 나는 이것이 진실임을 알고 있었다. 그 아이와 영혼은 (자궁에) 도착하기 전에 순수한 어떤 상태에 있었다. 그것은 단지 우리들 중의 한 사람이나 양쪽과의 과거 인연으로 인해 태어나기로 선택한 것이다.

나는 엄마가 정말로 아이를 원한다는 것을 알았다. 나는 만약 내가 그녀에게 이 아기를 준다면, (카르마로 인한) 고난의 일부를 청산할 수 있다고 생각했다. 그리고 그녀가 아기를 돌봄으로써 술 마시는 것을 포기하기를 나는 원했다.

페드로와 엄마는 내가 의사를 만나 검진하러 갈 때마다 나와 동행했다. 의사는 나에 대해 곤혹스러워했다. 그는 12월까지는 아기가 나오지 않을 거라고 주장했다.

"그렇지 않아요."

나는 그의 의견에 이의를 제기했다.

"아기는 11월 18일에 태어날 거예요. 그리고 남자 아기일거에요."

"아니, 아가씨가 어떻게 그걸 알죠?"

아기가 태어나기 전에 그런 말을 한 여성은 아무도 없었다는 것이었다. 내가 그 아기와 영적으로 대화를 나누고 있다고 그에게 말을 해야 할 것인가? 하지만 누구도 내 말을 믿지 않을 것이다.

"전 단지 … 내 뱃속에서 아기의 체모(體毛)가 자라고 있는 조짐이 있다는 것이죠."

"뭐라고요."

"체모요."

"그것 때문에 그 아기가 남자라고 생각한다는 겁니까?"

그는 황당하다는 표정으로 말했다.

"예, 그리고 그것은 호르몬과 관계가 있어요."

내가 대답했다.

"난 절대로 그 이론이 맞는다고 생각하지 않아요. 어디서 그런 정보를 얻었나요?"

"음, 모르겠어요."

그 밖의 무슨 말을 내가 할 수 있을까. 의사는 정말로 나에게 친절했다. 그는 내 자신이 마치 아기인 것처럼 대해 주었다.

"쉴라, 한가지만은 내가 알아요. 당신은 12월까지는 아기를 낳지 못할 거예요. 당신 자신을 보세요. 당신은 자그마해요. 어떻게 당신이 그렇게 곧 아기를 낳는다고 기대할 수 있겠어요?"

나는 그와 더 이상 논쟁하지 않았다. 시간이 모든 것을 말해줄 거라고 생각했다. 나의 주의는 아기에게로 향했고, 나는 아기에게 전념해야 했다. 내 안에 있는 이 작은 존재는 내 자신의 일부였다. 그 아기는 내 감정을 느낄 수 있었고 내가 얼마나 많은 고통을 겪고 있는가를 감지했다. 그럼에도 어떻게 내가 그를 포기해야 한다는 것을 그 아이에게 이해시킬 수 있을 것인가? 그리고 그것에 관해 아이는 나중에 어떻게 생각할 것인가? 나는 이 문제를 어떻게 풀어야 할지를 알지 못했다.

다른 한편으로 나는 자유롭게 되는 것을 도저히 미룰 수 없었으며 그 아기가 태어나자마자 이발소를 영원히 떠날 것이었다. 당시 나는 그 아기가 태어나기를 고대하고 있었고 그럼으로써 나는 몸을 회복하고 나갈 것이었다.

이발소에서 일하는 프레디(Freddie)라는 구두닦이 소년이 있었는데, 그 아이가 나의 구원자가 되었다. 페드로는 이 작은 동업자를 아주 좋아했으며, 그만큼 그는 내가 프레디를 데리고 쇼를 보러가는 것을 허용해주었다. 단 몇 시간에 불과했지만 나는 감옥에서 벗어나는 것이 너무나 행복했다. 더 좋았던 것은 프레디의 형인 로날드를 우리가 극장에서 만난 것이었는데, 우리는 즉시 서로 호감을 갖게 되었다. 프레디는 집에서의 나의 상태에 관해 말했고, 로날드는 물론 매우 동정적이었다. 나는 내 배가 점점 불러오고 있었음에도 불구하고 로날드가 나를 무척 좋아한다는 것을 나중에 프레디로부터 알았다.

나는 집에서 살금살금 빠져나올 수 있을 때마다 로날드를 자주 만나기 시작했는데, 그것은 페드로와 엄마가 술에 취해 곤드레가 되어 있을 때였다. 우리는 미래에 대해 설계했으며, 내가 아기를 낳자마자 함께 떠나 나중에 결혼하기로 했다. 나는 프레디가 페드로의 망을 봐주는 동안 가게에서 가능할 때마다 비밀리에 로날드에게 전화를 했다.

마침내 11월이 되었고, 나는 해산(解産) 날짜를 계산하기 시작했다. 11월 16일 아침, 내 양수(羊水)가 터져서 나는 그 친절한 의사에게 연락했다.

"쉴라, 택시를 불러서 어서 병원으로 오도록 해요."

그가 지시했다. 엄마는 일찍 일하러 나가고 없었다. 페드로 역시 이발소에서 일하느라 바빴다. 할 수없이 나는 혼자 병원에 갔으며, 택시 안에서 너무나 슬프고 외로웠다. 나는 마음에 상처를 입었다. 이것은 나의 첫 번째 아기였고 나는 임신에 관해 어떤 것도 알지 못했다. 나는 엄마에게 연락하고 싶었지만, 페드로는 이소식을 그녀가 귀가할 때까지 그녀에게 말하지 않으리라는 것을 알고 있었다. 병원에서 그들은 나를 침대에 눕게 했고, 사전에 (자궁) 확장술에 관해 설명을 한 후 내 확장상태를 체크하기 시작했다. 나는 확장되지 않았으며, 그 고통은 너무나 지독했다. 그날 밤 그들이 들어와 내 고통을 멈추게 하기 위해 다리 사이에 받침대를 받쳐주었지만, 모든 진통제에도 불구하고 통증은 계속되었다. 아기가 밀고 내려와 아래로 나오려고 하고 있었다. 그럼에도 내 자궁은 열리지 않고 있었다.

"만약 우리가 인공적으로 자궁 입구를 확장시킬 수 없다면, 제왕절개 시술을 해야만 할 것입니다."

의사가 말했다.

"하지만 당신은 통상적인 방법으로 아기를 낳을 수 있을 겁니다. 이 아기는 그리 크지가 않아요."

처음부터 그는 다음과 같은 말을 되풀이했다.

"나는 당신이 아기를 낳을 준비가 돼 있다는 것을 믿을 수가 없어요. 이 아기는 12월까지는 태어나게 되어 있지 않아요."

엄마가 나를 보기 위해 해산준비실(진통실)로 들어왔다. 그녀는 내게 키스하고 껴안아주며 걱정하지 말라고 말했다. 그리고 자신이 가급적이면 나와 내내 함께 있을 거라고 했다. 오직 아기 아버지들만이 진통실에 있는 것이 허용되었지만, 그녀는 간호사들에게 1시간만 머물게 해달라고 이야기했다. 엄마는 내가 통증을 느낄 때마다 자신의 손을 꽉 잡으라며 거기에 서 있었다.

34시간의 소요시간 후에 그들이 나를 분만실로 투입한 것은 11월 18일이었다. 의사는 질 속에 주사를 놓음으로써 인공적으로 자궁을 확장하려 했는데, 그것은 격렬한 통증을 가져왔다. 갑자기 모든 것이 마비되어 무감해졌다. 그 이후로 나는 어떤 것도 느끼지 못했다. 그들은 내 왼팔을 내려 가죽끈으로 묶었고 다른 팔은 손잡이에다 놓았다. 내 발은 등자(鐙子) 속에 들어가 있었다. 내가 내 머리 위에 달린 반사경을 올려다보았을 때, 의사가 "좋아요, 밀어요."라고 지시했다. 그리고 그것은 매우 쉬웠다. 나는 그저 밀었고 그것은 화장실에 가는 것과 비슷했으며, 아기는 나왔다. 그것은 몸무게 5파운드 2온스에 키가 단지 18인치에 불과한 매우 작은 남자 아기였다.

"오, 맙소사, 내 밖으로 나와 드리워져 있는 저것은 뭐죠?'

내가 푸르스름한 긴 줄을 보고 소리쳤다.

"무슨 일이죠. 당신이 거기서 받치고 있지 않았나요? 어떻게 된 거예요?"

나는 두려움에 사로잡혔다. 의사가 웃음을 터뜨렸다.

"쉴라, 당신 정말 아무 것도 몰라요? 이것이 아기와 태반을 연결하는 탯줄입니다. 그리고 아기가 태어나면 그것이 밖으로 나오지요. 나는 모든 여성이 이것을 알고 있다고 생각했죠."

"아니 전 몰라요. 그건 저에게 놀라워요. 저는 저한테 뭔가 잘못된 것이 아닌가하고 생각했어요."

나는 솔직히 고백했다. 나는 다른 병실로 옮겨졌다.

"이제 당신 아기를 볼 수 있어요."

간호사가 말했다. 그리고 그녀는 아기를 데려다 내게 안겨주었다. 아, 아기는 예뻤다! 눈이 번쩍 뜨일 정도로 멋진 아기였다. 아기는 크고 슬픈 듯한 회색 눈을 갖고 있었고 머리에는 잔털이 덮여 있었다.

'아기가 바로 나를 닮았구나.'

속으로 나는 생각했다. 나는 내가 아기를 갖게 되었다는 것이 믿을 수 없었으나, 이것은 정말이었다. 그리고 그 아기가 나한테서 나온 것이었다. 나는 침대에서 거의 몸을 일으켜 아기를 안고 바라보았다. 하지만 나는 너무 허약했다. 나는 혼잣말로 중얼거렸다.

"나는 너를 그 무엇보다 사랑한다. 나는 너를 주어버리는 것을 바라지 않고 내가 무정하지 않다는 것, 그리고 너를 사랑하며 나의 온 가슴으로 지키고 싶다는 점을 네가 이해할 수 있으면 좋겠다. 하지만 그들이 모든 병원비를 지불했기 때문에 나에게는 선택권이 없구나. 그래서 나는 너를 넘겨주어야 한단다. 그리고 나는 페드로가 두렵구나."

내 눈물방울이 아기의 작은 얼굴 위로 굴러 떨어졌다. 간호사가 들어와 아기를 안고 나갔다. 그리고 나는 밑으로 가라앉으며 잠에 빠져 들었다.

그녀들이 아기를 데려와 처음으로 젖을 먹이려 할 때, 나는 젖병을 떨어뜨려 깨뜨리지나 않을까 매우 불안했다. 간호사는 아기가 젖병을 빨다 목이 메면 아기를 안고 손으로 두드려주라고 말했으며, 그러면 그것이 흘러나와 풀릴 수 있다고 했다. 실제로 하려다 보니 처음에는 긴장되었으나, 한두 번 해보니 그리 어렵지는 않았다.

엄마가 커다란 과일 바구니를 들고 나를 찾아왔다. 그녀는 아기를 본 후에 아기가 너무 예쁘고 사랑스럽다고 말했다. 나는 그녀에 대한 나의 깊은 사랑이 수많은 생(生)에 걸친 밀접한 인연에서 유래했다는 것을 깨달았다. 지구에서의 나의 삶에 관계된 모든 사람들 중에서도 그녀는 나에게 가장 특별하고, 가장 친애하는 사람이었다.

페드로가 도착하자 내 심정은 바뀌었다.

"너 아기에게 모유로 젖먹일 거니?"

그가 물었다.

"아니에요"

내가 응답했다.

"난 오래 머물러 있지 않을 거예요. 그리고 당신과 간호사와 함께 아기에게 가지도 않을 거고요. 나는 떠나고 싶어요."

하지만 우선 나는 그와 함께 이발소로 돌아가야 했다. 차를 타고 집으로 오는 길은 괴로웠고 내 옆구리 통증은 아주 심했다. 나는 마음이 안락한 상태로 있을 수 없었으며, 매사에 그저 수수방관했다.

나는 등을 대고 눕거나 서 있어야만 했는데, 더운 물로 찜질하지 않는 한, 첫 주 내내 앉아 있을 수가 없었다. 내 젖가슴의 통증은 점점 심해졌다. 나는 나오는 젖을 멈추게 하기 위해 수건으로 내 젖가슴 주변을 동여맸다. 나는 내가 절대로 고통과 옆구리 통증, 도처에 뚝뚝 떨어지는 젖 방울, 그리고 계속 울어대는 아기의 불행에서 벗어나지 못할 거라고 생각했다.

엄마는 일하러 나갔고, 페드로는 손님 머리를 깎아 주느라 바빴다. 그러므로 나는 아기와 함께 혼자였다. 이런 상황이 나를 미치게 만들었다. 나는 아기의 기저귀를 갈아주어야 했다. 그리고 젖이

나오는 문제와 아기가 오줌 싸고 젖을 토해내는 문제를 처리해야 했다. 아기는 울고 게워내기를 반복했으며, 수시로 기저귀를 갈아 주어야만 했다. 자리를 정돈해 놓으면 아기가 울어댔고, 기저귀를 살펴보면 또 젖어 있었다. 그리고 젖 방울이 계속 뚝뚝 떨어지고는 했다.

그러다 마침내 나 역시도 울기 시작했는데, 여기저기 온몸이 쑤시고 아기가 나를 혼자 내버려 두지 않았기 때문이다. 나는 무엇을 어떻게 해야 할지를 몰랐다. 바로 그 순간 엄마가 바깥일을 마치고 집으로 돌아왔다. 그녀와 페드로는 안으로 들어오자마자 웃음을 터뜨렸고, 그것이 정말 나를 열 받게 했다. 이곳의 나는 고통 속에 있었고, 그들은 웃고 있었다.

엄마는 아기를 받아 안고 나를 위해 욕조에다 따뜻한 물을 채웠으며, 따라서 나는 긴장이 좀 풀릴 수 있었다. 나는 엄마에게 절대로 또 다시 아기를 낳지는 않을 거라고 말했다. 나는 젖 방울이 여기 저기 뚝뚝 떨어지고, 옆구리는 쑤시고, 아기는 울어대는 이런

첫 아이인 조조를 낳은 지 몇 달 후, 옴넥의 모습.(18세 때)

상황이 너무나 괴롭고 힘든 것인 줄은 미처 몰랐다. 또한 나는 내 인생에서 아기 엄마는 아침에 아기와 함께 일어나야 하고 때때로 아기가 새벽에 깨어 울 수도 있다는 사실을 전혀 깨닫지 못하고 있었다. 아기가 밤에 울거나 딸꾹질을 할 경우는 젖병을 물려야 했는데, 이 온갖 것에 시달리다 보면 마음이 괴롭고 삭신이 쑤셨다.

한밤에 아기로부터 작은 기척이라도 나면 나는 침대에서 몸을 일으켜

앉았다. 나는 어둠 속에서 반짝이는 아기의 작은 눈을 들여다보았으며, 아기는 잠자는 대신에 몸을 씰룩씰룩 움직이고는 했다. 물론 그 아이는 작고 귀여운 아기였고 세상에서 가장 예쁜 내 아기였다. 우리는 그 아기를 조조(JoJo)라고 불렀지만, 아기의 실제 이름은 '호세 과달루페 프란체스코 가르시아 모라'였다.

엄마와 페드로는 그 아기를 자랑스러워했고 이곳저곳의 이웃 사람들에게 안고 갔다. 나 역시도 자랑스러웠지만 누구에게도 말할 수는 없었다. 어느 날 밤, 그들이 저녁 식사하러 나갔을 때, 나는 아기를 따뜻하게 감싸 안았다. 그리고 나는 로날드의 부모가 아기를 볼 수 있도록 가능한 한 잽싸게 눈과 빙판길을 뚫고 그의 집까지 내달렸다. 모든 이들이 아기를 보고 칭찬을 아끼지 않았지만, 나는 서둘러 집으로 돌아와야 했다.

나는 로날드에게 곧 그와 함께 떠나게 될 것이라고 말했다. 그리고 우리는 즉시 결혼할 수 있었다. 나는 내가 로날드와 사랑에 빠졌다는 것에 관해 진정으로 생각해 본 적이 없었다. 그것은 그저 내가 그를 아주 많이 좋아한다는 것이었고, 그가 나를 친절하고 다정하고 부드럽게 대해준다는 것이었다. 나는 내가 임신해 있을 때 그가 나를 좋아했다면, 내가 임신해 있지 않을 때도 좋아할 것이라고 생각했다. 문제는 우리의 관계가 내가 한때 지독히도 외로웠을 때 전화를 통해서 발전했다는 것이었다.

내가 마침내 이발소를 떠나게 되었을 때 조조는 생후 6주였다. 얼마나 홀가분한 일인가!! 하지만 내가 집에서 옮겨 나가게 됨으로써 나는 일련의 다른 문제들을 맞이하고 있었다. 페드로와 엄마는 내가 떠날 때 소란을 피우지는 않았다. 나는 준비돼 있었고, 옷가지를 챙겨 여섯 블록 떨어진 로날드의 집으로 걸어갔다. 하지만 나는 내가 그와 함께 떠남에 따라 자유로운 삶을 얻지 못할 뿐만 아니라 새 문젯거리들을 안게 되었다는 것을 금방 알아차렸다.

침대가 하나인 아파트는 그런대로 괜찮은 장소라 할지라도 나는 우리가 지불하고 있는 월세는 너무 비싸다고 생각했다. 로날드를 위해 요리하는 것은 지루했지만, 나는 입씨름하는 것이 싫어서 별로 내색하지는 않았다. 햄버거 식사는 여러모로 준비하기가 편리했고, 아니면 스파게티였다. 그러나 로날드가 좋아하는 야채요리는 거의 없었으며, 나는 요리를 실습할 기회가 없었다. 로날드는 쇠고기 요리나 생선 요리, 새우 요리 같은 것을 좋아하지 않았으며, 어떤 것도 좋아하지 않았다. 그는 또한 카드놀이를 좋아했는데, 그것은 내 인생에서 전혀 해보지 않은 것이었다. 이런 식으로 2층에서 사람들과 카드놀이를 하고 맥주를 마시는 것이 그가 저녁시간을 보내는 방법이었다. 그것이 내 생활방식과 맞지는 않았지만, 나는 그와 함께 보조를 맞추려고 노력했다. 왜냐하면 나는 내가 그와 사랑하고 있다고 생각했고 그와 같은 종류의 사람이 어떠한지를 알지 못했기 때문이다. 로날드는 확신이 없었다. 나는 언제나 그가 "나는 당신 사랑해, 당신도 나 사랑해?"라고 말하는 것을 지켜봤다. 늘 하는 소리가 "당신 나 사랑해?"였다.

그가 자신의 오래된 여자 친구와 바깥에서 만났다고 강조하는 것은 나를 당황케 했다. 그는 그녀에 관해 내내 이야기했다. 그가 얼마나 불성실하고 미성숙한가를 알게 된 것은 큰 실망이었다. 내가 그의 유치함에 대해 비난했을 때 그와 나는 그것에 관해 격렬하게 말다툼을 벌였다. 그가 나와 결혼했다면 그는 카드놀이 하는 것을 중단해야 했다.

그 이후부터 그는 내가 하고 다녔던 귀고리라든가, 화장품, 내의상 등을 골라주기 시작했다. 그의 가족과 함께 했던 성탄절 파티에서 나는 단순히 재미를 위해서 그의 엄마와 함께 춤추었다. 하지만 그는 그것을 가지고 나를 비난했다.

"이것은 바보 같은 짓이야."

나는 넌더리가 난다고 생각했다.

'내가 다른 누군가와 춤을 추었다고 해서 도대체 뭘 어쩌려는 것인가?'

나는 우리의 전반적인 관계를 반추해 보기 시작했다.

날이면 날마다 우리는 사소한 문제를 가지고 점점 더 말다툼을 벌였다. 그리고 당시 우리는 사실 그의 부모 집에서 살고 있었다. 그의 어머니와 아버지는 술을 많이 마셨고, 그로 인해 내가 막 떠나 온 우리 집 환경이 생각났다. 나는 내가 엄마와 페드로로부터 벗어나는 것에만 몰두하다 보니 집에서 나와 로날드와 합류하는 것에 너무 성급했다는 것을 깨달았다. 나는 좀 더 심사숙고하지 못했다. 나의 절박했던 상황이 이것이 탈출구가 될 것이라고 생각하게 만들었던 것이다. 내가 이발소에 고독하게 칩거해 있던 시기에 로날드는 내가 만나 대화할 수 있는 내 또래의 유일한 남자였다. 그러므로 내가 사랑으로 느꼈던 것은 사실상 단지 (구속에서) 벗어난다는 생각과 함께 나만의 심취에 불과했었다. 내가 진정으로 그에 관해 많은 것을 알지 못할 때 나는 그를 사랑한다고 생각하며 내 스스로 말을 했던 것이다. 많은 사람들이 이와 똑같은 불행한 실수에 빠져들고는 한다.

로날드는 군(軍)에 징집되었고, 그가 기초 군사훈련을 받으러 갔을 때 나는 일터에서 만난 한 소녀와 함께 지내기 위해 이사했다. 나는 그와 헤어지기로 결정했지만, 정확히 어떻게 할 것인지는 알지 못했다.

어느 날 밤, 그가 내가 일하고 있던 레스토랑으로 찾아 왔다. 그는 늦은 밤까지 우리에 대한 계획에 관해 이야기했다. 그는 내가 플로리다로 이주하기를 원했는데, 그곳이 그가 배속받아 주둔하게 될 지역이었다. 그리고 그는 그곳에 살고 있던 자기의 옛 여자 친구와 아직도 함께 나다닐 생각을 하고 있었다. 이것이 정말 나를 화나게 했다.

'내가 정말 이 남자를 사랑하는지 모르겠다.'

나는 한 번 더 내 자신에게 혼자 소리로 중얼거렸다.

'그리고 나는 그와 함께 머물지 않을 것이다.'

그가 결국 잠들었을 때, 나는 다음과 같은 한 장의 메모를 남기고 일어섰다.

미안해, 로날드.

나는 당신이 멀리 떨어져 있는 동안 당신한테 진실하지 못했던 것 같아. 나는 내가 집을 나와 당신과 함께 옮겨간 것은 단지 하나의 도피였다는 사실을 깨달았어. 그리고 당신은 그때 나에게 친절했던 유일한 사람이었어. 나는 그것에 대해 당신에게 고맙게 생각하지만, 한편 미안하기도 해. 나는 우리가 함께 삶을 꾸려갈 수 있다고 생각하지 않아. 분명히 당신은 플로리다의 그 여자와 여전히 사랑하고 있고, 나는 단지 당신에게 안 맞는다고 생각해. 안녕.

밖으로 나온 나는 거리를 걸으며 온 동네를 한 바퀴 돌았다. 나는 로날드가 일어나자마자 그 메모를 읽고 그것을 전하고자 차를 몰아 자기 부모님 집으로 갈 거라는 사실을 알고 있었다. 내가 결국 그의 차가 지나가는 것을 보았을 때 나는 내 자신에게 말했다.

"자, 모든 것이 끝났다. 이제 나는 집으로 갈 수 있다."

하지만 그 다음날 밤, 일을 마칠 때쯤에 나는 로날드와 그의 아버지가 레스토랑 밖에서 나를 기다리며 서 있는 것을 보았다. 나의 동료들은 내가 안절부절하며 귀가하는 것을 미루고 있자, 호기심에서 무엇인가 극적인 사건이 일어나길 기대하는 듯이 보였다.

"쉴라, 난 여기서 널 놓아주지 않을 거야."

로날드가 말문을 열기 시작했다. 이어서 그의 아버지가 목소리를 높였다.

"이봐, 넌 우리 아들과 혼인약속을 했어. 그래서 넌 그와 함께 가야해."

나는 그의 아버지를 무시하고 로날드에게로 향했다.

"당신은 억지로 날 함께 데려갈 수 없어. 그리고 당신은 날 진정으로 원하지 않아. 내가 당신을 사랑하지 않기 때문이지. 당신은 누군가로 하여금 당신을 사랑하게 만들 수가 없다는 걸 알아야 해."

"결혼약속에 관해서도 말할게요."

나는 그의 아버지를 바라보며 말을 이어갔다.

"로날드는 저한테 어떤 약속도 하지 않았어요. 저는 어떤 약혼반지를 가져본 적도 없고요. 그리고 저 사람이 데이트하고 있다고 하는 플로리다의 여자에 관한 것은 뭐죠?"

한편 로날드의 아버지는 흥분해서 내게 욕을 퍼부었다. 로날드가 그를 말리며 말했다.

"아버지는 좀 가만히 좀 계세요."

"뭐야, 난 우리 TV 수상기를 다시 돌려받아야겠어."

로날드의 아버지가 요구했다. 나는 내 아파트에서 그들의 TV를 사용하고 있었다.

"열쇠 여기 있어요."

내가 키를 내주었다.

"가서 TV 가져가시고 열쇠는 로비에 있는 여자주인한테 맡겨놓으세요. 내가 나중에 찾을 테니까요."

그들 둘은 단지 잠시 나를 보려보다가 자리를 떠났다. 그 후 나는 그들을 전혀 다시 보지 않았다.

5장

회복된 신뢰

　그것은 내가 테네시에 있는 나의 할머니와 함께 머물던 동안에 일어났다. 엄마와 나는 아기를 데리고 테네시를 방문했고, 우리는 조조를 처음으로 가족들에게 선보였다. 아무도 그 아이가 엄마의 아들이라는 것을 의심하지 않았다.

　그 즈음 갑자기 나는 나의 사람들로부터 내적인 메시지를 수신했다. 그것은 긴급한 것이었다. 나는 즉시 네바다로 가야했다. 나는 그것을 누구에게도 말하지 않았지만, 핑계를 만들어 엄마와 아기를 시카고로 돌려보냈다. 그런 다음 나는 버스를 타고 다시 한 번 미국대륙을 가로질러 여행했다.

　이틀 후 나는 오후 2시쯤에 보울더 시에 도착했다. 나는 호텔 숙박절차를 밟았고, 샤워를 마쳤다. 그리고 옷을 갈아입었다. 로비 내에 있는 계단에서 나는 이 호텔이 보울더 댐으로 가는 버스 관광여행의 출발점이라는 것을 알았다. 다시 한 번 그 내면의 메시지, 내면의 재촉은 명확했다. 나는 보울더 댐으로 향한 다음 버스를 타야 했고, 거기서 우리 사람들 중의 한 명과 접촉할 예정이었다.

나의 다음 행선지는 가는 도중에 분명해졌다. 그 댐에서 나는 기다리기로 결정했고, 커피점 겸 기념품점에 들어가 카운터 옆에 앉았다. 나는 콜라 한 잔을 주문했다. 한 남자가 부스들(booths) 중의 한 곳에서 일어나더니 금전등록기로 걸어갔다. 다른 사람들 속에서 그가 일어나던 즉시 내 쪽에서 그의 얼굴이 보였다. 나는 그가 화성인(火星人)이라고 말할 수 있다. 나는 그를 쳐다보았고, 그도 나를 보았다. 그리고 우리는 알고 있었다. 나는 콜라 값을 지불하고 그를 따라 밖으로 나갔다. 우리들 중의 누구도 말이 없었다. 침묵 속에서 그 화성인이 차문을 열었고 우리는 함께 차에 탑승했다. 그는 내 이름을 알고 있었다.

"옴넥, 나는 플린(Flynn)이라고 합니다. 현재 라스 베가스에서 살고 있고 그곳에서 사업을 하고 있습니다. 나는 당신 삼촌과 접촉했었습니다."

그가 말했다.

"나는 당신을 어떤 장소로 데려가기 위해 온 것입니다. 그가 당신이 이곳 댐으로 올 거라고 말했지요. 나는 당신을 보았고, 그가 설명해 준 내용에 의해 당신을 즉시 알아보았죠."

화성 출신의 그 남성은 말을 계속 이어갔다. 나는 그에게 내가 지금 시카고에 살고 있고 그곳의 한 가족에 의해 양육되었다고 말해주었다. 나는 지구상의 나의 삶에 관계된 어떤 사유 때문에 내 삼촌을 만나게 될 것이었는데, 그것은 내가 이미 알고 있던 것이 아니라 장차 배워야할 것에 관한 것이었다. 그는 미소 지으며 자신이 그 모든 것에 관해 알고 있다고 생각한다고 말했다.

'나를 제외한 모든 이들이 알고 있는 것 같다.'

나는 속으로 생각했다. 화성인은 소리 내어 웃었다.

"아마도 그럴 것입니다."

화들짝 놀라며 나는 우리 금성인들이 정신적인 텔레파시로 의사
소통을 한다는 사실을 기억해냈다.

"쉴라는 내가 이곳에서 사용하는 이름입니다."

내가 말을 이었다.

"옴넥 오넥은 원래 내 성명이고요. 그리고 그것은 '영적인 메아
리'라는 의미입니다. 나는 그 이름이 내가 어디서 왔는가를 아는
이들에 의해서 내가 내 영적인 작업을 시작한 이후에만 사용될 수
있다고 들었어요."

우리는 아리조나 주 경계선에 가까운 사막의 한 장소로 차를 몰
았다. 약 한 시간 정도 우리는 울퉁불퉁한 사막 길을 따라 천천히
달렸다. 때때로 차가 사막에서 길을 잃은 것처럼 보이기도 했지만,
내 동료는 어디로 자신이 가고 있는지를 확실히 알고 있었다. 변
화를 위해 고등한 의식을 지닌 누군가의 현존 안에 함께 있는 것
은 분명히 멋진 일이었다. 나는 이런 기회를 이용하여 그것을 흡
수하기 위해 몸과 마음을 이완시켰다.

우리의 목적지는 거대한 절벽과 구릉, 큰 바위 지역 안에 있는
사막의 깊은 골짜기 속에 있었다. 우리가 최종적으로 도착해서 도
로변에 차를 주차시켰을 때, 태양은 이미 지고 있었다. 플린은 험
준한 구릉들에 의해 삼면이 둘러싸인 호젓한 한 지역의 길로 나를
이끌었다. 나의 가슴은 격렬하게 두근거렸다. 갑자기 나는 우리 앞
쪽의 먼지 속에 은백색 우주선이 내려앉고 있는 것을 보았다. 현
창(舷窓)을 통해 비춰 나오는 빛을 제외하고는 그것은 어두웠다.

트랩이 내려졌고, 이윽고 섬광과 함께 그곳에 서너 명의 인물이

서 있었다. 비록 내가 그의 얼굴을 볼 수는 없었지만, 나는 내 삼촌을 즉시 알아보았다. 나는 달려가 그의 팔에 안겼다. 그는 나를 향해 미소 지었다. 우리는 서로를 부둥켜안은 채 그곳에 가만히 그대로 서 있었다. 나는 다시 그와 함께 있게 된 상태에서 내가 느낀 따뜻함과 사랑에 젖어들었다.

오딘은 자신의 친구들에게 우리만 조종사와 함께 우주선에 탑승할 것이라고 언급했다. 나는 오른손을 시계방향으로 가슴 위로 통과시키는 우주식 인사를 그들에게 했다. 이어서 우리는 서로의 눈을 깊이 들여다보고 고개를 끄덕이며 손을 잡았다. 오딘 삼촌과 내가 우주선 안으로 들어가는 동안 그들은 차를 향해 내려갔다. 트랙이 당겨져 다시 선체 속으로 들어갔고 우리 뒤의 둥근 입구가 닫혔다. 나는 선내 주변을 걸으며 손에 만져지고 눈에 보이는 모든 것들에 마음이 들떴다. 하지만 오딘 삼촌은 나더러 바닥 렌즈 주변의 굽은 의자에 와서 앉으라고 요청했다. 그 렌즈를 통해 아래를 내려다보았을 때, 나는 고속도로를 위아래로 달리고 있는 차들의 불빛과 멀리 아래에 있는 댐, 불이 밝혀진 모든 것들을 볼 수 있었다. 바위들 속에 앉아 밝은 빛 속에 에워싸여 있는 이 거대한 댐의 모습은 정말로 멋진 장관이었다. 야밤에 라스 베가스와 같은 광경은 아무 데도 없었는데, 휘황찬란하게 밝은 도처의 빛 때문이었다. 하늘에서 그것은 한층 더 아름답고 볼만 했으며, 그런 모든 빛들이 아래에서 방사되는 가운데 사막의 어둠에 의해 완전히 둘러싸여 있었다.

놀랍게도 나는 우주선이 이륙했다는 사실을 전혀 알아차리지 못했다. 나는 삼촌과의 재회의 기쁨을 너무나 만끽하고 있었으며, 너무 오랫동안 이런 우주선 외부에서 살아온 까닭에 UFO가 어떤 미동의 감각도 없다는 것을 망각하고 있었던 것이다. 그 우주선은 우리가 전에 타고 왔던 것과 유사했다. 가볍게 윙윙하는 소리가

금성의 소형 정찰선 - 흔히 아담스키형 UFO라고 부른다.

낳고 실내는 근원을 알 수 없는 곳에서 생겨난 부드러운 빛으로 가득 차 있었다. 거기에는 아무런 그림자도 없었다.

오딘 삼촌은 내게 아레나 이모 역시 스스로 육체를 구현하는 길을 선택했을 때 어떻게 아버지가 아스트랄계를 떠나는 것을 원치 않았는지를 말해주었다. 그분은 현재 거대한 모선들 가운데 한 대 위에서 승무원들과 살고 계시며, 그들은 그 모선에서 함께 발명 작업을 하고 있었다. 나의 아버지는 건강이 매우 안 좋았고, 물질 세계는 그와 체질이 맞지 않았다. 아레나가 그를 돌보고 있었다. 아버지의 현 상태에서의 육체화는 거의 물 건너 간 것으로 생각되었다.

삼촌은 내가 나중에 시카고로 돌아갔을 때 이번 여행에 관해 - 내 의사와는 관계없이 - 사람들에게 발설할 수 없다는 점을 일깨워 주었다.

"내 조카인 옴넥아, 너는 수많은 고난을 겪었다."

나는 머리를 들어 그의 평온한 눈을 쳐다보았으며, 깊은 슬픔을 느꼈다. 왜냐하면 나는 현재 내 자신의 고난에 빠져 있었고, 과거 생에서는 내가 그런 똑같은 고난을 다른 사람들에게 겪게 했었기 때문이다. 삼촌의 말과 함께 나의 내면에서는 그의 따뜻함과 강건함 속에 얼굴을 파묻고 울고 싶은 감정이 솟아났다. 뿐만 아니라 내가 겪은 고난이 아무 것도 아님을 아는 데서 오는 기쁨의 감정도 생겼다. 그리고 내가 체험한 것 같은 고통을 날마다 세상 어딘가에서 사람들이 겪고 있다는 것을 깨달았다. 그는 말을 계속해 나갔다.

"너의 눈 속에는 타오르는 깊은 연민과 슬픔의 빛이 감돌고 있구나. 하지만 그것과 더불어 지혜와 이런 느낌들에 무지한 사람들의 비밀에 관한 통찰이 생겨난다. 만약 너의 고난이 영혼으로서의 너에 대해 교훈역할을 하지 못했다면, 나는 기꺼이 그것들을 없애버릴 것이다. 우리가 너를 망각했다고 추호라도 생각하지 마라. 너는 특별하다. 비록 그것이 우리에게 매우 고통스러울지라도 그것은 우리가 할 수 있었던 전부였다. 아레나와 나는 너에 대한 우리의 사랑 때문에 너의 모든 고난에 간섭하지 않았고, 그것을 제거하지도 않았다. 게다가 대사들(Masters)은 네가 얼마나 많은 고통을 겪느냐와 상관없이 우리에게 너의 일에 개입하지 말라고 경고했다. 왜냐하면 그렇게 되면 네가 이런 경험들을 통해 성장하지 못할 것이기 때문이다.

하지만 우리는 너를 저버리거나 잊지 않았다. 너는 내내 우리의 사랑과 뒷받침을 받고 있었고, 언제나 우리의 가슴과 생각 속에 있었다. 그리고 우리는 영적으로 너와 함께 했었다."

이런 말을 듣고 보니 내 가슴 속에서는 더할 나위 없는 잔잔한 만족감이 생겨났다. 삼촌이 이야기할 때 내 눈에서는 눈물이 흘러내렸고, 그의 눈에서도 역시 눈물이 비쳤다. 이로 인해 나는 내 고난이 헛된 것이 아님을 느꼈으며, 분명히 의미가 있다는 사실을 깨달았다. 만약 삼촌과 이모가 나로 하여금 고난을 겪게 해야 했다면, 그들 자신도 고통스러웠을 것이다.

삼촌 오딘은 내 느낌을 확실하게 해 주었다.

"너의 고난을 통해서 우리는 스스로 엄청난 연민을 배웠다. 너를 주시하고 네가 겪었던 고뇌를 함께 느끼면서 말이다. 나는 네가 몇 번이고 마치 자신이 완전히 방치돼 있는 것처럼 느꼈다는 것을 알고 있다. 그러나 이것은 사실이 아니다. 네가 살고 있는 곳의 특성 때문에 너를 접촉할 수 있게 되는 것은 매우 어렵다. 또한 그것은 내가 인간사회에서 생활하기 위해 준비돼 있지 않기 때문이다. 그것은 지구상에서 살 수 있는 상당한 영적인 용기와 근기(根氣)를 필요로 한다. 어떤 이들은 이곳에서 살기로 선택해서 별 불편 없이 살기도 한다. 하지만 다른 이들은 그럴 수가 없다. 나는 내가 여기서 살 수 있다고 느껴지지 않았기 때문에 전혀 그런 선택을 하지 않았다."

이어서 삼촌은 지구에서의 나의 특별한 사명에 관해 이야기하기 시작했는데, 그것은 리츠의 대사님들이 넌지시 암시했던 것이었다. 즉 미래에 내가 책을 집필함으로써 세상에 알려지게 되리라는 것이며, 이는 당시 예견되었던 내용이었다. 그러나 그것은 물론 내 선택에 맡겨져 있었다. 그 선택은 내가 만나게 될 위대한 영적스승에 의거해서 이루어질 것이다. 그 영적스승은 내가 전생(前生)에 아주 잘 알고 있던 어떤 사람이며, 내가 어린아이였을 때 만났던 존재였다. 삼촌은 머지않아 내가 금성에서 어렸을 때 알고 있던 영적 가르침들을 발견하게 될 것이라고 예측했다. 그가 이것을 나에게 말하고 있을 그 당시, 내가 아이였을 때 만났던 그 사람은 이런 가르침들을 영어로 번역하여 미국인들에게 전하고 있었다. 그리고 그 가르침들이 미국으로부터 세계의 다른 지역으로 퍼져나가게 될 것이다. 나는 그에 관한 것을 인위적으로 조사하지는 않았는데, 그것이 오히려 실수로 이어지거나 잘못된 길로 빠질 수 있기 때문이었다. 나는 그분을 내 인생에서 자연스럽게 만나게 될 것이었다.

그가 설명하기를 계속했던 그 책은 다른 행성 출신의 사람들을 소개하는 좋은 길잡이가 될 것이다. 나 또한 다른 행성으로부터 아이로 이곳에 와서 그들 속에서 살고 있는 독특한 사례였다. 오딘 삼촌은 덧붙이기를, 오늘날 다른 행성 출신의 개인에 의해 서술된 이런 종류의 책을 집필한 사람은 아무도 없다는 것이었다. 그리고 나는 내 이야기에 대한 살아 있는 증거가 될 것이다. 〈행성들의 형제단〉은 자기들의 존재가 인간세계에 점차 알려지게 하기 위해 많은 방법들을 시도해 왔다. 하지만 참된 진실은 늘 지구에서 은폐돼 있었다.

나는 이것에 관해 궁금한 생각이 들었다.

"어떻게 내가 어떤 것을 증명할 수 있죠? 나는 지구상의 수많은 다른 사람들처럼 보이는데요."

삼촌 오딘은 빙그레 웃음을 지었다.

"조카야, 그건 그렇지가 않다. 너에게는 매우 진귀하고 다른 무엇인가가 있고, 적어도 그것은 하나의 느낌이다. 대부분의 사람들은 너에게 있는 비범한 어떤 것을 볼 것이다."

나는 그 말을 믿기가 주저되었는데, 지구에서 매우 오랫동안 살아온 나는 내 자신이 다른 모든 보통 사람들과 똑같이 성장했다고 생각했기 때문이다.

"옴넥, 너는 다른 대부분의 사람들과는 다르다."

그는 내 생각에 응답하며 말을 계속했다.

"너 자신을 다르고 특별하다고 생각해라. 그리고 이런 방식으로 너는 네가 가진 특수성을 계속 유지할 것이다."

"네가 이곳 지구에 있기 때문에 너는 자신의 삶에 관해 집필할 기회를 갖고 있다. 그리고 너의 책은 적절한 시기에 세상에 나오게 될 것이다. 그것은 사람들의 선(善)을 위한 것이 될 것이고, 인간들에게 그들의 세상과 그들의 지구에 대한 희망을 주기 위한 것이다. 그리고 그 이후 언젠가 지구는 〈행성들의 형제단〉의 일부가 될 수 있을 것이다."

이것은 내가 지구에서 겪은 모든 경험들을 책에다 언급함으로써 사람들이 나의 고난에 대해, 내가 어떻게 살았는가에 대해 말할 수 있게 되리라는 것이었다. 내가 그렇게 많은 다양한 경험들을 겪었던 이유는 항상 업(業) 때문만은 아니었으며, 그렇게 함으로써 다른 수많은 지구의 경험들을 이해할 수 있었던 것이다.

미래에 나는 늘 최상의 삶을 살게 되지 않을 것이며, 늘 돈이 있거나 필요한 모든 것을 갖게 되지도 않을 것이다. 하지만 비록 종종 매우 적게 갖게 될지라도 나는 결코 없이 지내지는 않을 것이다. 내가 나이를 먹게 될 때 내 인생은 좀 더 나아지게 될 것이고, (집필해야 할) 그런 가르침들이 오고 있다는 것을 기억할 수 있을 것이다. 삼촌은 그것이 어떤 이름으로 세상에 출현할지는 알지 못했으며, 그 문제는 그것을 밝힐 대사들에게 달려 있었다.

그가 나와 함께 보낼 시간은 그리 많지 않았다. 우리가 작별인사를 해야 할 시간이 거의 돼 있었고, 나는 우리가 출발했던 지점에 이미 와 있다는 사실을 미처 알기 전에 이렇게 말했다.

"삼촌, 사랑하는 누군가와 함께 있을 때는 얼마나 시간이 빨리 가는지 모르겠네요. 반대로 고통 속에 있을 때는 또 시간이 얼마나 느리게 가는지 몰라요. 삼촌은 저한테 오실 수 있는 방법이 있지 않나요? 저는 제가 이기적이라는 걸 알지만, 전 애정과 이해를 몹시 갈망하고 있어요. 저는 제가 진정으로 소통할 수 없는 사람들과의 관계가 너무나 낯설게 느껴져요. 삼촌을 다시 뵙게 된 것은 너무 멋졌어요."

나는 말을 계속 이어갔다.

"저에게 이런 말씀들을 해주시기 위해 시간을 할애하고 애써주신 데 대해 고마워요. 저한테 주신 그 모든 것으로 새로운 용기가 생겼어요."

오딘 삼촌은 고개를 끄덕였다.

"나는 너의 삶이 바뀔 것이라는 사실을 안다. 그리고 네가 아이를 낳았다는 것에 관해서도 들었다. 비록 네가 나를 보거나 나로부터 들을 수 없을지라도 나는 너에게 일어난 많은 일들을 소상히 알고 있다. 나는 네 아버지가 다른 차원으로 옮겨갈 경우 그것을 어떻게든 너에게 알려주겠다."

우리는 착륙했다. 그리고 나의 육체적 기능과 정신적 감정적 건강에 대한 어떤 부정적 영향들을 균형 잡는 것에 대해 검사할 시간이었다. 나는 입고 있던 옷을 벗고 특수한 빛의 의복을 제공받았다. 우주선상의 기온은 탑승자의 필요에 따라 모든 것이 자동적으로 조절됨으로써 항상 쾌적했다. 그 사이에 나는 깊은 명상에 들어갔고 잠에 빠져들었다.

사념에 의해 거대한 수정(水晶)과 서너 개의 작은 수정들을 통해서 에너지들이 집중되었다. 이 수정들은 신체의 어떤 위치와 필요한 자세에 따라서 자동으로 높이가 낮추어졌다. 그것들은 또한 격자선들(grid lines)과 차크라 체계(Chakra System)를 조화시키고 균형 잡을 수 있었다. 그들은 치료를 위해 특별히 조화로운 소리들을 그 수정 에너지와 결합하여 이용하기도 한다.

약 한 시간 후, 깨어나 옷을 다시 입을 때 나는 몸이 회복되어 열기로 달아오름을 느꼈다. 삼촌이 설명하는 동안 우리는 멋진 과일 음료를 마셨고, 이제 그는 어떤 장소에 구애됨이 없이 나와 텔레파시로 이야기를 나눌 수 있었다. 이때까지만 해도 내 주변에 있는 다른 사람들의 에너지와 사념들이 텔레파시 소통에 어려움을 조성했었다.

　입구가 열렸고, 우리는 함께 밖으로 걸어 나갔다. 함께 손을 꼭 잡은 채 우리는 거기에 서서 서로의 얼굴을 마주했다. 그가 나를 가볍게 껴안아 주었으며 나는 그에게 키스했다. 오딘 삼촌은 내 눈 속을 깊이 들여다보며 말했다.

　"매사에 용기를 갖도록 해라. 만약 네가 점점 우울해지는 것을 스스로 발견한다고 하더라도 그것은 매우 일반적인 것이다. 너는 다른 많은 사람들보다 더욱 강한 힘을 갖고 있다. 그리고 너는 특별하다는 것을 잊지 말아라. 누군가가 뭐라고 말하든, 또 너를 어떻게 취급하든 상관하지 말고 그들에 대한 적개심을 간직하지 말거라. 그들은 무지하다."

　그는 내 이마에 입을 맞추고는 떠났다. 모든 사람들이 차에서 작별인사를 했다. 그리고 운전사 플린은 차를 후진시킨 후 방향을 바꾸었다. 나는 헤드라이트 속에서 삼촌이 손을 흔드는 것을 볼 수 있었다. 나는 계속 뒤쪽 창문을 내다보았으며, 더 이상 아무것도 보이지 않을 때까지 손을 흔들었다. 한 점의 빛의 불꽃이 하늘로 상승했는데, 나는 그것이 시야에서 사라질 때까지 바라보았다. 잠시 동안 나는 한 마디도 하지 않았으며, 침묵 속에 있기를 바라고 있었다.

　나는 플린을 향해 얼굴을 돌렸다.

　"저를 이곳으로 데리고 와 주신 데 대해 매우 감사드려요. 그것은 저에게 상당히 뜻 깊은 일이었어요."

　그는 나를 만난 것이 즐거웠다고 응답했다. 그는 자신의 일을 하나의 영예라고 느끼고 있었다. 그리고 전체의 활동 속에서 인간으로 하여금 외계로부터 온 자신의 선조들을 인식하게 해주는 것이 그의 역할이었다. 그는 나를 호텔까지 다시 태워다주었고, 거기서 우리는 헤어졌다.

시카고로 돌아오는 길에 나는 그 특별한 순간들을 마음속으로 되풀이해서 회상했다. 오딘 삼촌을 다시 보게 된 것, 그리고 내가 직면했던 수많은 괴로움들 내내 나를 배후에서 도와주고 이끌어주었던 나의 사람들에 관한 추억들을 갖게 된 것은 얼마나 멋진 일이던가. 또한 내가 이곳에서 분투하는 것에 대해 다시 한 번 더 자신감을 얻게 된 것과 어떻게 하면 훌륭한 인간이 될 수 있는가를 알게 된 것도 말이다. 내가 영적인 가르침들을 발견하게 되리라는 것도 흥분되는 일이었다. 나는 그것에 관해 누군가에게 말할 수 있었으면 좋겠다고 생각했다. 하지만 나는 다시 돌아가야 했고, 마치 아무 일도 없었던 것처럼 나의 삶을 계속해나가야 했다. 나는 내면에 간직한 이 모든 것으로 가슴이 충만하다고 느꼈다. 거울을 들여다보자 나의 표정은 분명히 이전과는 많이 달랐다. 좌절했던 모습은 사라지고 내 눈은 어느새 확신으로 반짝이고 있었다.

삼촌이 예언했던 대로 내 전체적 삶을 변화시켰던 일련의 사건들은 내가 매기라는 한 여성을 만나면서 시작되었다. 우리는 이전에 함께 일했었고, 이제는 친구가 되어 또한 여가 시간을 같이 보내고 있었다. 그녀가 말한 것으로 미루어 판단할 때, 그녀가 주로 시간을 많이 보내는 곳은 올드타운(도시의 가장 오래된 구역)인 것으로 보였다. 이곳은 모든 히피들이 모여서 살고 즐기는 시카고 내의 한 지역이었다. 나는 전에는 히피들을 전혀 본 적이 없었고, 그들이 어떤 사람들인지 모르고 있었다. 사실 나는 어떤 일들이 세상에서 진행되고 있는지에 대해서는 별로 많은 것을 알고 있지 못했다. 나는 당시의 베트남 전쟁이라든가 LSD(강력한 환각제), 기타 이와 관련된 어떤 것들에 대해서 전혀 몰랐다.

엄마는 한 번은 마약과 같은 그 시대의 문제들에 관해 내게 말하려고 한 적이 있었다. 그녀는 당시 벌어지고 있는 일들에 대해 많은 것들을 알고 있었지만, 나는 사실 거기에 별로 관심을 기울이지 않았다. 말하자면 그것은 한 귀로 듣고 한 귀로 흘려버리는 식이었다. 그러다보니 나는 마약 LSD가 사람들의 한 집단인 것으로 잘못 믿고 있었다.

날마다 나는 레스토랑에 일하러 갔다가 집으로 돌아 왔다. 그리고 친구들과 놀러 다녔다. 그것이 나의 삶이었다. 나는 전혀 TV를 보지 않았고, 신문을 보지도 않았다. 그리고 라디오에 대해서도 개의치 않았다. 내가 집에서 했던 유일한 오락은 음반을 듣는 것과 때때로 고딕파의 소설을 읽는 것이었다.

매기는 늘 내게 히피들의 모임과 인간애를 고취하기 위한 사랑의 모임에 관해, 그리고 자기들이 올드타운에서 했던 커다란 모든 행사들에 대해 이야기하려고 했다. 그녀는 어느 날 내가 자기와 함께 그곳에 가는 것에 동의할 때까지 나를 그냥 놔두지 않으려고 했다. 그래서 그날 밤 일이 끝난 후 그녀가 자기의 남자친구와 함께 나를 차에 태우려고 왔다. 올드타운에서 나는 많은 사람들이 턱수염을 하고 장발을 하고 있다는 것에 주목했다. 그리고 이것이 밴드와 가수 집단의 스타일이라는 것을 이미 알고 있었다. 나에게 그것은 얼마든지 받아들일 수 있는 것이었다. 그것이 그들이 원하는 방식이라면 좋다고 생각했다. 나는 그들을 보통사람과 별개의 존재로 생각하지 않았다. 금성에서 우리는 사람들을 있는 그대로 받아들이며, 그들의 외모나 의복을 개성의 일부로서 존중한다.

그날 저녁 나는 네바다 출신의 카우걸(Cowgirl) 복장을 했었는데, 꽉 끼는 청바지에다 부츠, 카우보이 자켓, 그리고 카우보이 모자를 착용하고 있었다. 나는 항상 특별한 방식으로 옷을 입었지만, 그것이 나에게 이상하게 느껴지지는 않았으며, 단지 내가 입고 싶다고 느낀 스타일이었던 것뿐이다. 그리고 내가 올드타운에서 느낀 유일한 것은 타인의 시선을 의식하지 않는 자유로움이었다. 그것은 흥분되는 일이었다. 나는 내가 거기서 자유로울 수 있다는 것에서 가장 깊은 인상을 받았다. 즉 거기서 나는 내가 원하는 방식대로 옷을 입을 수 있었고 누구에게도 비웃음을 받지 않았다. 대신에 올드타운에서는 기묘한 방식의 옷차림에 대해서 그것을 인정하고 이해하는 분위기로 보였다.

내가 그를 처음 본 것은 우리가 주차할 장소를 찾고 있을 때였다.

"매기, 저 남자 좀 봐."

내가 앞을 가리키며 소리쳤다.

"저 사람 걷는 폼이 댄서인 것처럼 보이네."

즉시 나는 크고 검은 망토 차림으로 도로를 가로질러 걷고 있는 그를 알아보았다. 그는 무성한 머리와 수염으로 인해 마치 헤라클레스처럼 두드러지게 보이고 있었다. 그리고 그는 키가 매우 컸고, 내가 댄서라고 확신할 정도로 우아하게 걷고 있었다. 몇 가지 설명할 수 없는 이유 때문에 나는 왠지 이 남자에게 이끌렸다. 나는 단지 어느 날인가는 그를 알게 될 거라는 강한 느낌이 있었다. 하지만 언제일까? 내면 깊은 곳에서 나는 틀림없이 작용하는 운명의 실재를 감지했다.

나는 아직도 내가 옷을 갈아입기 위해 아파트에 왔을 때 길가에서 발견한 장난감 공기총을 갖고 있다. 이 플라스틱 총은 요란한 소음을 냈지만, 새로운 장난감을 갖고 노는 것은 아이처럼 행복했다.

예를 들어 사람들의 반응이 충동적으로 사랑스러워질 때, 나는 내 공기총으로 그들을 쏘기 시작했다. 그러면 그들은 길가에 쓰러지는 흉내를 냈다. 그것은 재미있었다. 누구나 그런 게임을 하는 것으로 보였다. 그리고 거리의 극장에서 그것은 일반적인 것이었다.

시간이 지남에 따라 나는 점점 더 대담해졌다. 내가 환각제를 음용한 한 운전자를 쏘았을 때, 그는 창문으로 고함을 질렀다.

"이거 뭐야? 경찰 단속 강화기간에 우리 같은 사람에게"

그것은 스릴이 있기는 했지만, 모든 사람들이 얼마나 친구처럼 우호적이냐는 별개의 문제였다. 그러나 내가 모르고 있었던 것은 그들 모두가 베트남 전쟁과 히피/경찰 갈등에 휘말려 거기에 열중해 있다는 것이었다.

그때 내가 한 경찰차를 겨냥해서 공기총을 쏘았었다. 그것은 실수였다. 그들은 즉시 차를 한쪽에 대더니 차 밖으로 뛰어나왔다. 내 이름을 물은 후 그들은 그 총을 나로부터 빼앗아 조사했고, 그런 다음에 돌려주었다. 그들이 무엇을 할 수 있었겠는가? 그것은 그저 장난감 총이었을 뿐이었다.

"만약 내가 당신이라면, 경찰에게 그것을 겨누지는 않았을 거요."

그 경찰관이 주의를 주었다.

"왜죠?"

나는 히피들과 경찰들이 싸우고 있었다는 것을 알지 못했다. 그들은 단지 나를 뻔뻔하고 무례한 히피 소녀 정도로 생각했음에 틀림없었다. 매기와 나는 길거리에서 내가 그녀를 뒤 쫓으며 "넌 쓸모없는 개자식이야. 난 널 잡고 말거야."라고 외치는 게임을 고안해냈다. 그리고 우리는 커다란 유리 진열창이 있는 레스토랑 앞에서 멈추었고, 그곳 길가에서 내가 그녀를 쏘고는 했었다.

매기는 정말 환상적인 연기자였다. 그녀는 매번 사람들이 무슨 일이 일어났는가를 보기 위해 달려 나올 정도로 실제처럼 고통어린 비명을 지르며 길가에서 비틀대다 쓰러지는 연기를 할 수 있었다. 물론 그때 그녀는 벌떡 일어서며 웃고는 했었다. 그리고 경찰도 역시 그때 나타나고는 했다. 우리는 너무나 재미가 있었고, 우리가 만들어낸 충격에 관해서는 별로 생각하지 않았다.

그 검은 망토를 걸친 흥미로운 남자가 바로 내 곁을 지나쳐 걷고 있을 때, 매기와 나는 상점들이 줄지어 선 올드타운 내의 한 골목을 막 떠나려던 참이었다. 나는 그를 즉각 알아보았다. 그는 다른 모든 사람들과는 달랐는데, 내가 그를 쏘았을 때 그는 그저 계속 걷고 있었기 때문이다.

그때 나에게 한 가지 생각이 떠올랐다. 나는 한 골목길로 몸을 피하며 그가 지나칠 때 다시 그를 쏘았다. 그러나 그는 나를 무시했다!

"이봐요."

내가 불렀다.

"내가 당신을 쏘았잖아요!"

그가 걸음을 멈추더니 돌아보았다.

"왜 아무런 반응을 하지 않는 거죠?"

내가 물었다.

"난 폭력을 믿지 않아요."

그가 대답했다.

"저기 그건 나도 그래요."

나는 내 자신을 변호했다.

"하지만 이것은 그냥 장난감일 뿐이에요."

"그래도 그것은 실제의 무기를 상징하는 겁니다."

그가 대꾸했다.

"혹시 내가 당신 감정을 상하게 했다면, 미안해요."

내가 사과했다.

"걱정 말아요."

그가 말했다.

"나와 차 한잔하러 갈래요."

그가 물었다.

"예, 고마워요."

나는 티베트에서 외에는 전혀 차를 마셔보지 않았다.

그는 자신의 이름이 스탠리(Stanley)라고 말했다. 그는 인근에 살고 있었다. 그는 자기 가족이 유대인 집안이지만, 무신론자들이라서 신을 믿지 않는다고 했다. 나는 그에게 내 가족에 관해서와 어디서 일하는지를 이야기했다. 그날 우리는 헤어졌고 그는 내가 일하는 레스토랑에 차 마시러 오겠다고 말했다.

스탠리가 나중에 우리 레스토랑에 들렀을 때, 그는 거기서 자신의 사촌인 케니를 우연히 보고는 깜짝 놀랐다. 나는 케니를 알고 있었다. 그는 종종 들렸으며, 언제 스탠리가 와서 나를 밖으로 초대했는지를 내게 묻고는 했다. 얼마나 재미있었던지, 나는 그가 스탠리의 사촌이라는 것을 처음 알았지만 그는 내가 스탠리와 데이트한 바로 그날 밤 내게 데이트를 청했다! 이 가족에게는 모종의 관계가 있음이 틀림없었다. 오직 시간만이 그것을 말해줄 것이었다.

그들은 대학출신이 아니었고 독특한 면이 있었기 때문에 스탠리는 내가 가진 아이디어들에 매우 관심 있어 했다. 그래서 우리는 금방 서로에게 이끌렸다. 우리는 함께 내 아파트까지 걸었다.

나는 아파트 문의 자물쇠를 풀고 잡아 당겼다. 그는 나를 바라보며 거기 그냥 서 있었다. 나는 내가 그를 어떤 마비상태로 몰아넣었다는 것을 깨닫지 못했는데, 그는 일찍부터 마리화나를 흡입해 왔기 때문이다. 나는 이전에 전혀 마약을 한 적이 없었고 그런 친구를 가져 본 적도 없었다. 하지만 그들이 말하듯이, 내 아파트의 불빛이 들어오는 것을 보게 되자 그의 마음이 그저 그런 상태로 촉발된 것이 아닌가 한다.

머리 위에서는 붉고 푸른 불빛이 깜빡거렸고 구석 위에는 황색 불빛이 빤짝거리고 있었다. 그리고 선반에는 덜 깜빡거리는 밝은 상자가 있었다. 황색 불빛은 거리에 있던 바리케이드들 중에 하나에서 나오는 것이었다. 몇 주 전 나는 그것을 겁먹은 채로 계단 위로 끌어올려다 놓았었다. 하지만 나는 그것을 매우 좋아했고 내 아파트에 잘 어울린다고 느꼈다.

스탠리는 이 온갖 빛들의 조합을 믿을 수 없었으며 그것이 그에게 강한 자극을 준 것 같았다. 왜냐하면 그가 잠시 동안 그냥 출입구에 서서 눈을 동그랗게 뜬 채 쳐다보고 있었기 때문이다. 그러더니 그는 웃음을 터뜨렸다.

"뭐가 그렇게 우습죠?"

"아, 아무 것도 아니에요."

그가 싱긋이 웃으며 말했다.

"난 단지 당신이 이런 갖가지 종류의 빛과 모든 것을 가져다 놓는 타입이었다는 것을 믿을 수 없었어요."

나는 당황스러웠다.

"그 타입이란 무슨 의미죠?"

"음, 나중에 설명할게요. 사실은 내가 집에다 라이트 머신(Light Machine) 같은 콜라주(collage)9)의 일부를 설치해 놓았거든요. 그것을 언젠가 당신에게 보여줘야 할 것 같군요."

"그래요, 그거 흥미로운 이야기네요. 라이트 머신은 뭐죠?"

"글쎄요, 그것은 그저 일종의 빛들과 패턴을 만들어 내는 다른 것들의 조합이에요. 그것이 다른 패턴을 나타내고 멋진 디자인과 색채들을 만들어내지요."

"그거 관심이 가네요. 난 그런 걸 좋아해요."

스탠리는 주변을 살펴보았다.

---

9) 별로 관련이 없는 장면이나 이미지를 연결해서 만든 작품.(역주)

"당신 아파트를 보세요. 당신은 거의 스스로 그걸 구비하고 있어요. 그게 단지 내 마음을 부풀게 한 것이죠."

내가 욕실에서 나와 돌아섰을 때 나는 마치 벽돌로 머리를 맞은 것처럼 형언할 수 없는 충격을 받았다. 나는 무엇을 어떻게 해야할지를 알지 못했다. 내 긴 침대에 스탠리가 누워 있었고, 그것도 완전히 나체인 채로였다! 6피트 4인치인 큰 체구인 그는 완전한 나체로 다리를 쭉 뻗고 누워있었다. 그리고 자신이 정말 무엇을 원하는지를 감추지 않은 채, 아주 느긋해 보였다.

나는 남자들이 나에게 추파를 던지려고 시도하기 전에 그들이 나를 식사에 데려가거나, 특정 장소들에 데려다 주거나, 아부를 하거나하는 표준적인 절차에 익숙해져 있었다. 스탠리는 단지 너무 솔직했고 그것이 나에게 충격을 주었던 것이다. 비록 내가 많은 남자 친구들을 가졌고 성경험이 없는 여자가 아니라고 할지라도 나는 여전히 새침한 작은 소녀였다. 나는 옷을 벗는 것이 내키지 않았다. 그것이 이상하게 들릴지도 모르지만, 그것이 내 방식이었고, 지금도 여전히 그러하다.

내가 스탠리가 침대에 그렇게 길게 누워있는 것을 보았을 때, 나는 달아나야 할지, 아니면 아무 것도 못 본 것처럼 행동해야 할지, 또 달리 어떻게 해야 할지를 몰랐다. 나는 그를 난처하게 하거나, 내가 충격받은 것처럼 행동하고 싶지 않았는데, 내가 그를 아파트까지 초대한 장본인이었기 때문이다. 그리고 어떤 일이 발생하든 그것은 내 자신의 잘못이고, 스스로 초래한 결과였다. 이것이 내가 그때 느낀 심정이었다.

나는 이것이 일상적인 일이었던 것처럼 행동했다. 나는 내 옷을 하나하나 벗었고, 침대 한쪽에 앉았다. 나는 마음이 흔들리지 않고 냉정해지려고 노력했다.

나는 스탠리가 마치 오랫동안 잃어버렸던 내 동생인 것처럼 그

146

에게 말을 시작했고, 내 아기에 관한 모든 것을 말했다. 그리고 내가 C.L.과 페드로에게 겪었던 내 거친 삶에 관해 이야기를 했다. 나는 한 방문객에게 이 모든 것을 말한다는 것이 이상한 소리로 들릴 수 있다는 것을 안다. 하지만 어떻든 나는 스탠리와 내가 같은 종류에 속한 사람이라는 것을 느꼈다. 나는 그냥 그것을 알고 있었다. 나는 우리 사이가 정직해지기를 원했고, 그가 나에 관한 모든 것을 알기를 바랐다. 그렇게 함으로써 그가 시작부터 자신의 마음을 결정할 수 있었다. 나는 그에게 내가 정말 아닌 것 같은 인상을 주고 싶지 않았다. 나중에 진실을 말한다는 것은 더 어려워지게 될 것이었다. 따라서 나는 그곳에 앉아 내가 7살 때 지구에 온 것에 관한 모든 것을 말했다. 그리고 이곳과 금성에서의 내 삶의 어떤 주요 부분들을 그에게 이야기했다. 나는 아침 5시가 될 때까지 속옷차림으로 그곳에 앉아 이 모든 것들을 그에게 말하고 있었다. 나는 그저 이야기를 하고 있었고 다른 무엇을 해야 할지를 몰랐다. 그가 불쑥 입을 열었다.

"당신 너무 많은 말을 했네요."

그리고 그는 나를 침대 속으로 끌어들였다. 나는 거의 믿을 수 없었지만, 스탠리는 내가 편안하게 관계했던 첫 번째 사람이었다. 그는 그렇게 자연스럽고 자유로웠다.

나는 스탠리 이전에는 누구와도 자발적으로 성적인 관계를 가진 적이 없었다. 나는 내가 늘 남자친구를 자극하여 그들이 모종의 방출욕구를 갖는 것이 아닌가하고 느꼈다.

하지만 스탠리는 달랐다. 나는 편안함과 안도감을 느꼈으며, 그가 두렵지 않았다. 그는 그만큼 부드럽고 친절했다. 그리고 그럼에도 동시에 거기에는 그의 강함이 있었다.

그와 사랑을 나누는 것은 아름다웠다. 그가 나를 처음 자극했으므로 아마도 좋은 느낌의 시간을 가졌던 것 같았다. 나는 내가 남자들과 과거에 가졌던 경험들은 무의미하다는 것을 깨달았는데, 그들은 항상 그들 자신의 욕구충족만을 생각하고 있었기 때문이었다. 스탠리는 남에 대한 이해심이 많았다.

어떤 의미로는 비록 그것이 우리가 경험했던 가장 낯선 느낌이긴 했을지라도 우리는 양쪽 다 우리가 같은 사람이라는 것을 알고 있었다. 그리고 그것은 단지 사랑, 진정한 사랑이었다. 그것은 소유하고자하는 사랑이 아니었다. 그리고 우리는 그것을 순수한 상태로 유지했다. 사실 우리 두 영혼은 다시 만나기 이전의 수많은 생(生)들 동안 사랑을 나누었다.

6장

금성에서 온 소녀

스탠리를 만나기 전 나는 늘 사랑을 찾고 있었다. 그리고 내가 그것을 얻어서 감사한 마음으로 막 내 가슴 속에다 끌어안으려는 찰나에 모래가 손가락 사이로 빠져 나가듯이 사라져 버리고는 했었다. 내 전체 삶에서 나는 전혀 내가 원했던 종류의 사랑을 가져 보지 못했다. 하지만 이번만은 나는 우리의 사랑이 계속 지속되고 있다고 느꼈다.

나는 매기에게 스탠리와 곧 결혼할 것이라고 말했다. 그녀가 어떻게 이해할지의 여부를 몰랐기 때문에 나는 우리가 단순히 동거할 것이라고 말할 수는 없었는데, 왜냐하면 이때만 해도 내연관계는 사회적으로 용인될 수 없었기 때문이다.

스탠리가 내가 일하던 레스토랑으로 처음 찾아왔던 날 밤, 사람들은 충격을 받았다. 그들은 엄청난 장발과 무성한 턱수염에다 귀 뒤에 꽃까지 꽂고, 게다가 이상한 옷차림을 한 히피를 볼 준비가 돼 있지 않았다. 즉 이 모든 것들이 단순히 그들이 가지고 있던 단정한 학생이라는 개념과는 들어맞지가 않았던 것이다.

이들 유대인 중산층은 깔끔하고 말쑥한 범주에 속한 사람들이었고, 스탠리는 히피 범주에나 어울리는 사람이었다. 그렇다고 내가 그런 식으로 느낀 것은 아니었다. 한 사람이 턱수염을 했든, 아니면 어떤 행색을 했을지라도 나에게는 별 차이가 없었는데, 개성은 우리 금성 문화에서 존중하는 한 부분이었기 때문이다.

레스토랑 사람들은 스탠리의 턱수염과 긴 머리를 충분히 본 이후에야 마침내 그에게 익숙해졌다. 그러나 나의 엄마는 그 충격에서 거의 헤어나지 못했다. 그녀는 날마다 내게 전화를 해서 얼마나 스탠리가 끔찍해 보이는지, 그리고 자신이 그를 용납할 수 없다는 것을 말했다. 또한 그가 좋지 않은 일에 종사하고 있고 나를 타락시킬 것이라고 강조했다. 엄마의 문제 중 일부는 그녀가 심각한 마약에 관해 읽은 내용이나 관련된 모든 일들을 내가 시작할거라고 두려워했다는 점이다.

하지만 엄마는 마침내 그를 알기 위해 점차 노력해 보겠다는 데 동의했다. 우리는 다음에 그녀가 조조를 데리고 의사에게 갈 때 함께 만나기로 했는데, 우연히 그 병원이 우리 집에서 불과 몇 블록 거리에 있었다. 그 만남은 성공적이었다! 그들 두 사람이 서로 공통적인 관심사를 발견하는 모습을 보았을 때 나는 얼마나 놀랐던가! 스탠리는 그 당시 명상에 관해 공부하고 있었고 돈나에게 그 모든 것에 이야기했는데, 그녀에게 마하리쉬 요가에 관한 책을 한 권 주기까지 했다. 그녀는 다른 한편으로는 장미십자회10)의 가

---

10)중세 후기인 17세기에서 18세기에 걸쳐 유럽에서 활동했던 영적인 비밀 결사 단체. 예수 그리스도의 부활과 구속을 뜻하는 십자가와 장미 문장이 그려진 깃발

르침들을 공부하고 있었으며, 따라서 그들은 진정한 대화를 나누게 되었다. 그리고 나는 그녀가 스탠리를 좋아하게 되었다고 말할 수 있다. 엄마와 스탠리는 정말 마음이 아주 잘 맞았다.

다음 날 그녀가 내게 전화를 했고, 자기가 얼마나 스탠리를 좋아하는지, 그리고 전에 자신이 말했던 모든 것들에 대해 너무나 미안하다고 언급했다. 이제 그녀는 한 인간으로서의 스탠리를 진정으로 알고 있고 그가 아름다운 존재라는 것을 발견했다. 그것이 역시 나에게도 삶을 좀 더 편안하게 만들어주었다.

매우 적은 수의 사람들만이 스탠리와 나처럼 삶을 진지하게 살고 있었다. 대부분의 히피들은 무리를 지어 살고 있었고, 늘 그들은 서로 파트너를 교환했다. 그리고 그들 중의 일부는 정말 심각하게 마약에 매달려 있었다. 스탠리와 나는 전혀 마약에 빠지지 않았는데, 내가 그것을 하지 않겠다고 스탠리에게 단호하게 말했기 때문이다.

어느 날 밤 스탠리는 내가 어떤 마약(마리화나)을 좋아하는지를 물어보았다. 나는 그것이 무엇인지 알지 못했고, 따라서 그것을 모른다고 그에게 말했다. 그는 마리화나에 대해 설명해 주면서 사람들이 그것을 피우고 있고 별로 위험하지 않다고 언급했다. 나는 그것이 어떤 환각제인가를 물어보았는데, 결국 나는 LSD가 사람들의 집단이 아니라는 사실을 알게 되었다. 아무튼 그가 그것을 설명하고 있을 때 나는 이상하게 두려운 느낌과 모종의 내면의 메시지를 받았다. 나는 내가 생각한 것을 즉시 그에게 표명했다.

"스탠리, 당신이 나와 함께 살 거라면, 나한테 약속해야 할 게

_____

을 사용했기 때문에 장미십자회(薔薇十字會)라는 이름이 붙여졌다. 독일에서 처음 형성되었으며, 전설적인 인물 로젠크로이츠(Rosenkreutz)에 의해서 창시되었다. 그는 동방에 가서 아랍의 현자들로부터 지혜를 얻어 고향에 돌아온 후, 고대에 존재했다가 사라진 비교(秘敎)의 가르침, 영지주의, 자연과학, 연금술 등을 가르쳤다고 한다. (역주)

하나 있어요. 당신이 어떤 마약도 해서는 안 된다는 것이에요. 나는 당신 머리 속에 그것이 축적되는 걸 원치 않아요. 그리고 지금 당장 그것들을 밖에다 내다 버렸으면 좋겠어요. 왜냐하면 나는 그것이 당신에게 해롭다고 믿고 있기 때문이에요. 특히 당신이 한 예술가이고 매우 감수성이 강한 사람이라면, 더욱 그래요. 난 당신이 마약을 흡입할 거라고 생각하지 않아요."

우리는 그것에 관해 거듭 이야기했고, 그가 내 말을 전적으로 확신한 것은 아니지만, 내가 그에게 말하고자 하는 것을 이해했다. 그러나 스탠리는 내가 정말로 LSD를 이해하고 있지는 못하다고 말했다.

"글쎄요, 어쩌면 그럴지도 모르죠."

나는 이런 식으로 응답했고, 우리는 거기서 그 이야기를 끝냈다. 나는 마약흡입이 인간의 표면 아래 잠재해 있는 유치한 속성을 노출시킨다는 것을 발견했다. 그럼에도 내가 수많은 다른 이들이 마약에 관해 관심을 갖고 의존하기까지 하는 것을 목격한 까닭에 그것에 대해 신경 쓰지 않았다. 가끔 마약에 취하는 것은 재미있었지만, 나는 습관적으로 중독되는 것에는 조심했다.

세상이 뒤틀려 보이는 것은 내게 혼란스러웠고, 나는 내 자신을 통제하는 것을 좋아했다. 마리화나를 흡입하는 것은 우리로 하여금 통상적으로 우리를 둘러싼 패턴과 색채, 사물들에 완전히 몰두하게 한다. 우리가 하고 있는 행위에 우리의 주의를 전적으로 빼앗기게 되며, 그런 식으로 사람들은 아이들이 돼버리고 마는 것이다.

히피들의 세계에 관해 나를 고민하게 했던 것은 그들의 전쟁에 대한 걱정이었으며, 그들은 사회를 변화시키기 위해 노력하는 데다 지나치게 주의를 기울였다. 세상을 바꾸기 위한 시도는 내게 납득되지 않았는데, 나는 물질세계가 가장 낮은 세계이기에 늘 분쟁이 상존하는 세계라는 것을 알고 있었기 때문이다. 그리고 변화는 항상 인간의 내면에서 일어나는 것이지, 외적 조건들을 변화시킴으로써 오는 것이 아니기 때문이었다.

스탠리는 회반죽으로 치장된 작은 녹색의 집에서 살고 있었다. 그곳은 내부가 몹시 뒤죽박죽이었지만, 물론 그는 독신 남자였고 나는 그에게 많은 것을 기대하지 않았다. 나는 내 스스로 그의 집을 청소하는 일을 맡았으며, 그곳은 정말 너무나 어수선했다. 나는 그렇게 한 것이 그의 기분을 상하게 하지 않기를 바랐지만, 그는 그것을 좋아했다. 두 시간 후에 그의 거처는 깔끔해 보였으며 방 하나가 우리의 침실이 되었다. 나는 침대 매트리스를 그곳으로 옮기라고 스탠리를 설득했는데, 그 침대의 아래쪽 부분이 곧 우리의 거실 소파였다. 커다란 테이블 위판과 낡은 트렁크, 트럭 의자와 오디오 장치 케이스 등을 옮겨놓았을 때 우리의 식당은 완비되었다. 스탠리와 나는 그가 집에 머물며 예술 작업을 하는 동안 내가 밖에 나가서 일하기로 합의를 보았다. 나는 그가 예술로 자립할 때까지는 가족을 부양하기로 했다. 이것이 우리가 우리의 삶을 함께 시작한 모형이었다.

이때까지 나는 추상예술을 전혀 이해하지 못했으며, 시도해 본 적도 없었다. 하지만 스탠리가 자기의 작업을 내게 보여주고 그것이 어떤 의미가 있는가를 설명해주기 시작했을 때 그것을 점차 이해할 수 있었다. 그리고 그것은 정말 아름다웠다.

추측컨대 나는 당신이 누군가와 사랑을 한다면 거기에는 다른 점들이 있을 거라고 보는데, 당신은 그가 관심이 있는 것들에 흥미를 갖게 될 것이다. 스탠리가 그림그리기에 착수해서 질질 끌고 있을 때, 나는 그 그림 안에서 그가 그것을 그리면서 분명히 느끼고 있던 것들 - 사랑, 증오, 분노, 기쁨, 기타 - 을 보기 시작했다. 거기에 색채 외에는 아무 것도 없었다고 하더라도 나는 이해할 수 있었다. 스탠리는 내가 이곳 지구상에서 전혀 접해보지 못했던 삶의 유익한 것들과 문화적인 것들을 나에게 보여주기 시작했다. 나는 스탠리가 매우 박식한 사람이라는 사실을 알았는데, 그는 많은 형태의 예술과 음악, 특히 고전음악과 포크송(folk song)을 즐겼다. 나는 그가 약초탕을 기쁘게 마시는 습관이 있다는 것을 알았다. 미국인들의 최악의 음식들을 접할 수밖에 없었던 이 모든 세월을 거친 후에야 나는 영양섭취에 관해서 많은 것을 배워야 했다.

스탠리와 나는 올드타운에서의 히피들의 갖가지 행사들에 참석할 시간이 없었을 뿐만이 아니라 시간감각도 거의 없었다. 우리는 아침 5시까지는 주변산책이나 친구들 방문, 일출 보러 호수에 가는 것 같은 바깥에 외출해 있을 시간이 없다고 생각했다. 실제로 우리는 매일 밤 인근의 커피점에 가곤했는데, 그곳에는 이웃에서 온 온갖 종류의 흥미롭고 창조적인 사람들이 모여 음악연주나 시 낭송을 진행했다. 그리고 때때로 스탠리가 자신의 예술작품들을 그곳에서 전시하고는 했었다.

오래지 않아 나는 올드타운 전역에서 '금성에서 온 소녀'로 명성을 얻었다. 그리고 사람들은 계속해서 나를 그들의 친구들에게 소개하는 것 같았다. 스탠리는 한 쌍의 친구들에게 나에 관해 말했고, 그 말은 하룻밤 사이에 퍼진 것처럼 보였다. 뿐만 아니라 나는 요청을 받아 작은 그룹 내에서 나의 금성에서의 삶에 관해서 이야기했다. 그 반응은 복합적이었는데, 어떤 히피들은 내가 제정신이 아니라고 생각했고, 일부는 매우 수용적이었다. 그러나 미쳤다고 취급받는 것도 히피들에게는 근사한 것이었다.

어느 여름날 오후 스탠리와 나는 집으로 돌아와 더위를 식히기 위해 샤워를 했다. 그런데 우리가 샤워를 마치고 옷을 입기 시작했을 때 아주 이상한 일이 일어났다. 나는 어떻게 그것이 발생했는지 몰랐고, 우리 둘 중에 누구도 어떻게 우리가 욕실에서 서로 마주보며 무릎 한끝을 위로 하게 되었는지 기억할 수 없었다.

스탠리가 침묵을 깨고 입을 열었다.

"쉴라, 무슨 일이 일어났는지 알아?"

"뭐죠?"

"이게 우리 결혼예식이야."

"무슨 말이에요?"

스탠리가 웃음을 지었다.

"당신 그거 느끼지 못했어?"

"그래요, 정말 무엇인가 이상하다고 느꼈어요."

내가 응답했다.

"어떻게 우리의 무릎이 닿게 된 것이죠?"

"모르겠어."

분명히 우리는 우리 둘에게 아주 자연스럽게 보이는 영적인 의식(儀式)을 치렀다. 그것은 운명이라고 생각되었다. 우리는 서로 포옹했다. 그날 저녁 우리 두 사람은 반지를 구입하기 위해 올드 타운에 있었다. 매우 가난했기 때문에 우리는 불만스럽지만 엮은 갈대로 만든 두 개의 반지를 받아들였다. 우리는 나중에 우리가 언제든 결혼할 수도 있다는 것을 알고 있었다. 하지만 우리 사이의 결속은 서류 한 장이 그리 중요하게 보이지 않을 만큼 매우 강력하고 의미가 있다는 것을 깨달았다. 후에 스탠리는 이날이 여름 중에 가장 하루가 긴 날인 "하지(夏至)"라는 것을 알았다. 스탠리는 자신의 부모님에게 전화를 했고, 그분들에게 나에 관해서 이야기했다. 그리고 덧붙여 내가 멀지 않은 언젠가 그들을 만나 뵙기를 바란다고 전했다.

얼마 후 스탠리의 어머니께서 우리에게 전화를 걸어 오셨으며, 저녁에 그녀의 집에서 함께 식사하는 자리를 마련하셨다. 나는 클라라(스탠리 어머니)와 만나는 것이 약간 긴장되었으나, 스탠리가 이미 나에 관한 모든 것을 그녀에게 말한 상태인지라 훨씬 편안하게 느껴졌다.

클라라는 매우 매력적인 여성이었다. 그녀와 스탠리는 똑같이 밀생한 곱슬머리와 깊게 자리 잡은 눈을 갖고 있었다. 그녀의 사각형 얼굴은 강한 성격을 나타내고 있었으며, 웃음으로 생긴 수많은 눈가의 주름들은 예리한 유머감각을 암시하고 있었다. 그녀는 많이 웃으면서 사람을 편안하게 해주는 사람이었다. 하지만 그러면서도 그녀는 스스로 당당한 풍모를 갖고 있었다. 나는 그녀가 감정이 깊고 주관적인 여성이라는 것을 감지했다. 그녀가 이야기할 때를 보자면, 정직하고 굳세 보이면서도 명석한 여성이라고 말할 수 있었다. 나는 처음부터 그녀를 좋아했다.

집은 사람들로 북적거렸는데, 스탠리는 그곳이 다른 일반 집과는 다르다고 설명했다. 클라라와 한스(독일 출신의 그의 계부)의 집은 늘 개방돼 있었고, 사람들이 항상 들락거리고 있었다. 클라라는 이에 관해 웃으며 이렇게 말했다.

"그래, 난 내가 마음으로는 청춘인 것 같아."

모든 사람들이 큰 소리로 그녀의 말에 동의했다. 그것은 그녀가 젊은 사람들 사이에서 인기가 있다는 것을 보여주었다. 저녁식사는 아주 즐거웠다. 클라라와 한스는 멋진 주인들이었다. 그리고 물

어린 시절 할머니와 쉴라의 사촌들과 함께한 옴넥(1959년)

156

론 다른 이들이 돌아간 이후 그녀가 내 자신과 가족에 관해 물었지만, 진지하게 관심을 가진 것으로 보였기에 나는 신경 쓰지 않고 답변했다.

클라라가 나에게 받은 첫 인상은 그녀를 약간 당혹케 하는 것이었는지도 모른다. 내가 모델 일을 하고 막 돌아온 참이었고, 표범이 인쇄된 점프슈트 차림에다 큰 귀고리, 뱀 모양의 팔찌, 게다가 샌들을 신고 머리는 말꼬리 모양으로 묶고 있었기 때문이다.

그날 저녁 클라라는 내가 자기 아들을 사로잡은 거친 고고 댄서가 틀림없을 것이라고 언급했다.

"저기, 어머니."

내가 응답했다.

"당신 아드님도 역시 저보다 약간 더 사납게 보일 수 있다고 생각해 보신적은 있으세요. 어머니도 우리 엄마가 처음에 스탠리에 대해 어떻게 느꼈는지는 들으셨을 거잖아요."

그녀가 웃으며 말했다.

"너는 장차 2세 아이도 사납다는 걸 생각하지 않는구나. 스탠리에게 익숙해져 있어서 그래. 그렇게 되면 그 가족은 다른 사람보다 더 사납게 보인다는 거지. 잘 알겠지만, 스탠리가 나한테 전화해서 아가씨를 사랑하고 있다고 말하더라고. 자기 인생에서 처음으로 정말로 사랑한다고 말이야. 난 이 애가 미쳤다고 생각했어. 스탠리가 현재 23살이고, 너는 이제 겨우 18살이잖아."

"제가 어릴지도 모르죠. 어머니."

내가 말했다.

"하지만 저 아주 빨리 성장할 거예요."

우리의 대화가 계속됨에 따라 나는 클라라가 더욱 더 좋아지기 시작했다. 내가 생각했던 그대로 그녀는 뛰어난 유머감각이 있었다. 그리고 매우 따뜻하고 외향적이었다. 스탠리에게는 배다른 남동생과 여동생이 1명씩 있었다. 가족 전체는 매우 친밀했고, 또 아주 부유했는데, 한스가 '크리스 캔디'라는 캔디 제조공장을 소유하고 있었기 때문이다. 사실 당시 케네디 대통령이 한스의 회사에서 생산한 초콜릿의 절묘한 맛에 반해 백악관에 납품하라고 지시하기도 했었다.

나중에 그의 삼촌과 숙모를 만났을 때, 나는 내가 그들을 몇 달 동안 손님으로 응대해 왔다는 사실을 알게 되었다. 즉 그들이 내가 일하고 있던 레스토랑의 오랜 고객이었던 것이다. 이때부터 나는 스탠리의 친척을 만나는 것이 신경 쓰였다.

스탠리와 관련해서 나를 성가시게 했던 유일한 것은 그가 늘 마리화나를 피운다는 것이었다. 그는 자기 방식대로 매주 10~15 달러치의 마약을 흡입했다. 나는 결국 그가 마약을 피울 때마다 5센트가 아니라 5달러의 비용이 들어간다는 사실을 알고 나서 깜짝 놀랐다. 그것은 우리의 빈약한 지갑사정으로 볼 때 엄청나게 비싼 것이었다. 스탠리는 자기의 예술작업과 사랑을 위해 점점 더 마리화나에 의존하고 있었다.

상황은 악화되었다. 나는 개의치 않고 스탠리를 뒷받침하며 일하고 있었지만, 그가 마약을 스스로 끊기 시작했을 때 문제는 다시 생겨났다. 내가 보기에 그는 그것을 하지 않고는 다른 아무 것도 할 수가 없었다.

게다가 스탠리가 (마약 후유증으로 인해) 나에게 응답하는 것을 중단했기에 그것은 또 다른 걱정거리가 되었다. 그는 내게 말도 하지 않으려 했고 관계도 가지려고 하지 않았다. 그것은 마치 내가 거기에 존재하지 않는 것이나 마찬가지였으며, 이것이 나를 미치게 만들었다. 나는 그를 뒷바라지하고 있었다. 그리고 나는 내가 그에게 해준 답례로 어떤 사랑표현이나 단 한 마디 말이라도 원하고 있었다.

잠시 그림 작업을 한 후에 그는 다른 방으로 들어가 스스로 문을 잠갔다. 그는 내가 주변에 있는 것을 바라지 않았다.

　나는 내가 함께 그림 작업을 시작한다면 그와 좀 더 가까워질 수 있을 것으로 기대하고 그렇게 했다. 그리고 나는 그림 그리기를 충분히 즐겼다. 하지만 그것은 스탠리에게 도움이 되지 않았으며, 그는 그저 그 누구에게도 반응하기를 꺼려했다. 몇 시간 동안 그는 단지 침대에 누워서 침묵하고는 했다. 나는 그의 어머니인 클라라에게 이야기를 하고 나서야 스탠리가 깊게 자리 잡은 감정적 문제를 갖고 있고 서너 달 씩 병원치료를 받은 적이 있다는 것을 알았다. 그것은 되풀이해서 발생하는 문제로 생각되었다.

　마침내 그것은 내가 더 이상 견딜 수 없을 정도로 마음을 깊이 어지럽히게 되었다. 그냥 모른 체 하기에는 그것은 내게 너무나 상처가 되었다.

　"스탠리, 당신이 전에 병을 앓을 때 당신 어머니가 당신을 데리고 가서 병원에다 입원시켰었죠. 그리고 어린아이처럼 돌봐주었죠. 하지만 난 그렇게 하지 않을 거예요. 왜냐하면 나는 당신 어머니가 아니니까요. 난 당신이 겪고 있는 이런 무의미한 행위를 좋아하지 않아요. 당신이 이런 식으로 행동하는 것은 불필요해요."

　나는 단호하게 말하고 그를 떠나기로 했다. 나는 그에게 의지할 생각은 없었지만, 어떤 사랑과 내게 응답해줄 사람을 원하고 있었다. 그리고 나는 아무 것도 돌려주지 않은 누군가에게 내 모든 사랑을 주지는 않을 생각이었다.

　나는 내 옷들을 여행 가방에다 쑤셔 넣었고 문으로 향했다. 그러자 마침내 그가 반응을 나타냈다. 내가 문을 열자 그가 벌떡 일어나더니, 내 팔을 잡아 다시 방으로 밀어 넣었다. 나는 방바닥에 주저앉고 말았다.

　"당신은 그 어디에도 가서는 안 돼!"

스탠리가 명령했다. 그런 다음 그가 앉아 말하기 시작했는데, 그것이 엉덩이 타박상에도 불구하고 나를 너무나 기쁘게 만들었다.

"혹시 당신 일자리를 얻는 게 어때요."

내가 제안했다.

"싫어, 난 내 그림 작업을 시작할거야."

"좋아요."

내가 동의했다. 하지만 스탠리가 일하러 가야한다는 운명이 결정되는 데는 그리 오랜 시간이 걸리지 않았다.

토요일 오후에 나는 집에 인접한 지하철에서 내렸다. 내가 계단을 올라갈 때 미식축구 선수처럼 보이는 거구의 한 흑인남자가 내 옆을 스쳐서 뛰어 내려갔다.

나는 그가 내 뒤에서 다시 달려 올라오는 소리를 들었지만 주의하지 않았는데, 그 사람이 환승 승차권을 잊어버렸을 수도 있다는 생각이 떠올랐기 때문이다. 그 다음 순간에 알게 된 것은 그가 뒤에서 커다란 손으로 내 입을 틀어막고 다른 손으로는 다리 사이를 덮쳤다. 나는 더 이상 지면에 발이 닿을 수조차도 없었다! 이와 같은 순간의 죽을 것 같은 공포는 말로는 그 두려운 감정을 다 표현할 수가 없다. 하지만 그 순간 본능적으로 나는 그의 손을 물어뜯었다. 그러자 내 늑골 부위에 한 차례의 강한 발길질이 가해짐과 더불어 그는 계단 위로 내달아 지하철 역사에서 사라졌다

잠시 후 사람들이 계단 아래로 몰려 내려왔고 그 중 한 사람은 흑인 경찰이었다.

"저 놈을 잡아요!"

내가 헐떡이며 소리쳤다.

"어떤 자가 나를 공격했어요."

"나는 지금 당신을 도와줄 수 없어요. 난 일하러 가야합니다."

이렇게 답변 한 후 그는 열차를 타기 위해 제 갈길 가기를 계속했다. 나는 큰 충격을 받았다. 무슨 경찰이 이럴 수 있다는 말인가? 어떻게 이런 세상이 있을 수 있는가? 내 입은 피로 얼룩져 있고 속옷이 찢어져 있었다. 나는 비틀거리며 계단을 올라갔고 무엇을 해야 될지를 생각하며 거리로 나왔다. 충격으로 기진맥진한 상태로 나는 두 명의 경찰이 안에 타고 있던 순찰차 앞에서 걸음을 멈추었다.

"방금 전 제가 공격받았어요. 어떻게 해야 되죠?"

"글쎄요, 당신이 범인을 보았거나 사람들이 그 사건을 목격하지 않은 한은 별 방법이 없습니다."

그것은 나에게 전혀 납득이 되지 않았다. 나는 법정에서 증언을 해줄 수 있는 내 주변에 서 있던 사람들과 현장을 목격한 사람들을 떠올릴 수 없었다. 그 경찰관들은 나를 순찰차로 집이나 병원에 데려다 주는 편의조차도 제공하지 않았다. 그들은 얼굴에서는 피가 흘러내리고 늑골에서도 심한 통증을 느끼며 서있는 나를 남겨둔 채 차를 몰고 사라져 버렸다.

스탠리는 그 경찰들이 어떻게 했는지를 듣고 나서는 놀라 어쩔 줄을 몰라 했다. 내가 심하게 맞은 늑골부위의 타박상을 그에게 보여주자, 그는 나를 즉시 의사에게 보이기 위해 데려갔다. X-레이를 찍어본 결과 정말 심각한 곳은 나타나지 않았고, 단지 서너 대의 갈빗대가 약간의 충격을 받았다는 것이었다. 갈빗대를 검진해 본 후 의사는 나에게 직장에 나가지 말라고 지시했는데, 몇 주간의 안정이 필요하다는 이야기였다.

그래서 스탠리는 밖으로 나갔고 직업적인 사진사를 위한 배달원 일자리를 얻음으로써 나를 놀라게 했다. 나는 왜 스탠리가 일하는 것을 그렇게 꺼려했는지에 관해 적어도 그 이유들 중에 하나만은 충분히 이해할 수 있었다. 그의 새 직장상사는 스탠리가 턱수염을 깎든가, 아니면 일을 그만 두든가를 강요했다. 잠시 동안만 그는 상사의 요구에 굴복하기로 결정하고 턱수염을 밀어없애기로 했다. 그는 면도기를 들고 욕실로 들어가서 문을 잠갔다. 그가 다시 욕실에서 나왔을 때 내 입은 딱 벌어지고 말았다. 그때 나는 전혀 다른 새 얼굴, 정말로 젊은 그의 얼굴을 보고 있었던 것이다! 턱수염이 있을 때 스탠리는 약 30세 정도로 보였다. 그가 너무나 젊어 보인다는 것은 얼마나 놀라운 일인가!

스탠리는 가는 턱의 윤곽선과 높은 광대뼈, 그리고 아래턱에는 보조개를 갖고 있었다. 나는 그의 입이 얼마나 심미적이고, 그가 얼마나 미남인지를 전혀 모르고 있었다.

나에게 보이는 스탠리의 한 가지 문제는 책임감이 없다는 것이었다. 그의 어머니는 그를 전혀 자립시키려고 하지 않았다. 스탠리는 그녀의 총애하는 아들이었고 그가 대학에 다니는 동안 돈을 보내주고는 했는데, 한때 그는 그 돈을 오토바이 구입과 같은 데다 몽땅 소비했다. 그것이 그녀가 했던 방식이었으므로 클라라는 더 많은 돈을 보내고는 했었다. 스탠리는 자신의 두 발로 전혀 서보지 않았다. 그리고 내가 그를 만났을 때 이것이 내가 직면해야 했던 현실이었던 것이다. 하지만 나는 그를 너무나 사랑했다. 아울러 그가 단지 숙달돼 있지 않은 이 한 가지 교훈, 한 가지 문제만을 배운다면, 나는 그의 안에서 아름다운 사람을 볼 수 있었다.

나에게 때때로 떠올랐던 다른 생각은 내가 아기를 가지는 문제였다. 내면 깊은 곳에서 나는 그 때가 왔다는 것을 느꼈다. 나는 그것이 스탠리가 책임감을 갖는 데 도움이 될 수도 있다고 생각했는데, 그는 실제로 나를 돌봐야 하는 것이 아니라 자신의 태도를 바꿔 홀로서기를 함으로써 한 아이를 보살펴야 하기 때문이다. 그래서 우리는 함께 앉아 그 문제에 관해 이야기를 나누었다. 그는 그 생각에 매우 기뻐했고, 아기를 갖기로 결정되었다.

이제 스탠리와 내가 함께 지낸지 약 2년이 되었으며, 우리는 테네시에서 휴가를 보내기 위해 돈을 저축하기로 했다. 스탠리는 그 때 나의 가족과 처음으로 만나게 될 것이다.

나는 그들을 다시 보는 것이 정말 행복했다! 나의 아버지 데이비드는 매우 가정적인 남자였다. 그와 페기는 5명의 아이들을 부양하고 있었다. 그는 빚을 지지 않고 살아 가기위해 때때로 두 가지 일을 하기도 했다. 나는 페기가 내가 조조를 낳은 해와 같은 해에 새로운 아들을 얻었다는 것을 알았는데, 그것은 조조보다 한 달 어린 삼촌이 생겼다는 사실을 의미했다. 테네시의 가족들은 조조를 당연히 엄마의 아들로 생각하고 있었다. 그녀는 전에 그곳을 방문했었고, 물론 조조가 자기의 아기라고 그들에게 말했다.

쉴라는 아빠 데이비드가 엄마와 가졌던 첫 번째 아이였고, 유일한 아이였다. 그리고 여러 해에 걸쳐 그와 페기는 여러 명의 아이들을 낳았으며, 조니 알렌이 그 첫 번째로 태어난 애였다. 예쁜 금발머리에 푸른 눈을 가진 조니는 너무 애지중지하다 보니 버릇없는 애가 되고 말았는데, 그 아이가 첫 애였기 때문이다. 데브라 진이 그 다음 아이였다. 그녀 역시 금발에다 담갈색 눈을 갖고 있었다. 그리고 셋째가 마이클 웨인이었다. 그는 약간 짙은 피부색에 암황색 머리카락을 가진 정말 귀여운 아이였다. 그는 데이비드를 닮았다. 나는 그 아이를 나의 작은 왕자라고 불렀다. 내가 14살 나이에 테네시를 떠나기 직전, 글렌다 슈가 태어났다. 그녀는 갈색 눈과 구릿빛 고수머리를 가진 자기(磁器) 인형처럼 생겼다. 그 아이가 내가 테네시를 떠나기 전 옷을 만들어 입혀서 안고 다녔던 애였다. 그리고 마지막으로 도일 레이라는 이름의 새 아기가 태어났다.

아빠의 가족은 늘 떠들썩했고 그들이 많은 돈을 갖고 있지는 못했지만, 그들에게는 많은 사랑이 있었다. 그리고 스탠리는 그들을 좋아했고 그들 역시 그를 좋아했다. 그들에게 있어 그는 관대하고 부드러운 거인과 같았다. 페기와 데이비드는 자기들의 침실을 우리에게 내주었고 그들은 긴 소파에서 잠을 잤다. 그리고 우리는 2주일을 그곳에서 머물렀다.

어느 날 우리는 할머니를 방문했다. 그녀는 스탠리에게 내가 자신이 보았던 가장 기묘한 아이였다고 말했다. 그녀는 자신의 7명의 아이들과 2명의 손자들을 키웠다. 그녀는 내가 늘 자기가 답변할 수는 없었지만 깊게 생각하게 만들었던 질문을 했다고 스탠리에게 언급했다. 또한 그녀는 내가 받은 것들에 만족했고 다른 아이들처럼 전혀 불평하지 않았다고 말했다.

"쉴라는 작은 몸 속에 노부인(老婦人)이 들어앉아 있는 것 같았고, 어느 정도는 천사 같기도 했어. 그 애는 너무나 고분고분했지."

할머니가 말을 이어갔다. 그녀는 내 편지들을 고스란히 간직하고 있다고 하셨다.

"고마워요. 할머니!"

나는 웃으면서 할머니를 껴안고 사랑한다고 말했다. 그녀는 스탠리를 좋아했고 그를 자신의 커다란 테디 베어(Teddy Bear)[11]라고 불렀다! 할머니를 다시 뵙게 된 것은 정말 멋진 일이었다.

시카고로 돌아온 지 얼마 되지 않아 우리는 내가 임신했다는 것을 알았다! 스탠리는 기뻐했고 내가 아버지의 침대에서 우리의 첫 아이를 뱄다는 것이 아이로닉(ironic)하다고 생각했다. 나는 그것이 상징적인 일이라고 추측했다.

얼마 후 우리는 올드타운 내에 있는 한 레스토랑에서 점성가(占星家) 한 사람을 만났다. 그 사람은 우리에게 점성학에 관해 이야

---

11) 봉제 곰처럼 생긴 사람.

기했고 당시 스탠리는 그것에 관해 상당히 관심이 있었다. 그리고 그는 그런 주제에 관련된 3권의 책을 갖고 있었다. 그들이 이야기를 나눌 때, 나는 눈을 감은 채 그저 조용히 그곳에 앉아 있었다. 나는 어느 날 밤 우리가 UFO를 볼 수 있기를 바라면서 소방용 급수탑에 올라갔던 일, … 또 스탠리와 내가 오토바이로 추적해서 매우 가까이서 보았던 우주선에 관해 생각했다. 몇 가지 이유 때문에 나는 이 우주선을 찾아야만 했고, 그리고 나는 두세 시간 동안 그것을 목격했었다.

갑작스럽게 나는 오딘 삼촌으로부터 내면의 메시지를 수신했는데, 그것은 이렇게 말하고 있었다.

"우리는 너와 접촉하려고 시도하고 있었다. 너의 아버지인 디아샤르(Deashar)는 그가 과거 물질세계에서 살아온 이래로 건강이 매우 안 좋은 상태였다. 그는 돌아가셨다. 그리고 그는 너를 대했던 방식에 대해 미안해하셨다. 즉 그는 자신이 이기적이었고 태도가 잘못돼 있었다는 것, 너를 만나 이야기해야 한다는 것을 깨달으셨다. 그리고 그는 너를 자신의 아이로 받아들이셨다. 단지 그의 자존심과 에고가 그렇게 하는 것을 방해했던 것이다. 그는 자신이 죽기 전에 너를 보기 위해 접촉하려고 노력했지만, 실패했다. 그리고 그는 이런 식의 일을 겪는 것이 자신의 카르마라는 사실을 알고 있었다. 이제 그는 최종적으로 너를 보고 싶어 했으나, 이전에 그가 너를 만나는 것을 여러 번 거부했기에 너에게 다가가는 것은 쉽지 않았다. 하지만 그는 다른 존재계에서 너를 다시 보게 될 거라고 확신했고 자신의 사랑을 너에게 전해달라고 했다."

나는 울기 시작했고 스탠리는 내게 물었다.

"쉴라, 무슨 일이야?"

나는 내가 들은 것을 그대로 그에게 말해 주었다. 나는 스탠리에게 나의 기원과 참된 고향은 확실히 다른 별이라고 말했다. 그는 그것에 대해 매우 흥미로워했고 잠시도 의심하지 않았다. 나는 이런 이야기를 누군가에게 공개적으로 털어놓을 수 있게 된 것에 새로운 삶의 의욕이 솟아났다. 그래서 나는 스탠리에게 나의 가르침들과 〈지고(至高)의 신(神)의 법칙〉에 관해 말하기 시작했다. 그리고 나는 우리의 어떤 영적인 믿음들에 대해 그에게 여러 번 설명했다.

그것들 가운데 특히 그가 좋아했던 한 가지는 삶과 환생에 관한 유추법(類推法)이었다. 인간은 원(圓)의 한 지점에서 삶을 시작한다. 초기에 인간은 한 아이이고 아이의 몸으로 있기 때문에 무기력하다. 그럼에도 인생을 상징하는 그 원주를 도는 여행에서 인간은 경험들을 통해 점차 성장하고 변화할 것이다. 때로는 편견과 잘못된 태도들로 인해 많은 것을 잃기도 할 것이다. 그리고 만약 그가 죽음을 맞이할 때까지 성장할 수 있는 다른 영적인 길로 들어선다면, 그는 원주의 끝부분에 있는 그가 처음 출발했던 동일한 지점에 이르게 된다. 그때 그는 (노화로 인해) 다시 한 번 육체적으로 무력해지고 어린아이처럼 돼 버린다. 하지만 그가 스스로 자신에 대해 숙고한다면, 그는 자기가 태도와 육체라는 매개체에 있어서 완전히 다른 사람이라는 것, 그리고 더 이상 처음 출발할 때의 자신과 같은 사람이 아니라는 사실을 알 것이다. 왜냐하면 그는 삶의 경험들을 통해 극적으로 변화했기 때문이다. 그가 다른 생을 시작하기 위해서 육체로 태어나 다시 지상에 돌아왔을 때 그는 바로 이전의 생에서 살다 떠난 그 사람, 그 인격, 그 태도에서 출발하며, 그가 지난 생에서 믿었던 것과 똑같은 방식의 환경 속으로 들어오게 된다.

나는 몇 주 후에 일어난 일을 결코 잊지 못할 것이다. 스탠리는 친구 집에서 TV를 시청하기 위해 외출해 있었다. 우리는 TV가 없었다. 그는 마틴 루터 킹12) 박사에 관한 다큐멘터리를 볼 예정이었다.

"내일 그들이 앨라배마로 행진할 거야."

그가 설명했다. 그리고 나는 한 순간도 지체 없이 말했다.

"오, 안돼요! 그는 가서는 안돼요. 그는 거기서 살해당할 거예요!"

"무슨 소리야?"

나는 말했다.

"나는 남부를 알아요. 그들은 이런 일에 대비되어 있지 않아요. 그는 살해될 거예요."

"오, 쉴라, 난 그렇게 생각하지 않아!"

그는 그렇게 말하고 떠났다. 다음 날 오후 나는 검진을 위해 의사와 예약이 잡혀 있었다. 나는 그의 병원사무실에서 내내 잡지를 읽으며 머물러 있었다. 집으로 돌아오는 길에 나는 경찰들이 모든 거리를 봉쇄하고 있고 도처에 군중들이 몰려 있는 것을 목격했다. 무슨 일이 발생한 것일까?

나는 버스에서 내렸다. 우리는 여러 인종들이 뒤섞여 있는 가난한 구역에 살고 있었다. 내가 집으로 걸어가고 있던 중 경찰이 다급히 나를 바닥으로 밀쳤고, 바로 그때 벽돌이 내 머리 위로 날아가 한 상점의 창문을 박살냈다.

"미안합니다. 아주머니."

그가 사과했다.

---

12)(1929 1. 15 - 1968 4. 4) 미국의 위대한 비폭력 흑인 인권운동 지도자이자 목사이다. 그는 보스턴 대학에서 신학박사 학위를 받은 뒤 처음으로 앨라배마 주의 몽고메리 교회에 부임했다. 그곳에서 시영 버스의 흑인에 대한 차별적 좌석제에 대해 버스 보이콧 운동을 비폭력 전술로 이끌어 승리를 거두었고, 이를 계기로하여 전국적인 흑인해방 지도자가 되었다. 그 뒤 1963년의 워싱턴 대행진을 비롯한 수많은 인종차별 철폐운동을 이끌어 공민권법, 투표권법의 성립을 촉진시켰으나, 1968년 멤피스에서 암살당하고 말았다. 1964년에 <노벨 평화상>을 수상한 바있다. (역주)

대중 집회에서 연설중인 흑인 인권지도자 마틴 루터 킹 박사

"하지만 벽돌이 날아오는 걸 모르시더라고요."

"맙소사!"

나는 소리를 질렀다.

"무슨 일이죠?"

"마틴 루터 킹 박사가 암살당하는 바람에 거리 전체에서 폭동이 일어나고 있습니다."

"어떻게요?"

"한 백인남자가 그것을 저지른 것으로 보입니다만, 자세한 것은 나도 모릅니다."

그는 나를 집에까지 호위해 데려다주었다.

"집안에 있는 것이 더 안전할 겁니다."

그가 현관 문 앞의 계단에서 말했다.

"고마워요."

내가 응답했다. 나는 집 안으로 걸어 들어갔다. 창문들이 깨져 있었고 방문들이 열려 있었다. 스탠리가 창백한 얼굴로 거기 서 있었다.

"큰일 났어!"

그가 갑자기 내 팔을 움켜잡았다.

"당신이 다칠까봐 두려웠어. 도대체 어떻게 이런 일이 일어났는지 난 믿을 수가 없어!"

스탠리가 말했다.

"당신이 어제 말했던 게 맞았어!"

그가 조용히 중얼거렸다.

"어떻게 그걸 알 수 있었던 거야?"

그가 물었다.

내 답변은 단순했다.

"난 그냥 그것이 일어날 거라고 느꼈어요."

사람들이 이 끔찍한 범죄에 반응하는 방식을 보는 것은 내게 상처가 되었다. 그들은 단지 그것을 악화시키고 있을 뿐이었다! 마틴 루터 킹은 사랑을 가르치려고

노력했었지만, 그의 죽음은 오히려 폭력을 폭발시켰다. 그것은 하나의 범죄였다! 인간들은 아직 존엄과 관용으로 그들 자신을 비극에서 끄집어내는 것을 배우지 못한 것 같았다.

시카고에서 많은 사람들이 부상을 당했고 주로 미국 대도시들의 흑인 지역에서 많은 파괴가 일어난 것으로 보였다. 흑인들은 자기들의 위대한 지도자를 잃어버렸다는 상실감을 느꼈다. 그들은 킹 목사의 기억을 토대로 굳건히 서는 대신에 절망 속에 빠졌다. 그리고 자기들의 나약함과 슬픔을 먹이로 수많은 투쟁적인 집단들이 봉기하여 더욱 더 폭력적인 방향으로 치달았다.

도시 재개발로 인한 요청에 따라 우리는 올드타운에서 이사를 해야 했다. 따라서 우리는 이미 장소 임대료가 지불된 다른 곳으로 재배치되었다. 이것은 물론 우리에게 행운이었는데, 우리는 경제 기준으로 보면 가난했기 때문이다. 비록 내가 그것을 전혀 알지 못하고 있었으나, 나는 우리가 잘하고 있다고 생각했다. 그래서 우리는 해변에 가까운 시카고 남쪽으로 옮겨갔다. 나는 그곳을 좋아했지만, 이제는 의사와 검진 약속을 할 때마다 도시 전체를 가로질러 가야만 했다. 우리는 아직 오토바이를 갖고 있었고 그것을 이용해 스탠리의 부모를 방문하고는 했었다. 그의 어머니 클라라는 내가 임신 5개월이 된 것을 보고 놀라워했다. 그녀는 결국 스탠리로 하여금 오토바이를 1969년형 검은 폭스바겐과 바꾸도록 해서 그를 너무 미안하게 만들었다. 나는 그 차를 좋아했고, 그것은 작고 예쁜 차였다.

우리는 스탠리의 가족으로부터 이미 수많은 선물들을 받았다. 그들은 이미 의사와 병원으로부터 오는 모든 청구서들도 지불하고 있었다. 우리 아기는 필요한 모든 것을 가지게 될 것이다. 엄마는 내가 여자아이를 낳을 것이라고 보장했는데, 나는 그녀가 그것을 느꼈다고 믿는다. 나는 너무 행복해서 그것은 문제가 되지 않았고 알아보려고도 하지 않았다. 내가 임신해 있는 동안 스탠리와 나는 종종 조조를 몇 주 동안 우리 집으로 데려오곤 했었다. 그 아이는 3살이라고 하기에는 너무 작았고 우리는 아이와 함께 바닷가로 나갔다. 조조는 특히 스탠리가 사준 팬케이크를 좋아했다. 스탠리는 팬케이크를 아이가 먹기 쉽도록 작은 사각형으로 잘라주고는 했다. 나는 스탠리가 조조를 잘 대해주는 모습을 보는 것이 좋았다. 나는 그가 분명히 멋진 아빠가 될 거라고 생각했다. 조조를 집에다 데려다 준 후에 엄마로부터 전화가 왔다. 그녀는 조조가 팬케이크를 스탠리가 자기에게 잘라주었던 것처럼 잘라달라고 고집하는데 어떻게 했느냐고 물어왔다. 우리는 설명해 주었고, 기분 좋게 웃었다.

아기가 태어나기 직전 우리는 클라라와 함께 큰 축하의식에 참석했다. 나는 붉은 벨벳 드레스를 입고 그녀가 나에게 선물로 준 하얀 레이스의 목걸이를 착용하는 것이 좋았다. 그런데 우리가 11시경에 집에 도착한 후에 - 내가 침대로 갈 준비를 하며 주방에 있을 때 - 양수가 터졌다. 나는 다급히 스탠리를 불렀다. 그는 나를 안아 올린 후 미리 꾸려놓았던 내 가방을 움켜쥐었다. 우리는 병원에서 멀리 떨어져 있었다. 나는 한편으로는 흥분되었고 다른 한편으로는 두렵기도 했다. 스탠리는 초조해하고 있었지만, 모든 것이 잘 될 거라고 나를 확신시켰다. 뿐만 아니라 그는 앞에서 움직이지 않고 있는 모든 차들에게 독설을 퍼부었다. 나는 웃음이 나왔다.

"스탠리, 우리는 폭스바겐을 몰고 있어요. 미국 내에 있는 아무도 이 차를 대단하게 보지 않아요. 그들에게는 이것이 큰 장난감처럼 보인다구요."

그가 웃었다.

"그래, 당신 말이 맞아. 하지만 차의 엔진에 문제가 생겼을 때를 기억해보라고. 나는 길 한쪽에 차를 대고 살펴보기 위해 뒤를 열었지. 그 때 한 남자가 차 속도를 늦춰 멈추더군. 나는 그가 도움을 주겠거니 하고 생각하고 있었어. 하지만 대신에 그는 창문을 내리더니 이렇게 고함을 치더라고."

"무슨 일이요? 당신 고무 밴드 브레이크 사용했소?"

스탠리는 키가 너무 컸기 때문에 그 차를 더욱 작아보이게 만들었다. 우리는 그것을 회상하며 웃었다.

마침내 우리는 병원에 도착했고 나는 휠체어에 의해 분만실로 옮겨졌다. 스탠리는 내 손을 꼭 잡은 채 나와 함께 있었다. 통증은 매우 심했지만 산도(産道)13)는 또 다시 충분히 확장되지 않고 있었다. 따라서 나는 산도를 확장하기 위한 주사를 맞았다. 하지만 그것은 조조를 낳을 때만큼 고통스럽지는 않았다. 그때 분만과정이 신속히 진행되기 시작했고, 탯줄을 자르기 전 그들은 여자아기를 내 가슴에다 안겨주었다. 그래서 나는 아기의 얼굴을 볼 수 있었다! 그 아이는 젖어서 끈적거리는 강아지처럼 보였다.

나중에 그들이 아기를 내 방으로 데려다 주었을 때 나는 그 아기가 내 아이라는 것을 믿을 수 없었다. 그녀는 눈초리가 치켜 올라간 작고 푸른 눈과 약 2인치 정도 길이의 풍성하고 새카만 머리카락 - 신생아 치고는 많은 머리였다 - 을 갖고 있었다. 간호사는 아기의 모습과 아기의 머리를 빗질할 때 놀라워했다. 내 눈은 눈물로 가득 찼다. 그녀는 완벽했다. 스탠리는 자부심으로 마음이 달아올랐다. 우리는 아기 이름을 토비아 린(Tobea Lynn)이라고 불렀다. 그녀의 몸무게는 8파운드 4온스였다.

"하느님! 나의 작고 소중한 천사를 주셔서 감사합니다."

나는 잠에 빠져들며 혼잣소리로 중얼거렸다.

처음에 토비는 나와 스탠리와는 달리 그녀의 검은 머리와 치켜 올라간 눈초리로 인해 동양적으로 보였다. 사람들은 종종 우리에게 물었다.

"이 애 누구의 아이죠?"

하지만 나의 자긍심에 찬 답변은 그들을 더욱 놀라게 하곤 했다.

"왜요? 내 아이인데요!"

나중에 토비가 약 2살이 되어 스푼이나 포크로 음식을 먹기 시작했을 때, 그녀는 뭔가 독특한 짓을 했었다. 그 아이는 스푼이나

---

13) 분만할 때, 태아가 통과하는 모체 안의 통로 (역주)

포크를 뒤집어서 남이 들고 있는 식기의 일부를 먹고는 했었다. 나는 그녀가 2살이었을 때 왜 그런 식으로 먹느냐고 물어보았다. 토비는 그것이 과거에 자기가 먹었던 습관을 기억하는 방법이라고 설명했다.

"언제를 말하는 거니?"

"내가 엄마의 작은 딸이 되기 그 이전."

"넌 어떤 모습이었을 것 같으니?"

내가 다시 물었다.

그녀는 나를 바라보았고, 이어서 자신의 할머니를 쳐다보았다.

"엄마하고도 다르고 할머니하고도 달라."

이것이 내 호기심을 자극했다. 그래서 나는 잡지들을 통해 조사하기 시작했고, 토비에게 전에 그녀의 모습이 어떠했는지를 보여달라고 요청했다. 그러다 마침내 그녀는 '내셔널 지오그래픽' 잡지 속에 나오는 한 일본 게이샤(藝妓)의 사진을 가리키며 소리쳤다.

"이게 내 모습이야."

와, 이것은 흥미로운 일이라고 나는 생각했다.

"지금은 그런 시절이 아니고 그 옷들이 없다는 걸 깨달았니?"

내가 물었다.

"응"

그녀가 대답했다. 그 후 나는 토비에게 일본 의상과 샌들, 그리고 나무젓가락을 사주었다. 그녀는 어느 날 친구들과 놀다가 달려와 내게 이렇게 말하기 전까지는 그것들을 좋아했다.

"나는 이제 엄마의 작은 딸이 될 준비가 됐어. 이제부터는 과거의 이런 옷들과 물건들이 필요하지 않아."

영혼으로서의 아이들은 지구상의 경직된 학습과정에 의해 무시된 수많은 과거생의 경험들을 갖고 있다. 그러나 많은 부모들이 이런 영혼들을 어떻게 도와주어야 하는지 지식이 결여돼 있기 때문에 새로운 생의 과정에서 그들의 의식 속에 내재된 전생(前生)에 관한 자각들을 보존해주지 못하는 것이다. 그렇기에 그들에 대한 교육은 오직 물리적 환경에 국한돼 있을 뿐이다.

만약 여러분이 아이를 그들이 태어날 때부터 모든 것을 꿰뚫고 있는 한 영혼으로 관찰한다면, 그것은 훌륭한 출발이다. 또한 개인의 재능을 알아차리는 길이 곧 음식습관이나 놀이습성, 장난감 선택과 같은 그 아이가 가진 행동방식을 주목하는 것일 수도 있다. 그것이 여러분에게 그들의 과거 육화들에 관한 몇 가지 힌트를 줄지도 모르는 것이다.

7장

영적인 가르침과 다시 만나다

토비가 태어난 후 얼마 되지 않아 나는 엄마를 방문했다. 그리고 우리는 앉아서 포도주를 몇 잔 기울이며 영적인 믿음들에 관해 대화를 나눴다. 그녀는 장미십자회에 관한 이야기를 이어나갔고 나는 그녀의 말을 듣고 있었다. 그때 갑자기 나는 내면의 메시지를 받았는데, 그것은 이제 내가 그녀에게 내 자신에 관해 말해야만 한다는 것이었다.

"엄마, 나는 엄마한테 뭔가를 말하기 위해 오랫동안 기다려왔어요. 그리고 그 때가 온 것 같아요. 하지만 난 엄마한테 이걸 어떻게 설명해야할지 모르겠어요. 아마 엄마는 내가 미쳤다고 생각할 거예요."

나는 머뭇거리며 조심스럽게 입을 열었다.

"뭔데 그러냐? 계속해 보거라. 네 마음에 있는 것을 털어놔 봐."

"난 네가 영리한 젊은 여자애라는 것을 알고 있다. 넌 미치지 않았어."

"저기요, 난 엄마의 진짜 딸이 아니에요. 쉴라가 7살이었을 때 그 애는 할머니에게 가던 길에 사고가 난 버스 안에 있었어요. 쉴라는 거기서 죽었어요. 그리고 내가 그 애의 자리에 들어간 거예요."

나는 그녀에게 내가 원래 금성에서 왔고 커다란 임무 때문에 이곳에 파견되어 우리의 공동의 카르마를 청산하기 위한 작업을 하고 있다고 말했다. 또한 나는 다른 생에서의 나와 쉴라와의 관계에 대해 그녀에게 설명했다. 나는 금성에서의 나의 삶에 관한 세부적인 내용으로 들어가지는 않았지만, 내가 금성에서 태어났을 때 엄마를 잃었기 때문에 그녀(지구의 엄마 돈나)를 매우 사랑하게 되었다고만 언급했다. 나는 그녀에게 이제는 말할 필요성을 느꼈으며, 그럼으로써 미래에 그 진실이 밝혀졌을 때 내가 그것을 말하지 않았다는 사실에 의해 그녀가 충격받거나 상처받지 않게 될 것이었다. 나는 말을 이어갔다.

"내가 이런 것들에 대해 엄마한테 솔직하게 이야기할 기회가 없었어요. 왜냐하면 우리의 삶이 그동안 너무나 폭력과 혼란으로 가득 차 있었기 때문이에요. 그리고 난 엄마가 이런 이야기를 어떻게 받아들일지를 몰랐어요. 하지만 이제 나는 엄마가 모종의 영적 가르침을 이해할만한 상태에 들어갔다는 것을 보았어요. 엄마는 내가 말하려고 하는

쉴라의 실제모습. (3살 때)

176

것에 대해 좀 더 깊은 이해를 얻을 수도 있어요."

그녀가 입을 열었다.

"그래, 난 네가 무슨 말을 하는지 알겠다. 네가 쉴라에 관해 이야기한 것을 이해한다. 왜냐하면 나는 너와 쉴라 사이에는 다른 점이 있다는 것을 눈치 채고 있었기 때문이다. 하지만 내 감정은 그것을 인정할 수 없었는데, 내가 너를 너무나 사랑했고 쉴라는 내가 가졌던 유일한 아이였기 때문이란다. 고백하지만, 너는 나에게 별로 힘들지 않은 다정한 딸이었다. 그러나 이제 우리는 모든 것을 공개리에 털어놓았다. 나는 매우 기쁘다. 나는 언제나처럼 너를 사랑한다. 그리고 너는 이전처럼 여전히 내 딸이다."

우리는 서로를 끌어안고 흐느껴 울었다. 그 후 나는 우리가 늘 그랬듯이 엄마와 외출해서 쇼핑을 했고 건강식 때문에 스탠리가 찬성하지 않는 초콜릿이나 밀크셰이크 같은 음식들을 구입했다. 이어서 우리는 집으로 돌아와 함께 식사를 했다. 그리고 평상시처럼 나는 페드로가 돌아오기 전에 그곳을 떠났다. 그리하여 나는 마음이 들뜬 채로 집으로 돌아와 스탠리에게 무슨 일이 있었는가를 모두 이야기했다. 그는 이것에 대해 관심을 나타내어 나를 기쁘게 해주었다.

내가 스탠리를 처음 만났을 때, 그는 그의 어머니와 마찬가지로 무신론자였다. 클라라는 이스라엘 출신이었고, 그녀는 유대인이 아닐 경우 그 사람을 가축과 똑같이 취급하는 정통 유대교의 신(神)에 대한 개념을 거부했다. 이것이 그녀를 무신론자로 내몰았고, 그녀로 하여금 동등한 인종적 권리를 뒷받침하기 위한 활동을 매우 적극적으로 추구하게 만들었다. 그녀는 시카고에 처음 세워진 〈평화 기념관〉의 발기인들 가운데 한 명이었다. 우리는 영적인 주제에 관해 수많은 대화를 나눴으며, 내가 모든 창조물의 에너지 원천으로 설명했던 절대자의 존재를 더 잘 받아들일 수 있게 되었다.

그녀가 1997년에 사망했을 때 스탠리는 그녀의 손을 꼭 잡고 있었다. 그녀는 자기가 죽은 이후에 자신이 더 이상 존재하지 않게 되지 않을까를 두려워했다. 스탠리는 그녀에게 나중에도 삶이 계속될 거라는 것을 약속했다. 그녀가 자신의 마지막 숨을 거두고 눈을 감은 후 즉시 그녀는 그에게 나타났고, 이렇게 속삭였다.

"네가 맞았다. 스탠리, 나는 아직 여기에 있다."

스탠리는 서너 가지 새로운 방법으로 노력했지만, 내가 볼 때 그들 모두는 내가 금성에서 알게 된 가르침들과 진리가 결여돼 있었다. 나는 불교, 명상, 점성학, 에드가 케이시, 기타 다른 비전적 가르침들과 같은 그의 갖가지 관심사들을 따라가는 데 지쳐버렸다. 나는 지구상에는 수많은 의식 수준들로 인해 다양한 많은 가르침들이 있어야 한다는 것을 안다. 준비돼 있지만 아직 참된 가르침을 찾지 못한 영혼들은 결국 종교들과 비교(秘敎), 요가, 기타 다른 영적인 길들이 그들을 진정한 영적 진리로 인도할 디딤돌로서 지구상에 존재한다는 것을 알게 된다.

스탠리는 폴 트윗첼(Paul Twitchell)에 관한 책 한 권을 발견한 후, 자신이 다시 한 번 내가 말한 가르침들을 찾았다고 확신했다. 하지만 그가 나에게 "엑칸카(Eckankar)"14)에 대해 말했을 때 나는 별로 흥미를 느끼지 못했는데, 그는 자기가 영적으로 선호하는 것을 매우 자주 바꿨기 때문이다. 따라서 내가 폴 트윗첼의 강의를 들어보러 갔던 것은 단지 스탠리가 강의에 꼭 와 달라고 내게

---

14) 영혼과 신성에 이르는 길에 관한 고대의 철학과 가르침이자, 그것을 전파하는 미국의 영성단체의 이름이다. "엑칸카(Eckankar)"라는 말은 "신과 함께 일하는 사람"이라는 의미라고 하며, 본래 그 가르침의 기원은 이 지구상에 인간이 존재하기 시작한 태초까지 거슬러 올라간다고 한다. 이 단체는 1965년 엑칸카 마스터인 폴 트윗첼이 미국에서 현대화된 형태로 가르침을 폄으로써 시작되었으며, 그 후 후계자인 해롤드 클렘프의 저서들과 강연집을 출판하면서 지속적으로 성장해 왔다. (역주)

간청했기 때문이었다. 나는 토비를 데리고 가야했고, 그 애는 이제 겨우 아장아장 걸어 다니는 시기였다. 그래서 토비가 잠들었을 때 나는 담요로 애를 감싸서 책을 판매하고 있던 장소 뒤편의 테이블 아래에다 넣어두었다.

토비는 엉금엉금 기어 다닐 수 있었고 사람들의 구두매듭을 푸는 습관이 있었다. 그리고 나는 그 애가 깨어났을 때 청중들을 방해하는 것을 바라지 않았다. 따라서 나는 앞쪽의 강연자보다도 그녀에게 더 주의가 쏠려 있었다. 그러다 보니 그가 말했던 것은 실질적으로 내 귀에 단 한 마디도 들어오지 않았다.

그런데 강연이 끝나자 폴은 그와 대화하기를 원했던 일부 사람들이 있었음에도 나를 향해 곧바로 걸어왔다. 그리고 그는 혹시 자신이 나와 혼자 이야기를 나눌 수 있겠느냐고 내게 물어보았다. '이 분은 내가 강연에 주의를 기울이지 않은 것을 알아차리고 있었던 것일까?' 나는 약간 떳떳치 못한 마음으로 그런 생각을 하고 있었다.

우리는 남의 눈을 피하기 위해 그의 호텔방으로 갔다. 나는 그가 내게 미소를 지으며 앉으라고 권했을 때 어떻게 생각해야 할지를 알지 못했다.

"나는 당신이 정말로 누구인지를 알고 있습니다."

그가 입을 열었다.

"당신의 진짜 이름은 옴넥 오넥이고, 금성에서 왔지요."

나는 놀라서 말문이 막혔다.

"나는 티베트의 한 수도원에서 15년 동안 공부했고 내 비전 입문을 받고 있습니다. 그리고 이런 고대의 가르침들을 미국에다 자리 잡게 하라는 지시와 허락을 받았습니다. 티베트에 계신 리바자 타즈(Rebazar Tarz)가 나의 스승님들 중에 한 분이십니다. 한 때 그분은 나를 데리고 금성의 리츠와 테우토니아로 영혼여행을 하신

적이 있습니다. 스승님은 당시 작은 소녀였던 당신을 가리키며 우리가 미래에 만나게 될 때를 대비해 기억해두라고 말씀하셨지요. 당신은 앞으로 나를 도와 이런 가르침들을 확립하는 데 중요한 역할을 하게 될 것입니다."

그는 미국에서의 자신의 작업을 설명해 주었는데, 그것은 책 집필, 자택학습을 위해 우편으로 교육내용 발송하기, 강연개최, 사람들이 모여 공부하고 명상할 수 있는 장소 설립 등이었다.

처음에 나는 그의 강연내용을 귀담아 듣지 않은 것에 대해 매우 부끄러움을 느꼈다. 하지만 그가 자신의 작업을 도와줄 수 있는지를 내게 물었을 때, 나는 아기를 돌보고 웨이트리스로 일하면서 내가 할 수 있는 무엇이든 돕겠다고 약속했다. 집으로 돌아와 내가 스탠리에게 그것을 말하자, 그는 내가 그랬던 것만큼이나 흥분했다.

그러나 우리는 그의 조직을 위해 우리가 일하기 위해서는 폴에 의해 몇 가지 입문식을 받아야 한다는 사실을 알게 되었다. 그는 우리에게 이것이 물질세계에서 영적인 일을 실행하기 위한

폴 트윗첼과 옴넥. 이때 옴넥은 아들 젠다를 임신하고 있었다.

180

영적준비로서 필요하다고 언급했다.

폴 트윗첼은 서구세계에서 오늘날의 첫 마한타(Mahanta)[15] 또는 살아 있는 마스터였다. 그것은 곧 그가 승천한 대사들(Ascended Masters)로부터 선택된 사람에게 전수되는 권능의 지팡이를 받았다는 것을 의미한다. 이런 가르침들은 배우는 사람들의 시간과 여건에 정통한 살아있는 한 교사에 의해 가르쳐진다.

그 고대의 가르침들은 모든 창조물의 토대를 이루는 본래의 진리들이다. 또한 그것들은 물리적으로나 영적으로 진보된 모든 존재들의 가르침들이기도 하다.

원래 금성인들은 그들이 근본적인 영적 개념들과 어떤 분리됨이 없이 조화 속에 남았을 때 진리의 수호자들로 선택되었다. 그들은 또한 지구가 처음으로 물질적인 사람들에 의해 식민지로 개척되었을 때 이곳에 고대의 가르침들을 가져왔었다.

나중에 그 가르침들은 아틀란티스가 멸망한 이후 지구를 지배했던 통치세력들에 의해 왜곡,조작되는 것을 막기 위해 감춰졌다. 이것은 그리스도가 탄생하기 이전이었다. 그 후 그리스도가 당시 육체로 살고 있던 승천한 대사인 퍼비 콴츠(Fubbi Quantz)[16]의 인도하에 티베트에서 이것을 공부하기 시작했다.

폴 트윗첼은 지구 사람들의 의식(意識)을 끌어올리기 위해 1965년에 이런 가르침들을 공개적으로 알리는 작업에 착수했다. 이것은 지구상에 있는 동안 모든 대사들의 목표였으며, 물론 그들은 지구주민들의 선조들이다. 처음에 우리는 그 고대의 가르침들을

---

15)영성단체인 엑칸카의 살아 있는 영적 지도자 또는 마스터를 호칭하는 표현이다. (역주)
16)부처님 시대에 살아 있던 마스터로서 기원전 500년 경에 자신의 사명을 완수하고 그때 이미 몸을 불멸화시켰다고 한다. 퍼비 콴츠 대사는 현재도 살아 있으며, 지금은 티베트 북부에 있는 카추파리 수도원에 보관된 신성한 서(書)인 <샤리야트-키-서그매드>의 수호자라고 한다. (역주)

퍼비 콴츠 대사

공부하고 명상하기 위해 우리의 아파트에서 작은 모임을 가졌다. 관심 있는 사람들이 점점 더 우리 그룹에 합류했으며, 마침내 우리는 작은 가게를 앞에다 열었다. 그곳은 관심을 가진 이들이 정보를 얻거나. 책을 읽고 구입하는 모임의 장소로서의 역할을 했다. 나는 일주일에 하루 정도는 그곳을 댄스반에 가입하기를 원하는 사람들에게 무용을 가르치는 장소로 활용했다. 우리는 안무가로도 일했고 집단무용 모습을 필름에 담기도 했는데, 그것은 세미나에서 시연되었다. 그 때 폴이 중요한 행사를 위해 영혼여행을 묘사하는 춤을 준비해달라고 내게 요청했다. 나는 그 춤이 근본주의자 종교인들에 의해 어떻게 받아들여질지에 관해 얼마나 마음이 초조했는지 모른다! 하지만 그것은 매우 성공적이었다.

그 다음에 폴은 우리가 엑칸카의 젊은 그룹을 맡아주기를 원했다. 그래서 우리는 세미나 기간 동안 젊은 사람들이 참여할 수 있는 연기, 음악, 미술, 기타 다른 많은 문화적 주제들에 관해 워크숍을 열었다. 금방 우리는 엑칸카 단체 내에서 잘 알려지게 되었고 늘 이곳저곳으로 불려 다니며 여행을 했다. 그리고 폴과 그의 아내 게일은 우리에게 좋은 친구들이 되었다. 그들은 토비를 매우 귀여워했는데, 그 아이는 호텔에 있는 우리보다 그들의 방에서 더 많은 시간을 보냈다.

그런데 폴이 나의 기원에 관한 이야기를 공개적으로 대중들과 나누기를 바란다고 말했을 때 나는 매우 불안하고 긴장되었다. 나는 처음으로 약 300명이나 되는 사람들에게 강연을 해야만 했던 것이다. 청중들은 내가 하는 이야기 내용에 의해 최면이라도 걸린 듯 숨소리조차 나지 않았다. 몇 시간에 걸친 세미나 후에 나는 호

옴넥의 딸인 토비를 귀여워하는 폴 트윗첼

텔 로비에 앉아 그들의 질문들에 답변했다.

이어서 폴은 이곳 지구에서의 나의 임무에 관계된 책을 집필하라고 요청했고 그것을 출판하겠다고 약속했다. 그래서 나는 밤에 모든 사람들이 잠든 후에 집필할 내용을 녹음기에다 구술(口述)하기 시작했다. 나중에 나는 엑칸카 단체에서 레이너라는 젊은 사람을 만났는데, 그가 나를 돕겠다고 자원했으며, 구술내용을 타자로 치거나 보충 질문들을 하고는 했었다. 또한 그는 나를 위해 지방라디오 방송국과의 인터뷰를 주선해주었다. 방송국 리포터는 편견없이 매우 열린 마음을 가진 사람이었다. 사람들이 방송국에다 전화를 걸어왔고 방송이 끝난 후에 나를 보기 위해 밖에서 기다리고서 있었다. 그리고 나는 커다란 서너 자루 분량의 우편물을 받았다. 전 세계 도처에서 편지들이 답지했으며, 그것은 믿을 수 없는 일이었다. 따라서 우리는 그 인터뷰 카세트 테이프를 제작해서 우편을 통해 개당 5달러에 판매했다. 이것이 퇴역 공군대령이자 저명한 UFO 연구가인 웬델 스티븐슨이 처음으로 나에 관한 소식을 듣게 된 계기였다.

스탠리의 어머니인 클라라 역시 그 라디오 인터뷰를 들었다. 그녀는 멘사 클럽(Mensa Club)에 소속돼 있었으며, 그것은 매우 지능이 높은 사람들로 이루어진 그룹이었다. 그녀는 나에게 전화를 걸어 그들이 내가 방송에서 말한 내용의 가능성과 이치에 관해 토론했다고 말해주었다. 그녀는 그들에게 내가 자기의 며느리라고 말한 것에 대해 대단한 자부심을 느끼고 있었다.

라디오 인터뷰가 나간 후에 나는 지방 TV 방송의 한 토크쇼에 출연해 달라는 요청을 받았다. 하지만 그 TV 쇼는 불쾌했다. 그것은 채널 32에서 방영되는 '데이비드 붐 쇼'라고 불렸다. 그 사회자는 외계인을 비꼬거나 비하해서 가벼운 농담과 재미를 만들어내는 사람이었다. 그것은 전에 일부 학생들이나 젊은 배우들이 했던 서투른 장난이었다. 그는 나를 조롱하려고 애를 썼다. 그는 이리저리 천천히 왔다 갔다 하며 온갖 종류의 질문을 던졌다. 말하자면 이런 식이었다.

"당신 출생증명서는 어디 있죠?"

마지막으로 그는 말했다.

"당신이 금성에서 왔다는 것을 뭔가 증명할 수 있나요?"

차분하게 나는 말했다.

"나는 정보를 나누기 위해 이곳에 나왔습니다. 나는 연예인이 아닙니다. 내가 마치 재판정에 있는 것처럼 내 자신을 변호해야 하는 이런 짓은 시간과 에너지 낭비입니다. 이것은 당신이 전혀 아프리카에 가본 적도 없이 아프리카인을 이곳에 모셔놓은 것과 같습니다. 그들의 문화에 관해 흥미로운 것들을 묻는 대신에 당신은 그들이 존재하지 않는다고 기를 쓰고 의심부터하고 있습니다. 이런 인터뷰는 중단하는 것이 더 나을 듯합니다. 나는 당신하고 말다툼하고 싶지 않기 때문이죠. 이런 식으로 사람을 취급하는 것은 내 명예에 관련된 문제입니다."

프로듀서는 내게 사과했고 내 친구들은 내 용기를 칭찬했지만, 그것은 나에게 일종의 충격이었다. 그것은 누군가가 나를 비웃으려고 시도했던 첫 번째 사건이었으며, 나는 그런 것에 대응하는 법을 배워야만 했다.

어느 날 스탠리는 시카고에서 그리 멀지 않은 작은 마을에서 열리는 '우드스톡 페스티발'[17]에 참석하기로 결정했다. 나는 시카고의 다양한 공원들에서 개최된 인간애를 고취하기 위한 사랑의 모임에 갔던 적이 있는데, 그곳에는 멋지게도 모든 히피들이 악기들과 담요, 음식, 와인과 의류 등을 가져오고는 했었다. 그들 중의 어떤 이들은 평화의 상징들을 얼굴에다 페인트로 그려 넣었고 모든 사람들이 꽃과 목걸이 장식을 하고 있었다. 그들은 늦은 밤까지 노래를 부르고 악기를 연주하거나 친구들을 사귀면서 온종일을 보냈다. 그것은 정말 멋진 사랑의 분위기로 늘 흥미로웠다.

당시 우리의 집주인인 멜리타는 아파트 위층에 살고 있었고 스탠리와 나는 그 아래층에 살고 있었다. 멜리타는 토비를 마치 자신의 아이인 것처럼 사랑했다. 그녀는 아이 봐주는 것을 좋아했고, 따라서 스탠리와 나는 페스티발에 갈 수 있었다.

스탠리는 우드스톡 페스티발이 가장 큰 사랑의 모임이 될 것이고 세기적인 돌풍을 일으킬 거라고 말했는데, 수많은 유명한 밴드들과 포크 가수들이 참가하여 공연할 것이기 때문이라는 것이었다. 그것은 내가 참석해 왔던 히피족들의 집회나 인간애 고취를 위한 사랑의 모임과는 달랐다. 그곳은 무대와 음향장치가 설치된 약 20에이커 면적의 땅이었다. 그 땅은 농장의 일부였고 주인에

---

17)1969년, 뉴욕시 교외의 우드스톡에서 개최되었던 팝 페스티발. (역주)

의해 사용허가가 나와 있었다. 사람들이 미국 전역에서 몰려들었다! 거기에는 열정적인 수천 명의 사람들이 모여 있었다.

우리는 음식과 침낭을 가져갔다. 앉아서 담요를 펼칠 공간을 찾기가 쉽지 않았다. 그러나 고맙게도 거기에 이동용 화장실은 있었다. 음악은 훌륭했다. 나는 그때 가수 지미 헨드릭스(Jimi Hendrix)가 쉴라에 관한 노래 한 곡을 연주했던 것으로 기억한다. 물론 나는 그 노래가 나를 의미하는 것이 아님을 알고 있었지만, 그것은 흥미로웠고 스탠리에게는 주목할 만한 것이었다고 나는 느꼈다. 나는 길을 잃을까 두려워 보통 때처럼 주변을 돌아다니지는 않았다. 사람들은 취해 있었고 어쨌든 기분이 좋아 보았다. 일부 사람들은 나체였으며, 페인트칠을 하고 구슬로 장식한 몸으로 주변을 뛰어다녔다. 심지어 어떤 이들은 공개적으로 섹스를 하기도 했다! 거기에는 일반적인 도덕들이 완전히 내던져진 상태였다.

나와 마약에 취하지 않은 소수의 사람들을 제외한 누구나가 그런 좌우명에 의존해 치닫고 있는 것으로 보였다. 스탠리는 전체 3일 내내 머물고 싶어 했고 취해서 황홀해지는 것을 좋아했다. 그러나 나는 그에게 단 하루 밤낮만 머물 것이라고 말했고, 따라서 그는 취하지 않고 맑은 정신을 유지할 수 있었다. 그곳이 나에게는 너무 난잡하다고 느껴졌기 때문에 그때 나는 떠나기를 원했다.

심지어는 낯선 사내들이 내게 공(ball)을 하고 싶지 않느냐고 묻기까지 했다.

"그게 뭐에요?"

나는 스탠리에게 물었다. 그는 그것이 섹스를 뜻하는 히피들의 용어라고 말했다. 이럴 수가, 나는 어떻게 낯선 남자들이 그처럼 사적인 것을 그런 식으로 물어볼 수 있는가하고 생각했다.

스탠리는 그것이 재미있다고 생각했지만, 나는 아니었다. 그 파티가 끝나지 않고 계속 되었기 때문에 나는 별로 잠을 자지 못했다. 음악과 모든 것들이 밤새도록 지속되었고, 사람들은 집단적으로 환각제를 복용했다. 그들은 비틀거리면서 우리의 담요와 침낭을 넘어 다녔으며, 미안하다고 사과하고 평화와 사랑을 말하고 있었다. 그들이 춤추고 휘청거리며 돌아다닐 때 어디서나 마리화나와 와인, 맥주가 살포되고 권고되고 있었다. 나는 스탠리가 마리화나나 와인이 아니라면 어떻게 잠드는 것인지 알 수 없었다.

날이 밝았을 때, 나는 떠날 준비가 돼 있었다. 일부 사람들이 무리지어 나가는 것으로 생각되었다. 스탠리는 떠나는데 동의했고, 우리는 우리 오토바이를 찾는데 2시간이 걸렸다. 빈 와인병과 맥주 캔들이 어디에나 널려 있었으며, 사람들이 갑자기 우리의 손을 움켜잡고 춤을 추거나 껴안거나 그 무엇이든 했다. 그것은 내가 전혀 예기치 못한 것이었다. 내가 한 히피처럼 보일 수도 있었지만, 나는 정말로 그런 생활방식에는 어울릴 수가 없었다. 하지만 그것은 분명히 언제까지나 기억에 남는 일이었다.

어느 날 나는 다시 내가 임신했다는 것을 알았다. 나는 내가 할 수 있는 한은 엑칸카를 위해서 계속 일을 했다. 하지만 내가 라이브 공연을 하기에는 임신한 몸이 너무 무거웠기 때문에 춤 공연을 포기했다. 대신에 나는 스탠리의 동생인 마크와 함께 영적인 차원들을 표현하는 다양한 장소들을 담은 영상물을 만들었다. 마크는 이 영상물을 그가 다니고 있던 컬럼비아 대학 영화제작 훈련소의 한 프로젝트로 제작했다. 그 영화는 당시 엑칸카의 모든 세미나에서 활용되었다.

비록 내가 임신한 상태였지만 우리는 인디애나로 이사를 했는데, 스탠리가 거기서 새로운 일자리를 구했기 때문이었다. 내가 특별 세미나로 인해 아기를 집에서 낳아야 했으므로 우리는 시카고에 있는 블랜체 맥리안의 아파트에서 아기를 낳기로 계획을 세웠다. 그녀는 약 60세 정도로서 엑칸카의 한 후원자였다. 그러므로 그곳은 만기일 전에 우리가 약 1주일 정도 이용할 수 있는 곳이었다. 하지만 아기는 계획을 바꿔버렸다.

만기일이 지나자 내 배는 점점 더 크게 불러왔고, 서 있기 위해서는 도움을 받아야만 했다. 쉬는 것도 마찬가지였다. 나는 홀쭉한 팔 다리를 가진 감자처럼 보였다. 의사는 내가 수태 날짜를 잘못 알고 있다고 추측했지만, 나는 아기가 늦게 나올 것이라는 사실을 알고 있었다. 내 생각이 맞았고, 출산소요시간을 감소시킬 수 있다고 들었던 피자마유를 사용한 후에 곧 산기(産氣)가 있었다. 의료팀이 달려왔고 그들이 필요한 모든 도구들을 준비하는 동안 함께 출산일정을 논의했다. 그들은 모든 것을 신문으로 덮어놓았는데, 신문이 잉크 때문에 살균효과가 있다고 설명했다. 잉크는 천연소독제로 알려져 있었다.

출산 직전에 그들은 이 아이가 이례적으로 큰 아기이고 임신기 동안 나로 하여금 많은 음식을 먹도록 식욕을 부채질했다는 것을 알았다. 나는 약물을 사용하지 않고 자연분만을 하고 있었다. 스탠리와 블랜체는 내 다리를 잡고 나를 돕고 있었는데, 스탠리는 지치기 시작했고 결국 바람 쐬러 밖으로 내보내졌다.

태어난 아기는 큰 아이였으며, 몸무게가 12파운드(5.44kg)가 넘었다! 의사들은 태반(胎盤)이 완전히 말라 있었기 때문에 아기가 3주 늦게 나왔다는 것을 알게 되었다. 만약 아기가 그때 나오지 않았다면 어떤 음식도 삼키지 못했을 것이다. 우리는 아기의 이름을 젠다 오나스(Zandar Onath)로 지었는데, 그것은 "성취" 또는 "예언을 실현하다."라는 의미가 있는 고대 금성인의 이름이었다.

젠다는 태어날 때 이미 3개월 된 아기처럼 보였다. 나는 그 아기를 위해 내가 구입해 놓은 유아복뿐만이 아니라 기저귀들이 너무 작다는 것을 알았다. 그래서 우리는 아기를 플라스틱 빨래 바구니에다 앉혀 놓기 전에 주방 타월로 기저귀를 채우고 담요로 감쌌다. 우리의 가난한 큰 아기에게는 맞는 옷이 없어서 난감하기 그지없었다. 그렇기에 주방타월과 담요로 아기를 감싸줄 수밖에 없었던 것이다.

'계획된 어버이단(The Planned Parenthood)'이라는 단체의 수장은 90세의 여성이었다. 그녀는 그들이 일찍이 가정에서 출산했던 아기들 중에 가장 큰 아기를 보기 위해 3층까지 계단을 올라왔다. 그녀는 젠다에게 깊은 인상을 받았지만, 아기에게 맞는 기저귀와 옷이 없다는 것에 놀라워했다. 그녀는 떠나면서 시장에 새로 나온 유아복과 기저귀를 아기에게 보내주겠다고 확실히 보장해 주었다. 나는 너무나 기뻤다! 그리고 젠다 역시 그러했다.(비록 아기가 아직 그것을 표현할 수는 없었을지라도 말이다).

폴 트윗첼은 젠다가 약 3개월 정도 되었을 때 그 아이를 처음 보았다. 폴은 무의식적으로 몸을 조금씩 꼼지락거리며 그의 눈을 응시하고 있는 아기 앞에 무릎을 꿇었으며, 그는 지구에 온 이 영혼을 환영했다. 떠날 즈음에 그는 나에게 젠다를 특별히 신경 써서 돌보라고 말했는데, 그 아이가 지구의 미래를 위해 매우 특별한 영혼이며 황금보다 더 귀중한 아기이기 때문이라는 것이었다!

젠다의 출생 이후 나의 몸은 너무나 허약했다. 건강회복을 위해 나는 뉴욕, 이타카에서 요양시간을 가지라는 허락을 받았으며, 그곳은 내게 도움을 많이 주었던 한 농장이었다. 이 농장은 폴 트윗첼의 매우 좋은 친구들이었던 앤자(Anja)와 프레드릭 퍼스(Frederic Fuss)의 소유였다. 폴은 앤자에게 다음과 같은 엄격한 지침을 내렸다.

"그녀에게 많은 소고기와 식용 간(肝), 시금치를 먹이세요. 그리고 아기를 데리고 있는 그녀를 뒷받침해주고, 그녀가 책 집필하는 것을 도와주세요."

이타카에 있는 한 대학에서 가르치고 있던 언어학자인 앤자와 프레드릭은 나를 위해 필기를 해주었고, 우리는 그 원고를 보완해 나갔다. 우리는 조화로운 공동체 삶을 영위하고 있었으며 많은 엑칸카 회원들이 들락거렸다. 그것은 히피족과 약간 유사했는데, 우리는 채소를 재배했고, 스스로 요구르트를 생산했으며, 종종 함께 춤추고 노래를 불렀다. 때때로 우리는 그곳에서 세미나를 열기도 했다.

그런 와중에 1971년 폴 트윗첼이 갑자기 사망했다. 나는 더할 수 없는 슬픔에 잠겼다. 그와 더 이상 대화를 나눌 수 없기 때문이기도 했지만, 또한 그와 나 사이에는 신문에 나온 한 인터뷰로 인해 오해가 있었기 때문이었다. 그 기사는 나를 매우 교만하고 이기적인 것처럼 보이게 만들고 있었다. 나는 그 기사에 관해서는 알지 못했으며, 결코 활자화되어 나온 식으로 인터뷰를 한 적이 없었다. 그리고 신문사에다 정정(訂正)을 요구했었다. 그 여기자는 이 기사로 인해 매우 당황하고 있던 폴에게 편지를 보내기로 나와 합의를 보았다. 그리고 나는 오하이오의 한 세미나에서 그와 만나기를 기대하고 있었다. 그러나 폴은 내가 도착한 직후에 갑자기 사망하고 말았던 것이다. 나는 그와 마지막으로 만나 우리 사이의 이 문제를 청산할 기회를 얻지 못한 데 대해 절망했다. 나는 그가 나에게 메시지가 담긴 카세트 테이프를 남겼다고 들었지만, 그것을 결코 받지는 못했다.

대신에 폴은 그날 내 호텔방에 (영혼으로) 나타났고, 자신의 뒷받침을 보장해주었다. 그는 내게 나의 메시지를 충실히 고수해 나갈 것과 다른 이들에 의해 영향 받지 말고 가르침들을 순수하게 보존하라고 부탁했다. 그는 이미 엑칸카 단체에 어려움이 있을 것임을 예견했었으며, 그것이 이제는 물질계의 한 부분이 되었고 그 지배적 영향을 받을 수밖에 없었기 때문이었다. 그는 자신이 고등한 세계에서 나를 계속해서 후원하겠다고 나를 확신시켰다. 나는 이런 대화가 몇 번이고 되풀이되었으면 하고 생각했는데, 왜냐하면 폴의 후계자인 다윈(Darwin)과 나는 마음이 잘 맞지 않았기 때문이었다. 나는 폴이 마한타로서 자신의 사명을 완수할 때까지 살지 못했다고 느꼈다. 다윈은 내가 그 단체에 참여하는 것을 모두 승인하지 않았으며, 따라서 나는 점차 활동을 하지 않게 되었다. 내가 그에게 출판할 내 원고를 보내자, 그는 그것이 엑칸카를 통해 출판되지 않을 것임을 통고해 왔다. 나는 운명이 나에게 다른 길을 예비해 두었다고 생각되었다.

폴과의 만남은 진정으로 나의 삶을 좋은 방향으로 변화시켰지만, 분명히 아직은 내 사명을 전 세계에다 알려지게 만들 적절한 시기는 아니었다.

몇 년이 지난 후, 나는 해롤드 클렘프(Harold Klemp)를 만났는데, 그는 1981년에 새로운 마한타이자 살아있는 엑칸카(ECK) 마스터가 된 사람이다. 나는 그가 온화하고 겸손한 사람임을 알게 되었다. 그 후 그는 엑칸카의 가르침들을 현 발전에 발맞추어 현대적인 방식으로 사람들에게 전달하고 있다.

스탠리와 나는 다시 시카고에서 살고 있었고 한 가족으로서의 삶을 충분히 즐겼다. 그런데 어느 날 밤 페드로가 조조를 찾으러 왔을 때 나는 쌍둥이 아이를 임신하고 있었다. 엄마와 그는 헤어졌고 그녀는 당시 조조를 데리고 일하며 텍사스에서 살고 있었다. 하지만 조조는 5살 나이가 되었을 때 텍사스에서는 학교에 들어갈 수가 없었으며 시카고에서 입학할 수 있었다. 그래서 그녀는 조조를 나에게 보냈다. 그리고 나는 페드로가 방문해서 조조를 만나는 것에 동의했다. 그러나 그가 첫 번째로 방문한 이후 조조는 내가 페드로에게 다시는 오지 말라고 요구할 만큼 불안해하며 울어댔다. 나를 그를 신뢰하지 않았고 그가 조조를 납치해 가지 않을까 두려웠다. 그래서 엄마가 와서 다시 조조를 텍사스로 데리고 갔다.

그녀가 떠난 그날 밤, 새벽 3시 경에 문을 노크하는 소리가 들렸다. 내가 누구냐고 묻자 스페인풍의 젊은이 목소리가 들렸다. 나는 이웃에 사는 푸에르토리코인에게 무슨 급한 일이 있는가 싶어 문을 열었다. 하지만 그것은 페드로와 멕시코에서 온 그의 아들 가운데 한 명이었다. 그는 문을 박차고 들어와 내 머리채를 움켜쥐었고, 나를 벽으로 몰아 부친 후 목에다 면도칼을 들이댔다. 그는 조조가 더 이상 우리 집에 없다는 것을 믿으려고 하지 않았다. 스페인어로 페드로는 자기의 아들에게 나를 죽이라고 지시했다. 내가 그로부터 달아나려고 하자 그는 나를 아래로 밀어뜨린 후 난폭하게 내 배를 걸어찼다.

나는 침실에서 뛰어나오고 있던 스탠리에게 비명을 질렀다. 스탠리는 늘 나체로 자는 습관이 있었기에 동시에 그는 급하게 옷을 걸쳐 입고 있었다. 페드로가 그에게 별안간 달려들었고 그들은 뒤엉켜 바닥으로 나뒹굴었다. 나는 문으로 달려가 도와달라고 소리를 질렀다. 그때 이웃 사람들이 달려 나왔고 스탠리가 페드로를 계단 아래로 집어던졌다. 스탠리는 체구가 컸던 반면에 페드로는 작은 남자였다. 그와 그의 아들은 집 밖으로 줄행랑을 쳤고, 이웃 사람들의 아들들이 그들을 뒤쫓았으나 어둠 속에서 그들을 찾을 수는 없었다.

스탠리는 팔에 면도칼에 베인 상처가 있었고 나도 온통 핏자국이 범벅돼 있음을 알고 소름이 끼쳤다. 하지만 그것은 칼에 베인 데서 온 것이 아니라 내 아기를 잃은 데서 온 것이었다! 나는 병원으로 급하게 달려갔지만, 쌍둥이 중에 하나를 잃은 것을 알았다. 그것은 페드로가 무자비하게 내 배를 걸어찬 탓에 아기가 사망한 것으로 나타났다. 의사는 내가 어떻게 상처를 입고 또 구조될 수 있었는지를 알지 못했다. 나는 큰 손상을 입었을 수도 있는 나머지 한 아기도 원치 않는다고 그들에게 말했고 낙태를 하기로 결정했다. 그러나 그것은 위험했는데, 임신한지 5개월이나 되었기 때문이었다.

나는 낙태가 죄가 아니라는 것을 알고 있었다. 여러분이 영혼을 죽일 수는 없다. 그리고 물론 질병이나 다른 무엇인가를 통해 당신이나 아이에게 위험이 있을 경우, 그것을 거부할 수 있다. 만약 당신이 그것을 책임지기를 원하고 지금 그것에 대해 준비돼 있다면, 결정을 해야만 한다. 이 영혼과는 연고가 있으며, 그것은 어떻게든 당신에게 다시 돌아오게 될 것이다. 설사 당신 스스로 아이를 가질 수 없다고 하더라도 이 영혼은 가족, 또는 친구로 당신에게 돌아올 것이고, 당신은 그 존재와 특별한 관계를 가질 것이다. 그때 당신은 그에게 필요한 배려와 사랑을 줄 수 있게 될 것이다.

그 다음 주부터 나는 두려움에 사로 잡혔다. 나는 밤에 전혀 잠을 자지 못했다. 매일 밤마다 나는 페드로가 다시 돌아오지 않을까 겁이 났고, 인기척이 날 때마다 그가 아닐까하고 생각했다. 우리는 그 가택 침입 공격사건을 경찰에다 신고했다. 하지만 그들은 그를 전혀 찾아내지 못했고, 대신에 동일한 이름을 가진 다른 사람을 체포했다. 그 불행한 남자는 그 가족의 청원에 의해 상당 부분 오해가 풀릴 때까지 감방에 하루 밤 동안 갇혀 있었다. 비록 경찰이 책임지고 잡겠다고 내게 보장했을지라도 내가 먼저 그를 확인해 줄 때까지 그들은 누구도 체포하지 못할 것이었다.

그 무엇보다도 무서운 다른 사건이 하나 있었다. 누군가가 이웃 주점에다 폭탄을 던져 넣은 것이다. 내가 한밤중에 일어나 물을 마시고 주방 싱크대에서 막 돌아섰을 때, 나는 커다란 폭발음을 들었다. 그 순간 모든 창문들이 박살났고 우리의 큰 오크 식탁이 방을 가로질러 날아갔다. 만약 내가 싱크대 옆에 그대로 서 있었다면 나는 죽음을 맞이했을 것이다. 주변은 온통 가스로 가득 찼고, 내 귀는 울리고 있었으며, 나는 공황상태에 빠져 있었다. 나는 가스가 우리 스토브에서 분출하는 것인지, 또 무슨 일이 발생한 것인지를 알지 못했다. 스탠리가 급하게 토비와 젠다를 움켜 안았고 우리는 맨발과 잠옷 차림인 채로 밖으로 뛰쳐나갔다. 나는 며칠 동안 충격에서 헤어나지 못했다.

그 때 나는 심각한 병에 걸리고 말았다. 나는 매달마다의 월경을 걸렀고, 음식을 토했으며, 늘 설사가 일어났다. 처음에 의사들은 내가 맹장염에 걸린 것이 아닌가 생각했지만. 내 난소(卵巢)들 가운데 하나에서는 종양이 자라고 있었다. 그 낙태 이후에 임신에 관계된 어떤 문제들이 내 몸 안에 남겨져 있었다. 그리고 그것이 이제 내 몸을 해치고 있었다. 그들은 또한 그 돌기를 제거해야 했다. 나는 예상보다 더 길게 3시간에 걸쳐 수술을 받았으며 거의 3주일 동안 병원에 머물러 있어야 했다.

한편 두 아이를 가진 나의 가장 친한 여자 친구인 트레이시는 젠다와 토비를 돌봐주었고, 병원 창문을 통해 나를 볼 수 있도록 애들을 데려왔다. 그들이 주차장 가까이서 돌아서야 했을 때 나는 애들에게 손을 흔들며 키스를 보냈다. 그 애들이 나를 방문하기에는 너무 어렸다.

병원이 트레이시가 살고 있는 곳에서 몇 블록 이내의 거리에 있었기 때문에 그녀는 날마다 두 살배기인 젠다가 나를 볼 수 있도록 그들을 데려왔다. 아이는 무서워하고 있었다. 그것은 내가 영원히 가버린 것이 아닌가하는 느낌에 관계된 것이었고, 매순간이 긴 시간인 것처럼 느끼던 아이의 감정이었다.

트레이시는 내가 퇴원한 후 몇 주 동안 내 곁에 함께 있어주겠다고 약속했다. 이는 내가 휴식을 취해야만 하고 혼자서 아이 둘과 있게 놔둘 수 없다는 의사의 엄격한 지시가 있었기 때문이었다. 스탠리는 일이 끝난 후 돌아와 나를 살펴주었고 아이들과 놀

아주었다. 또한 그는 아이들이 좋아하는 동화책을 읽어주거나 그들을 재워줌으로써 나를 도와주었다.

나는 트레이시를 한 자매처럼 좋아했고 우리는 대개 어떤 식으로든 날마다 함께 있었다. 하지만 내가 휴식을 취하고 있었음에도 상태는 나아지지 않았다. 나는 식욕이 없었고 호흡곤란을 겪고 있었다.

어느 날 새벽 2시경, 나는 정말 기운이 없다고 느끼며 화장실에 갔었는데, 그때 나는 마침 의식이 혼미해지면서 누군가에게 도움을 청해야겠다고 느끼기 시작했다. 나는 바닥에 주저앉을 때 너무나 허약해서 그저 기어들어가는 소리만을 간신히 낼 수 있었다. 그런데 갑작스럽게 문 앞에 토비가 서 있었고 당시 그 아이는 6살이었다.

"엄마, 왜 그래? 난 엄마가 외치는 소리 들었어!"

"빨리 트레이시 아줌마를 데려 오거라. 엄마가 정말 아프단다."

나는 힘없이 중얼거렸다. 트레이시가 옆집의 병원에서 일하고 있던 남자에게로 달려갔다. 그가 나를 자신의 지프차에 옮겨 태운 후 병원으로 차를 몰았고, 의사들은 내가 수술로 인한 합병증으로 폐렴에 걸렸다는 것을 발견했다.

하느님께 감사하게도 내 딸은 심령능력이 있었다! 내가 도움을 청하기에는 너무 허약한 상태에 있었음에도 그 아이는 잠자다가 내 소리를 들었던 것이다. 그것도 거리가 떨어져 있던 닫힌 방속에서 말이다.

그런데 엎친 데 덮치는 격으로 나는 의사가 폐의 분비액을 정화하기 위해 투여한 약물에 대해 알레르기 반응이 있었다. 나는 간호사에게 내 팔에서 주사바늘을 제거해달라고 요구했다. 그녀는 중개의학치료를 전공한 사람만이 그것을 제거할 수 있다고 응답했다. 그때 나는 의식을 잃기 시작했다. 나는 의사가 그녀에게 환자가 그것이 안 좋으니 빼달라고 요구할 때는 상황이 악화될 때까지 기다리고 있어서는 안 된다고 외치는 소리를 들었다.

나는 의사들이 내 가족들을 불러 내가 죽을지도 모른다고 우려할 정도로 너무나 병약했다. 내가 점차 의식을 다시 회복했을 때 – 안개가 걷히고 눈앞이 맑아지는 것과 거의 흡사했다 – 나는 클라라와 한스, 스탠리, 엄마가 내 침대 주변에서 울고 있는 광경을 보았다. 마침내 내가 말을 할 수 있었을 때 그들은 모두 희색이 만연하여 나를 끌어안았다. 병원에서 추가로 3주일을 더 보낸 후 나는 퇴원했고, 내 체중은 불과 얼마 되지 않았다. 이런 모든 일들이 내게 깊은 상처를 남겼으며, 내가 이런 경험들을 극복하는 데는 여러 해가 걸렸다.

8장

아이들 – 우리의 미래

　내 건강이 나아지고 내 체중이 어느 정도 다시 회복되자마자 스탠리와 나는 심각한 문제들을 겪기 시작했다. 우리는 여전히 서로 간에 좋은 소통과 이해관계를 유지하고 있었고 많은 공통의 관심사들을 함께 공유하고 있었다. 그리고 아이들을 키우는 재미와 즐거움들이 있었다. 하지만 그는 감정적으로 매우 약한 사람이었으며, 이것은 아마도 그가 마약을 가지고 시도했던 실험들 탓인 것 같았다. 비록 그가 토비가 태어났을 즈음 약물 복용을 중단하기는 했지만, 나는 그 영향이 여전히 그에게 미치고 있는 것으로 느꼈다. 그리고 나는 그의 무기력함과 우울하고 침체된 상태를 어떻게 해볼 수가 없었다.

　나는 웨이트리스로 일하고 있었고, 아이들을 아이 돌봐주는 사람에게 갖다 맡긴 후 집안의 온갖 허드렛일을 다 하고 있었다. 하지만 그는 그저 아무 것도 하지 않았고, 심지어는 우리와 대화를 하지 않거나 며칠 동안 어떤 식으로든 응답조차 안할 때도 있었다. 나는 이런 상황을 더 이상 감당할 수 없었으며 그에 대해 어떤 강한 물리적 사랑도 느끼지 못했다. 내 마음의 일부가 그를 떠나고 있었던 것은 그가 나에게 진실하지 않았기 때문이었다. 사실 그에게는 다른 여자가 있었으며, 이것은 나를 망연자실하게 만들었다. 이것은 우리 사이의 신뢰를 망가뜨렸고 나는 더 이상 그에게 의지할 수 없다고 느꼈다.

나는 한 동안 엄마와 함께 살기 위해 토비와 젠다를 데리고 테네시로 갔다. 그녀는 텍사스 출신의 좋은 남자인 제이 홉슨과 재혼했다. 나는 그를 좋아했고 내 아이들도 그랬다. 아이들은 그를 자기들의 새 할아버지로 자연스럽게 받아들였다. 그들은 조조를 양자(養子)로 삼기를 원했는데, 왜냐하면 조조가 난처하게도 다른 성(姓)을 갖고 있었기 때문이다.

내가 조조에게 다른 내 자식들만큼이나 사랑한다고 말했을 때 그 아이는 12살이었다. 그리고 나는 조조가 그것을 원한다고 확신이 서지 않는 한, 엄마와 제이에게 그 애를 양자로 보내지 않겠다고 말했다. 그런데 조조는 그렇게 하는 것이 자기는 기쁘다고 내게 확실히 이야기해 주었다.

제이는 매우 좋은 아버지였고, 물론 그는 엄마를 사랑했다. 그러므로 그들은 사랑이 넘치는 멋진 가족이었으며, 침실이 3개 딸린 목장 스타일의 벽돌집에서 살고 있었다. 그 집은 채터누가 외곽의 경치가 아름다운 지역에 위치해 있었다. 나는 항상 제이가 나에게는 엄마가 쉴라의 아버지 이후에 결혼했던 어떤 남자보다도 더 아버지 같다고 느꼈다. 그래서 나는 젠다와 토비를 데리고 그들과 함께 사는 것이 행복하기 그지없었다.

어느 날 저녁 그들이 나를 저녁식사에 초대했고 우리는 마을 내에 있는 고급 레스토랑중의 한 곳으로 갔다. 거기서 우리는 버드(Budd)를 만났다. 엄마는 내가 아이였을 때 할머니와 함께 살기 이전부터 그를 알고 있었다. 그는 나보다 나이가 많았고, 나의 사촌과 함께 로큰롤 밴드에서 활동하며 연습하기 위해 할머니 집에 오곤 했었다.

그는 즉시 나와 사랑에 빠졌으며, 나는 그가 나타내는 든든함에 마음을 빼앗겼다. 그는 매우 보수적이었고, 좋은 직업을 갖고 있었으며, 자신의 아내가 일하는 것을 원하지 않았다. 나는 그가 내가 전에는 가져보지 못했던 모종의 안전을 나와 아이들에게 제공해 줄 수 있겠다고 느꼈다.

하지만 이런 관계에는 다른 어려움들이 있었다. 그가 자신의 아내를 잃었을 때 그의 딸인 샤론은 18살이었다. 그리고 그는 엄격한 신교도 방식으로 딸을 키우며 자신의 모친과 살고 있었다. 그들은 항상 어린 딸에게 교회에 가라고 강요하곤 했는데, 그것이 나는 끔찍하다고 생각했다. 버드의 어머니는 내가 북부출신이라는 것, 또 화장한 모습과 옷차림 등을 이유로 나를 전적으로 거부했다. 화려하고 너무 외향적이라는 것 때문에 나에 관한 모든 것은 그녀가 믿고 있던 것을 완전히 거스르는 것이었다. 나는 매우 완고하고 이방인들을 배척하는 사회 속에 들어와 있었다. 그리고 그들은 편견이 심했다!

그녀는 내가 자기의 아들과 손녀딸을 자신의 집에서 데리고 나갔다는 것과 단지 함께 살고 있다는 것 때문에 나에 대해 매우 쌀쌀맞았다. 우리는 내가 아들 제이슨을 임신한 지 2년 후에 결혼했다. 버드의 어머니는 우리 집에서 나와는 말조차 하지 않았는데, 나는 그녀의 그런 행동에 심한 굴욕감을 느꼈다. 하지만 나는 공손하게 대하려고 애를 썼고, 어떻게든 사랑의 방식으로 그것을 극복하려고 노력했다. 그런 노력이 아주 이따금씩 이었지만, 점차 그녀가 나를 받아들이게 해주었다.

버드의 아버지는 심각한 뇌졸중 발작 이후에 신체가 마비되었고, 그런 까닭에 거실 옆 작은 방의 병원침대에 누워 있었다. 우리가 그곳을 방문할 때마다 나는 모든 아이들과 버드가 방으로 들어가 그와 이야기를 나누게끔 했다. 그것은 내가 버드의 아버님을 매우 좋아했고 우리 모두가 그분께 예의바르게 대해 드리기를 원했기 때문이었다. 이것이 또한 버드의 어머니로 하여금 나에 대한 그녀의 마음을 바꾸게 만들었던 것 같았다. 그리고 나는 그녀가 좋아하는 캔디와 다른 것들을 구입해 갖다드리고는 했다. 오랜 시간이 걸리기는 했지만, 마침내 배려와 사랑으로 그녀를 대했던 내 방식이 그녀의 태도를 바꿔 놓았다.

우리는 문 앞 계단 가까이로 작은 시내가 흐르고 야산 기슭에 위치한 오래된 농장 주택에서 살고 있었다. 우리가 농원(農園)으로 가기 위해서는 작은 다리를 건너가야 했다. 다행히도 아이들의 학교는 불과 5분 거리에 있었다. 비록 우리가 중앙난방장치를 갖고 있지는 않았으나 그 집을 수리하기 위해 많은 시간과 노력을 기울였다. 그리고 나는 식사를 마련하기 위해 나무를 때는 큰 화덕에다 요리를 해야만 했다. 나는 하루 내내 아이들과 함께 지내며 전원(田園)에서 사는 것이 좋았다. 아이들은 전원생활을 나만큼이나 즐거워했으며, 우리는 거의 온종일을 야외에서 보냈다.

나는 이런 생활을 전에는 전혀 누려본 적이 없었다. 내가 14살 이후로는 늘 일을 하고 있었기 때문이었다. 버드는 밤에 일하고 있었으며, 그래서 나도 역시 낮 동안 아이들과 자유로워지기 위해 가사(家事)를 밤에 했다.

우리는 애완용 너구리를 갖고 있었다. 나는 그놈을 동물원에 있는 한 여성에게 얻었는데, 그녀는 너구리 숫자가 너무 과잉이라고 말했다. 그것들을 야생으로 돌아가게 내보낼 수가 없었던 까닭은 너구리들의 천성적인 수면습성이 반대로 된 데에 그 이유가 있었다. 즉 동물원에서처럼 낮에 자고 밤 동안에 깨어있어 가지고는 야생의 상태에서 생존할 수가 없기 때문이었다. 그래서 우리는 한 마리를 받아들였고 비틀즈의 노래가 나온 후에 그놈에게 '록키'라는 이름을 붙여주었다. 우리는 그 너구리를 무척 좋아했고 개에게 쓰는 밧줄로 매서 산책에 데리고 다녔다. 우리는 나무 가까이 접근해서는 안 된다는 사실을 금방 알게 되었는데, 일단 너구리가 나무를 움켜쥐면 우리가 그 손을 힘들게 떼어놓아야 했기 때문이다. 너구리들은 정말 단단한 악력(握力)을 갖고 있었다!

그놈은 작은 우리 안에 살고 있었지만, 너무 울어대서 아이들과 함께 주변을 돌아다니며 뛰놀게 풀어놓아야 했다. 아이들은 칸막이 뒤에 숨어서 너구리가 자기들 위로 뛰어넘는 것을 지켜보고는 했다. 그리고 그놈은 부엌에 들어와 서랍을 열거나 이리저리 뛰어다녔다. 너구리는 너무 재빨라서 우리가 잡을 수 없었고, 그것은 커튼을 잡고 기어오르기도 했었다.

한 번은 우리가 외출을 하는 바람에 너구리를 욕실 안에다 넣어두고 갔는데, 우리는 그가 물이 있는 작은 공간 안에서 잘 지낼 거라고 믿고 있었다. 그놈은 물을 아주 좋아했다. 하지만 집으로 돌아왔을 때 우리는 그 녀석이 벌여놓은 난장판을 보아야 했다. 그는 화장지를 모두 풀어놓았고, 세면기와 욕조의 물을 틀어놓았으며, 세면대의 약장까지 열어놓았다. 게다가 치약을 모두 짜놓았고 칫솔들을 욕실 여기저기다 던져놓은 상태였다. 그리고 모든 약병들을 열어 알약들을 쏟아놓았지만, 다행히 그것을 먹지는 않았었다. 그것은 일종의 재앙이었다. 그나마 너구리가 욕조 안으로 들어간 것은 정말 나았으며, 어질러진 것들을 청소하는 데는 몇 시간이 걸렸다.

이 시기 동안 내가 세미나에 참석하거나 강연을 할 기회는 없었는데, 그 이유는 남편의 극단적으로 보수적인 태도와 우리의 생활방식 때문이었다. 어쩌면 그것은 또한 내 임무에 적대적인 부정적인 세력으로부터 나를 보호하기 위한 것일 수도 있었다. 분명히 그 때는 어떤 다른 방식으로 활동하는 것은 적절치가 않았다. 따라서 대사들은 나에게 수면상태에서 아이들과 함께 일하는 임무를 주셨고, 일부 사람들도 마찬가지였다. 아리조나에는 내가 실제로 방 안에 있던 그들에게 나타났다고 나중에 내게 말했던 한 가족이 있었다. 그것은 놀라운 일이었다. 오늘날까지도 나는 당시의 나를 기억하는 아이들을 만나고 있다.

나는 아스트랄계와 놀이, 그림그리기, 사원(寺院) 방문하기, 그리고 다른 차원들에 관련된 대사들에게 말하기 등을 가르치고 있었다. 우리는 영적인 통찰들을 공유했고, 만트라와 명상, 춤 등을 함께 실습했다. 그런 과정에는 많은 즐거움이 있었다. 나는 그것을 내내 의식적으로 하지는 않았지만, 때때로 그것을 인식하고 있었다. 공부를 위해 아스트랄계로 가는 것과 나의 사람들(금성인들)에게 이야기하는 것은 내가 일생 동안 해왔던 어떤 것이었다.

내가 아스트랄계에서 만난 어떤 아이들은 대부분 학대당하거나 방치되어 막 죽음을 맞이한 경우였다. 그들을 치유하면서 도와주고 그들이 준비됐을 때 새로운 부모를 찾아주는 것이 내 과업이었다. 그런데 나는 갑자기 내가 다른 아기를 임신했다는 사실을 알게 되었다. 이것은 얼마나 충격적이던가! 나는 나의 관(Tube)들을 묶어버렸고 단지 하나의 난소(卵巢)만을 갖고 있었다. 그럼에도 임신이 되었다는 것은 하나의 기적이었으며, 그것은 또 다시 운명이라고 할 수 밖에 없었다.

엄마와 제이는 매우 행복하게 살고 있었다. 그들은 주말에 모든 아이들과 만나는 것을 좋아했다. 우리는 수많은 휴일들을 엄마와 버드의 가족과 함께 보냈다. 채터누가의 아버지(데이비드)와 페기는 내 자매와 동생들, 그리고 그들의 아이들과 함께 종종 나를 방문했다. 나의 지구 부모들과 시간을 같이 보내는 것은 정말 좋았다.

제이슨이 태어났을 때 몸무게는 8파운드 6온스였고, 처음에 그 애는 작고 붉은 불독(bulldog)처럼 보였다. 나중에야 그는 작고 귀여운 푸른 눈의 금발 천사로 바뀌었다. 할머니 할아버지는 말할 것도 없고 모든 아이들이 그 아기를 무척 좋아했다.

그것은 분명히 버드의 가족에게 내 위치를 확실하게 해주었다. 그 아기가 2달이 되었을 때 나는 아기를 데리고 버드의 아버지를 방문했다. 그분은 자신의 유일한 아들에 의해 손자를 얻었다는 것에 감동했다. 그는 마비되지 않은 팔로 아기를 안아보았다.

"이 녀석, 넌 큰 인물이 될 거야!"

그가 말했다. 하지만 버드의 아버지는 하룻밤 후에 돌아가셨다! 나는 그분이 떠나시기 전에 자신의 새 손자를 보려고 기다렸다는 것을 느꼈다.

다른 인종들에 대한 버드의 편견적인 태도 때문에 몇몇 어려움들이 생겨났다. 그는 또한 독자(獨子)이다 보니 어린 시절부터 가족들에 의해 잘못 길들여진 습성 때문에 모든 것을 제멋대로 하곤 했다. 흑인이나 아랍인들, 기타 다른 인종들에 대해 그는 고함을 치기도 했고, 심지어는 우리가 흑인가족에 관한 TV 쇼를 보고 있을 경우 TV를 꺼버리기까지 했었다. 그때 제이슨이 내게 다가와, "엄마, 우린 흑인들을 좋아하지? 그렇지?"라고 물었다. 나는 그렇다고 하면서 그걸 늘 잊지 말라고 말해주었다. 나는 아이들에게 그와 논쟁하거나 그를 경멸할 수는 없지만, 그가 했던 방식을 이해해주고 내가 가르쳤던 것을 기억하라고만 언급했다.

미국 남부에서 살면서 나는 계속해서 인종차별주의와 맞닥뜨렸다. 우리가 살던 공영주택단지에는 당시 흑인들의 거주가 허용되지 않았다. 그것은 오직 가난한 백인들만을 위한 것이었다. 흑인주민들은 '검둥이 타운'이라고 불렸던 그들만의 거주구역이 있었다. 하느님께서는 모든 인종들을 창조하셨다. 따라서 어떤 인종을 차별하거나 심판하고 누군가를 열등하다고 간주하는 것은 인간의 권리가 아니었다. 이것은 내가 이해할 수 없는 인간의 태도였다. 그러한 행위는 인간을 신보다 우월하게 만들고 그분의 창조물을 심판하는 오만한 결과를 초래하는 것이었다.

내가 버드와 함께 살던 1980년대에 나는 우리가 살던 지역사회인 폴링워터에서 발생한 끔찍했던 한 사건을 기억한다. 거기에는 마을로 들어가는 입구가 있었다. 그리고 입구로 진입하기 위해서는 중앙 고속도로에서 작은 다리를 건너야 했다. 매년 할로윈 축제 때마다 마을의 불량배들은 자동차 타이어들을 다리 위에 쌓아놓고 불을 지르고는 했었다. 그러므로 그 불이 꺼질 때까지는 아무도 단지 안으로 들어가거나 나갈 수가 없었다. 그 이전 해에는 앰뷸런스가 제 시간에 환자를 수송해 마을 밖으로 나갈 수 없었기 때문에 한 남자가 심장마비로 사망한 일이 있었다.

그래서 그 해에는 채터누가에서 온 TV 팀이 그 행사를 촬영하기 위해 와 있었다. 그리고 그 뉴스 팀의 일원은 뉴욕에서 온 흑인이었다. 그가 차에서 내리자 불량배들이 달려들어 그를 매달 것이라고 말하면서 단단히 묶었다. 그는 죽음의 공포에 사로잡혔지만, 그 망나니들은 단지 그것이 재미있다고 생각하는 모양이었다. 경찰이 그를 풀어주기 위해 왔을 때 그는 충격 상태에 빠져 있었고, 뉴욕으로 당장 돌아가겠다고 했다. 그는 결코 그 뉴스 취재를 마치지 못했으며, 곧 자신의 일을 그만두었다.

나는 그 갱단의 두목을 알고 있었다. 그는 토비의 같은 반 친구들 중 한 아이의 아버지였다. 나는 아이들에게 이것은 끔찍한 일이고 그는 자신이 남에게 행한 그대로 겪게 될 것이라고 말해주었다. 그리고 그런 일이 있은 지 불과 2주 후에 그는 갑자기 죽고 말았다. 그 사람은 전봇대에 올라가 수선하다가 감전되어 사망했다. 좀 더 구체적으로 말하면 그는 발을 헛디뎌 물기 있는 바닥으로 떨어졌고 전기가 흐르던 전기 줄에 닿아 죽고 말았던 것이다. 처음에 그 이야기를 들었을 때 나는 그것을 믿을 수가 없었다.

한 동안 나는 83세인 할머니의 자매분이 뇌졸중을 겪은 후 그분과 함께 지냈다. 나는 그분을 자택에 방치해 두고 싶지 않아 약간 회복되자 우리 집으로 모셔왔다. 그리고 그분의 신장(腎臟) 기능이 망가져서 혼수상태에 빠졌을 때 우리는 모두 병원으로 모였다. 거기에는 내 엄마와 그녀의 형제자매들, 내 가족과 작은 할머니의 남편 등이 포함돼 있었다. 의사들은 의료장비로 그녀의 생명을 유지시킬 수 있다고 말했다. 나는 그녀의 남편 되는 분이 그녀의 손을 잡고 서서 울고 있을 때 그에게 미안하다고 느꼈다. 그분들은 약 50년 간 결혼생활을 이어오고 있었다. 그녀는 할머니의 가족 중에 살아 있는 유일한 사람이었다. 이제 그 남편은 결정해야만 했다. 나는 그녀의 다른 손을 잡고 그에게 말했다.

"작은 할머니는 죽어가고 계세요. 의료장비로 고통 속에서 그분의 생명을 연장시키는 것은 좋지 않을 거예요."

그는 머리를 끄덕였다. 그때 나는 그녀에게 말을 건넸다.
"델리 작은 할머니!"
내가 말을 이어갔다.

"저는 당신이 두려워하고 있고 제 말을 들으실 수 있다는 걸 알아요. 만약 작은 할머니께서 할아버지가 걱정되어 떠나기를 망설이고 계시다면, 할아버지는 우리와 함께 있을 거고 잘 될 거라는 걸 제발 아세요. 우리는 당신을 사랑하고 더 머물러 계시기를 바라지만, 지금 같은 상태로는 아니에요. 그러니 부디 때가 되면 할

아버지가 당신과 다시 만나 함께 있게 될 거라는 것을 아시기 바래요."

작은 할아버지는 눈물을 닦으며 몸을 구부려 그녀에게 키스했다.

"사랑해요. 여보."

그러고 나서 그는 의사에게 의료장비를 그녀에게 연결시키지 말고 그냥 놔두라고 말했다. 그날 밤 그녀는 돌아가셨다. 그래서 작은 할아버지는 3년 후 델리 작은 할머니 곁으로 갈 때까지 우리 가족의 일원이 되었다. 그분은 소중한 가족구성원이었고 아이들은 정말 그를 좋아했다. 그리고 아이들은 그분을 통해 어떻게 노인들과 소통하며 그들에게 감사하는지를 배웠다.

버드가 공장에서 실직했을 때, 그는 변했다. 그는 모든 것에 대해 나를 책망했고, 소유욕과 질투심 많은 난폭한 사람이 되었다. 그는 매우 건강이 안 좋고 천식과 폐기종(肺氣腫)을 앓고 있었지만, 약물치료를 중단했다. 그는 그것에 대해 고집불통이었으며, 그의 전체 성격이 완전히 바뀌어 있었다. 나는 이것이 그의 질병으로 인해 뇌로 흐르는 산소가 영향을 받은 탓이라는 것을 알았다. 버드는 아이들에 대해서도 공격적으로 되었는데, 우리는 이 문제로 수많은 말싸움을 벌었다. 그는 자신에게 아주 좋은 물리적인 처치를 받아들이지 않았으며, 따라서 그는 실제보다 훨씬 나이가 들어 보였다. 나는 그에게서 더 이상 성적매력을 별견하지 못했고 그와의 잠자리를 피하기 위해 온갖 핑계를 만들어냈다. 그는 우리의 나이 차이를 새삼 의식하게 되었으며, 더욱 질투하게 되었다. 비록 우리가 마을에서 멀리 떨어진 30마일 지점에 살고 있었지만, 그와 동행하지 않는 한은 엄마를 방문할 수조차도 없었다. 또 나는 그녀의 집에서 빨랫감을 세탁할 수도 없었다. 엄마는 우리에게는 없는 세탁기를 갖고 있었기 때문이다. 결국 세탁기 대신에 나는 모든 옷들을 욕조에서 손으로 빨아야만 했다. 우리는 100년이나 된 낡은 농장집에서 살고 있었기에 커다란 철제 스토브에다 나무를 때서 물을 데워야 했다. 나는 아직도 팔에 그때 우연히 뜨거운 금속에 닿아서 생긴 화상 흔적들을 갖고 있다.

엄마가 건강이 나빠지고 조울증으로 인해 낯선 행동을 하게 되었을 때, 버드는 그녀의 집에서 내가 그녀를 돌보는 것을 원치 않았다. 결국 그로 인해 우리는 대판 싸웠다. 우리가 일찍이 다시 만나 가족을 갖고 있었지만, 그가 엄마한테

말년의 엄마 돈나와 옴넥의 모습. 뒤에 서 있는 사람은 돈나가 마지막으로 재혼했던 남자인 제이(Jay)이다.(돈나는 1996년에 사망했다)

가는 것을 바라지 않을 때 나는 그와 함께 집에 머물러 있어야만 했다. 이것이 나에게는 정말 참을 수 없게 되었다.

제이슨이 5살이 되었을 때 나는 아이들을 데리고 가야겠다고 느꼈다. 하지만 나는 그의 하나뿐인 아들을 내가 데려갈 경우, 반대급부적인 결과가 다시 나에게 닥칠 거라는 죄의식이 있었다. 한편 그의 건강이 점차 나아졌고 그는 약물치료와 간호를 받는 것에 동

의했다. 그는 남에게 의존하지 않게 되어 차와 작은 오토바이를 스스로 수리하기도 했다. 그러나 우리의 관계는 나아지지 않았다.

최종적으로 나는 그와 이혼하기로 결심했지만, 아들 제이슨을 그의 아버지에게 남겨두기로 했다. 내 아이를 남겨두는 것은 내 가슴을 찢어지게 했으나 다른 한편으로 나는 버드가 아들과 헤어지는 것은 그를 황폐화시킬 것임을 알았다.

또 다시 이것은 물론 카르마적인 상황이었다. 과거의 다른 생(生)에서 나는 버드의 아내였으며 그의 아들과 함께 도망쳤던 적이 있었다. 나는 임신 중이었고 그는 나를 결코 찾아내지 못했다. 그러므로 이제 이번 생에서는 내가 그에게 아들을 주었던 것이다. 제이슨은 다른 생에서와 마찬가지로 버드 아버지의 성(姓)을 이을 유일한 아들이었다. 이번 생에 그의 아버지가 버드라는 아들 하나만을 두었기 때문에 그 집안의 성은 그와 함께 끝날 상황에 있었다. 하지만 (나를 통해 제이슨이 태어남으로써) 그 가문의 혈통이 제이슨을 통해 이어지게 된 것이다. 그리고 그것이 그들에게는 중요했다. 나는 또한 버드가 나의 진정한 유산을 받아들이지 않을 때는 이것이 영구적인 관계가 아니라는 것을 알고 있었다. 내가 그에게 내 자신에 관해 말했을 때 그는 그저 듣고 있었으며, 그것을 다시는 언급하지 않았다.

토비와 젠다는 이미 시카고의 스탠리 곁에 있었다. 그들은 클라라에 의해 비행기로 그곳에 가 있었다. 이제 나는 북부로 가는 버스표를 사기 위해 얼마간의 돈이 필요했다. 마침 아이들의 학교 교사가 내게 도움을 주었다. 그는 우리 아이들이 총명하고 시(詩)와 작문대회에 나가 많은 상을 탔기 때문에 그 애들 모두를 사랑했다. 이제 그는 나로부터 아이들의 많은 교과서와 다른 책들을 구입해 주었다. 나는 제이슨에게 갖고 싶은 책들을 고르게 했다. 나는 아이들이 잠잘 시간에 그들이 선택한 노래를 하나씩 불러주고는 했었는데, 이런 노래들을 그에게 남겨주기 위해 카세트로 만들었다. 나는 또한 수정(水晶) 하나를 그의 침실 창문에다 매달아 주고 그것이 반짝일 때는 나에 관해 생각하라고 말했다. 불과 5살의 어린 나이인 제이슨을 떠나는 것은 힘들었다. 하지만 나는 만약 내가 아이에게 여름에는 내가 있는 곳을 방문할 수 있고 전화를 하거나 편지를 쓸 수도 있다고 장시간 설명한다면, 아이가 이별을 허락할 거라는 걸 알고 있었다. 우리는 매일 밤 9시에는 서로에게 "잘 자!(Good night)"라고 말하자고 맹세했다.

내가 제이슨을 두고 떠나는 것은 형언할 수 없을 정도로 힘들었다. 하지만 비록 그 애가 5살이었지만 아이는 내가 말하는 진의(眞意)를 이해하는 것처럼 보였다. 나는 법원에서 미성년자 보호 의무를 버드와 내가 분할하기로 합의했다. 그 후 제이슨은 1년 중 여름방학 동안에는 나와 시간을 보냈고, 나머지 시기에는 버드와 함께 살았다.

시카고에서 나는 젠다와 토비가 스탠리와 함께 살고 있던 인근에 내 소유의 아파트가 있었다. 아이들은 거리 바로 건너편에 있는 좋은 학교에 등록돼 있었다. 나는 이 학교의 방침 때문에 학교 측과 싸웠던 적이 있다. 그 학교 교장은 학구(學區) 문제로 혜택을 받지 못한 아이들을 다른 학구에다 버스로 통학시키려는 생각을 갖고 있었다. 이것은 범죄율이 높은 가난한 지역의 학생들을 더 안전한 양질의 학교들로 데려온다는 것을 의미했다. 이것은 좋은 일이었다. 그러나 토비는 오히려 갱단의 활동이 훨씬 많은 거리의 학교들 중의 하나로 옮겨가도록 선발되었다. 토비는 여러 개의 상들을 받은 모범 학생이었다. 스탠리와 나는 토비가 원래의 링컨 파크 학교에 남아있도록 저지하기 위해 학교와 싸우며 모든 노력을 다했다.

그럼에도 1주일 후 갱 지역들 가운데 한 학교에 배치 받아 갔던 토비는 두려움에 사로잡혔으며, 모종의 결단을 하게 되었다. 16살의 나이에 그 아이는 학교를 관두기로 결심했고, 시간제 아르바이트를 하며 집에서 학업이수자격(검정고시)을 취득하기로 했다.

그 즈음에 나는 "페이스"라는 유명한 나이트클럽에서 일자리를 얻었다. 그곳은 회원들이나 저명인사들만을 위한 엘리트 클럽이었다. 나는 고정급여에 팁이 추가되는 휴대품 보관소에서 일했다. 거기서는 때때로 팁으로만 200~300 달러를 받을 때도 있었다! 클럽측에서는 토비에게 시간제 아르바이트 일자리를 제공해 주었고, 따라서 그 아이는 주말에 나와 함께 일했다.

우리는 일할 때 늘 품위 있는 복장을 해야 했기 때문에 긴장의 끈을 놓지 말아야 했다. 근무자들에게 청바지 같은 진 의류나 운동화 등은 허용되지 않았다. 우리는 그 클럽에서 일하는 것이 좋았다.

입구에는 커다란 빛의 터널이 있었으며, 도어맨이 D.J에게 전화를 하곤 했다. 그때 D.J는 입장하는 모든 커플들을 방송으로 알렸다. 거기서는 또한 영화사 파티들이 열리고는 했는데, 덕분에 우리는 모든 영화 스타들을 만났다. 그 중에는 프랭크 시나트라, 빌 코스비, 조지 해밀튼, 존 콜린스, 척 노리스와 기타 많은 다른 이들이 있었다.

어느 날 밤, 나는 배우 오마 샤리프(Omar Sharif)[18]와 저녁 식사를 함께 했다. 그는 클럽에 들어오더니 나에게 말을 하기 시작했다.

"당신 흥미로운 사람처럼 보이네요. 매우 고귀하고 기품이 있어요. 이런 장소에서 당신 같은 사람을 만나는 것은 아주 드문 일이

---

18) (1932. 4. 10 ~) 이집트 출신의 헐리우드 배우이다. 그는 영화 <닥터 지바고>,<퍼니걸>, <아라비아의 로렌스> 등으로 아카데미상에도 후보로 올랐으며, 1966년 골든 글로브 상을 수상하기도 했다. 아랍어, 프랑스어, 영어를 구사한 외국어 능통자이며, 헐리우드의 많은 영화에 출연했다. (역주)

오마 샤리프가 주연으로 출연했던 영화 <닥터 지바고>

죠. 이곳에 있는 대부분의 여성들은 영화들에 주목하고 빠져들게 되지요."

그는 자기가 식도락가라고 소개하며, 저녁 식사를 함께 하는 게 어떻겠냐고 내게 물어보았다. 물론 나는 흥분되었다.

그는 나를 집 앞에서 차에 태워 호수가 내려다보이는 자신의 아름다운 고급 주택으로 데려 갔다. 오마 샤리프는 멋진 요리로 나를 대접했고, 우리는 벽난로 앞에 앉아 와인을 마시며 철학에 관해 이야기를 나눴다. 그는 내가 그에게 말했던 이야기들에 깊은 인상을 받은 것 같았는데, 나는 내가 금성에서 왔고 내 임무에 관계된 책을 쓰고 있다고 말했다. 그는 멋있는 사람이었으며 진정한 신사였다. 우리가 헤어질 때 그는 내 뺨에 키스를 했고 나는 즐거운 저녁을 마련해 준 데 대해 그에게 감사했다.

그리고 나는 권투선수인 무하마드 알리19)를 만났다. 그것은 일종의 악몽이었다! 우리가 휴대품 보관소에서 모피 코트를 취급하지 말라고 지시받았던 것은 보험과 안전에 관한 문제였다. 그러므

---

19) (1942~) 미국의 유명한 전 헤비급 세계복싱챔피언. 1960년 로마 올림픽에서 미국대표 권투선수로 출전해 라이트헤비급 금메달을 목에 걸었다. 같은 해 10월 프로선수로 전향했으며, 1964년 2월 소니 리스튼(Sonny Liston)으로부터 세계권투협회(WBA) 헤비급 챔피언 타이틀을 획득하며, "나비처럼 날아서 벌처럼 쏜다."는 유명한 말을 남겼다. 병역거부로 한 때 타이틀을 박탈당하기도 했으나, 그후 조 프레이저, 조지 포먼 등과 명승부를 벌이며, 타이틀을 재탈환한 바 있다.

(역주)

로 클럽 입장객들은 그것을 차에 두고 내리거나 자신의 좌석으로 갖고 가야했다. 그런데 이 거구의 흑인 남자가 들어오더니 자신의 발끝까지 내려오는 모피 코트를 맡아달라고 요구했다. 나는 그가 누구인지를 사전에 전혀 모르고 있었다. 나는 말했다.

"죄송하지만 손님, 그 코트를 맡을 수는 없습니다."

그는 굵고 낮은 목소리로 응답했다.

"무슨 소리에요. 맡아줄 수 있잖아요."

"죄송합니다. 손님, 저는 모피 코트는 맡지 말라는 지시를 받았습니다."

"맡아 줄 수 있잖아요."

그는 자신의 코트를 나에게 내밀었고, 나는 그것을 다시 그에게 내밀었다. 그때 내 상사가 옆문으로 달려들어 오더니 그 코트를 받으라고 지시했다.

"왜죠?"

나는 그에게 물었다.

"당신은 분명히 저에게 모피 코트는 맡지 말라고 하셨잖아요."

"그 코트를 맡아요. 이 분은 무하마드 알리에요. 당신 이 분도 몰라요? 세계적으로 유명한 분이라구!"

내가 말했다.

"아, 죄송합니다만, 저는 이 분에 대해 전혀 들어본 적이 없어서요!"

할 수 없이 나는 그의 코트를 받아 걸어 놓았다. 나의 동료들은 그 일이 있은 후 몇 주 동안 그것을 농담거리로 만들었다. 작은 쉴라가 거구의 무하마드 알리와 한판 붙었다는 것이었다. 다음 날 내가 출근하여 클럽 안으로 들어섰을 때 D.J가 마이크에다 대고 큰 소리로 나를 소개했다.

"무하마드 알리와 대적했던 그녀가 이곳에 입장하셨습니다."

시카고에서의 나의 첫 크리스마스는 매우 외로웠다. 토비와 젠다는 클라라와 스탠리와 함께 미시간에 가고 없었다. 조조는 엄마와 함께 테네시에 있었고 제이슨은 버드와 함께 있었다. 나는 크리스마스 전야(前夜)에도 클럽의 파티에서 일해야 했다. 크리스마스 날은 휴일이었다. 나는 새 아파트에서 완전히 혼자 지내며 테네시에서 보냈던 나의 마지막 성탄절을 회상했다. 그때 아이들은 나와 버드를 위해 크리스마스 놀이를 준비했었다. 그들은 프로그램을 만들고 가장복과 노래들을 가지고 마음에 와 닿는 놀이를 고안했다. 제이슨이 아기 예수 역할 하는 것을 거부했으므로 그들은 인형을 사용해야 했다. 대신에 제이슨은 양치기 소년이 되었다. 그러나 지금은 아이들도 없이 쓸쓸한 나 홀로 크리스마스였다.

아이들과 함께 있다는 것은 얼마나 더 풍요로운 삶인 것인가! 나는 아이들은 우리에게 보내진 특별한 선물이라고 믿는다. 그리

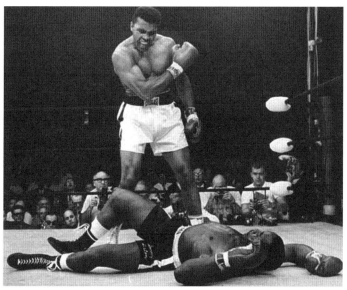

전성기 시절 무적의 헤비급 세계 챔피언 선수였던 무하마드 알리

고 우리는 아이들이 이곳에서 생존하고 배우기 위해 필요한 모든 것들을 그들이 가질 수 있도록 신경 써야만 한다. 나는 나의 아이들로부터 많은 것들을 배웠다. 가장 커다란 교훈들 중에 하나는 인내였다. 그리고 가장 큰 보상은 그들의 사랑과 그들이 지구상의 인류에게 멋진 기여를 하는 아름다운 인간으로 성장하는 모습을 보는 것이었다.

나는 그것을 특별한 의무로 받아들였고 우리의 보호 속에 위탁된 이런 특수한 영혼들을 돌보는 것을 영예롭게 생각했다.

아이들이 물질계에 태어났을 때, 영혼으로서의 그들은 아직도 자신들이 이전에 육화해서 살았던 장소와 과거생의 자기 존재에 관한 강한 연결과 명확한 기억들을 갖고 있다. 우리는 부모로서 이런 영혼들이 우리 자신의 영혼보다 더 오래되었을 수도 있다는 점을 기억해야만 한다. 우리는 단지 그들에게 육체를 제공하고 전생(前生)으로부터 이어진 인연을 함께 갖고 있는 것이다. 그들은 카르마적인 인연에 따라 여러분과 묶여 있기 때문에 특정의 집안에 태어나기로 선택한다. 그때 당신들은 그들의 개인적 배움을 위해 필요한 특정의 환경을 그 아이들에게 마련해줄 수 있는 것이다.

우리는 이 세상 속에 태어나는 아기들에게 다음과 같이 말해줌으로써 그들을 환영해야 한다.

"나는 네가 오래된 영혼이고 내가 원래 아는 영혼이라는 것을 안다. 나는 네가 이곳 지상에서 내 삶의 일부가 되기로 선택해 준 것이 기쁘다."

그들이 비록 당장 소통하기에는 너무 어리더라도 그들은 늘 우리를 이해한다. 나는 내 아이들이 태어날 때부터 이런 식으로 그들에게 말했다. 그리고 나는 실제로 그들이 감정을 담아 반응을 보이는 것을 볼 수 있었다. 그들이 소리를 내려고 노력함으로써 얼마나 빠르게 소통을 시작하는지를 경험하는 것은 항상 경이롭다. 나는 우리 아이들이 아기였을 때 항상 그들에게 노래를 불러주었고 그들이 생후 불과 며칠이었을 때도 그들에게 말을 건넸다. 그 아이들에게 말할 때 나는 이곳 지구상의 삶에 관해 내 최선을 다해 알려주곤 했었다. 그들은 내가 그들을 조건 없이 사랑하고 위대한 지성을 가진 개인들로서 존중한다는 것을 알고 있었다.

나는 늘 내가 다른 사람들에게 했던 것처럼 그들에게 말을 해주었다. 매일 아침 나는 "안녕!"이라고 인사를 했고, 그들의 컨디션이 어떤지를 물어보았다. 그들이 울 경우에는 나는 이렇게 말했다.

"그래, 넌 이곳을 별로 좋아하지 않는구나. 하지만 곧 익숙해질 거야. 내가 널 쾌적하게 만들어 주기 위해 최선을 다해 볼께. 왜냐하면 난 너를 사랑하기 때문이야."

나는 그들에게 많은 것들을 보여주었고 설명해주었다. 여러분이 아기에게 더 많이 이야기를 하면 할수록 그들은 더 빨리 배우고 더욱 편안하게 느낀다. 그리고 무력감을 별로 느끼지 않게 된다. 그럼으로써 그들은 우리가 그들을 이해한다는 것을 느끼고, 그들을 위해 늘 함께 있으리라는 것을 아는 것이다.

아이들은 여러분의 소유물이 아니며 그들은 어디까지나 독립적인 개인들이다.

부모로서의 우리는 다만 그들에게 그들 자신과 세상에 관한 적절한 가치관과 지식을 제공하는 것이다. 그들은 틀림없이 우리가 삶에서 그들의 감정과 선택을 존중한다는 것을 안다. 그리고 우리가 항상 그들을 조건 없이 사랑하고 그들이 우리에게 실망했을 때도 사랑한다는 것을 알 것이다. 우리가 그들의 행동에 관해 어떻게 느끼는가를 그들에게 표현하는 것은 중요하다. 아울러 우리가 다른 이들에게 대접받고 싶은 대로 타인들을 사랑하고 행하는 것의 중요성을 알려주는 것 역시 중요하다.

만약 우리가 우리의 아이들을 징계해야 할 필요성을 느낀다면, 또한 우리는 그 이유를 그들에게 설명해주어야 한다. 내 아이들은 내가 그들을 처벌할 때 그것을 쉽게 받아들일 수 있었다고 나에게 말했는데, 왜 자기들이 벌을 받는지를 설명해주었기 때문이다. 통상적으로 나는 그들이 할 수 있는 한은 최선의 인간이 되기를 원했다. 또한 나는 그들에게 자신이 행하는 모든 것에 책임을 지고 인생에서 성취하는 것을 배워야 한다고 가르쳤다. 나는 아이들에게 내가 늘 그들을 도울 것이며 심판하지 않고 이해할 것이라고 말해주었다. 하지만 그들은 문제에 대한 해결책을 선택하는 사람이 되어야만 했고, 그러면 나는 그들의 선택을 100% 지지해주고는 했었다. 그리고 나는 그들에 대한 나의 사랑은 무한하고 영원하기 때문에 내가 그들을 사랑하지 못하게 만드는 상황이나 어떤 것은 없다고 말해주었다.

나는 아이들에게 언어의 기초들을 가르치느라 많은 시간을 보냈는데, 그들이 만 3살이 되기 전에 적어도 100까지 숫자 세는 법과 자기들의 이름을 읽고 쓰는 것만이 아니라 그 알파벳을 암송하는 것까지 익히도록 했다. 또 우리는 그림그리기와 색칠하기에 상당한 시간을 보냈다. 나는 밤에 그들에게 책을 읽어주었고 침대에서 노래를 불러주었다. 우리는 춤도 추었고 이야기와 노래도 만들었다. 나는 여러분이 아이들 개개인의 발랄한 창조적인 재능과 상상하는 능력을 키워줘야 한다고 믿는다.

또한 매우 중요한 것은 그들을 가르치는 것뿐만이 아니라 우리가 살고 있는 세계의 법(法)과 가치체계를 예증해 주는 것이다. 아이들은 그들 자신보다 불행한 사람들을 자기와 동등하게 보고 그들을 보호하고 친절하게 대하는 것을 배워야 한다. 자기 자신에게 책임을 지는 것과 모든 사람들과 살아 있는 일체의 존재들을 존중하는 것 역시 중요하다.

한 부모로서 여러분이 무엇보다 과거와 현재에 있어서의 여러분 자신과 어떤 실수에 대해 정직해지는 것은 매우 중요하다. 삶에 관한 사실들을 있는 그대로 공개할 때 진실해지고 정직해진다. 그들의 나이가 몇 살이냐에 관계없이 여러분은 기꺼이 성(性)과 생식(生殖)에 관해 그들에게 솔직하게 말해야 한다. 또한 성행위와 건강, 피임, 및 기타 행위에 대한 책임 역시 마찬가지이다. 섹스가 자연스러운 것이고 인간의 건강한 기능이라는 점도 역시 강조되어야 한다. 그리고 자신이 하는 모든 행위에 대해 책임을 져야한다는 것을 그들에게 가르치도록 하라. 아이들을 비난하는 대신에 문제에 대한 해결책을 찾을 수 있게 그들을 도와주라. 항상 당신이 그들을 사랑한다고 말해주라. 그것을 표현하는 것은 아무리 해도 지나치지 않는다. 기쁨과 분노를 표현하도록 그들에게 허용하라. 그럼으로써 정신장애나 정신병적 소인들을 억압하거나 만들지 않게 되는 것이다. 하지만 징계는 필요하며, 그것이 없을 경우 인간 내의 범죄적 성향을 유발하거나, 법과 연장자에 대한 존중결핍이 나타날 수 있다.

내가 아이들에게 절대적인 신(神)에 대해 알려주었다고 할지라도 그들은 충분히 성장했을 때는 스스로 자신의 종교를 선택할 수 있는 자유의지를 부여받았다. 나는 아이들이 자라나는 동안에는 그들이 친구들과 함께 가서 다른 종교들의 신앙을 탐구할 수 있게 허용했다. 따라서 그들은 조직화된 다양한 종교들을 경험할 수 있었다. 나는 종교들 가운데 어떤 것에 대해서도 비난하거나 적대적으로 말하지 않았다.

4명의 아이들을 낳아 키운다는 것은 고되고 수고로운 일이었다. 나는 실제로 그들과 함께 겪었던 재미있고 놀라운 수많은 경험들에 관해 책을 한 권 쓸 수가 있다.

조조가 3살이었을 때, 그 아이는 그가 스태티라고 불렀던 친구

마스터들을 묘사한 벽화 앞에서 포즈를 취한 단란했던 시절의 옴넥 오넥의 가족. 가운데가 딸 토비, 맨 우측이 첫 남편 스탠리, 안고 있는 아이가 아들 젠다이다.

에 관해 말하기 시작했다. 우리가 갔던 어디에서나 조조는 그 아이도 올 수 있는지를 알고 싶어 했다. 그는 항상 스태티와 놀았고 그와 이야기했다. 이것은 조조가 학교에 다닐 때까지 계속되었다. 나는 학교에서 그의 친구들이 그것이 조조의 상상일 뿐임을 확신했다고 생각한다. 그리하여 그는 의심하기 시작했고 자신의 친구와 교신하고 그를 보는 능력을 상실했던 것이다. 하지만 그는 여전히 오늘날에도 스태티를 기억하고 있다.

내가 집에서 저녁때 서너 명의 사람들과 1주일에 두 번 집단명상을 하고는 했을 때, 아이들도 물론 참석했었다. 아이들은 자기들이 좋아하던 동물들과 장난감, 인형들을 데리고 만트라(Mantra)를 하기를 원했다. 끝난 후 일부는 자기들이 명상 중에 체험했던 경험들을 나누었는데, 아이들은 때때로 자기들이 보거나 들은 것을 그림으로 그리기도 했었다.

언젠가 토비가 약 4살이었을 때, 그 아이는 눈이 떨어지는 소리를 들었다고 주장했다. 어떤 사람들이 눈은 떨어지는 소리를 내지 않는다고 설명하자, 내가 말했다.

"글쎄요, 그걸 우리가 어떻게 알죠? 여러분 중에 눈이 떨어지는 소리를 들으려고 노력해본 사람 있으세요?"

나는 그 소리가 어떤 소리 같은지에 흥미를 느꼈고 그것은 가능하다고 확신했다.

물론 우리가 살던 시카고에는 많은 눈이 내렸지만, 그곳은 너무 요란하고 번잡했다. 그러나 나중에 토비가 10살이었을 때 우리는 테네시의 오래된 농장주택에서 살고 있었고, 그곳은 남부이기 때문에 눈을 보기가 좀처럼 드물었다. 이례적으로 추웠던 12월의 어느 날 밤, 나는 나무를 때는 난로를 살펴보기 위해 일어났는데, 그 때 눈이 내리고 있었다. 시간은 새벽 1시 30분경이었다. 눈은 약 6인치 깊이로 쌓여 있었다. 나는 방으로 가서 토비를 깨웠다. 아이는 내가 따라오라고 말하자 약간 놀라는 눈치였다. 나는 아이와 함께 살금살금 조용히 현관문으로 걸어가며 지금이 우리가 눈이 떨어지는 소리를 들을 기회라고 설명했다.

"엄마는 그걸 정말 기억하네!"

토비가 놀라서 소리쳤다. 나는 그렇다고 말했다. 나는 그 애가 명상에서 그것을 경험한 이후 늘 눈이 오는 소리를 듣고 싶었다. 우리는 우리 자신의 불합리한 행동에 서로 웃음 지으며 잠옷 차림으로 밖으로 나갔다. 고요하고 어두운 가운데 눈은 여전히 내리고 있었으며, 달빛에 의해 쌓인 눈이 반짝이고 있었다. 우리는 앉아서 될 수 있는 대로 몸을 구부려 머리를 지면 가까이로 가져갔다. 따라서 우리의 귀는 눈이 덮인 맨 윗부분 가까이에 있었다.

우리는 숨을 죽인 채 귀를 기울였고, 마침내 그것을 들었다. 그것은 작은 수정 같은 소리였고 거의 들리지 않는 소리였는데, 이미 지면에 쌓인 눈의 결정체들 위에 눈 조각들이 떨어질 때 나는 짤랑짤랑하는 희귀한 소리였다.

와아! 우리 둘은 소리를 질렀다. 여러분도 실제로 눈이 떨어지는 소리를 들을 수 있다. 우리는 그 놀라운 경험에 감격해 웃으며 서로를 끌어안았다. 그리고 서둘러 안으로 들어가 얼은 몸을 녹였다.

젠다가 불과 2살이었을 때 그 아이는 늘 솥과 냄비를 갖고 노는 것을 좋아했고, 그로 인해 나는 요리하는 데 어려움을 겪었다. 그래서 나는 스탠리에게 내가 식사준비를 할 수 있도록 토비, 조조가 와서 같이 놀아주게 하라고 요청했다. 아이들은 자기들이 갖고 놀고 싶은 것을 요구했으며 그들은 작은 목제 찰리 브라운 형상을 원했다. 젠다는 스누피를 선택했고, 토비는 리누스를 원했으며, 조조는 찰리 브라운을 가졌다. 스탠리에게는 페퍼민트 패티[20]가 남게 되었다. 나는 이것이 재미있다고 생각했다. 스탠리가 젠다에게 물었다.

"이제 우린 무얼 하지?"

아이가 대답했다.

"하느님 만나러 갈 거야."

우리 모두는 웃긴다고 생각했지만, 아기를 실망시키고 싶지는 않았다. 그래서 우리가 물었다.

"하느님이 어디 사시는데?"

"냉장고 꼭대기에"

---

[20] 미국의 만화가 찰스 먼로 슐츠의 코믹만화 "피너츠"에 나오는 소녀의 이름이다. 여기서는 소녀의 목제인형을 의미한다.(역주)

오, 안돼, 나는 생각했다. 그들은 모두 주방 안으로 몰려가고 있었다. 걷는 체 위장한 작은 목제 인형들과 함께 아기와 그들은 네 발로 기어 주방으로 향했다. 마침내 그들 모두가 주방에 도착했다. 스탠리가 일어섰고 냉장고 꼭대기를 두드리며 노크를 했다. 그는 거기에 닿을 만큼 키가 큰 유일한 사람이었다.

"하느님, 안녕하세요."

그가 말했다.

"저는 페퍼민트 패기에요."

모든 이들이 젠다의 반응을 기대하고 웃음을 터뜨렸다. 아이는 그저 스탠리의 바짓가랑이를 붙잡고 기저귀를 찬 채로 서 있었다.

"바보짓 하지 마라. 하느님은 네가 누군지 다 아신다."

우리는 바닥을 구르며 배꼽을 잡고 웃었다.

"(아기가) 모욕적일지, 깊은 감명을 받을지 난 모르겠어."

스탠리가 말했다.

"물론, 좋다. 네가 네 자신을 하느님에게 소개할 필요는 없단다!"

지금까지 우리는 얼마만큼 아기들이 이해하는지 전혀 깨닫지 못했다.

제이슨이 4살이었을 당시 그는 식탁에 앉아 공책에 색칠을 하고 있었다.

"있잖아, 엄마."

그가 말했다.

"우리는 백색을 정말 몰라. 내가 사람들을 백색으로 칠하면, 그들은 유령처럼 보여. 그런데 노란 빛의 핑크색을 사용하면, 그들은 괜찮게 보였어. 그래서 우리는 실제로 노란빛의 핑크색이야."

몇 분이 지난 후, 그는 다시 입을 열었다.

"난 하느님이 왜 흑인들을 만들었는지 알아. 노란빛 핑크색 물감이 다 떨어져서 검은색을 사용했기 때문이야."

물론 나는 웃음을 지었다. 제이슨이 자기의 노란빛 핑크색을 모두 쓰고 나서 색칠하기 공책에다 흑인들을 그려 넣기로 결정했기 때문이다. 그 애는 하느님이 그렇게 하셨다고 추측했다. 나는 이것이 분명히 인종들에 관한 편견 없는 아이디어라고 생각했다!

여러분은 아이들과 함께 놀고 웃는 시간을 가져야 한다. 그들에게 인생을 즐기고, 그 모든 것을 베풀고, 배움의 일부로서 어려움을 받아들이라고 가르치기 바란다. 실패 또한 우리가 실수를 바로잡는 방법을 배우는 과정의 일부이다. 우리는 자신의 부정적인 측

옴넥 오넥이 지구에 와서 낳은 4명의 장성한 자녀들. 뒷줄 좌측부터 막내아들 제이슨, 가운데가 둘째 아들 젠다, 우측 첫째 아들 조조, 그리고 앞줄 좌측이 딸 토비. 그 옆이 옴넥.

면과 문제들을 받아들일 수 있어야 한다. 마찬가지로 스스로 웃으며 긍정과 선(善)을 믿고 그것을 우리의 에너지로 뒷받침할 수 있어야 한다. 그리고 우리의 상상력이 현재와 미래에 있게 될 모든 것에 대한 열쇠임을 잊지 말라.

여러분의 아이들에게 여러분이 배우고 싶어 했던 것을 가르치도록 하라. 그럼으로써 그들은 대부분의 삶 동안 진리를 찾아 헤맬 필요가 없다. 그리고 그들은 새로운 세상을 향해 좀 더 생산적이고 창조적인 삶을 보낼 수가 있다. 왜냐하면 아이들이 곧 그 미래이기 때문이다.

9장

대중을 향한 나의 길

그 이후의 나의 삶은 번개처럼 지나갔다. 〈페이스〉 나이트클럽이 문을 닫는 바람에 나는 그곳의 일을 그만두었다. 나는 "줌 디 우첸 엑"이라는 유명한 레스토랑에서 일하게 되었는데, 그곳은 아직도 시카고 여행 안내서에 실려 있다. 그 주인은 원래 독일의 바이에른 출신 사람이었고, 매주 토요일 저녁마다 그곳에서는 손님들을 위해 전통적인 가죽 반바지 밴드가 무대에 올라 공연을 하고 있었다. 그곳의 여자 종업원들은 꼭 끼는 조끼와 스커트에다 주름진 블라우스 및 앞치마를 한 복장이었다. 이곳이 내가 독일요리를 처음 접해서 좋아하게 되고 배우게 된 곳이다. 몇 년 후 내가 처음으로 독일을 방문했을 때 주변의 모든 사람들이 놀라는 눈치였는데, 왜냐하면 내가 독일어를 전혀 못했음에도 불구하고 메뉴판을 읽고 소염에 절인 양배추가 곁들인 돼지고기 무릎살 요리 같은 것을 주문했기 때문이다.

　나는 자유를 즐겼고, 주말에는 친구들 및 아이들과 함께 보냈다. 애들은 자라서 좀 더 독립적이 되었지만, 우리는 늘 가깝게 지냈다. 아이들은 번갈아가며 몇 주나 몇 달을 나와 함께 머물렀다. 나는 새로운 남자관계를 생각하고 있지 않으나, 운명은 '임마누엘'이라는 새로운 남자를 내 인생으로 데려왔다. '오다이'라고 불렸던 그의 아래 동생이 내 옆집에 살던 이웃이었다. 우리는 서로 좋아하게 되었고 아주 급속히 친구가 되었다.

　어느 날 나는 오다이에게 빌렸던 다리미를 돌려주기 위해 그의 집 초인종을 눌렀다. 잘생긴 젊은 남자가 문을 열어주었는데, 오다이가 자신의 형인 임마누엘이라고 내게 소개를 했다. 우리는 즉시 서로 좋아하게 되었고, 여가시간을 함께 보냈다. 미국 남부에 살고 있던 그의 어머니는 아일랜드계 후손이었다. 그리고 그의 아버지는 푸에르토리코와 아프리카 출신의 선조를 가진 유명한 변호사였다. 우리가 한 아파트를 찾아 돌아다니기 전에 우리는 우리의 나이 차이- 나는 36살이었고, 그는 22살이었다 - 와 복잡한 결혼문제에 관해 오랫동안 논의했다. 피부색이 다른 커플들은 당시 주변 동료들의 편견에 시달려야 했고, 우리도 예외가 아니었다. 한 번은 우리가 한 열성적인 경찰에 의해 거의 저지를 받은 적도 있었는데, 그 경찰이 임마누엘과 내가 함께 거리를 걷는 것을 좋게 보지 않았기 때문이었다.

　우리는 약 9년 동안 함께 살았으며, 임마누엘은 우리 가족의 영구적인 일원이 되었다. 토비, 조조, 젠다, 그리고 엄마가 한 사람씩 차례로 우리 아파트에서 함께 살았다. 물론 제이슨은 매년 여름마다 왔다. 우리는 엄마가 혼자 생활한 탓에 생긴 조울증이 문제가 되었을 때, 그녀를 시카고로 데려가야 했다. 곧 우리는 엄마

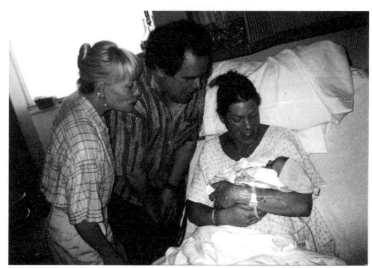

옴넥과 스탠리가 딸 토비가 낳은 그들의 첫 손자를 바라보며 기뻐하고 있다.(1999년)

와 조조가 함께 사용할 외진 곳의 한 아파트를 발견했는데, 걸어서갈 수 있는 거리에 있어서 우리가 가깝게 머물러 있을 수 있었다.

그 당시 나는 시카고의 패션 집회 장소인 한 의료센터에서 좋은 직업을 얻었다. 나는 그 센터 내의 사람들에게 음식을 공급했던 빌딩 로비 내의 한 레스토랑에서 일했다. 게다가 나는 조조가 나와 함께 일할 수 있는 일자리를 얻어내기까지 했다. 한편 토비는 한 친구와 함께 아파트에서 살고 있었다. 젠다는 대학에 다니기 위해 캘리포니아로 이주했으며, 수상실적과 뛰어난 성적으로 장학금을 받았다.

토비는 시카고에서 최고의 미용학원에 다니고 있었다. 제이슨은 학교에서 두각을 나타냈고 여름방학 동안에는 나와 함께 레스토랑에서 일하기도 했다. 그런 가운데 갑작스럽게 UFO 연구가 웬델 스티븐슨씨가 내게 전화를 걸어왔다. 나는 내가 테네시에 살고 있던 동안에 여러 해에 걸쳐 그와 연락을 주고받고 있었다.

여러 해 전 나는 그로부터 자신이 누구인가를 소개하는 작은 안내서와 함께 편지를 받은 적이 있다. 그는 내가 1973년에 라디오 쇼에 출연했을 때 녹음한 카세트들 가운데 하나를 들은 모양이었다. 그는 자신이 전직 공군비행사이고 대령으로 퇴역하여 현재는 UFO 연구에 종사하고 있다고 내게 말했다. 그는 내 책에 관심이 있었다. 1980년에 나는 그에게 원고 사본 하나를 보냈다. 당시 그는 무고 혐의로 체포되어 5년 동안 수감생활을 했었는데, 따라서 그는 자신이 목격하고 촬영했던 UFO 사진들을 공개적으로 알릴 수도 없었고 출판할 수도 없었다. 구속 후 그는 자신과 관계하는 것이 혹시 난처한지를 물으며 내가 책을 출판하기 위해 다른 출판업자를 물색한다고 하더라도 개의치 않겠다는 편지를 보내왔다. 나는 그에게 괜찮다고 확답했고, 그가 "연방호텔"이라고 불렀던 교도소로 정기적으로 편지를 보냈다.

그 후 그가 석방되었을 때, 우리는 접촉을 유지하기 위해 서너 번 전화 통화를 했다. 나는 당시 엄마의 병과 생계를 위해 일하는 데 매달려 있다 보니 그 책에 관해 가끔씩 잊고 있었다. 그가 내게 전화를 걸어와 그 책이 출판될 것이고, 1991년 봄에 서점에 나오게 될 거라고 말했을 때 나는 충격을 받았다. 내가 3월에 그 전화를 받았을 때 나는 어리벙벙해 있었다. 그의 계획은 미국에서 개최될 예정인 가장 큰 UFO 집회 중 하나에서 나와 내 책을 소개하려는 것이었다. 그는 나를 위해 특별한 의상비와 비행기 요금, 그리고 체재비용을 보내왔다.

나는 그의 계획을 받아들여 거기에 전념해야만 했다. 그리고 이것이 바로 그것이었다. 이 행사와 책이 내가 누구인가를 - 소수의 내 가족과 엑칸카 출신의 친구들만이 아니라 - 전 세계에 알려지게 할 것이었다. 이로 인해 어떤 결과가 나타날 것인가? 나는 그것이 내가 이곳 지구에 있는 이유의 중요한 부분임을 알고 있다.

아주 조용하게 나는 내가 이것을 이전의 수많은 생(生)들 동안 준비했다는 것을 기억해냈다. 이것이 내가 이곳에서 할 실질적인 역할의 일부이다. 그것이 마스터들이 나를 준비시켰던 이유인 것이다. 나는 은밀한 장소를 발견했고 명상하기 시작했다. 나는 과거 나의 대사님들과의 관계로 돌아가야겠다고 생각했다.

그것은 수많은 생들 이전에 시작되었다. 아틀란티스 시대 이후 내가 물질계에 처음으로 태어난 것은 티베트의 한 수도승(修道僧)으로서였으며, 그때 나는 퍼비 콴츠와 리바자 타즈, 고팔 다스와 같은 대사들과 함께 일하고 있었다. 리바자와 퍼비 대사님은 당시 아직 육체로 살아 계셨었다. 고팔 다스(Gopal Das)님은 이미 승천한 대사였다. 그분들은 당시 나의 스승님들이셨으며, 나의 전체 삶은 그 가르침들을 배우는 데 바쳐져 있었다.

나중에 나는 성 저메인(St. Germain)[21] 대사님이 살아 계셨을 때, 그분과 관계가 있었다. 나는 그에게 연금술을 배우던 학도들 가운데 한 명이었다. 나는 그 생에서 영성(靈性)보다도 연금술에 더 많은 관심을 갖고 있었다. 나는 그분의 실험실에서 함께 일했으며, 그가 만들어낼 수 있었던 물질에 매료돼 있었다. 성 저메인님은 몇 세기에 걸쳐 매우 오랫동안 사셨다. 그분에 관한 많은 이야기들이 존재한다.

그리고 나는 예수 그리스도와 인접한 환경 속에 태어나 매우 특

---

21) 현재 영단에서 '보라색 화염'인 7광선을 담당하고 있는 마스터이다. 전생에 성모 마리아의 남편인 요셉이었고, 구약시대에는 예언자 사무엘(Samuel)이었다. 5세기에는 영국 아더왕의 조언자였던 예언자 멀린(Merlin)이기도 했다. 그리고 근대 유럽에서는 연금술과 마법에 통달한 불사(不死)의 존재로 유명했던 생 제르맹 백작으로 이름을 떨친 바 있다. 또한 성 저메인 대사는 미래에 지구의 2,000년간의 보병궁 황금시대를 담당할 영적스승으로 임명된 바 있다. 지난 쌍어궁시대의 영적스승은 그리스도였다. (역주)

별한 삶을 살았었다. 이런 이유 때문에 나중에 내가 이 위대한 영혼에 관한 미지의 진실을 말하는 것이 이곳 지구에서의 내 사명의 일부가 된 것이다. 나는 그분들이 금성에서 내게 처음 말씀하셨을 때 충격을 받았는데, 그것은 내가 수많은 생들에 걸쳐 대사들과 관계가 있고, 근본적인 진리의 가르침들에 잘 준비돼 있으며, 또 어떤 영향에도 상관없이 좌절하지 않을 거라는 말 때문이었다. 대사들은 나에게는 선택권이 있다고 하셨다. 다시 말해 그 선택은 이 사명을 받아들이든가, 아니면 이곳 지상에 남아 있는 카르마적인 매듭(인연) 때문에 지구에 반복해서 태어나든가, 이 2가지 길이 있다는 것이었다. 그러나 내가 지구에 태어나는 길을 택할 경우, 내게는 수많은 어려움들이 있을 것인데, 즉 분리된 뇌와 강한 영향 때문에 내가 가르침들을 다시 기억하기 위해서는 많은 고투를 해야 할 거라는 이야기였다.

그러므로 이번 생에 임무를 수행하는 것이 차라리 더 쉬울 것이었다. 나는 결정을 해야만 했다. 나는 내가 이전에 지구에서 살았었기 때문에 지구로 오는 것에 관해 약간의 기대와 흥분이 있었다. 하지만 지구의 20세기 사회에는 익숙하지 못했다. 대사들은 내게 지구에 관한 간략한 역사를 알려주었지만, 문제는 내가 역사에 흥미를 갖는 데 어려움이 있다는 것이었다. 그들은 과학적 사실도 알려주었으나, 그것도 역시 마찬가지였다. 이 모든 것이 나에게는 머리를 쓰는 지적인 문제였다. 나는 보다 예술적이었고, 감정이나 춤, 기쁨, 매력 같은 것을 표현하는 쪽이었다. 따라서 나는 그런 정보들에 충분히 주의가 몰입되지 않았다.

여러분이 살았던 수천 번의 생들을 살펴볼 때 그것이 단순해 보일 수도 있다. 모든 생이 모래알처럼 보이기도 한다. 영혼으로서의 당신이라는 존재가 절대로 끝나지 않는다는 것은 그리 중요하지 않다. 하지만 여러분이 이 작은 모래알 속으로 들어갔을 때 그것은 매우 거대해지고 압도적이 된다. 이것이 영혼에게는 하나의 충격이며, 그런 이유로 수많은 사람들이 자신의 어려움들 속에 휘말려들게 된다. 그리고 이것이 단지 또 다른 생, 또 다른 모래알이라는 것을 기억하는 데 곤란을 겪는다.

내가 금성을 떠나기 직전, 대사들은 나를 호출했으며, 그분들은 금성의 나의 스승님들인 라미 누리, 퍼비 콴츠, 리바자 타즈였다. 그분들이 내게 말씀하시길, 나를 위한 특별한 선물들이 있다고 하셨다. 그때 내가 작은 어린아이였다는 점을 기억하기 바란다. 따라서 나는 내가 받아서 가져갈 어떤 것, 예컨대 마법적인 수정이나 갖고 놀 수 있는 어떤 멋진 것을 기대하고 있었다.

퍼비 콴츠님이 말씀하셨다.

"우리가 너에게 줄 선물들 중에 하나는 매우 특별한 수준에 있는 너, 옴넥이 주변에 있는 사람들 내면에 평온함을 만들어낼 수 있게 되리라는 것이다."

라미 누리께서 말을 덧붙이셨다.

"우리는 너에게 매우 복잡하고 어려운 어떤 것을 받아들여 그것을 사람들이 이해할 수 있는 매우 단순한 것으로 만드는 능력을 부여하고 있다."

이어서 리바자 타즈께서 입을 여셨다.

"우리는 사람들이 너에게 이런 사랑을 느낄 수 있는 능력과 힘, 인내심을 줄 것이다. 설사 처음에는 그들이 그것을 불신하더라도 그 진실이 그들에게 연결될 것이고 그들은 매우 명확하게 이해하게 될 것이다."

그때 나는 이것들은 선물이 아니라고 생각하며 실망한 채 그곳에 서 있었다. 그것은 모든 말들에 불과하지 않은가! 그리고 대사들은 그 말들이 나중에 내게 어떤 의미를 지니게 될 것이라고 말씀하셨다. 그것은 매우 그럴듯하게 들렸지만 나에게는 여전히 말들 외에는 아무 것도 아니었고, 당시 나는 실제의 선물을 받지 못한 데 매우 실망했었다.

이어서 그들은 내가 늘 기쁨과 모험만이 아닌 매우 어려운 시기를 겪을 것이라고 내게 언급했다.

"우리는 네가 어떠한지를 알고 있고 그것을 받아들이는 네 마음을 이해하고 있다. 너는 너를 계발시키게 될 정보들을 점점 더 받게 될 것이며, 실행해야 할 것들도 역시 마찬가지이다. 그러나 오직 그것은 우리가 적절한 시기라고 확신할 때에 한해서이다. 너는 어려운 시기들 내내 강해져야만 한다. 네가 갈 그 길과 너의 고난이 한 가지 이유 때문이라고 생각될지라도 우리가 너를 버리지 않는다는 것을 부디 기억하도록 해라."

내가 경험한 것을 내 자신에게 질문한 것은 처음이었다. 이 길은 너무나 건디기 힘들었다.

나중에 내가 이곳 지구에서 나의 스승이었던 폴 트윗첼을 만났을 때, 그는 금성에서 나를 보았다고 내게 말했다. 나는 내가 금성인이라는 아무런 증거가 없었기 때문에 이것은 나를 매우 기쁘게 만들었다. 우주선들을 보여주기 위해 사람들은 초대하는 것은 불가능했다. 그것은 금성인들의 안전 때문이며, 그들 중의 일부는 그들의 기술을 탈취하려는 (어둠의 세력의) 시도로 인해 피해를 본 적도 있었다. 그들은 반격하지 않는데, 그러한 행위는 그들의 영적 신념에 반하기 때문이다. 많은 존재들에 의해 금성인들이 무기력하다고 여겨지기도 하는데, 이것은 그들이 창조물의 일부인 그 어떤 것도 파괴하지 않기 때문이다. 그들은 심판하거나 비난하지 않으며, 따라서 자연히 그들은 다른 이들에게 부드럽거나 연약한 존재로 보이는 것이다.

지난 40년 동안 나는 다양한 마스터들과 접촉했었고, 그들과의 만남을 이어왔다. 그리고 가끔은 그들이 나에게 말하는 것을 이해하지 못할 때도 있었다. 그것은 때로는 꿈을 통해 오기도 하고, 어떤 때는 보다 실제적인 경우도 있었다. 나는 처음에는 그분들이 내게 실행하기 바라는 모든 것을 이해하지는 못했는데, 예를 들면 왜 내가 "평화 운영 프로그램(The Operation Peace Program)"[22] 같은 것을 설립해야 하는가와 같은 것이었다. 나는 다만 그들이 변형과정에 관해 알려주기 시작했을 때 한 걸음씩 그것을 해나갔다. 그리고 나는 진행되고 있는 것을 깨닫기 시작했다. 대사들은 오직 변형이 성공적일 것이라고 확신했을 때만 그것에 관해 내게 말해주었다. 모든 것이 앞뒤가 맞아 떨어졌고, 나는 이제 내가 전체그림을 알고 있다고 생각했다. 하지만 대사들은 머리를 흔들면서 나의 작은 그림은 단지 더 커다란 퍼즐(Puzzle)의 극히 작은 한 조각에 지나지 않는다고 말씀하셨다. 그들은 나에게 모든 정보를 주지는 않는데, 내가 그 과중한 부담에 눌려 그 만큼 일을 수행하기 힘든 쩔쩔매는 상태에 빠질 수 있기 때문이었다. 그리고 미래의 모습은 얼마나 많은 사람들이 참여하느냐에 달려 있는 것이다. 우리는 단지 목표를 향해 한 걸음 한 걸음 앞으로 나아갈 수 있고, 모든 이들에게 그들만의 독특한 과업을 부여할 수 있다. 여러분 모두는 동일한 목적을 위해 일하고 있으며 그것은 함께함으로써 이루어지는 것이다. 그러나 자신이 하고 있는 것을 진정으로 깨닫는 데는 오래 시간이 소요된다.

미래에는 남성과 여성 에너지의 조화로운 융합이 있어야만 한다. 처음에는 그것은 오직 여성에너지였지만, 그 후 남성에너지가 지배하게 되었다. 우리는 남성 마스터들의 오랜 혈통이 있고 단지 두 명의 여성 마스터들이 존재한다. 그리고 다음 차례는 여러분이

---

22) 1994년에 설립된 "평화운영 프로그램"의 목적은 매주 수요일마다 전 세계의 사람들이 명상 속에서 사랑과 평화의 사념을 세상으로 내보내는 것이다.
(저자 주)

될 수도 있는 것이다.

그들이 내게 이것을 언급했을 때, 나는 잠시 동안 하고 있던 어떤 영적작업을 멈추었는데, 내가 그런 책무와 지위를 원하지는 않았기 때문이었다.

"저는 제가 그렇게 될 수 있다고 생각하지는 않아요. 저는 단지 인간이 되기를 원해요. 저는 다른 모든 사람처럼 되고 정보를 나누고 싶지만, 영적스승이나 그 밖의 무엇이 되기를 바라지 않아요."

"좋다, 바로 그렇기 때문에 네가 마스터가 되어야 하는 것이다."

대사들이 내게 말씀하셨다.

"만약 네가 마스터가 되기를 대단히 원했다면, 너의 에고(ego)가 점거하는 상황이 될 것이며, 너는 올바른 인간이 되지 못할 것이다."

분명히 나는 과거의 생들에서 힘을 오용한 적이 있으며, 그래서 이제 나는 그것을 반복하지 않기 위해 늘 두려움들을 내던지고 있다.

"너는 마스터이며, 사람들은 그것을 인식할 것이다."

대사들은 설명했다.

"그들은 자기들이 너의 눈을 들여다 볼 수 있을 때까지 참을성 있게 기다릴 것이다. 그것이 다르샨(Darshan)[23]이다. 그들의 영혼은 이러한 연결을 받아들여야 한다는 것을 안다. 이제 사람들에게 그들의 참된 유산에 관해 알게 하고 그 진리가 감추어져 있음을 알리는 것은 너에게 달려있다. 영혼은 다른 차원에 자체의 기원을 갖고 있다. 그들의 장엄함과 그들의 힘, 지식을 그들에게 일

---

23)본래 힌두교 용어로서 두 가지 의미가 있다. 1)관조(觀照): 훌륭한 스승을 만나서 얻게 되는 정신적 고양이나 영적인 비전. 2)친견(親見): 자신을 인도해줄 높은 영적스승을 직접 대면하는 것. (역주)

깨워주도록 해라. 영적변형에 관해 그들에게 말해주고, 어떻게 그들이 자신의 에너지를 이용하여 그 과정을 해나갈 수 있는지를 보여주도록 해라."

수백 명의 대사들이 존재하며, 금성의 나의 스승인 보닉(Vonic) 역시 그들 가운데 한 명이다. 나에게 그분은 스승이지만, 나는 그의 참된 사명에 관해서는 어떠한 단서도 갖고 있지 않다. 모든 승천한 대사들은 물질계에서 할 수 있는 모든 것을 경험한 매우 오래된 영혼들이다. 그리고 그때 그들은 물리적으로 나타나거나 사라지는 능력과 모든 수준에서 일할 수 있는 능력을 체득했기 때문에 다른 차원에서 정보를 계속 제공하기로 결정한 것이다. 모든 영혼들은 결국 이런 지점에 이르게 된다. 승천한 대사들은 어떤 영적 레벨에 도달하여 자기들의 미래 사명을 스스로 결정한 우리와 같은 사람들이다.

내가 접촉한 마스터들은 많은 유머를 활용하며, 그들은 매우 꾀가 많기도 하다! 내가 마음이 홀가분하여 행복할 때 그들은 내가 다시 혼란스러워지기를 바라기도 했다. 이것이 그들이 상황을 다루어 나를 돕는 그들의 방식이다.

대사들이 내게 준 몇 가지 메시지들이 있다. 그것이 매우 혼란스럽게 보이더라도 그것들을 재독(再讀)한다면, 거기에는 의미가 담겨져 있다. 이것이 그들의 방식이다!

- (책에는 저작권이 있으나) 진리에는 저작권이 없다.
- 이번 생의 나의 유일한 목적은 여러분이 이미 알고 있는 것들을 기억하도록 돕는 것이다.
- 내가 망각한 것을 기억할 수는 없지만, 내가 이미 알고 있는 것을 잊어서는 안 된다.
- 깨달았다고 생각하는 사람들은 그들의 마음을 상실했다. 절대

마음을 일으키지 말고 놓아두라. 그때 당신은 깨닫는 것이다.

오랜 명상 후에 나는 대사들과 접촉하고 있다. 단지 나는 내 삶이 변할 것이고 내가 이루어져야 할 일을 하기 위해 자연스런 방식으로 그것에 이끌리게 되리라는 것을 알고 있다. 물론 나는 내 책이 발매된다는 것을 가족들에게 알렸으며, UFO 집회에 그들과 함께 참석했다. 그들은 모두 흥분했고 나에 대해 기뻐했다. 내 친구들과 직장동료들의 반응은 불신하거나 비웃는 사람에서부터 농담으로 받아들이거나 완전히 매혹된 이들에 이르기까지 복잡했다. 내 책과 내가 다른 행성에서 온 사람이라는 생각은 큰 소동을 일으켰고, 몇 주 동안 나는 관심의 초점이 되었다. 내가 일하는 동안 여러 차례 사람들이 레스토랑을 찾아와서 책에 사인해 주기를 요청했다. 그들 중에는 시카고 시장도 포함돼 있었다. 그래서 나는 웨이트리스 차림으로 그의 테이블에 앉아 질문에 답변해 주었다. 내 고용주는 유명한 종업원을 둔 것에 대해 매우 의기양양해서 자랑스러워했지만, 나는 이런 모든 과대선전이 아주 난처하기 그지없었다.

그 무렵 마침내 커다란 기회가 왔다. 나는 아리조나 주, 투산(tucson)으로 날아갔고, 거기서는 UFO 국제대회가 열릴 예정이었다. 웬델씨는 내가 놀라운 초대 손님이 될 것이라고 알려주었다. 내가 마지막 연사로 나설 때까지는 아무도 내 진짜 정체를 알지 못했다. 그곳에는 세계전역의 많은 국가들에서 온 여러 저명인사들이 참석해 있었다. 그럼에도 독일출신의 한 참석자는 나를 즉시 알아보고 곧바로 내게 걸어오더니 이렇게 말했다.

"행성 지구에 온 걸 환영합니다."

내 신변보호를 위해 웬델씨는 집회장소인 큰 호텔에서 약 3마일 거리의 한 작은 모텔에 나를 묵게 했다. 나에게는 무전기를 가진 두 명의 경호원이 승용차 안에 대기하고 있어서 내가 참석할 준비가 되었을 때 그들에게 통고할 수 있었다. 나는 내가 원하는 대로 수면을 취하고 난 후 집회에 갈 준비가 되면 그들을 호출하면 되는 것이었다. 그것은 훌륭한 것이었다. 나는 그저 그가 CIA와 관련해 겪었던 경험 때문에 과민한 탓이라고만 추측했다. 나는 어떤 위험도 느끼지 못했다.

나는 성공적인 강연을 가졌고, 다만 내가 말한 것에 관한 증거를 원했던 한 남자에 의해서 방해를 받았다. 그는 이렇게 물었다.

"우리가 당신이 41세임에도 220세라는 것을 어떻게 알죠?"

다른 사람이 응답했다.

"나는 옴넥을 15년 전에 만났지만 1살도 더 먹어 보이지 않아요."

그는 다른 차원들에 관해 논쟁하기 시작했다. 나는 조용히 그에

1992년 UFO 컨퍼런스에서 최초로 공식석상의 대중 앞에 선 옴넥

게 시간낭비를 하고 있다고 언급했다.

"저는 에너지 낭비에 불과한 논쟁을 믿지 않습니다. 그리고 당신이 저를 믿지 않는다고 해서 내가 누구라는 사실이 바뀌지는 않아요. 그리고 당신이 정말 관심이 없다면 왜 이곳에 있는 거죠?"

모든 청중들이 박수로 성원했다.

웬델씨가 연단에 올라 모른 사람들에게 자신이 나에 관해 느꼈던 소감과 내가 얼마나 자랑스럽고 나의 첫 공개강연이 얼마나 훌륭했는가를 말했다. 나는 새로운 내 의상이 멋지다고 느꼈고 자필 책 사인회를 기다리고 있었다. 그런데 웬델씨가 내게 달려오더니, 자신이 고용한 경호원들로 나를 에워싸게 한 후 옆문으로 나가게 했다.

"책 사인회를 해야 되지 않나요?"

내가 그에게 물었다.

"아직은 아니에요."

"아까 청중들 속에서 말썽을 일으켰던 자는 CIA 요원입니다. 우리는 이 지역을 벗어나야 하고, 로비에서 당신의 안전을 확보하는 것이 최우선입니다."

나는 그 사실을 믿을 수 없었다. 그러나 비밀요원에 관한 영화에 나오듯이 그것은 맞는 것 같았다.

나는 잠시 충격 속에 있었다. TV 카메라들이 도처에 있었고, 여기저기서 마이크들이 내 얼굴로 디밀어졌으며, 플래시들이 연방 터졌다. 이어서 나는 비디오 녹화를 위해 한 방에서 다른 방으로 급하게 옮겨졌다. 그리고 국내외 TV 및 라디오 기자들과 인터뷰가 이루어졌다. 그런데 한 UFO 잡지를 위해 어떤 여성과 인터뷰 중일 때 갑자기 그녀가 울음을 터뜨렸다. 그녀는 그 이유를 알 수는 없었지만 책을 보고 내 이름을 알게 되었을 때 나를 만나야 한다는 급박감과 중요성을 느꼈다는 것이었다. 그때 나는 우리가 다

옴넥 오넥과 UFO 연구가 웬델 스티븐슨의 생전의 모습

른 생(生)에서 매우 가까운 친구 사이였다고 말해줌으로써 그녀를 위로해주었다. 그러자 그녀는 더욱 더 울음소리를 높이더니 사과 했다.

나중에 그녀는 자신이 UFO 도서관 관장이며, 허리우드에서 유명 스타들의 에이전트 일도 하고 있다고 소개했다. 그녀는 내 프로모션을 맡아 나를 돕고 싶어 했다.

마침내 나는 맥주 한 잔 하기 위해 바(bar)로 탈출했고 책들에 사인해 주었다. 인터뷰 때 울었던 여자인 콜리와 나는 좋은 친구가 되었으며, 이어지는 3일 간 그녀는 많은 익살을 부렸다. 그녀는 자신의 비디오 카메라로 맥주광고 방송을 만드는 흉내를 냈다. 나는 맥주를 홀짝홀짝 들이키며 이렇게 연기했다.

"아, 지구에 와볼만 하네요."

그때 우리는 한 젊은 커플에 의해 갑작스럽게 방해를 받아 중단했는데, 그들은 내가 나를 올바로 이해하지 못하는 이런 사람들과 함께 스스로 내 자신을 바보로 만들고 있다고 내게 말했다. 그들은 힘이 부족한 나를 데리고 나가려고 시도했고, 내가 거절하자 매우 난폭해졌다. 나는 당황스러웠다. 마침 그 순간 웬델씨가 도착했고, 그들은 황급히 사라졌다. 그는 그들이 CIA 요원들이었다고 말해주었다.

시카고로 돌아온 나는 많은 것들을 사람들과 나누었다. 모든 사람들이 내게 전화해서 이런저런 신문에 내가 나왔고 이곳 TV방송에서 나를 보았다고 말해주었다. 몇몇 변화들과 함께 나는 일로 돌아갔다. 일이 끝난 후 나는 의상을 갈아입고 리무진으로 내달아 TV 인터뷰에 급하게 가곤 했었다. 나는 레스토랑 주소를 알려준 후 그 바에서 책 사인회를 진행할 것이라고 발표했다. 이것은 단지 시작에 지나지 않았다. 이제 나는 금성에서 온 여자가 되었다. 옴넥이라는 이름을 기억할 수 없었던 대부분의 사람들은 그저 나를 비너스(금성)라고 불렀다.

10장

나의 사명 수행

옴넥으로서의 나의 삶은 꽃이 활짝 피었고 집회참석을 위해 나는 여러 주(州)로 날아다니고 있었다. 그러나 TV 인터뷰와 워크샵 등으로 인해 나의 사생활은 곤경에 처해 있었다. 나는 임마누엘이 갖고 있는 문제에 관해 의심을 품고 있었다.

내가 임마누엘이 그웬다라는 젊은 여자와 함께 나를 배신했다는 확정적인 증거를 잡았을 때, 나는 우리의 관계가 끝났다고 마음먹었다. 그 여자는 자기 아버지의 성적학대와 관계된 정신외상적 경험 때문에 내가 도와주고 있던 어린 여자였다. 나는 그녀를 내 딸처럼 여기고 있었지만, 그녀는 여러 해에 걸쳐 내 남자친구와 잠자리를 함께 하고 있었던 것이다. 그것도 수도 없이 말이다.

나는 웬델 스티븐슨씨의 손자로부터 온 초대장을 이용하여 아리조나로 날아갔다. 그의 이름은 젬이었고 정말 괜찮은 사람이었다. 그는 나에게 항공료를 제공했으며 나는 그와 함께 웬델씨의 집에 머물러 있을 수 있었다. 그것은 임마누엘과의 관계가 깨진 것을 극복하는 한 가지 좋은 방법으로 생각되었다. 나는 또한 TV쇼에 출연해 달라는 제의와 집회참석 요청을 받고 있었다. 이런 계획들은 웬델씨와 콜리에 의해 마련돼 있는 상태였다. 나는 웬델씨의 가족과 친숙해지고 함께 여행도 하는 멋진 시간을 가졌다. 나는 또한 종종 나와 아스트랄계에서 의식적으로 접촉했던 엑키스트의 가족과도 만나게 되었다.

젬과 나는 한 스키용 산막(山幕)에서 이틀간을 보냈다. 그것은 인디언들이 자기들의 보호구역 내에 있는 눈 많은 산들에다 지어 놓은 것이었다. 젬은 정말 높은 지역인 그곳에 통나무집을 소유하고 있었다. 모든 이들이 스키 타러 나갔고 나는 스키를 타지 않았기 때문에 그저 라운지에 앉아 책을 읽고 있었다. 내가 손에 들고 있던 책은 내 저서였다. 내가 뭔가 마실 것을 주문하고자 했을 때, 한 인디언이 다가와 자기의 피처 맥주를 함께 마시는 게 어떠냐고 제의했다. 그는 내게 왜 하얀 옷을 입고 있냐고 질문했다. 나는 그 이유를 설명했고, 내 자신과 영적인 과업, 그리고 내가 하고 있는 일을 말해주었다. 나는 그에게 내 책을 보여주고 금성에 관해 간략하게 언급했다. 그는 아주 오래 전에 호피 인디언이 내게 주었던 은 목걸이에 관해 물어보았고, 나는 그 스토리를 그에게 들려주었다.

그때 그가 자기들의 문화에 관해 잠시 말했다. 그는 자신이 밤에 인디언 보호구역 전체를 순찰하며 수상쩍은 일들을 감시하도록 고용돼 있다고 하였다. 한 가지 예로 누군가의 소유지에서 올빼미를 목격할 경우 그는 그 사실을 그 가족에게 통보해준다고 하는데, 이것은 머지않아 그 가족에게 누군가 사망하는 일이 일어날 것임을 의미하기 때문이라는 것이다. 또한 그는 새끼 양과 같은 종들을 야생동물들로부터 보호하는 일을 하고 있었다. 그는 어쩌면 내가 자기들이 "위대한 백인 기대주"라고 부르는 인디언 세계의 예언 일부를 실현하고 있는지도 모르다고 하였다. 즉 하얀 들소가 태어난 이후에는 자기들의 대변인이 되어 영적 깨달음을 전할 백인여성이 나타날 것이라는 거였다. 모든 인디언들은 그들이 다른 어딘가에서 지구로 옮겨 왔다고 믿는다. 그래서 우리는 함께 걸으며 다른 행성들에서 살고 있는 종족들에 관해 이야기를 나눴다. 잠시 후 그는 작별인사를 했고 젬과 그의 친구들이 스키장에서 돌아온 직후 떠났다.

몇 달 후 젬이 시카고에 있는 내게 전화를 해서 스키 타러 친구들과 함께 그 통나무집에 다시 와 있다고 말했다.

"이 말 믿지 못하실 거예요."

그가 말을 이어갔다.

"모든 인디언들이 당신에 관해 이야기하고 있어요. 그들이 저한테 당신이 어디 있냐고 묻더군요. 그들은 당신이 전에 만나 대화를 나눴던 남자로부터 들어서 당신에 관해 모든 것을 알고 있어요. 당신은 인디언들 사이에서 일종의 전설이 되었어요."

내가 비록 나를 딸처럼 여겼던 웬델씨와 그의 가족들을 매우 좋아하기는 했지만 나는 내 가족들을 돌보기 위해 몇 주 후 시카고로 돌아와 있었다. 엄마는 조울증으로 인해 병원을 오가고 있었다. 그녀에게 정기적으로 약물투여를 하는 것은 매우 힘들었다. 리튬(lithium)을 과다 복용했을 경우에는 독성작용이 있었고 조증(躁症) 발작이 더욱 심해지곤 했었다.

나는 의류센터에서 계속 일했고 조조가 엄마를 돌보는 것을 도왔다. 내 모든 아이들은 내 책에 자부심을 느꼈으며 내가 유명해진 것을 아주 자랑스러워했다. 하지만 나는 이전과 별 차이를 못

느꼈다.

그때 나는 독일 뒤셀도르프에서 있을 한 UFO 집회에서 강연과 무용 워크숍을 해달라는 초대장을 받았다. 나는 여러 해 동안 무용을 하지 않았고 왜 그들이 UFO 집회에서 무용 워크숍을 원하는 것인지 이해하지 못했다. 그러나 어쨌든 다른 나라에 가 본다는 것에 나는 마음이 들떴다. 나는 지구에 온 이후로 멕시코 이외에는 미국 외부의 다른 나라를 가본 적이 전혀 없었다. 우주선을 타지 않고 말이다.

내가 라디오 인터뷰를 통해 만났던 멋진 여성인 카르멘은 전에 나와 동반해서 캘리포니아와 콜로라도로 여행한 적이 있었고, 이번에도 나와 함께 가기를 원했다. 그래서 우리는 독일여행을 준비했다. 나는 무용연습을 했고 아들 젠다에 의해 영감 받은 음악을 선곡했다. 그리고 무용복과 무용화를 구입했다. 내가 엑칸카에서 활동할 때는 낡은 무용복을 사용했었다.

내가 집회 장소에 도착하자 마리나 포포비치(Marina Popovich)가 달려와 나를 포용했다. 그녀는 러시아의 유명한 시험 조종사였다. 그녀의 배후에는 그녀와 막 인터뷰 중이던 놀랄 만큼 많은 TV 취재진들이 도열해 있었다. 우리는 전에 미국의 한 행사에서 만났었고 아주 좋은 친구가 되었다. 그녀와 내가 반갑게 인사하는 것을 본 그들은 역시 나하고도 인터뷰하기를 원했다.

이번 강연은 다른 나라 언어로 통역되는 나의 첫 번째 강연이었다. 그것은 낯선 느낌이 들었는데, 내가 단지 몇 마디 했을 뿐인데도 통역자는 더 길게 말하는 것으로 생각되었다. 나는 너무 과열되지 않게 적절히 강연을 조절하여 끝냈다. 나중에 내 통역자인 피터는 영어를 독일어로 통역할 때는 내용이 약 4분의 1정도 더 늘어나게 된다고 설명했다.

강연 말미에 나는 내 무용워크숍에 모든 연령의 사람들이 참석해 달라고 요청했다. 나는 그들에게 영혼의 나이는 문제가 되지 않으며 누구나 폭 넓은 활동이 가능하다는 점을 고려할 때 가급적 많은 사람들이 내 워크숍에 참석하기를 바란다고 언급했다. 나는 12송이의 붉은 장미를 증정 받았다. 이어서 웬델씨가 등단했고 내가 다른 나라에서 강연한 적이 없으며 나에 관해 자랑스럽게 여긴다는 격려사를 했다.

금성에서 온 자신의 삶에 관해 강연하고 있는 옴넥 오넥.

약 300명 가량의 사람들이 독일에서의 내 첫 강연에 참석했다. 많은 사람들이 갈채를 보냈지만, 내가 맥주를 좋아하며 한 잔하러 번화가로 갈 예정이라고 말하자 그들은 내게 기립박수를 보냈다. 다행히 다음날 내가 강연해야 하는 스케줄은 없었다. 그래서 우리는 약간 기대되는 일을 계획한 후 다음 날 아침 8시에 일어나기로 하고 잠자리에 들었다. 우리는 뒤셀도르프에서 무엇인가를 보고 싶었기 때문이었다. 다음날 우리는 시계 알람 소리에 일어나

옷을 입었고 아래층으로 내려갔다. 실내는 텅 비어 있었으며 우리가 아침식사를 달라고 하자, 여자 종업원은 우리가 정신이상이 아닌가하는 눈으로 시계를 가리키며 말똥말똥 쳐다보았다. 시계는 오후 2시 30분을 나타내고 있었다. 우리는 (시차로 인한) 시간변화를 잊고 있었던 것이다. 우리는 호텔에서 나오며 웃음을 터뜨렸고 커피 집을 찾아 갔다.

전날 밤 침대로 갈 때, 나는 그 때까지 내 무용 워크숍에 참석하기로 등록한 사람이 불과 8명뿐이었지만 총 30명의 사람들을 참석시키기로 결정했다. 그런데 당일 날 대회장의 주최측으로부터 우리는 내 워크숍에 참석하는 인원이 많지는 않으나 정확히 30명이라는 말을 들었다!

워크숍은 내가 시연한 금성인 스타일의 춤으로 시작되었고 카르멘은 사진을 찍었다. 나중에 좋은 친구가 되었던 레나토는 비디오를 촬영하고 있었다. 곧 이어서 통역자 피터와 비디오 카메라를 든 촬영기사를 포함한 모든 사람들이 춤을 추었다. 피터는 언젠가 내가 독일로 돌아올 경우 통역을 무료로 해주겠다고 제의했다. 처음에 그는 나를 위해 통역하는 것을 거절했었는데, 왜냐하면 내 스토리를 믿지 않았기 때문이었다. 하지만 그는 정말 태도가 바뀌었고, 내가 사람들에게 명상 중에 경험한 것에 관해 질문했을 때 자신의 체험들을 나누기를 원했던 첫 번째 사람이었다.

카르멘과 나는 며칠 동안 더 머물기로 계획하고 우리에게 주변을 안내해 줄 수 있는 사람이 있는지 알고 싶었다. 그런데 워크숍에 참석했던 잘생긴 젊은 남자가 자신이 일하던 레이키 센터가 쉬는 날 우리를 안내해 주겠다고 자원했다. 우리는 라인 강변의 공업도시인 쾰른(Cologne)의 돔(Dome)을 보러갔고 인근의 스촐버 그라고 불렸던 성(城)을 방문했다. 거기서 나는 다른 생에 내가 그 성에서 살았다고 하는 기묘한 느낌이 들었다. 방들 가운데 하나에는 그 성에 거주했던 왕족의 일원들을 그린 그림들이 있었다. 그들 속에서 나는 내 자신의 모습과 우리와 동행하고 있던 젊은 남자인 토스텐을 발견했다.

몇 주가 지난 후, 토스텐이 시카고에 있는 나에게 전화를 걸어 왔다. 그는 말하길, 워크숍에 참석했던 다른 사람들이 내가 독일로 돌아와 에디게하우센에서 다시 워크숍을 열어줄 수 있다면, 그 비용을 지불하기로 뜻을 모았다는 것이었다. 나는 그와 다른 모든 새 친구들을 다시 만나 보게 된다는 것은 멋진 일이라고 생각했다. 내가 독일에 도착했을 때 그곳에는 30명 이상의 사람들이 모여 있었고 워크숍은 아주 오래된 대저택에서 열릴 예정이었다. 그 저택은 그 집이 내려다보이는 성(城)의 일부였다. 그것은 에버하드 본 하우젠이 소유하고 있었다. 이것이 내가 오늘날 내 독일 가족이라고 부르는 사람들을 만나게 된 계기였다. 그때 이후 그 가족은 대단히 성장했으며 내가 여기서 그 모든 이름들을 언급할 수는 없다. 하지만 나는 내가 이 사람들을 만나는 것이 내 사명의 일부라는 사실을 곧 알게 되었다.

1994년 2월에 내 책이 오메가 베라그에 의해 독일에서 처음으로 출판되었다. 우리는 새해 전야에 독일의 출판사 - 출판업자는 기셀라와 마틴이었다 - 에서 멋진 축하 식사모임을 가졌고, 라인 강에서 벌어지는 불꽃놀이를 보기 위해 책 출판 작업에 종사했던 모든 이들이 함께 밖으로 나갔다. 마침 거리를 걷고 있을 때 우리는 UFO를 목격했는데, 오렌지 빛으로 작열하는 커다란 공 모양의 그것은 하늘을 가로질러 유유히 이동하고 있었다. 인근에서 벌어지던 불꽃놀이 소리와 함께 우리는 그 물체가 시야에서 사라질 때까지 바라보았다. 푸어 맨프레드는 다음 날 그것이 열기구(熱氣球)인지, 아니면 다른 그 무엇인지를 결정하기 위해 온 종일 매달려 작업했다. 불꽃놀이를 하는 근처에다 열기구를 띄우는 것은 매우 위험하기 때문에 결국 우리 모두는 그 물체가 UFO였다고 의견을 모았다. 그리고 우리는 이 사건이 내 책 "나는 금성에서 왔다."의 성공을 위한 좋은 징조라고 받아들였다.

그 책이 발매된 후 나는 많은 인터뷰를 가졌으며, 여러 TV 토크쇼에 초대를 받았다. 나는 출판업자 기셀라가 독자들로부터 수많은 전화와 편지를 받았다는 것을 알았고, 그녀는 나를 독일 전역으로 순회시키려는 생각을 갖고 있었다. 처음에 나는 이것이 약간 당황스러웠고 그런 행사에서 내가 무엇을 독자들에게 가르쳐야 할지를 몰랐지만, 거기에 동의했다. 내가 오딘 삼촌과 마스터들에게 이에 관해 질문하자, 그들은 이렇게 응답했다.

"너는 너의 지식과 전망, 그리고 네가 이해하는 바를 그들과 함께 나누면 될 것이다."

그 때 나는 내가 가서 하게 될 것들을 배워야만 한다는 것을 알

1994년 스위스에서 개최된 워크숍에서 옴넥과 함께하고 있는 그룹.

앉다.

1994년의 내 첫 순회여행과 더불어 내 인생의 새로운 장(章)이 시작되었다. 나는 내가 필요로 했던 그 무엇이든 요구함이 없이 그것이 내게 주어졌다는 데 그저 감사할 수 있을 뿐이다. 그리고 연꽃처럼 싸여있던 내 삶이 내가 알고 있던 것보다 풍성한 영성으로 피어났다는 사실도 말이다.

수많은 강연과 워크숍에서 나는 지구와 그 주민들의 영적인 변형에 관해 언급했고, 그것이 이곳 지구를 금성에 이미 존재하고 있는 세계와 유사한 낙원으로 변화시킬 것이라고 말했다. 그러한 변형과정에서 조건 없는 사랑은 커다란 역할을 한다.

그 후 내가 유럽을 거듭해서 여행하는 동안 나는 수많은 사람들을 만났고 우정으로 연결된 내 영혼 가족들을 다수 발견했다. 만약 내가 일어났던 모든 기적 같은 일들과 아스트랄계에서 나를 알아보았던 사람들, 그리고 아이들과 동물들에 관해 다 말하려 했다면, 이 책을 결코 끝마칠 수 없었다.

나는 사랑과 후원으로 나를 도와주었던 지구상의 모든 친구들과 협력자들을 포함해서 대사님들과 천사들, 가장 친밀한 이들에게 감사드린다. 그들은 내가 영적교사로서 나의 삶을 나누고 내 사명을 완수할 기회를 주셨다. 그리하여 나는 내가 가능하다고 생각했던 것 이상으로 많은 사람들의 삶과 접촉할 수 있었다.

나는 항상 내가 올바른 길로 인도받고 있다는 믿음으로 매 순간 내 삶을 즐기고 있다. 그리고 그것이 영감어린 모험이 되리라는 긍정적인 생각과 인식으로 미래를 향해 나가고 있다.

아몰 아박투 바라카 바새드

(우주적인 사랑과 은총이 있기를!)

옴넥 오넥

2부 나의 메시지

무엇이 현실인가?

 현실이란 무엇일까? 현실이란 단지 누군가나 무엇인가의 전망 또는 견해이다. 현실을 이해하기 위해서 여러분은 자신의 관점을 바꿔야 하고, 각 개인이 현실에 대해 그들 나름의 시각과 전망을 갖고 있다는 것을 받아들여야 한다.

- 옴넥 오넥 -

서문

2부에서 나는 최고신의 법칙에 기초해 있는 금성인들의 영적인 개념들에 관해 좀 더 세부적으로 논하고자 한다. 우리 행성의 가르침에 따르면 영성과 과학은 동일한 동전의 양면(兩面)과도 같으며, 그것에 의해 우리 금성인들은 다양한 방식으로 성장해 왔다.

여기서 나는 우리 주변을 둘러싼 세계와 우리보다 높거나 낮은 차원들에 존재하는 다른 것들에 관한 우리 금성인들의 개념들을 설명한다. 아울러 우리가 알고 싶은 우리 주변의 모든 것들과 영혼의 관점에서 볼 때 살아있는 모든 실재들에 관한 우리의 견해를 전달한다.

이것은 여러분이 자신의 육체 안에 있는 모든 비물질적인 몸들에 대해 이해하고 그것들을 균형 잡아 조화롭게 하는 것을 돕기 위한 안내이다. 이 가르침들은 육체와 아스트랄체, 멘탈체, 코잘체(원인체), 에테르체, 그리고 영혼체를 적절히 돌보는 방법에 관한 단계적인 설명들이라고 할 수 있다.

이 정보는 여러분이 삶과 여러분 자신에 관해 보다 나은 이해를 얻도록 돕기 위한 것만은 아니다. 그것은 또한 여러분이 자기 내면에 있는 복체(複體)들의 균형을 유지하고 조화시킬 수 있게 돕기 위한 것이다. 단계적으로 나는 어떻게 육체와 아스트랄체, 멘탈체, 코잘체, 에테르체, 영혼체를 적절히 보살필 것인지에 관해 우리 금성인의 생각을 전달할 것이다.

이런 정보들은 이곳 지구에서의 내 경험에 토대를 둔 것인 동시에 내가 금성에서 함께 가져온 것이기도 하다. 그 정보의 많은 부분이 또한 내가 지구상에서 조우했던 인간관계들의 필요성에 기초해 있으며, 특히 내가 접한 대중매체와 워크숍을 통해 배운 것이다. 나의 삶 역시도 개인으로서의 커다란 배움의 경험이다. 그리고 내가 배울 때 나는 그것을 가능한 한 모든 이들과 함께 나누려고 노력한다.

육체로 들어온 이래 나는 이 물질세계에서 인간은 한계에 부딪친다는 사실을 발견했다. 존재의 각 차원은 그 특정의 존재계나 차원 내에서 우리가 할 수 있거나 할 수 없는 경험 범위를 지배하는 영적법칙들을 갖고 있다.

다음의 지침들은 여러분이 이어지는 정보들을 최상의 방식으로 이해하고 흡수할 수 있게 도울 수가 있다.

첫째, 인내는 모든 것이 발전할 시간을 필요로 할 때 가장 중요하다. 또한 영적인 몸들은 새로운 경험들에 대해 조정 내지는 적응이 필요하다. 그 몸들은 여러분이 각자인 것과 마찬가지로 모두 개별적이다. 모든 경험이 항상 감각적인 것은 아니며, 가끔은 매우 미묘하고 포착하기 어렵다. 우리는 미묘한 경험들에 민감해지는 것을 배워야 한다.

이 책의 가르침들과 삶에 대한 좀 더 훌륭한 일반적인 준비는 유머감각을 갖는 것이다. 나는 물질세계에서는 인간이 발생하거나 존재하는 상황들을 늘 통제할 수 없다는 것을 발견했다. 그러나 인간은 그 여건을 유머감각으로 바라보기 위해 노력할 수는 있다. 그렇게 하는 것이 많은 고난을 겪는 과정에서 내게 도움이 되었다. 여러분 자신을 보고 웃는 것을 배우도록 하라. 그렇게 되면 타인이 여러분을 비웃을 때 그것이 그렇게 큰 상처가 되지 않는다. 결국 우리는 누구나 완전하지 않다!

내가 아래의 내용에서 " …해야 한다, …하지 않으면 안 된다."와 같은 표현을 사용할 때, 나를 오해하지는 말기 바란다. 물론 여러분은 어쨌든 한 개인으로서 여러분이 하고 싶은 어떤 것을 선택할 자유가 있다. 이런 표현들을 여러분에 대한 나의 지시로 받아들이지 말고, 만약 여러분이 뭔가 변화를 원한다면 스스로에 대한 지침정도로 받아들이도록 하라.

첫 번째 부분은 육체적인 것에 관한 보존과 돌봄에 관한 내용이다. 나는 그것이 지겹기는 하지만 결국 우리는 아직 육체를 갖고 있다는 것을 안다. 우리가 육체 안에 거주하기에 우리는 최소한 그것을 이해해야 하는데, 그저 참는 것만으로는 불충분하기 때문이다. 또한 참는 것은 단지 받아들이는 것이긴 하지만 진정으로 돌보는 것은 아니기 때문이다. 즉 우리는 전체적인 자기에 대해 관심을 가져야 한다.

우리가 물질세계에서 존재하고, 소통하고, 돌아다니기 위해서는 몸이 필요하다. 여러분은 몸이 경이로울 수 있다는 것을 배울 것이다. 나는 어려운 방식으로 배워야 했지만, 여러분에게는 그것을 쉽게 만들기 위해 노력하는 중이다. 몸은 영혼을 위한 일종의 탈 것(vehicle)이다. 즉 영혼이 운전사이고 몸은 자동차인 것이다. 지금 누가 더럽고 너덜너덜하고 녹슬고 고장난 차를 몰고 다니려 하겠는가?

1.육체와 물질계 이해하기

　금성인 사회에서 우리는 모든 수준에서 우리 자신을 균형 잡는 것으로서의 영성적 개념을 갖고 있다. 여러분은 육체가 건강하고 균형을 유지하도록 돌보아야 한다. 우리는 분명히 자신의 육체적 한계들 내에서 일할 수 있을 것이고 그것을 받아들여야 한다. 또한 우리의 편의를 위해서 육신을 이용하는 것이다.

　우선 독특하고 개인적인 존재로서 우리 자신을 받아들이는 것은 필수불가결한 것이다. 현재 있는 그대로 우리 자신을 보고 개인적인 아름다움을 이해하기 위해서는 우리 고유의 기준을 세워야하며, 타인들에 의해 세워진 기준을 받아들여서는 안 된다. 그렇다고 그것이 우리가 완벽하다거나 우리 스스로 연구할 필요성이 없다는 것을 의미하지는 않는다. 그것은 개인적으로 우리에 관해 무엇을 연구할 것인지를 찾을 필요성이 있음을 뜻한다.

여러분이 떠맡는 어떤 것은 앞으로 즐기게 되거나 곧 흥미가 일어나는 무엇인가일 것이다. 나는 춤추기를 좋아하며, 그것은 형상적 존재로서 머물러 있을 수 있는 내 자신 덕분이라고 생각한다. 나는 작고 호리호리하지만, 만약 내가 걷는 것을 좋아하지 않았다면 금방 몸매를 잃어버렸을 것이다. 나는 오랜 시간 걷고는 하는데, 자연을 즐기기 때문이다. 여러분은 자신에게 맞는 훈련과 생활 스타일이 있다. 성(性)은 또한 매우 건강한 활동이며, 파트너를 갖는 것은 도움이 된다.

식습관 역시 중요하다. 세상에는 감량을 위한 식이요법에 관한 많은 책들이 있다. 균형 있게 다이어트 식사를 하는 것은 중요하지만, 어떤 것에 관해 광신적이 되어서는 안 된다. 그렇게 되면 육체적인 자신의 균형을 무너뜨리게 되기 때문이다. 여러분은 어떤 것이 자신에게 무리 없이 맞는가를 다시 한 번 선택해야 한다. 만약 당신이 다이어트 과정에서 고기를 제외한다면, 모든 살아 있는 것들은 영혼들이고 언젠가 그들이 인간의 상태로 진화할 것이라는 사실을 숙고하도록 하라! 모든 식물들과 광물들, 그리고 동물들은 경험을 위해 다른 존재형태로 육화한 것이다. 그들 개개의 목적이 이런 상태로 봉사하는 것이라면, 그들은 장차 물질계를 떠나 더 고등한 존재 상태로 돌아간다.

따라서 우리는 우리에게 유익한 어떤 것을 먹을 것인가를 선택해야하며, 우리가 어떤 것을 파괴하고 있다고 우려하지 말아야 한다. 그리고 이런 이유로 우리는 그 무엇을 먹든 그것에 감사해야 하는 것이다. 영혼들은 셀 수 없이 육화하고 있고 그것은 광물과 식물, 동물로서의 다른 목적들 때문이다. 한 가지 예를 든다면, 먹을거리로서 우리에게 봉사하기 위한 것이다. 그런 까닭에 우리가 음식을 축복하고 그것에 대해 고마운 마음을 가지는 것은 매우 중요하다.

그러하니 여러분이 먹는 것에 관해 죄의식을 느끼지 말고 적절히 이해하기 위한 노력을 하기 바란다. 그리고 여러분 자신도 인간이 되기 전에 동일한 목적에 봉사했다는 사실을 기억하라. 즉 우리는 인간으로 존재하기 전에 앞서 언급한 온갖 종류의 생명체로 존재했었다.

여러분은 모종의 탐닉에 빠짐으로써 자신의 몸을 파괴한다. 당신들은 자신의 몸이 다른 음식들에 대해 어떻게 느끼고 반응하는가에 대해 주의를 기울여야 한다. 우리 모두가 각기 다르기 때문이다. 채식주의자가 되는 것은 좋지만, 다이어트에서 고기와 치즈, 달걀, 생선을 제외시키는 것이 필수적이지는 않다. 균형이 중요하다는 점을 기억하기 바란다. 자기가 먹는 것이 다른 이들보다 더 우수하다고 느끼는 방식을 이용하지는 말라. 여러분이 다이어트를 통해서 영적인 완전함에 도달할 수는 없다. 그렇지만 배움의 과정에서 여러분이 건강하게 균형을 유지하고 남들에 대한 모든 비판을 넘어설 수는 있다.

자신에게 가장 적합한 다이어트와 육체적 운동을 찾아보고 거기에 전념하도록 하라. 만약 당신이 잠시 부정을 저질렀다면, 죄의식을 느끼지 말고 그 일탈을 즐겨라. 그러나 본래의 상태로 돌아오도록 하라.

우리 모두는 이 육체조직 안에 거주하는 아름다운 영혼들이라는 사실을 기억하기 바란다. 우리는 자신의 외형 속에 있는 이런 부분을 우리의 최상의 능력에다 반영시키기 위해 노력해야 한다.

개인의 옷차림과 몸단장 습관은 긴요하다. 우리는 자신이 어떻게 보일지에 대해 신경을 써야 한다. 만약 자신이 멋지게 보인다고 느낀다면, 그로 인해 보다 자신감을 갖게 될 것이다. 여러분이 영화스타처럼 보이게 해야 한다는 말은 아니다. 하지만 단정하고 말쑥하고 깔끔하게 단장하는 것은 중요하며, 이것은 또한 자신에게 가장 가까운 친지들에게도 그러하다.

여러분은 단순히 외모는 문제가 아니라고 말해서는 안 된다. 물론 그것은 뭔가에 도움이 된다. 만약 당신이 단지 검은 옷을 입고 돌아다녔다면, 자신의 이미지를 약간 밝게 할 수도 있었다고 생각하지 않는가? 자신에게 편안하고 매력적인 의상들을 찾아보도록 하라. 새로운 이미지 연출을 위해 몇 가지 다른 색채들을 고려하는 것도 좋다. 낡은 습관을 버리고 자신에게 감춰진 부분들을 발견하라. 새로운 아이디어들을 시도해 보는 것을 두려워하지 말라. 여러분은 늘 변화할 수 있다. 하지만 청결해지는 것은 필수적이다.

집 청소가 즐겁지 않은 의무에 지나지 않는다고 생각하는가? 이것이 꼭 그래야 할 필요는 없다. 여러분이 좋아하는 음악을 틀고 청소를 시작해 보라! 여러분은 곧 집안이 깨끗하게 정돈된 가운데 얼마나 자신과 손님에게 쾌적한지, 가재도구들을 찾는 것이 얼마나 간단한지를 알게 될 것이다. 불필요한 물건들을 버리는 것 또한 물질세계에서 불가결하다. 우리의 몸은 자체를 돌볼 수 있지만, 우리의 가정을 보살피는 것은 우리의 책임이다. 이런 모든 것이 이 물질차원에서의 우리 삶의 일부이다. 그리고 우리가 이런 것들을 우리의 물리적 경험들의 자연스러운 일부로 받아들일 때 우리의 삶이 보다 즐거워질 것이다.

창조적이 되는 것은 물질적 삶 속에서 또 다른 중요한 요소이다. 그것은 우리 몸을 통해 끊임없이 흐르는 에너지를 자극하는 데 실제로 도움이 된다. 불행하게도 많은 사람들이 스스로 창조적이 되는 것을 깊이 생각하지 않는다. 창조적이 된다는 것은 여러분이 꼭 무슨 위대한 예술가가 된다는 것을 의미하지 않는다. 그것은 여러분이 자기 자신과 자신의 느낌을 표현하기 위한 길을 찾는다는 것을 뜻한다.

만약 여러분이 구름의 모습들을 관찰하고 있다면, 또는 다른 누군가가 버린 무엇인가를 활용할 방법을 찾고 있다면, 혹은 철사나 테이프를 가지고 어떤 것을 수선한다면 창조적으로 돼가고 있는 것이다. 사람들이 만들어낸 모든 것은 필요성의 산물이다. 그들은 무엇인가 필요했고, 그래서 그것을 창조한 것이다! 우리가 본래 우리를 창조한 조물주에게 조율되어 있고 그 에너지의 일부이기 때문에 우리는 선천적으로 우리 자신이 창조자들이다! 우리는 가족들과 사회, 여행수단, 그리고 소통장치를 창조한다. 이것을 더욱 확대하고 여러분이 좀 더 창조적이 될 수 있는 방법에다 초점을 맞추도록 하라. 여러분이 자신의 에너지를 사용하면 할수록 그 창조적인 에너지가 더욱 더 여러분을 통해 흐를 것이다.

2.감정 다루는 법 배우기

    수많은 우리의 감정적 경험들은 현재의 삶뿐만이 아니라 과거의 생들로부터도 유래된 것이며, 그것은 우리 영혼 안에 저장되어 있다가 기억과 경험의 형태로 이번 생으로 이전된 것이다.

    감정은 인간 존재의 매우 본질적인 부분이다. 이것은 우리 삶의 모든 부분에 관계하는데, 즉 그것은 우리가 육체적으로 어떻게 보고 느끼는가, 또 우리 주변의 모든 사람들과 모든 것들에 대해, 그리고 자신의 능력에 대해 정신적으로 어떻게 받아들이고 대응하는가에 관련돼 있다. 그 어떤 기능보다도 감정적으로 균형을 잃기 쉬운 이유는 인간의 감정들이 끝임 없이 요동치고 있고, 또 그것을 사용하고 있기 때문이다.

    인생은 일종의 감정 롤러 코스터(Roller Coster)이며, 우리의 경험들처럼 계속해서 변하고 있다. 감정들은 우리를 한 존재에서 다른 존재로 들어올리기도 한다. 감정체(感情體)를 통제하고 (에너지) 공급을 하는 차원은 아스트랄계이다. 그 세계에서 존재하는 것은 감정과 경험들에 의존하고 있으며, 감정적인 의식상태로 존재하고 있는 것이다. 만약 당신이 아스트랄체로 아스트랄계에 있다면, 이것은 괜찮다. 하지만 물질계에서는 오직 감정에만 의존하는 것이 어렵다.

태어날 때부터 우리는 촉감, 맛, 시각, 소리, 냄새 등에 의해 영향을 받는다. 이런 감각적 요소들은 이번 생에서 우리가 갖게 되는 첫 감정 패턴들을 우리에게 제공한다. 기본적인 감정 패턴은 우리 주변에 있는 사물에 대한 우리의 반응들인데, 예컨대 만족스러울 때 미소를 짓거나 웃는 것, 불만스럽거나 두려울 때 우는 것과 같은 것이다. 결국 우리는 기본적인 감정적 행동들을 발전시켜 사람들에 대한 유대감이나 관계, 만족에 대한 연결고리를 창조해낸다.

우리가 성장하여 나이를 먹게 됨에 따라 우리는 일상적 삶 속의 사람들과의 관계에서 감정적 위기에 봉착하기도 하고, 감정적 갈등을 조성하기도 한다. 인간은 심지어 어떤 행동이나 위안거리에 집착하거나 또는 특정인에 대해 감정적으로 빠지게 될 수도 있다. 그때 감정적인 불균형이 발생한다. 또한 우리가 더 이상 자신의 감정적인 행동을 통제할 수 없을 때도 균형이 무너지게 된다. 가끔은 이런 상태가 육체의 화학적 불균형에 의해 일어나기도 한다.

감정들은 자기신뢰와 많은 관련성이 있다. 많은 사람들이 내면의 어떤 깊은 감정적 상처들로 인해 과거 그 상처를 유발했던 것과 유사한 상황에 부딪칠 때 어려움을 갖는다는 것을 발견한다. 또한 많은 이들이 자신의 삶을 그런 상황을 회피하고 이러한 경험들로부터 도망치는 데다 허비한다. 때때로 이런 행동은 습관적이 되며, 인간은 자기들이 불필요한 감정적 짐을 갖고 다닌다는 것을 인식하지 못한다. 어떤 이들은 하나의 도피수단으로서 마약이나 술, 또는 기타 다른 자극적인 활동을 찾는다. 또 다른 사람들은 자신의 문제를 이해하지 못하고 감정적으로 대처할 수 없다 보니 결과적으로 정신병원에 수용되기도 한다. 이런 모든 사람들이 도움을 받을 수 있다.

감정체가 1차적으로 중요한 기능을 하기 때문에 우리는 감정적으로 건강하고 균형이 잡혀져야 한다. 잘못된 정보와 대처법, 왜곡된 많은 사회적 가르침들이 감정적으로 병든 사람들에 대해 직접적인 책임이 있다.

정신요법 의사와 접견 약속을 잡았거나 정신분석을 실행한다고 해서 겁먹지는 말라. 감정적으로 행복해지고 균형 잡혀지기 위한 첫 단계는 왜 자신이 현재처럼 느끼는가를 이해할 수 있게 되는 것이다. 어쩌면 여러분이 그저 자신이 육체 안에 거주하고 있는 한 영혼이라는 사실을 아는 것은 간단할 수도 있다. 그리고 여러분 자신을 그런 식으로 볼 수 있게 되는 것은 일종의 거대한 도약이다!

모든 감정들은 대개 통상적인 반응들이다. 하지만 우리가 통제를 잃을 정도로 지나치게 감정적이 되어서는 안 된다. 감정적으로 몰두하거나 집착하게 되기는 쉽다. 당신이 자신의 감정을 이해하고 있는 한은 당신 자신이 자기의 가장 좋은 재판관이다. 때때로 감정적인 갈등 속에 있을 때 우리는 멈추고 뒤로 물러나 그 상황을 되새김해보아야 한다. 우리가 너무 감정적으로 되어가고 있다고 느낄 때는 우리 자신의 감정들을 조절하는 법을 배워야 한다. 갈등을 일으키는 가장 큰 이유들 중의 하나는 타인들을 우리 방식으로 보거나 느끼도록 통제하거나 강요하려는 시도이다. 각 개인이 그들 고유의 시각으로 느끼고 생각할 권리가 있음을 인식하는 것은 수많은 갈등 상황들을 이해와 수용의 상태로 바꾸어 놓는다. 항상 여러분이 반응하는 방식에 관해 스스로에게 물어보도록 하라. 어쩌면 당신들은 얼마나 그것이 습관적인지에 대해 놀랄지도 모른다. 여러분은 결국 자신이 정말 다르게 느낀다는 것을 발견할 수도 있다.

감정에 대한 한 가지 좋은 훈련은 여러분을 짜증나게 하거나 화나게 하는 것들에 관한 목록을 작성하는 것이다. 그 다음에는 여러분이 두려워하는 것들의 목록을 만들도록 하라. 이어서 여러분을 편안하고 행복하게 하는 것들, 슬프게 하는 것들의 목록을 만들라. 그런 다음에는 이런 감정들과 왜 자신이 어떤 경험들에 대해 특정의 방식으로 느끼는가를 이해하기 위해 노력해 보라. 그리고 여러분이 불멸의 한 영혼이고 모든 것들 또한 상대적이라는 사실을 기억함으로써 자신의 두려움들을 극복하기 위해 노력하라. 또한 분노를 이해하고 성난 감정 대신에 방긋 웃는 모습을 상상하기 위해 노력하기 바란다.

당신에게 깊은 영향을 미쳤던 실제로 상처받는 감정적 상황을 기록하는 것은 도움이 된다. 그것을 기록하라. 그러면 당신은 그것을 풀어놓는 것이다. 그 다음에는 그것을 함께 이야기하며 나눌 수 있는 당신이 신뢰하는 누군가를 찾아보도록 하라. 당신은 얼마나 자신이 느끼는 괴로움이 경감되는지에 대해 놀라게 될 것이다.

우리 모두는 감정적인 배출구, 또는 기분전환을 위해 즐기는 어떤 것을 가져야 한다. 가끔은 하고 싶은 대로 해보는 것도 좋은데, 예를 들면 훌륭한 마사지를 받아 보는 것 같은 것이다. 마사지는 육체적으로 감정적으로 늘 건강유지에 도움이 된다. 나는 촛불과 향, 음악과 함께 좋은 향기가 나는 멋진 목욕을 좋아한다. 물론 명상은 또한 감정들을 다스리는 데 매우 좋다. 특별한 명상 절차에 관해서는 카르마에 관한 8장을 읽기 바란다.

만약 여러분이 감정을 통제할 수 있다면, 사회적인 직분을 훨씬 낮게 수행할 수 있고 그것이 자신의 경력에도 유익하다는 것을 알게 될 것이다. 어떻게 여러분이 감정적으로 작동하는가를 이해하는 것 역시도 개인적인 관계를 위해서 멋진 일이다.

가족이나 가까운 친구들, 또는 파트너와의 개인적 관계들은 억제할 수 없는 감정이 발생했을 때 과부하가 되거나 분노가 폭발될 때까지 그 문제를 놔두는 것이 아니라 얼마나 여러분이 자기감정에 솔직해지고 갈등을 처리하느냐에 달려 있다. 만약 누군가가 당신에게 상처를 주거나 마음을 어지럽히는 말을 하는 등의 행동을 한다면, 그 순간 당신은 매우 침착하게 말해야 한다. 얼마나 당신이 느끼는 것이 중요한지를 알게 하라. 괴로운 감정 때문에 관계가 단절된 가족의 일원이나 과거의 친구가 있을 경우, 그들을 만나거나, 편지를 쓰거나, 대화를 함으로써 이것을 푸는 것은 중요하다. 만약 이것이 더 이상 가능하지 않다면, 그것은 그 사람이 육체적으로 지금은 살아 있지 않기 때문이며, 이럴 때는 당신이 그것을 역시 상상으로 할 수가 있다. 당신이 그렇게 하지 않을 경우에는 이런 갈등이 당신이 창조한 카르마적인 부채, 또는 인연으로 그대로 남아 있게 될 것이다.

어떤 사람을 더 많이 아는 만큼 여러분은 자신의 행위와 상황에 대해 책임이 있다. 오해와 갈등을 해결하는 첫 걸음은 여러분에게 달려 있다. 이것이 여러분 자신을 이곳에서 자유롭게 하는 길이다. 설사 다른 사람이 자신의 몫을 받아들이기를 거부하거나 대화나 용서, 화해를 원치 않는다고 하더라도 여전히 당신은 자유로운데, 왜냐하면 당신이 자신의 몫에 대해 책임을 지고 (관계를 풀려는) 노력을 했기 때문이다. 당신은 자신의 역할을 다했으므로 그때 그것은 단지 그들의 문제이다. 이제 당신은 불필요한 감정적 짐에서 자신을 자유롭게 해방시킨 것이고 자신의 몫을 다한 것이다. 당신은 오직 당신자신에 대해서만 책임이 있으며, 자기가 아는 것을 자신과 자신의 안녕을 위해 올바르게 행하면 되는 것이다. 당신은 그들의 반응이나 무지에 대해서는 책임질 필요가 없다. 각 개인은 그들 자신에 대해 책임을 져야한다. 그들은 자신의 길을 선택해야 하고 그들 나름의 진리를 찾아야 한다. 우리는 비판 없이 그들의 길을 수용하고 그들은 우리의 길을 받아들일 필요가 있다. 비판은 그들이 선택한 길을 가는 것을 방해하는 것이기 때문이다.

여러분은 결코 다른 사람에게 자기가 보는 방식으로 사물을 보도록 강요해서는 안 된다. 개인으로서의 우리 모두는 우리 고유의 시각과 느낌들을 갖고 있다. 두 영혼이 동일하지 않으며, 두 명의 인간 역시 똑같지 않다. 우리는 이것이 진실이라는 것을 배우고 알아야 한다. 당신은 단지 자신에게 작용하는 당신 자신의 관점만을 바꿀 수가 있다. 그러나 당신은 자신이 경험을 통해 얻은 이해를 다른 사람들과 함께 나눌 수는 있다. 아마도 여러분은 다른 관점에서 사물을 보는 것을 배울 수 있을 것이다. 만약 의견 차이 때문에 말다툼이 발생한다면, 그들이 개인들이고 서로 다르기 때문에 양쪽 다 옳을 수도 있다는 점을 고려하는 것이 좋다.

우리는 우월한 인종이나 사람, 지식, 종교, 국가, 세계가 없다는 것을 깨달아야 한다. 우리 모두는 물질세계에서 가능한 한 많은 것을 경험하고 배우기 위한 동일한 목적으로 이곳에 있다. 그럼으로써 우리는 이곳에서는 파악할 수 없는 다른 차원들에서 배움을 시작할 수 있는 것이다. 다시 말해 우리가 개인적인 느낌이나 감정, 기분에 대한 다른 사람들의 권리를 수용하는 것을 배울 때, 우리는 비로소 균형 잡힌 감정적 자아(emotional self) 형성에 착수할 수 있다.

분노나 두려움, 기쁨, 적대심, 괴로움 같은 다른 감정들을 인식하는 것은 중요하다. 그것들은 모두 중요한 요소들이다. 여러분은 틀림없이 이런 모든 감정들을 가질 수 있을 것이고 또 받아들여야 하는데, 하지만 영혼으로서의 통제력을 잃지 않도록 거기에 지나치게 빠지지는 말아야 한다. 여러분은 항상 과도한 상태에 빠질 수 있으며, 그것은 균형을 잃은 상태이다. 뿐만 아니라 한 인간으로서의 당신은 자신의 개인적 한계를 안다. 당신은 자신의 그런 감정들을 통제할 수 있는 유일한 사람이다. 당신은 자신의 균형을 찾아야만 한다.

어떤 사람들은 과식하거나, 과음하고, 담배를 너무 피워댄다. 또는 예컨대 섹스와 같은 어떤 것에 지나치게 빠지거나 중독되기도 한다. 사람들은 서로에 대해서나 습관적 상황을 탐닉하게 되기도 하는데, 사실은 그것 자체를 그렇게 원하는 것이 아니라 자기의 어떤 허전한 감정이나 결핍상태를 보충하는 데 그것을 이용하고 있는 것이다. 이것은 위험한 상태이다. 하지만 우리가 감정에 대해 배우고 그것을 이해할 때, 우리는 감정적 집착으로 인해 자신이 무엇인가를 이용하고 있고 도를 넘고 있다는 것을 깨달을 수 있다. 우리의 과오를 알아차릴 수 있게 되는 것은 중요하다.

그러므로 조용히 앉아서 자신의 행동에 관한 몇 가지 질문을 스스로에게 해보도록 하라. 당신은 습관에 의해 감정적으로 반응했는가? 아니면 정말 그런 식으로 느꼈는가? 지나친 탐닉상태가 되지는 않았는가? 감정을 통제하지 못할 때 그것을 인식할 수 있는가?

이런 질문들에 대해 별도의 종이에다 답변을 적어보도록 하라. 또한 사랑에 관한 당신의 정의(定義)가 무엇인가를 기록해 보라. 당신이 자신의 느낌들에 관해 할 수 있는 모든 것을 기록하라. 당신은 자신이 정말 즐기는 일을 하고 있는가? 아니면 다른 이들이 당신에게 기대하고 있는 일을 하고 있는가? 거울을 들여다보고 이렇게 물어보라. "나는 누구인가? 나는 내가 알고 있는 나인가? 아니면 다른 이들의 나에 관한 생각에 의해 창조된 어떤 사람인가?" 다른 사람이 여러분의 삶을 지배하게 하지 말라. 여러분 자신의 기준을 세우라. 완벽해지려고 애쓰지 말라. 또는 자신의 있는 그대로의 참 모습이 아니거나 원하는 것이 아닌 다른 것이 되려고 하지 말라. 여러분은 자신의 삶을 보다 안락하고 행복하게 살 수 있는 방식으로 느끼고 행동할 권리가 있다. 여러분이 자기의 모든 느낌들을 자신의 일부로 인식하고 받아들일 때 훨씬 낫게 느낄 것이다.

아기처럼 되는 것을 배우도록 하라. 그들은 불만이든 기쁨이든 자기를 의식하지 않고 큰 소리를 그들 자신을 표현한다. 그 두 가지가 다 삶의 일부이다. 아기들은 자기들이 사랑받게 될지, 어떻게 보일지를 걱정하지 않는다. 그들은 오직 사랑하고 사랑받기를 원할 뿐이다. 여러분이 외부로 내보낸 것은 다시 돌아오기 때문이다!

3.원인계가 미치는 영향

원인계의 차원은 직접적이고 간접적으로 우리의 삶에 영향을 미친다. 이곳은 여러분이 육화했던 과거 생(生)들에 관한 모든 기록들이 보존되어 있는 곳이다. 아카식 레코드라고 언급되기도 하는 이런 기록들에 접근하는 사람들은 영적으로 통달한 초인들이고 진보된 존재들이다. 모든 영혼들은 이런 수준에 도달할 수가 있다. 한편 많은 개인들과 영적인 그룹들이 전생요법(前生療法)과 전생리딩을 실제로 행하고 있다. 이것은 종종 아카식 리딩(Akashic reading)이라고 불린다. 또한 많은 이들이 세션과정에서 전생퇴행을 경험했다. 때때로 이런 것들이 개인의 과거 경험에 관해 배움으로써 이번 생에서의 경험들과 인간관계들을 이해하는 데 도움이 된다. 다시 말하면 이 과정은 지금 벌어지고 있는 개인적인 관계와 경험들이 그 사람이 만들어낸 카르마적이거나 불필요한 경험일 경우, 그것에 관한 명확한 그림을 제시해 주는 것이다.

한 개인으로서의 여러분은 스스로 의식적으로 기억하지는 못할 지라도 자신의 삶과 경험들을 선택하고 만들어 간다. 우연히 일어나는 것은 아무 것도 없다. 모든 영혼들은 태어나기 전에 그 영혼의 진보를 위해 필요한 특정 경험들과 다른 영혼들과의 과거 인연에 기초해서 예정돼 있는 삶을 살기로 선택한다.

이런 모든 선택과 삶, 경험들은 원인의 차원에 있는 원인체(Causal body)에 저장되며, 그것은 모든 영혼들의 한 부분이다. 때때로 심리학자들은 그것을 잠재의식적인 마음이라고 언급한다.

만약 한 영혼이 특정의 삶의 경험을 선택했지만 그 경험에서 배우지 못하고 진보하지 못했다면, 그때는 불필요한 (동일한 삶의) 되풀이 현상이 일어난다. 불행하게도 이런 현상이 이곳 인간사회의 제한된 가르침들로 인해 너무 자주 발생하고 있다. 당신이 자기가 영혼이라는 것을 모르고 다른 차원들에 대해 인식하지 못한다면, 또 지금의 경험을 선택했다는 사실을 알지 못한다면, 그런 상태가 배우기를 더욱 어렵게 만든다. 따라서 왜 자신이 이곳에 있는지를 이해하지 못한 채 수많은 시간을 몸부림치고 혼란을 느끼면서 허비하게 된다.

그러나 일단 당신이 이곳에 있기로 선택했다는 사실을 받아들이고 삶의 경험들에 대해 저항하기를 멈춘 후 그것들을 자신의 발전을 위한 어떤 것으로 보게 되면, 그때 당신은 정상궤도로 올라서며, 더 이상 그런 경험들에 고착되지 않는다. 이해가 결여돼 있을 때 여러분은 감정적으로 말려들게 되고 정신적으로 초조해한다. 이렇게 되면 대개는 여러분 스스로 더 많은 카르마적인 빚만 지게 되는 것이다! 여러분을 망쳐놓지 않는 경험이 당신들을 더 강하게 만들 것이라는 말은 옳다!

모든 경험들을 배움을 위한 일종의 기회로 받아들이는 법을 배우는 것은 인생을 이해하기 쉽게 만드는 커다란 진전(進展)다.

원인계에 기록된 자기 자신에게 접근하는 데는 많은 열쇠들이 있다. 모든 영혼들은 그들 자신의 과거를 읽을 능력이 있다. 나는 이것을 적극적으로 권고하는데, 모든 개인의 과거 전생은 지금 그 사람이 어떤 인간이고 어떤 상태에 있는가와 많은 관계가 있기 때문이다.

영혼으로서의 여러분은 내가 여기서 언급하는 모든 차원들을 방문할 능력이 있다. 영혼은 스스로 창조해 놓은 것을 제외하고는 한계가 없다. 영혼은 자기 마음대로 물질계를 떠나 어떤 차원으로 여행할 수 있다. 여러분은 각 차원에 존재하는 영혼의 몸을 갖고 있다. 그 몸은 영혼의 보호를 위해서 그 특정 차원의 진동에 대응하는데, 그럼으로써 영혼은 각 차원에서 일종의 탈것을 가지고 이동할 수 있는 것이다. 12장 〈만트라와 그 유익함〉에서 나는 여러분을 위해 이런 각 차원들과 거기에 상관돼 있는 만트라들을 소개해 놓았다. 이 만트라들은 영혼의 진동을 변화시키며, 그것들이 상징하는 차원들로 여행할 수 있게 해준다. 그리고 이것을 수련하는 사람은 원치 않는 실재들에게 육체가 점거당하는 것을 막기 위해 반드시 자신의 영적인 수호자에게 요청해야 한다. 또한 여러분이 보고 듣고 경험하는 모든 것을 기억할 자신의 의식적인 마음에게 말하도록 하라. 때때로 마음은 프로그램되어 있지 않은 것이나 논리적으로 보이지 않는 것, 물질세계에서 믿지 않는 것들을 받아들이기 거부한다. 원인계의 자아가 의식적으로 사고하는 마음과 다시 연결되기 위해서는 인간이 스스로 모든 것을 기억할 것이라고 단언해야 한다. 왜일까? 마음이란 창조하고 기록하는 하나의 도구이기 때문이다. 영혼이 감독자이다. 너무나 많은 사람들이 마음이 관리 감독하는 위치에 있다고 믿고 있다. 이 얼마나 큰 오류인가!

하지만 일단 우리가 진리를 배우기 시작하면, 영혼인 우리가 지배 당하지 않고 감독자가 된다. 그때 우리는 다른 사람들이 우리에게 말하는 것을 더 이상 믿지 않는다. 우리가 더 잘 알게 되는 것이 다. 여러분은 어떤 것을 믿지 말고, 알아야 한다. 무엇인가를 단순히 믿는다는 것은 나중에 바뀔 수밖에 없는 것이다. 하지만 아는 것은 불변이다.

만약 여러분이 정기적으로 명상수련을 한다면, 점차 영혼여행에 숙달되기 시작한다.(※뒤의 11장, 〈영혼여행 기법〉에서 이에 관한 보다 상세한 내용을 접할 수 있다.) 여러분이 마음에게 경험을 기억할 것을 요구하게 되면, 원인계가 마음에 다시 연결된다. 그리고 여러분은 또한 영혼을 충분히 제어하는 상태에 들어가게 되는데, 당신들이 곧 영혼이기 때문이다.

완결되기 위해서는 자신의 현재와 과거의 모든 경험들을 이해할 필요가 있다. 인간은 자신이 행했던 것과 삶의 일부로서 겪었던 것들을 받아들여야 한다. 그것이 긍정적이든, 부정적이든 모든 경험은 영혼이 이곳 물질계에서 원숙해지기 위해 필요한 가치 있는 경험들이다. 그리고 영혼은 이런 육신과 두뇌로는 이해할 수 없는 물질계 너머의 다른 차원들에서 배우기 위해 진보해 나갈 수가 있다.

우리가 이 몸속에 있는 모든 자아들과 다시 연결되어 이런 모든 경험들과 자아들이 영혼의 경험의 일부라는 것을 안다면, 얼마나 우주가 방대하고 우리 모두가 위대한가를 보기 시작할 수 있다. 또한 창조된 모든 삼라만상과 연결되는 것과 만물을 창조한 존재의 일부인 것이 얼마나 경이로운가를 깨닫게 될 것이다!! 그러므로 모든 영혼들의 중요한 일부로서 원인체와 그 세계를 받아들이도록 하라. 그렇게 하는 것이 과거의 우리였으며 지금의 우리이기도 한 그것에 대한 열쇠를 얻는 것이기 때문이다. 그때 비로소 우리는 진정으로 영혼으로서의 우리의 참 모습을 알 수가 있다.

4.정신적 과정

　정신적 과정은 이 특별한 존재계에서 활동하는 일부로서 여러분이 배운 것에 기초해 기록하고 기억하는 하나의 과정이다. 아스트랄계가 감정에 토대를 둔 반면에 멘탈계는 사고(思考)에 기반을 두고 있다.

　마음과 두뇌는 프로그램되어야 하거나 정보 - 대개는 언어, 수학적 기호, 논리 - 가 입력돼야 하는 컴퓨터와 매우 흡사하다. 모든 정보는 어떤 개념들이 물리적으로 실제대로 수용되었느냐는 것에 기초하고 있다.

　많은 과학자들과 박사들, 교사들은 학습에 관한 정신적 과정에 초점을 맞춘다. 만약 어떤 사람이 너무 지적일 경우, 논리적이지 않은 어떤 것은 거부하게 된다. 따라서 우리는 정신적 과정을 이해하고 이용해야 하지만, 물질계를 초월한 개념들을 이해할 여지가 없는 상태에 우리 스스로 얽매여서는 안 된다.

모든 위대한 과학자들은 환영(幻影)을 보는 일종의 신비가(神祕家)들이었다. 그들은 논리를 넘어선 현실의 가능성을 허용했고 그런 개념들을 받아들였다. 그들은 위대한 사색가일 뿐만이 아니라 직관(直觀)과 같은 고등한 수준에서 일하는 법을 배웠다. 그리고 이른바 실재에 관한 위대한 통찰력을 얻었던 것이다.

아인슈타인이 바로 그런 사람이었다. 그는 현실로 수용한 논리를 스스로 극복하고 더 나아가 물질적 이해를 초월한 세계가 존재한다고 생각했다. 그는 시간과 공간이 인간이 만든 개념이라는 것을 깨달았다.

니콜라 테슬라(Nikola Tesla)는 에너지에 관한 기존의 개념을 넘어서서 오늘날의 대부분의 과학자들이 아직 찾지 못했거나 이해하지 못하고 있는 새로운 에너지의 원천을 발견했다.

불행하게도 대부분의 사람들은 오직 그들의 제한된 현실의 경계 내부만을 알고 있다. 그리고 그들은 한 개인으로서 진정으로 사고하지 못하고 있기 때문에 수많은 교훈들을 배우기 위해 동일한 일을 반복해야 한다. 그들은 마치 로봇(Robot)처럼 자기들이 배운 것만을 받아들이고 다른 것은 믿지 않는 삶을 거친다. 그들에게 주입된 프로그램들이 되풀이될 때, 그들은 교사와 부모, 교회, 문화, 그리고 사회의 지도자들로부터 배운다. 그리하여 그들은 자기들이 백인, 흑인, 동양인, 인디언, 또는 개신교도, 가톨릭교도, 유대교도라고 받아들인다. 혹은 유럽인, 미국인, 아시아인이라고 여긴다. 그런 다음 그들은 사회주의자, 민주주의자, 공화주의자, 좌파주의자가 된다. 그리고 그들은 자신이 이것을 진정으로 믿는지, 아니면 단순히 들은 것을 그들 자신의 견해라고 여기는 짓을 반복하고 있는지를 스스로에게 결코 반문하지 않는다. 심지어는 남에게 편견을 갖는 것 또한 배운다.

정신적인 과정 또는 사고과정은 배움과 창조를 위한 도구로 이용하기로 예정돼 있었다. 하지만 그것이 우리 사회에 의해 사람들을 통제하는 수단으로 조작돼 왔다. 즉 대중들로 하여금 그들 스스로 사고하도록 허용하지 않고 통치하는 자들의 계획적 음모와 조직에 맞게끔 프로그램되었던 것이다. 그들은 성공적이었는데, 대부분의 사람들이 그 올가미에 걸려들었기 때문이다. 그 올가미는 현재 여러분이 주위 사람들에게 맞추거나 그들에게 받아들여지기 위해서 믿거나 어떤 길을 따르는 것 외에는 선택권이 없다. 여러분은 자기들이 환경의 희생자이며 이곳에 존재하기 위해서는 이런 통치기관들이 필요하다고 믿는다. 어떤 면에서 어쩌면 그것이 사실일지도 모르겠다. 왜냐하면 여러분을 통제하고 싶어 하는 자들이 바라는 방식으로 사고함으로써 당신들이 이런 세상에 기여하고 그것을 뒷받침하고 있기 때문인 것이다!

어떻게 하면 여러분이 그것을 극복할 수 있을까? 그것은 정말 간단하다. 즉 여러분 자신에게 진정으로 자신이 무엇을 믿는가에 관해 질문해 보는 것이다. 여러분은 정말로 어떤 영혼들이 유색인종의 몸에 거주한다고 해서 그들이 열등하다고 믿는가? 인간의 종교적 믿음들이 실제로 그들을 선하거나 악하게 만드는 것일까? 그들이 또한 그들 사회의 프로그래밍의 산물일지라도 희생자는 아니지 않을까? 즉 여러분은 단지 그들이 떠드는 교설들을 자신의 것으로 받아들일 경우에만 희생자인 것이다. 자동응답 장치마냥 프로그램된 것을 반복하는 일종의 로봇처럼 인생을 겪는 습관의 노예가 되지 말라.

깨어나도록 하라. 여러분 자신의 입장을 정립하라. 여러분의 관점을 바꾸라. 여러분이 믿는 것에 관해 진정으로 생각할 수 있게 스스로 허용하라. 지구상의 여러분과 금성의 우리와의 차이점은 우리는 어떤 것을 진리라고 믿지 않는다는 점이다. 우리는 (단순히 믿는 것이 아니라) 그것이 그러하다는 것을 알고 진리를 이해하는 것이다.

무엇이 현실인가? 현실이란 단지 누군가나 어떤 이의 전망 또는 견해이다. 현실을 이해하기 위해서는 여러분은 자신의 관점을 바꿀 수 있어야 하고, 각 개인이 현실에 대해 그들 나름의 시각과 전망을 갖고 있다는 것을 받아들여야 한다.

한 가지 예로, 여러분은 어떤 의자를 보고 그것이 우리 인간들이 앉기에는 작다고 생각할 수 있다. 하지만 벌레에게는 그것이 매우 거대하며, 다리에서 위의 좌석까지 여행하는 데는 많은 시간이 걸릴 수도 있다. 의자는 우리에게 매우 견고한 것처럼 느껴진다. 하지만 광자(光子)에게 그것은 단지 원자들로 이루어진 한 집적물에 지나지 않으며, 광자는 그것을 관통할 수가 있다. 의자는 우리에게 변화가 없이 고정돼 있는 것으로 보인다. 그러나 만약 여러분이 우주 공간 속에 떠 있는 우주선 안에서 지구상의 그 의자를 보고 있다면, 의자는 지구와 함께 돌고 있는 것이다! 그리고 다른 나라에 있는 사람들은 그 의자를 볼 수가 없다. 그럼에도 그것은 여러분의 현실 안에 존재하고 있다. 따라서 여러분의 의자에 대한 시각은 단지 자신의 관점에 따라 상대적인 것이다. 그것이 여러분의 현실이지만, 그렇다고 유일한 현실은 아니다.

그러므로 우리는 현실에 관한 다른 견해를 수용하는 것을 배워야하고, 논리적인 것 같지 않은 용어로 생각할 수 있어야 한다. 우리는 현실에 관한 다른 사람들의 견해에 이의를 제기할 것이 아니라, 그것을 그들 나름의 관점으로 받아들여야 한다. 우리 모두는 단지 우리 자신의 관점만을 경험할 수가 있는 것이다. 모든 개인들은 그들 고유의 견해나 경험을 가질 권리가 있다. 이제 여러분은 우리가 어떻게 우리의 전망이나 견해를 변화시킬 수 있는가를 배울 수 있다.

그 다음에 우리는 우리가 배웠다고 생각하는 것의 한계를 극복하는 방법을 배워야 한다! 배움은 결코 끝이 없는 과정이다. 이 일시적인 존재계에서의 삶의 주기가 끝난다고 하더라도 여러분은 인간의 유한한 생각을 넘어서 있는 다른 의식 수준에서 여전히 배운다.

우월한 사람이나 문화, 종교, 혹은 우리가 해야 할 유일한 선택 같은 것은 없다는 점을 기억하라. 하지만 어쩌면 여러분은 한 종교나 인종, 나라가 다른 것보다 더 낫다고 배웠을 수도 있다. 그러나 이것들은 그저 정신적인 개념들일 뿐이며, 실제로는 존재하지 않는다. 내가 누군가를 보거나 만났을 때, 나는 그 사람을 흑인 기독교도, 또는 백인 가톨릭교도라는 식으로 보지 않는다. 나는 오직 육체 안에 거주하고 있는 영혼을 본다. 많은 사람들이 그들 자신의 생각 속에 사로잡혀 있다. 우리 모두는 배움의 과정 속에 있으며, 여러분이 생각하는 것의 많은 부분이 여러분 자신의 것이 아닌 다른 사람들의 관념들이다. 그렇지만 여러분의 대다수는 이런 생각들을 자신의 것으로 받아들였다.

또한 혹시 여러분이 이런 생각들을 받아들여 우월한 어떤 것이 있다고 믿는다면, 그때 여러분은 자신의 삶에 많은 긴장과 갈등을 조성하게 된다는 점을 기억하라. 인간이 우월해지기 위해서는 그들이 열등하다고 간주하는 타인들에게서 결점들을 찾아내야만 한다. 그러므로 갈등이 발생하고 다툼이 신념을 압도해 버린다. 하지만 여러분이 영혼의 수준에서 사물을 바라본다면, 이런 것이 그릇된 개념들이며 진리가 아니라는 사실을 안다. 진리는 한 개인이 어떤 것을 공부하거나 욕구를 충족시키기 위해 선택하든 그들에게 좋은 것이고, 그들은 여러분과 마찬가지로 그들 스스로 선택할 권리가 있는 것이다.

지구상에는 활용할 수 있는 수많은 가르침들이 있는데, 그만큼 다양한 수준의 의식(意識)들이 존재하고 있기 때문이다. *인간은 단지 그들의 개인적인 의식에 부합하거나 이해할 수 있는 것만을 발견할 수 있다!* 그렇기에 그것이 그들에게는 틀림없는 것으로 보이는 것이다. 하지만 여러분은 자신의 의식을 변화시킬 수 있고, 그때 당신들은 자기가 배웠던 많은 것들에 스스로 더 이상 만족하지 않는다는 사실을 알게 될 것이다. 그것은 발전이다!

여러분이 자신의 의식을 확장하게 되면, 새로운 의문에 대해 새로운 답변을 추구하기 시작한다. 그러나 많은 사람들이 진보하려 하지 않으며, 그들은 오직 자기들이 들은 대로 믿고 부모나 교사, 사회에 의해 그들에게 주입된 프로그램에 고착된 채 인생을 지속할 뿐이다.

그런 사고방식을 변화시키는 것은 가능하다. 여러분이 원래 창조된 의도대로 모든 것이 되고 싶다면, 기꺼이 변화해야 하고 성장해야 한다! 당신이 생각하고 상상하는 것이 무엇이든 그것이 실제의 현실일 수 있다는 것을 깨달으라. 아직 물질계 안에 있지 않더라도 그것이 이미 상위 차원계들 중에 하나에서는 존재하고 있는 것이다.

우리는 지금 여러분의 증조할아버지나 할머니가 상상도 할 수 없었던 컴퓨터나 케이블 TV, 인공위성, 우주여행과 같은 현실들을 경험하고 있다. 한 때 이런 것들은 그저 가능성으로만 존재하고 있었다. 그러나 누군가는 그것이 존재할 수 있다는 것을 알고 있었다. 그들은 현실이 되었던 이런 개념들을 앞서 생각하고 상상했기 때문이다.

따라서 여러분 세계에서 변화하기 위한 그 힘은 각 개인들 안에 놓여 있으며, 변화를 일으키겠다는 욕구만이 필요할 뿐이다. 또한 미래는 여러분 자신에게 달려 있고 이것을 창조하는 능력은 여러분의 생각에 의해 좌우되는 것이다. 여러분의 주의를 어디에다 두든, 그곳으로 에너지가 흘러간다는 사실을 기억하라. 그러므로 만약 여러분이 부정적인 문제에다 주의를 집중한다면 자신의 에너지로 그것을 강화하게 되는 것이다. 그렇기에 여러분은 자신의 에너지와 생각들을 자기가 진정으로 원하는 것에다 의식적으로 집중하기 위한 노력을 해야만 한다.

대부분의 사람들이 무의식중에 부정적인 것에다 초점을 맞추도록 프로그램화되어 있다. 그런 까닭에 지구는 사회 자체 내에 골치 아픈 수많은 난제들을 안고 있는 것이다. 여러분은 사고방식을 바꾸고, 자신의 에너지를 건설적이고 긍정적인 방식으로 이용하기 위해 여러분 자신을 새로이 프로그램해야 한다.

우리는 자극받거나 사용하지 않았기 때문에 그대로 잠자고 있는 많은 능력들을 갖고 있다. 정신적 텔레파시는 여러분의 사회가 그것을 일반적인 재능이 아니라 희귀한 것으로만 여기지 않는다면, 누구나 가능하다. 즉 대부분의 사람들은 자기들이 단지 몇 가지 능력밖에는 없다고 믿고 있는 것이다. 사실 여러분이 창조될 때부터 갖추고는 있지만, 그것을 인식할 때까지는 사용할 수 없는 많은 능력들이 있다.

이제 의문은 다음과 같다. 어떻게 내가 무턱대고 믿는 것을 멈추고 아는 것을 배울 수 있을 것인가? 나는 이 장(章)의 말미에다 모든 그릇된 정보들을 바꾸어놓는 프로그램을 포함시켜 놓았다. 하지만 그것은 의지어린 노력을 필요로 한다는 점을 기억하기 바란다. 아무리 중요한 정보를 여러분이 입수하더라도 그것을 자신의 일상적 삶에다 응용하지 않는 한은 쓸모가 없다. 그러므로 선택은 여러분의 몫이다. 로봇처럼 계속 살든지, 아니면 스스로 사고하고 자신의 현실을 창조할 수 있는 진정한 개인이 되든지 그것은 여러분에게 달려 있다.

278

그저 존재하기 프로그램

　나는 지금 이 순간,
모든 것이 완벽하고, 온전하며, 균형 잡혀 있다.
나는 낡은 한계들과 결핍들을 믿지 않는다.
나는 비난하지 않으며 그저 받아들이고 이해한다.
나는 원래 창조되었던 모습대로 완전하고 결함이 없다.
아무런 지배력이 없는 지난 과거로부터 자유로우며, 단지 나는 그
것으로부터 배울 뿐이다.

　나는 나를 창조한 궁극적 실재의 일부인 지혜를 향해 내 자신을
연다. 그것은 나의 일부이고 내 안에 있다.
　나는 낡은 패턴들을 방출하기 위해 자진하여 새로운 단계로 옮
겨간다.
　내가 분노와 원한을 털어버리면 버릴수록 더욱 더 나는 사랑을
받고 줄 수가 있다.
　나는 내가 사랑받고 싶은 만큼 모든 것을 사랑한다. 나는 내 자
신을 독특하고 특별한 한 개인으로 본다.

　모든 나의 경험들은 다름 아닌 나 자신이라는 그 특별한 보석의
면들을 형성했다.
　나는 내 자신을 영혼으로 보며, 이 몸은 단지 이 세계를 위한
하나의 탈것에 불과하다.
　나는 내가 탄생해서 나온 창조주와 그 에너지의 일부이다.
　날마다 하루하루가 내가 선택한 것이고, 나는 내가 선택한 것을
창조하는 사념들을 생각한다. 나는 모든 이들이 그들이 선택한 것

이 되도록 허용한다.

나는 내가 행하는 모든 것 안에서 균형 잡혀 있다.
나는 환경이나 타인이 만든 규범의 희생자가 아니라 내 운명의
주인이다. 나는 온전하다. 나는 내 자신의 참모습인 위대함을 성취
한다.

5.에테르체의 기능

　에테르계는 영혼이 순수한 영적인 세계로 떠날 때 건너가게 되는 첫 번째 차원이다. 그것은 비물질 또는 순수에너지와 물질적 차원 사이의 경계선이다. 에테르체는 영혼이 하위의 물리적 세계들이나 단계, 차원들 속에서 보호용으로 갖는 최초의 몸이다. 에테르계는 또한 절대자이신 지고의 존재 안에서 우리의 신앙에 관한 생각들을 조절하는 차원이다. 그것은 영혼으로서 우리자신을 아는 우리의 능력과 우리가 창조주와의 신성한 관계를 이해할 수 있는 능력에 직접적으로 관여하고 있다.

　모든 성자들, 영적 지도자들, 대사들은 에테르계로부터 그들의 에너지를 끌어낸다. 그것은 모든 영혼들이 영성과 직접 접촉하는 차원이다. 에테르계는 우리로 하여금 신(神)을 알게 하고 믿게 해준다. 이 세계는 우리의 영적인 발전에 본질적이고 필수적인 연결고리이기도 하다. 우리가 절대자의 힘을 믿고 알게 되어 급격한 신앙의 파동과 궁극적인 영적 파워를 얻는 것은 바로 이 에테르계로부터이다. 또한 그 힘을 느낄 수 있게 되어 다른 사람들을 확신시키는 데 그것을 이용하게 되는 것도 역시 마찬가지이다. 그것은 영혼이 고등한 절대자의 세계들과 연결되는 곳이다! 이곳이 바로 영혼과 모든 것이 시작된 곳이자 모든 영적에너지가 흘러나오는 장소이다. 그것은 창조주에게 이어지는 우리의 신성한 연결고리이다. 또한 모든 기적들, 기도의 힘, 치유와 소망이 멋지게 시작될 수 있는 곳이다. 에테르계는 우리가 본래 나온 근원으로 되돌아가는 여정에서 이런 하위세계들을 영적으로 졸업하기에 앞서 궁극적으로 이르고자 애쓰는 차원이다.

우리는 수천 번의 육화를 경험할 예정이라는 것을 모른 채 우리를 창조한 실재로부터 나와 여행한다. 또한 우리가 우리를 창조한 그 실재의 일부이지만, 우리는 우리의 참모습과 모든 것을 창조한 절대자를 이해하지 못하며, 그 창조의 목적이 우리가 그분의 일부가 되어 우리 스스로 창조자들이 되는 것임을 알지 못한다.

이런 지식의 많은 부분이 우리가 다시 환생하여 새로운 육신으로 들어올 때 망각된다. 그리고 그 지식을 숙지하여 활용하는 방법을 배우고 모든 새 경험들을 이해하기까지는 오랜 시간을 보내야한다. 그렇기 때문에 그런 지식의 대부분이 우리가 영혼으로서 비물질세계에서 활동하고 경험하는 잠재의식적인 자아들 속에 저장된다. 반면에 우리의 의식적인 마음은 이미 우리 안에 있는 그것을 찾으려고 애쓸 때조차도 이런 위대한 지식들을 별로 알지 못한다.

그러나 소수의 영혼들은 모든 지식과 경험들을 고스란히 갖고 환생한다. 그리고 그들은 모든 것을 온전하고 충분하게 알고 있다.

그들은 사실 더 이상 물질계로 돌아올 필요가 없는 존재들이다. 하지만 그 존재들은 이런 지식에 대해 마음을 열고 알고 싶어 하는 사람들과 모든 것을 나누고자 오기로 선택한 것이며, 창조주에 관한 진리를 그들에게 가져다주고 있는 것이다.

물론 이런 존재들을 비웃고 조롱하는 사람들이 있다. 그리고 이런 어려움들을 극복하는 것은 일종의 분투이다. 낮은 세계들을 지배하는 부정적인 세력들과 진리와 빛을 가져오는 존재들 간에는 끊임없는 투쟁이 상존하기 때문에 거기에는 인내와 불굴의 용기가 필요하다. 하지만 모든 이들의 내면에는 우리가 가져온 것이 진리임을 인식하는 깊은 느낌이 있다. 이것은 진아(眞我)의 모든 경험들을 이곳에 거주하는 육체적 자아에다 연결시키려는 에테르적 자아의 시도이다!

수많은 위대한 영적 존재들이 이곳 지구에 왔다 갔다. 그리고 모든 영혼들이 깨달아 지구가 마침내 신성한 장소로 변화할 때까지 그렇게 하기를 계속할 것이다. 그런 새로운 세상은 이곳의 인간들이 서로를 영혼으로 이해하여 받아들이고 지구를 지배하는 세력들에 의해 만들어진 분열을 무시함으로써 도래할 것이다.

시간은 이곳의 날들과 해들을 나누기 위해 인간이 만든 개념일 뿐이다. 사실상 시간은 존재하지 않는다. 이곳의 인간 삶 속에서의 시간은 영혼에게 있어 한 알의 모래와도 같다. 영혼은 불멸이며 늘 영원할 것이기 때문이다.

따라서 여러분이 에테르계에 다시 접속되어 이른바 잠재의식적인 자아를 극복하고 내면의 모든 것과 연결되는 것이 중요하다. 그럼으로써 더 이상 분리가 없게 될 것이다.

6.영혼 - 참된 나

앞서의 장들에서 나는 영혼으로서의 여러분 자신을 이해시키는 데다 주안점을 두었다.

영혼의 창조에 관한 개념들을 이해하지 못하는 사람들을 위해서 나는 이제 간단한 개념을 공개하려고 한다. 나는 여러분이 물질계와 아스트랄계, 멘탈계, 코잘계(원인계), 에테르계, 그리고 진정한 여러분인 영혼에 이르기까지 여러분 자신에 관한 모든 부분들을 이해하도록 돕기 위해 노력했다. 이 모든 것들은 여러분이 인간으로 활동하는 데 도움이 되는 필요한 부분들이다. 영혼은 본질이자 정수(精髓)이며, 내세(來世)에서도 평정을 잃지 않고 그대로 남아 있는 부분이다. 비록 여러분이 살아 있는 모든 존재들과 연결돼 있다 할지라도 원래 한 개체로 창조되었으며, 앞으로도 항상 그럴

것이다. 왜냐하면 모든 영혼들은 다른 이들과는 같지 않은 그 자신만의 개인적인 경험을 갖기 때문이다.

우리가 자신의 시각을 바꾸어 영혼의 관점에서 삶과 경험들을 보고 타인들을 영혼으로 바라볼 때, 사물을 분리된 것으로 보지 않고 하나의 전체로 보는 위대한 능력을 갖게 된다. 즉 사물을 감정이나 생각, 개인적 상황을 통해 보는 것이 아니라, 비판과 원한이 없이 다른 영혼들을 독특한 개인들로 이해하고 우리 자신과 다른 이들을 - 원래 예정돼 있던 대로 - 보다 큰 이해심과 사랑, 포용력으로 받아들이게 되는 것이다.

창조에 관한 개념은 다음과 같다.

우선 빠른 속도로 물질을 회전시키는 데 이용하는 원심분리기를 마련하라. 그런 다음 이 원심분리기 속에다 돌이나 모래, 물을 집어넣는다. 그리고 그것을 가동시키면 여러분은 그 물질들이 분리되기 시작하는 것을 보게 될 것이다. 가장 무거운 물질인 돌들은 그 원심분리기의 가장 바깥쪽 가장자리로 날아간다. 그리고 그 중심쪽을 향해 점점 덜 무거운 물질인 모래, 그 다음은 물이 있게 되고, 이어서 그 한가운데는 오직 공기만이 남는 것을 보게 된다.

이것이 바로 차원들(dimensions)과 같은 것이다. 우리의 물질세계를 이루는 물질은 맨 외곽 부분에 놓여 있는 돌에 비유될 수 있다. 그리고 보다 가벼운 각 물질은 물질계 바로 위에 있거나 훨씬 저 너머에 있는 다른 차원들을 나타낸다. 공기만이 존재하는 중심부분은 순수한 영적 차원이거나 비물질 차원을 상징한다. 이것이 신(神)의 세계들, 혹은 창조의 장소에 비유될 수가 있는 것이다.

모든 에너지는 나선형으로 돌며, 은하계들조차도 그러하다. 이것이 창조의 비밀인데, 모든 에너지는 모든 살아 있는 것들 주위에다 그 고유의 자기장(磁氣場)을 창조하는 소용돌이를 형성하기 때문이다. 그러므로 모든 살아 있는 것들은 자체적으로 그 고유한 에너지 소용돌이를 갖고 있는 행성과 다르지 않다.

창조주는 단일의 존재가 아니라 가장 강력한 에너지로 이루어진 거대한 지성(知性) 덩어리이며, 상상할 수 없는 지식을 갖고 있다. 분명히 그것은 존재하기를 멈추지 않을 것이고, 그 근원으로부터 모든 우주들과 은하계들, 생명체들과 영혼들이 생성되어 나온 것이다. 그리고 창조주의 진화와 재창조의 사이클은 결코 멈추지 않고 계속될 것이다.

영혼들로서의 우리는 인격을 도야하고 성장하기 위한 이런 계획의 일부이다. 그리고 끝없이 늘 지식을 얻고 힘을 키워가면서 점차 전능해지고 편재한 존재가 되어가는 것이다. 창조 또는 영혼의 진화에는 끝이라는 것이 없다. 우리는 존재하고 배우고 성장하고 강력해지기 위해 우리를 창조한 궁극의 실재로부터 항상 나선처럼 흐를 것이다. 그리하여 우리의 영혼여정의 초기에는 결여돼 있던 지식과 경험을 갖추고 우리를 창조한 그 힘의 근원으로 돌아가 다시 한 번 그 실재의 일부가 될 것이다. 따라서 우리는 늘 우리를 창조했던 실재의 일부일 것이며, 그런 이유로 우리는 궁극적으로 우리가 원하는 것을 창조하는 법을 배워야만 한다.

영혼이 처음 창조되었을 때 그것은 단지 순수한 에너지, 빛이었으며, 자신이 존재한다는 자각의식이 없었다. 그래서 영혼은 그 창조의 중심으로부터 아래쪽을 향해 자신의 여정을 시작했는데, 즉 에테르계를 건너서 코잘계(원인계), 멘탈계, 아스트랄계의 순서로 내려와 처음으로 물질계에서 멈춘 것이다.

다음과 같은 사실을 기억하기 바란다. 에테르계는 영혼이 자신의 영적인 연결고리를 기억하고 느끼는 것을 허용한다. 코잘계는 모든 차원들에서의 경험들을 저장한다. 그리고 멘탈계는 생각하고 기록하고 소통할 수 있다. 아스트랄계는 느끼는 기능을 한다. 그 다음으로 물질계는 육화한 삶으로부터 배우기 위해 이런 모든 작용들을 경험한다.

그러므로 영혼은 자신의 여정 중에 앞서 언급했던 각 차원들에서 그에 상응하는 몸에 의해 외피에 싸여 보호를 받는 것이다. 이것은 얼마나 경이롭고 멋진 것인가!

여러분을 실망시키게 되어 미안하지만, 영혼이 처음으로 물질계로 내려 왔을 때는 인간의 형태가 아니었다. 살아 있는 온갖 것들로 필연적으로 이어졌던 진화의 주기가 있었다. 그리고 여러분이 내 책인 "나는 금성에서 왔다."에서 읽었던 우리 태양계 내 각 행성들도 진화의 주기를 거쳤다!

따라서 영혼이 최초로 어느 태양계의 어떤 행성의 물질세계에 도착했든 간에 그것은 처음에는 일종의 무기물(無機物)[24]의 존재 상태로 들어갔고, 그렇게 경험하고 있었다. 그렇다, 무기물이었다. 무기물로서의 존재 상태였다. 영혼은 모든 태양계 내의 모든 행성에서 갖가지 무기물이 되어야 했고, 그것이 진보할 수 있기에 앞서 하나의 목적에 모든 존재로 봉사해야 했다. 무슨 소리냐고? 나는 (충격으로 인한 여러분의) 그 숨죽임을 들을 수 있다. 저급한 무기물이라니 이 무슨 에고에게 자존심 상하는 소리란 말인가! 하지만 영혼은 모든 것을 이해하기 위해 모든 것이 되어야만 한다!

경험만이 유일한 참된 스승이다. 그러므로 여러분의 상상력을 이용해보도록 하라. 어떤 경험을 무기물이 할 수 있을까? 어떤 목표들을 무기물이 가질 수 있을 것인가? 식물이 되고, 동물이 되고, 그 다음에는 인간이 되려는 목표를 가진 물과 같은 무기물들이 있는 것이다. 가정 안에 있는 수석(壽石)이나 도구들, 보석들은 어떨까? 와, 거기에는 우리가 미처 못보고 있는, 지금의 우리들인

---

24) 자체 생활능력이 없는 물이나 공기, 광물 같은 것.(역주)

위대한 인간이 될 수 있는 많은 가능성들이 존재하고 있는 것이다! 따라서 영혼은 한 가지 목적에 봉사할 기회를 기다리며 다른 무기물의 상태로 거듭해서 육화하느라 오랜 세월을 보내게 되는데, 그런 존재상태 자체가 어떤 의미가 있기 때문이다. 나는 그것이 한편으로는 놀랍기도 하지만, 다른 한편으로는 재미있다는 것을 안다. 실제로 그것은 아주 유익한 것이다.

마침내 영혼으로서의 여러분이 무기물의 존재에 관한 모든 것을 샅샅이 탐색한 후에 여러분은 졸업하게 되며, 다음 단계인 식물로 나아간다. 이제 여러분은 지금의 모든 식물들이 겪는 절차를 똑같이 거치게 되는데, 즉 도처에서 그들에 관계되어 있을 수 있거나 상상할 수 있는 모든 목적에 봉사하는 것이다. 예를 들자면, 나무가 되어 주택 건축용 목재로 공급되기도 하고, 야채로서 다른 존재들을 위한 먹을거리가 되기도 한다. 또는 인간의 시각적 즐거움을 위한 아름다운 꽃이 되기도 하는 것이다. 이런 우리의 과거 역사가 얼마나 방대한가를 아는 것은 그리 즐겁지만은 않다.

앞서와 마찬가지로 여러분이 더 이상 식물로 육화할 필요가 없어졌을 때, 동물로 태어난다! 얼마나 기쁜 일인가! 물론 여러분은 야생에서 자라거나 가축으로 사육되며, 인간을 위한 식량, 혹은 노래하는 새, 관상용 동물이 되어 봉사하게 된다. 하지만 여러분은 이전에 언급했듯이, 알려졌거나 알려지지 않은 모든 우주들과 은하계 내 도처에서 가금류(家禽類), 물고기, 조류(鳥類), 포유동물 등의 모든 것이 되어야 한다.

최종적으로 이 모든 단계를 마친 후에 이제 여러분은 멋진 인간이 된다. 하지만 때로는 인간이 되는 것이 그리 멋지지 않을 수도 있다. 왜냐하면 이전 단계에서처럼 여러분은 있을 수 있는 모든 인종, 모든 성(性), 지능이 있거나 결여된 모든 인간이 돼보아야 하기 때문이다. 이것은 여러분이 악인, 살인자, 바보, 천재, 예술

288

가 등등 온갖 인간이 된다는 것을 의미한다. 이것이 당신들이 과거에 그래왔고, 앞으로도 겪게 될 일들인 것이다. 혹시 여러분은 이런 개념에 의해 벌써 지치지는 않았는가?

그렇다고 낙담하지는 말기 바란다. 지금 여러분의 대부분은 과거에 이런 모든 과정을 거쳐 왔으며, 그렇지 않다면, 이 책을 읽거나 관심을 가질 만큼 진화하지 못했을 것이다. 이제 조금 기분이 나아졌는가? 나는 그랬기를 바란다. 여러분이 무엇을 경험했거나 어떤 존재로 살았을지라도 여러분은 여전히 독특한 영혼들이다.

이런 모든 생애들 사이에, 그리고 영혼이 자신이 선택한 밀도의 새로운 주기로 환생하기 전에 아스트랄계의 특정 지역에서 휴식하는 기간이 있다. 그곳은 오래된 영혼들에 의해 관리되는데, 그들은 물질계로의 육화를 완료한 후에 이 일을 자기들의 특별한 임무로 선택한 영혼들이다. 이 천사 같은 존재들은 새로운 삶을 살기로 하고 거기에 적응하려는 영혼들을 돌보고 돕는다.

그곳은 영혼들을 위한 탁아소와도 같으며, 거기서 영혼은 이전 생의 주기(週期)로부터 회복되어 다음 생을 준비한다. 그곳은 이런 특수한 관리자들의 사랑과 헌신을 통해 다시 기운을 차리고 재생하는 장소이다.

여러분이 배우면 배울수록 덜 어려움을 겪기 때문에 나는 여러분을 위해 그것을 좀 더 용이하게 만들었다.

이제 여러분은 인간이 된다는 것이 한층 더 복잡하다는 것을 배웠다. 여러분이 원하든 원치 않든 가족을 형성하고 때때로 개인적인 일이나 업무로 인해 많은 인간관계를 맺기 때문이다. 하지만 여러분은 스스로 자유의지와 선택권을 갖고 있기에 다른 누군가를 책망할 수는 없다. 불행하게도 많은 사람들이 인위적으로 길들여져 있고 조종당하고 있는데, 직면할 수밖에 없는 혼란과 감정, 그리고 왜곡되고 잘못된 정보를 받고 있기 때문이다.

그것이 바로 여러분을 돕기 위해 내가 이 책을 집필한 정확한 이유이다. 만약 지금 여러분의 머리가 어질어질하다면, 호흡을 깊게 한 번 한 후에 잠시 명상을 하도록 하라. 그리고 물 한 잔을 마시고 산책을 하든가, 아니면 긴장을 풀기 위해 자신이 할 수 있는 무엇이든 해보라.

여러분은 이제 우리의 모든 것이 영혼이라는 개념을 얻었다. 이곳 지구에서 여러분의 삶이 끝나는 날까지 이것을 절대 잊지 않고 기억하는 것은 매우 중요하다. 이 개념은 여러분에게 더욱 빠르게 진보할 기회를 부여한다. 나는 또한 그것이 예정돼 있던 대로 여러분이 모든 수준에서 자신을 이해하는 데 도움이 되기를 바란다. 그럼으로써 여러분은 보다 커다란 전망을 얻을 수가 있고 이 세상에서 존재하는 데 필요한 자신의 힘을 창출할 수 있다. 또한 온갖 형태의 모든 영혼들을 받아들일 마음의 여지를 가질 수가 있는 것이다.

우리가 이런 모든 다른 생명체들이 존재해 왔다는 것을 알았을 때, 어떻게 우리가 존재하는 모든 것들에 대해 더 큰 자비와 사랑을 갖지 않을 수 있겠는가? 우리는 모든 영혼들을 사랑하여 수용하지 않고 그들 나름의 생존을 위한 몸부림을 존중하지 않을 것인가? 또한 우리는 자기들이 받는 왜곡된 정보로 인해 혼란에 빠진 그들을 돕지 않을 것인가? 남보다 좀 더 알고 있는 인간으로서 우리가 헤매고 있거나 타인들에게 무서운 부정행위를 저지르고 있는 이들과 정보를 나누고 그들을 돕는 것은 우리의 의무가 아닐까? *지식에는 어떻게 계속 살 것인가에 대한 책임이 따른다는 것을 이해해야만 한다!* 우리가 더 많이 안다면, 더 나아지게 될 것이기 때문이다. 거기에는 좋고 나쁜 것이 없으며 오직 무지(無知)가 문제가 될 뿐이다.

하지만 지식이 우월해지기 위해 이용되어서는 안 되며, 현명해지는 데 쓰여 져야 한다. 그리고 무엇이 진실이고 옳은가를 우리가 알도록 허용해 준 우리의 창조주께 늘 감사해야 한다. 그것이 진정한 여러분인 영혼인 것이다.

7.최고신에 관한 법칙들

최고신에 관한 법칙에는 7가지 기본적인 율법과 7가지 신성한 율법이 있다.

7가지 기본적인 율법은 다음과 같다.

1.우리 자신이 창조주의 일부라는 것을 알라.
2.존재하고 있다는 경험에 대해 감사하라.
3.심판하지 말고 모든 존재들을 수용하라.
4.우리가 온갖 살아 있는 형태들로 존재했다는 사실을 인식하라.
5.각 생의 주기에서 자신의 책임을 이행하라.

6.우리가 그 안에 살고 있는 대자연의 법칙과 사회공동체의 법을   준수하라.
7.낡은 교훈들을 반복하지 않도록 실수로부터 배우라.

7가지 신성한 율법들은 다음과 같다.

1.모든 살아 있는 창조물들을 사랑하라.
2.우리가 사는 세계들을 유지하고 뒷받침하기 위해 우리의 에너   지를 사용하라.
3.지식과 지혜를 남들과 나누라.
4.모든 영혼들이 동등하다는 것을 이해하라.
5.조종하고 통제하기 위해 절대로 힘을 사용하지 말라.
6.영혼은 불멸이라는 것을 알라.
7.날마다 유일의 신성한 존재께 감사드려라.

　이런 율법들은 창조가 시작된 이래 존재했다. 만약 인간이 이런 법칙들을 알고 기억하여 거기에 따라 산다면, 많은 카르마를 극복하는 것이 가능하며, 모든 실재에 관련되어 있는 자기 자신에 관한 광대한 개요를 얻을 수 있다. 인간이 만든 법과는 다르게 이런 법칙들은 단지 제한된 가르침들이나 사회들에만 적용되는 것이 아니라, 모든 생명존재들을 망라한다. 그리고 그것은 어떤 사회적, 종교적 믿음들에 저촉되지 않는다.
　이런 율법들은 영혼이 언제, 어떤 곳에 있든지 개인적인 선택과 자유를 허용한다. 영혼은 여전히 자신이 선택한 영적인 길이나 집단의 가르침과 율법을 따를 수가 있다.
　또한 "최고신에 관한 법칙들"25)은 인간이 다른 살아 있는 존재들을 심판하는 대신에 수용함으로써 진보하는 것을 돕는다. 즉 최고 창조주께서 우리가 존재하도록 의도하고 허용한 것처럼, 영혼의 존재 관점에서 다른 존재들을 더 낮게 이해할 수 있게 해주는 것이다.

---

25) 이 책의 전편에 해당되는 책인 "나는 금성에서 왔다." 2장 74페이지를 참고하기 바람. (저자 주)

8.카르마(業)에 관해

카르마는 종종 잘못 이해되는 것 같다. 많은 사람들이 카르마를 과거나 현재의 행위들에 대한 일종의 처벌로 여긴다. 사실 카르마는 긍정적일 수도 있고, 또는 어려운 경험일 수도 있다. 카르마는 또한 긍정적 행위나 활동에 대한 보상일 수도 있다. 모든 것은 그 개인 영혼, 즉 개개의 특정 영혼의 의식과 경험, 책임에 달려 있다.

보다 자각한 영혼이면 일 수록에 더욱 더 자신의 행위와 인연들에 대해 책임 있는 영혼이 되며, 그 지은 업(業)이 부정적이든 긍정적이든 간에 많은 것을 그 업보(業報)대로 받아들인다. 그렇기 때문에 나는 이 책과 내가 만나는 개인들에게 시종일관 가족과 사랑하는 이들, 단순한 지인들과의 불화와 분쟁에서 자신의 역할을 인식하는 중요성을 반복적으로 언급하고 있다. 우리의 인간관계를 흠이 없고 조화롭게 유지하면 할 수록에 다른 영혼들과의 집착과 속박에 덜 얽매이게 된다. 우리가 이제 조심하고 책임을 질수록 우리는 더욱 빠르게 진보할 수 있는데, 그때는 우리가 아직 배우지 못한 경험이나 떠맡지 못한 책임을 반복할 필요가 없기 때문이다.

기본적인 카르마는 물질계에서뿐만이 아니라 다른 차원들에서도 역시 쌓게 된다. 이것은 각 영혼의 발전과 다른 영혼들과의 상호작용을 위해서 필요하다. 그러므로 기본적인 카르마는 무엇인가를 성취하고 배우는 것을 돕기 위해 우리가 갖고 있는 것이다.

쓸데없는 카르마는 기본적인 카르마와는 다르다. 그것은 감정적 상황에 대한 집착을 통해 과거생과 현생에 만들어진 것이다. 또한 우리가 특정 삶의 사이클을 끝내기 전에 이런 것을 청산하는 우리의 역할의 중요성에 관한 이해가 결여돼 있기 때문이다. 어떤 미완된 과업은 어떤 삶의 주기에서 우리 몸의 죽음과 함께 중단되지 않는다. 그것은 물질계로의 환생을 통해서나, 또는 다른 차원계에서 아직 서로 해결되지 않은 어떤 것을 가진 영혼들과 만났을 때 반드시 청산되어야 한다.

그 다음으로는 타인들에 대한 이기심 없는 배려와 선행(善行)의 대가로 얻는 선업(善業)이 존재한다. 이런 좋은 카르마는 그것이 감정적, 정신적, 육체적인 것이든 간에 희생을 통해 이루어질 수 있다. 하지만 그 희생은 꼭 보상을 얻기 위해 행하는 것이 아니라 진정으로 이타적인 행위인 것이다. 만약 그 사람의 생의 주기가 끝나게 되면, 그때 그 선업은 다른 차원에서, 또는 미래에 육화했을 때 보상받든가 경험될 수 있다.

어려운 부분은 늘 신경 써서 개인의 인간관계를 균형 있게 유지하고 해결되지 않은 정신외상적인 상황에서 벗어나는 것이다. 그리고 너무 이기적이 되지 않고 사람과 물질적 부(富)에 집착하지 않으면서 어떤 식으로든 오만해지지 않는 것이다. 모든 경험들은 우리의 이로움과 배움을 위한 것이며, 다른 이들을 업신여기거나 지배해서는 안 된다. 사실 영혼의 관점에서 볼 때 좋고 나쁜 것은 존재하지 않는다. 모든 경험들은 상대적인 것이며, 영혼의 균형과 완성을 위해 중요하다.

나는 카르마가 처벌이 아니라 창조주로부터 물질계로의 영혼여정에서 여러분 자신의 삶의 선택과 다른 영혼들과의 인연의 결과라는 것을 이해하도록 돕기 위해 기본적인 카르마라는 예를 들었다. 그것은 여러분이 더 이상 물질계에 있을 필요가 없을 경우, 다른 차원에서도 효과적이다. 하지만 모든 것은 여러분 - 여러분의 선택과 얼마나 여러분이 배우고 성취하는가하는 - 자신과 무엇보다 이번 생의 주기와 경험들을 받아들인 자신의 그 책임에 달려 있다.

그러므로 카르마는 인과법칙의 소산일 뿐이다. 여러분은 항상 원인이고 싶어 하지, 결과에 대해서는 신경 쓰지 않는다.

그런데 내가 겪은 많은 부분이 내 자신의 카르마 때문만은 아니며, 내 의붓아버지와 엄마 간의 카르마적 인연 안에서 아이로 성장한 영향 탓이기도 했다. 나는 엄마를 보호하고 싶은 강한 충동을 느꼈고, 그녀는 폭력적인 남자로부터 보호를 받아야 했다. 나는 사람들이 겪는 감정적 스트레스에 관해 배우기 위해 이런 상황 속에 배치되었던 것이다. 비록 거기에 뒤얽힌 수많은 고난이 있을지라도 우리는 마음의 상처를 입는 경험을 겪음으로써 많은 것을 배운다. 그것은 유사한 상황 속에서 우리에게 타인들에 대한 연민과 자비심을 갖는 능력을 준다.

여러분이 자기 삶의 모든 희생자가 될 필요는 없다. 재발하는 상황이 여러분이 어떤 교훈을 배우기 위해 필요한 것인지, 그리고 어떻게 그것으로부터 배우고 그 순환의 고리를 끊을 것인지 찾아보라. 한 가지 문제가 거듭해서 발생하는 것은 여러분이 해결해야 할 카르마적인 문제이다. 그리고 그것은 여러분이 그 교훈을 배울 때까지 반복해서 나타날 것이다. 신중하게 그것을 탐구해보고 더 이상 불필요한 어떤 것은 제거하도록 하라. 여러분이 어려운 상황에 저항하기를 멈추고 그것을 가치 있는 배움의 상황으로 받아들이자마자, 삶은 쉽게 풀려갈 것이다.

이 책 말미의 18장, "영적인 여정"에서 여러분은 시각화 훈련법을 볼 수 있는데, 그것은 거리를 두고 문제를 바라보고, 그것이 불필요할 경우 놓아버리는 데 도움이 될 수 있다.

9.영성과 종교들

종교25)는 신(神)을 향한 길에 마련된 층계들과 같다. 나는 모든 종교들을 이해하고 존중하며, 사회에서 그 역할이 매우 중요하다고 믿는다.

우리 사회구조 내에 형성돼 있는 기존종교의 일원이 되는 것은 개인적인 배움의 과정이자 성장의 일부이다. 모든 종교들은 고등한 힘에 연결돼 있다고 느끼는 사람들에게 목적의식과 신앙을 부

---

25) "종교(religion)"라는 용어는 발음상 본래 "religare"이며, 다음과 같은 의미가 있다. religare=reconnect(재연결,재결합), 따라서 이것은 "신과의 재연결, 또는 재결합"으로 해석될 수 있다. 저자에 따르면, 그녀의 영적인 이름 "옴넥 오넥(Omnec Onec)"은 "영적인 메아리"를 의미한다고 한다. 그것은 옴넥이 개인들과 진리, 영혼, 신성한 자아와의 내적 연결을 촉발시키려는 의도로 독립적으로 영적인 정보를 전달하고 광범위한 내용들을 제공한다고 말할 수 있다. 여기에 비교할 때, 많은 종교들은 좀 더 조직화되고 외적 형태와 신조에 관계돼 있는 것이다.
(독일판 발행인 주)

여한다. 기본적으로 종교는 선(善)을 행할 것과 친절해지는 것, 그리고 깨달음을 가르친다. 어떻게 선한 인간이 될 것인가에 관한 지침을 사람들에게 제공하기 때문에 종교는 매우 귀중하다.

어린 영혼은 선해지고 바르게 되는 것에 도움을 주는 어떤 지침에 의해 인도받을 필요성이 있다. 이런 외적 지침이 없다면, 자신의 삶을 올바로 정립하는 데 필요한 수단이 없게 될 것이다. 종교는 진로지도와 방향설정에 관한 평생의 수단이 될 수 있다. 보다 지적으로 지향돼 있는 사람들은 과학 속에서 자기들의 지침과 유효한 답을 발견한다. 그들은 오직 과학적으로 증명된 것과 자기들의 논리적 개념에 부합되는 것만을 믿는다. 그들은 기적을 받아들이지 않으며 영적인 세계들을 믿지 않는다. 다른 사람들의 믿음은 물질세계에 국한돼 있고 영적 지혜에 대한 그들의 욕구는 매우 제한적이다. 많은 이들이 죽음이 곧 끝이라고 믿고 있다.

영혼이 진보하는 만큼 좀 더 포괄적인 정보를 받아들이고 흡수하는 단계에 이르게 된다. 이런 변화의 시기에는 발전이 속도를 가속화하고 많은 어둠의 그림자들이 표면화된다. 이것은 이전보다 훨씬 더 많은 빛과 사랑의 에너지가 지구로 들어오고 있기 때문에 발생한다. 이런 과정의 한 가지 영향은 많은 사람들이 기존종교에 대한 신뢰를 잃어버리고 매우 불안해진다는 것이다. 그들은 자기들이 믿던 종교에서 납해줄 수 없는 더욱 더 많은 의문들을 갖게 된다.

내가 이해하는 창조주 또는 신의 원래 의도는 인간들에게 자유의지를 주어 그들 자신의 경험을 선택케 하는 것이다. 그러나 많은 교회들과 종교들이 이런 자유의지를 그들의 규정과 교리, 구조에 의해 제한한다. 종교들은 개인이 자신에게 알맞은 것을 선택하는 자유의지를 박탈하고 있다. 최고신의 관점에서 볼 때는 선악은 없으며, 모든 것이 영혼의 경험과 발전이라는 목적에 도움을 주는 것이다. 그리고 심판이라는 것은 결코 존재하지 않는다.

영성(靈性)은 종교적 독실함과는 다르다. 종교들은 대개 여러분이 할 수도 안할 수도 있는 것과 믿음에 국한돼 있다. 반면에 영성은 훨씬 더 폭이 넓은데, 자신의 에너지를 이용하여 개인적이고 자유로운 인간이 되는 것을 배우기 때문이다. 여러분이 어떤 종교에 이끌려 그 규칙을 따르는 한, 같은 방식으로 자유로울 수는 없다.

만약 여러분이 내 책에 담겨진 정보에 대해 자신의 마음을 좀 더 넓게 연다면, 이런 정보들은 여러분이 기존의 종교적 가르침들로부터 배운 모든 것을 강화시킬 것이다. 여러분이 경험으로부터 배운 모든 것은 이제 다른 이들과 나눌 수 있는 여러분 자신만의 개인적 가르침이기 때문에 매우 가치가 있다. 나눈다는 것은 인간다움의 중요한 부분이며, 영혼의 균형을 뒷받침한다.

10.명상과 묵상

오늘날 명상은 비교(祕敎)와 뉴에이지 개념과 함께 묶여 있다. 하지만 사실 명상은 역사가 매우 오래된 것이며 보편적으로 알려져 있다. 그것은 가장 오래된 훈련법들 가운데 하나이지만, 지배적인 종교단체들이 과거에 그것이 이용되었다는 것을 비난하기 때문에 다시 소개해야 한다. (기독교에서 볼 때) 그것은 이교도의 가르침들 혹은 신비주의 의식과 관련되어 있다. 사실상 명상은 내면의 자아에 집중하고 물질계와는 관계없는 다른 차원들을 보기 위해 이용되었으며, 또 지금도 이용되고 있다.

명상은 존재하는 모든 것에게 생명력을 부여하는 에너지 원천에다 파장을 동조시켜 그것을 인식하기 위한 한 가지 방법이다. 그리하여 그 에너지의 일부가 되어 이미 자신의 내면에 존재하고 있는 그 힘을 유도하고 통제할 수 있게 되는 것이다.

우리는 우리를 지배하고자 하고 믿게 만들고자 하는 자들로 인한 환경의 희생자들이 아니다. 우리는 자기 운명의 창조자가 될 선택권을 갖고 있다. 영혼으로서 우리는 자신의 여정에서 겪는 모든 경험과 조우하는 모든 것을 지배할 자유의지가 있다. 그러므로 환경의 희생자가 되지 말고 여러분 운명의 주인이 되도록 하라!

명상 기법들

수많은 명상절차들이 있다. 독특하고 개인적이기 때문에 여러분은 자신에게 유익하고 효과적인 명상을 실험하고 찾아야 한다.

수피들(Sufis)26)은 육체가 사망할 때까지 빠르게 돌면서 주변을 선회하며, 영혼이 소용돌이로 보내졌다고 믿었다. 특별히 다리를 포개고 앉는 자세를 한 요가 수행자가 있다. 여러분은 의지에 등을 기대고 앉거나 편안하게 앉을 수도 있다. 나는 될 수 있는 대로 편안해지는 것이 중요하다고 믿으며, 그럼으로써 여러분 몸에 쥐가 나거나 불편함을 겪지 않게 된다. 등뼈는 똑바로 세워야 하지만, 경직돼 있어서는 안 된다. 양손은 깍지를 끼고 엄지를 맞닿게 한다. 발 또한 닿게 하거나 다리를 겹친 자세를 취해야 한다. 이것이 에너지 흐름이 향하는 통로를 만들어낸다. 에너지는 크라운 차크라27)에서 발바닥으로 내려오며, 그런 다음 손을 통해 몸 주변으로 순환한다. 이런 모든 부분들이 에너지와 접촉함으로써 육체 어디든지 보텍스가 만들어질 수 있다. 물론 자신이 원한다면, 한 군데 특정 차크라에 집중할 수 있다.

여러분은 눈 사이 바로 위쪽 부위에다 - 거기 있는 스크린을 보

---

26)이슬람교의 범신론적인 신비주의 수행자들.(역주)
27)차크라에 관한 추가적인 정보들은 12장 "만트라와 그 이로운 점들"에서 찾아볼 수 있다.(저자 주)

듯이 - 주의를 집중시켜야 한다. 육안으로 하지 말고 마음으로 초점을 맞추도록 하라. 먼저 긴장을 풀고 몸의 부정적인 에너지를 제거하기 위해 항상 3번 정도 깊은 정화호흡을 해야 한다.

부드러운 음악은 여러분이 선택한 만트라를 반복한 후 집중하는데 도움이 될 수도 있다.(12장 "만트라와 그 이점들"을 참고하라.) 명상할 때 활용할 수 있는 많은 음악 CD들이 나와 있다. 끊기지 않고 고요해질 수 있는 10~30분 정도 길이의 음악을 고르도록 하라. 귀마개 역시 유용하다. 여러분은 자신이 선택한 어느 때나 명상을 할 수 있고, 침대에 누워있을 때나 수면에 빠져들 준비를 하고 있을 때도 명상은 가능하다. 여러분이 잠에 빠질 경우에도 괜찮은데, 우리들 대부분은 꿈을 꾸는 상태 동안에도 다른 차원에서 배우기 때문이다.

묵상

묵상은 의식적으로 특정 사안에 대해 깊이 생각함으로써 숙고한다는 것을 의미한다. 여러분은 마음에 있는 어떤 문제를 내면 깊은 곳으로 가져와 그것을 바라보는 것으로서 묵상을 할 수 있다. 만약 여러분이 어떤 비즈니스 프로젝트에 관한 일을 하고 있다면, 자신의 주의를 그 주제에다 맞춤으로써 묵상으로 들어가기 바란다. 정신적인 과정이 활동적일 때, 묵상은 여러분이 영적인 경험들에 대해 자신을 여는 것을 돕는다.

묵상 속에서 여러분의 주의를 한 방향에다 계속 집중하도록 하라. 그리고 여러분이 초점으로 집중하거나 선택한 것이 무엇이든, 그것으로부터 육체적으로, 감정적으로, 정신적으로, 영적으로 할 수 있는 모든 것을 흡수하라.

명상 또는 묵상에서의 경험들

명상과 묵상에서의 경험들은 미묘하다. 그리고 여러분은 그런 경험들에 감응하기 위한 감각을 훈련해야 하고 잠재의식적인 마음이 조정돼야 한다. 육체적, 정신적, 감정적 경험들인 그런 체험들을 신뢰하기 위해서는 여러분 자신이 보고 경험하고 들은 것을 기억하고 싶다고 반복해서 스스로에게 되뇌어야 한다. 또한 늘 여러분의 수호령이나 영적 인도자에게 육체를 갖고 있지 않은 원치 않는 존재들로부터 자신을 안전하게 보호해 달라고 요청하라.

느낌으로 어떤 빛이나 패턴, 소리, 또는 변화를 알아차리도록 하라. 기대를 갖지 말고 그냥 경험에 대해 배우고 받아들이라. 몸과 마음을 이완하고 즐기기 바란다. 그리고 자신의 경험을 다른 누군가의 경험과 비교할 필요가 없다는 점을 기억하라. 여러분은 한 개인이며, 여러분 고유의 경험을 가져야 한다. 모험정신과 용기를 갖고 다른 기법들을 시도해 보라. 여러분 자신만의 방식을 창조할지도 모르는 것이다.

어떤 사람들은 자연을 바라보며 영감의 원천이나 명상의 일종을 발견하기도 한다. 다른 사람은 무용에서 그것을 찾는 것이 한 가지 방법이 될 수도 있다. 여러분은 자기 자신과 무엇이 진정으로 자기에게 영감을 주는지에 관해 배워야 한다.

11.영혼여행 기법

　　이른바 아스트랄 투사(astral projection)라는 것은 아스트랄 차원을 경험하는 데 한계가 있는 반면에, 영혼여행은 육체적 존재 상태에서 영혼이 일시적으로 이탈하는 것이 가능하다. 아스트랄 투사는 은줄에 의해 육체에 붙어 있는 유체(幽體)로 몸을 떠나는 것을 의미한다. 이와는 다르게 영혼여행 기법은 은줄의 연결 없이 육체를 떠날 수가 있다. 여러분은 빛과 소리로 여행하며 자신이 원하는 어떤 차원이든지 접근하는데, 여전히 육체로 있으면서 영혼에게 이로운 경험을 하거나 지식을 얻는다.

　　다음 장에서 나는 여러분이 물질세계를 포함한 현존하는 각 차원에 맞게 만트라(Mantra)를 이용할 수 있게 설명해 놓았다. 각 차원은 오랜 세월에 걸친 탐구와 이해의 노력을 통해 만들어진 여러 분류법이 있으며, 그것에 관해서는 책 1권을 집필할 수도 있었다. 엑칸카의 창시자인 폴 트윗첼은 회원학생들을 위한 많은 개인적 교육과정에서 그것을 설명한 바 있다.

나는 우리의 바쁜 생활방식을 고려해 그 상이한 차원의 수준들을 핵심을 상실함이 없이 간략하게 압축했다. 수천 년 동안 이런 지식은 다양한 세계와 문화 출신의 선택된 수많은 영적 대사들에 의해 전수된 비밀의 가르침들이었다. 그것은 지구보다 더 오래 되었다. 이런 가르침은 영단(Spiritual Hierar -chy)에 소속된 고대의 마스터들의 보호하에 지구로 가져와 전수되었으므로 항상 존재하고 있었다. 그리고 그것을 왜곡하거나 이기적 목적 때문에 대중들에게 감추고 싶어 하는 자들의 손아귀에 들어가지 않았다.

사람들의 의식이 변하고 있고 새로운 시대가 다가오고 있다고 알려져 있었기 때문에 1940년대와 50년대 초에 이런 가르침들을 대중들이 이용할 수 있게 하기 위한 계획이 세워져 있었다. 이것은 이제 또한 오늘날의 다른 많은 스승들과 함께 내 사명의 일부이기도 하며, 그럼으로써 인간을 조종하기 위한 도구인 두려움으로 영혼들을 통제하는 부정적인 힘에게 진리가 승리할 수 있다. 적어도 모든 영혼은 다시 한 번 가치 있는 선택을 하는 것이 가능하다.

그 첫 단계는 물론 여러분이 육체나 마음이 아니라 영혼이라는 사실을 인식하는 것이다. 두 번째 단계는 다른 차원들과 그 각 차원에 해당되는 만트라를 아는 것이다. 세 번째 단계는 명상절차를 날마다 수련하는 것이다. 하지만 무엇보다 바람직한 것은 두려움이 없이 경험하는 것이다!

물론 여러분은 최소한 20분 정도는 물리적인 소음이나 어떤 방해를 받지 않을 시간을 선택해야 한다. 눈을 감고 의자 또는 바닥 위에 똑바로 앉거나, 침대에 이완한 채 눕는 편안한 자세를 취하

라. 그리고 마음속의 잡념들을 배제하고 내면의 자아에다 집중해야 한다. 심장의 박동을 인식하고 호흡을 천천히 주기적으로 하라. 몸 전체를 이완시키고 여러분 자신을 정신적, 감정적, 육체적 긴장에서 자유롭게 하라.

눈을 감은 상태로 이런 모든 긴장들을 묶어 빛의 바다에다 던져버리려는 여러분 자신을 주시하라. 긴장이 남아 있다면, 다시 경직될 것이다. 내면의 이미지들이 방해받지 않도록 어둑하거나 캄캄한 방 안에 있는 것이 더 낫다. 여러분은 자신이 어디로, 또 어떤 이유 때문에 여행하고 싶은지를 결정해야 하며, 그런 다음 그 차원에 해당되는 만트라를 선택해야 한다.(다음 장을 참고하라) 이어서 그 만트라를 6~9회 정도 소리 내어 반복하는데, 호흡이 허용하는 한 들이쉬고 내쉬는 가운데 그 소리가 여러분을 감싸게 하면서 노래를 하거나 만트라를 가창한다.

여러분의 영적인 인도자에게 보호를 요청하라. 어떤 푸르고 흰 빛의 점을 찾아보라. 또한 어떤 색채나 이미지에 주의를 기울이고, 자신이 마음으로 그리고 있는 것이 무엇이든 거기에 주목하라. 어떤 높은 음조의 소리, 즉 귀 속에서 일어나는 "삑!"하고 울리거나 윙윙하는 어떤 미묘한 소음을 인식하라. 귀가 윙윙거리는 느낌을 인식해 보라. 때때로 마치 머리 꼭대기(백회)나 '제3의 눈'이 열린 것처럼 느낄 수가 있다. 어떤 빛이나 이미지를 따라가라. 거기에다 집중하고 그것 자체가 되도록 하라. 그것이 처음에는 포착하기 어려울 수도 있지만, 날마다 연습하면 한층 더 강화될 것이다.

만약 여러분이 평상시의 상태로 돌아와 어떤 것을 기억한다면, 그것이 아무리 하찮게 보일지라도 그것을 기록해두라. 자신이 마치 졸다가 잠에 빠진 것처럼 느껴진다면, 이것은 지극히 자연스러운 것이다. 이것은 그런 경험에 대해 의식적으로 준비되지 않았을 때 일어나지만, 거기에 점점 익숙해지고 훈련이 거듭될수록 바뀌게 될 것이다. 마침내 잠재의식이 의식에 연결될 것이고, 그렇게 연결된 채로 있게 될 것이다. 그것은 사용되지 않은 것을 다시 연결한 것이고, 먼지만 쌓여 있는 연결부에다 전기기구를 연결한 것과 매우 흡사하다. 그 전기 회로가 이전 상태로 회복되기 위해서는 빛이 켜져야만 한다. 그러므로 그것은 각 존재의 내면적인 연결부와 관계가 있다. 그것은 사용함에 따라 기능이 증진되므로 낙담하지 말라. 인내심과 끈기를 발휘하도록 하라!

만트라 후(HU)는 사실상 강력하므로 항상 모든 차원들을 망라해서 사용될 수 있다. 후(HU)는 신(神)에 대한 고대의 명칭이며, "후우우"와 같이 길게 끄는 방식으로 발성될 수 있다. 이런 만트라는 또한 잠들기 전에 실습할 수 있다. 여러분의 영혼여행에 행운이 깃들어 좋은 여정이 되기를 바란다!

영혼여행 실습을 위한 준비로서의 이완 방법

심호흡하기
- 숨을 코로 깊게 들이 쉬고 입을 넓게 벌린 채로 내쉰다. 이것을 천천히 6회까지 행한다. 그런 다음 정상적으로 호흡하기를 계속한다.
- 몸의 모든 근육을 꽉 조였다가 풀어주기를 번갈아 반복한다. 발부터 시작해서 그 다음에는 다리, 복부, 어깨, 팔, 손, 목, 얼굴로 옮겨간다. 특히 턱뼈와 눈꺼풀 부위를 신경 써서 한다. 무릎과 팔꿈치 같은 관절은 특별한 주의가 필요하다. 몸 전체가 완전히 이완되었는지를 체크하라.

심상화(心像化) - 기법들

공상적인 여행

- 여러분은 자신의 몸에서 벗어나 둥둥 떠서 비행하고 있거나, 진동하고 있다.
- 여러분은 로켓처럼 몸에서 발사되고 있다.
- 여러분은 글라이더(활공기)처럼 계곡과 바다, 산, 평원 위를 떠서 날고 있다.
- 거리를 두고 자신의 몸 전체를 되돌아 바라보라. 그리고 이렇게 생각하라. "저것은 내가 아니야, 단지 나의 껍데기일 뿐이야."

요요(yo-yo)

- 상하로 오르내리는 요요 운동하는 것을 마음으로 그려라.
- 자신의 제3의 눈으로 그것을 유도하라.
- 멀리 밀었다가 다시 당기기를 반복하라.
- 요요운동 자체가 되라. 이 요요는 여러분의 영혼이고 참된 자아이다.

진동

- 부드럽게 윙윙하는 소리를 들어보라. 그 소리의 진동이 영혼을 몸에서 끌어올릴 때까지 그것을 점점 더 크게 하라.

이런 연습을 번갈아 정기적으로 실행토록 하라. 이미지나 영상들이 점점 더 명확해질 때까지 그것을 반복하라. 여러분 자신의 기법을 개발하라. 이러한 연습과 더불어 여러분은 영혼여행을 의식적으로 경험할 수 있는 자신의 능력을 개발하게 된다.

12.만트라와 그 이로운 점들

이 장은 다른 차원들과 그 차원들에 상응하는 색채와 소리, 그리고 이런 차원들의 진동을 나타내는 만트라들에 관해 금성인들이 이해하고 있는 바를 소개하기 위한 것이다. 또한 그것들이 이곳 물질계에 있는 우리의 삶에 대해 갖고 있는 이점들을 알리려는 것이다. 그것은 내가 마지막 장에 설명해 놓은 영혼여행을 실습하는 데 핵심적 요소이다.

이어지는 페이지들은 여러분의 일상적 삶에 도움이 될 각 차원들에 대한 개별적인 목록 및 특성, 목표, 그리고 이점들이다. 나는 그것들이 내게 매우 유익하다는 것을 발견했다. 나는 여러분이 이것을 즐기며 연습하기를 바란다.

만트라와 차크라들의 의미

만트라는 영적으로 상승한 물질계와 비물질계의 마스터들에 의해 선택된 매우 특수한 고대의 언어이자 소리들이다. 그것들은 매우 강력한 단어들 내지는 소리들이다. 특별한 호흡법을 사용함으로써 그것을 반복하고 영적인 자아에다 집중토록 하라. 이런 만트라들은 특정 차원들에 관련된 에너지를 생성하는 힘이 있다.

만트라는 영혼이 내면적 경험을 얻을 수 있도록 비물질 차원으로 전환시킬 수가 있다. 그것은 또한 육체적, 감정적, 정신적 자아에 이로운 작용을 하는데, 우리가 물질적 삶을 초월하여 혼란을 고요함과 평화, 깨달음으로 변형시킬 수 있게 돕는다. 그러므로 만약 여러분이 만트라를 가지고 노래를 하거나 소리 내어 외운다면, 이런 영적인 세계들이 영혼의 고향이자 출생지이기 때문에 평상시보다 컨디션이 더 낮게 느껴질 것이다. 이런 경험들을 물질계로 가져옴으로써 여러분은 여러분 자신과 자기의 경험들에 관해 좀 더 명확하고 균형 잡힌 지각을 얻게 될 것이다. 대개 만트라는 명상의 일부이며, 집중한 상태로 가창된다.

차크라들은 육체의 다른 부분에 있는 에너지 지점들이다. 그것은 몸의 그 부위로 보내지는 다른 차원의 에너지들과 상관되어 있으며, 그 부위들은 이런 에너지들에 조율되어 있다. 차크라의 지점들은 또한 내분비선(內分泌線)의 장소들이다. 에너지들이 차크라를 통해 인체로 흐를 뿐만 아니라, 그것은 소모된 에너지를 제거하는 밸브로서도 작용한다. 따라서 비물질적인 몸들은 명상이나 다른 자극적인 상황에서 이루어진 경험들에 반응할 수 있다.

차크라들은 우리가 의식적으로나 잠재의식적으로 다른 차원들과 접촉을 유지할 수 있게 해준다. 그리고 명상은 우리가 이런 부위들을 통해 흐르는 에너지를 인식하거나 의식적으로 그것을 유도하는 것을 돕는다.

물질차원의 만트라

아라야(ALAYA)는 물질차원을 나타내는 만트라이며, 물질수준의 특정 진동들과 영적으로 조화되어 있다. "아-라-야(Ah-lah-ya)"라는 발성은 물질을 상징하는 녹색을 시각화하면서 매우 천천히 적어도 3번은 반복되어야 한다. 주된 소리는 천둥과 드럼 소리이다. 이것들은 물질계의 기본적인 진동을 나타낸다.

육체적으로 활기찬 활동에 몰두할 때 이 만트라는 에너지의 균형을 만들어내며, 육체적 자아를 강화시키는 데 유용하다.

아스트랄 차원의 만트라

카라(KALA)는 아스트랄 차원을 나타내는 만트라이다. 큰 소리로 만트라를 가창하는 것은 이 단계에서 아스트랄 차원을 경험하는 데 도움이 된다. "카-라(Kah-lah)"라는 발성은 아스트랄계의 색채인 핑크색을 마음으로 그리는 동안 매우 천천히 적어도 4회 반복되어야 한다. 아스트랄계의 주된 소리는 바다의 소리이다. 이 만트라는 감정체의 균형을 잡고 조화롭게 하는 데 유익하다. 여러분이 매우 스트레스를 받는 감정적인 상태에 있거나 감정을 통제하기가 어려울 때, 그 만트라는 개인의 감정을 방어하려는 모든 이들에게 다르게 영향을 미친다. 그것이 여러분을 울게 하거나 행복하게 느끼게 만들 수 있는데, 양쪽 다 여러분의 감정을 균형잡는 데 이롭다.

멘탈 차원의 만트라

옴(AUM)은 멘탈계의 만트라이다. 그것은 "아-오-음(A-oh -m)"

으로 발음된다. 그것은 자체를 상징하는 청색을 시각화하면서 적어도 6번 반복해서 발성해야 한다. 소리는 물이 흐르거나 똑똑 떨어지는 소리이다. 이 만트라는 컴퓨터를 사용하거나, 타자를 치거나, 과학을 가르치는 사람들의 사고과정을 자극하는 데 유익하다. 그것은 생각하는 과정을 균형 잡아주고 조화롭게 해준다. 또한 이 만트라는 정신적 과정에 관련된 혼란이나 스트레스를 제거할 수 있다.

코잘 차원의 만트라

마나(MANA)는 영혼의 경험들이 기록돼 있는 코잘계(원인계)의 만트라이다. 그것은 개인의 잠재의식 속에 있는 과거생의 기억들을 표면의식으로 가져오는 것이기에 유익하다. 이 만트라는 "마-나(Mah-nah)"라고 발음하며, 서서히 최소한 5번은 되풀이되어야 한다. 코잘계의 색채는 황금빛 오렌지색이고, 소리는 딸랑딸랑 울리는 종소리이다.

에테르 차원의 만트라

바주(BAJU)는 에테르계의 만트라이다. 에테르체는 영혼이 창조된 후, 하위차원들 - 긍정적이거나 부정적인 차원들과 세계들 - 을 향해 하향나선형의 여행을 시작했을 때 처음 취한 껍데기 또는 몸이다. 이 만트라는 영감을 받거나 창조적인 작업을 하는 데 유익하다. 그것은 영혼에 가장 가까우며, "바-주(Bah-ju)"라고 발음된다. 그것은 천천히 최소한 7번 반복되어야 한다. 그리고 에테르계를 상징하는 것은 보라색이므로 이 색채를 시각화해야 한다. 이 차원의 소리는 윙윙거리는 음이나 꿀벌이 내는 소리이다. 이 소리는 더 깊어질 수 있고 내면의 창조적 에너지를 자극한다.

영혼 차원의 만트라

샨티(SHANTI)는 이 차원의 만트라이다. 그것은 "샨-티이(Shan-tee)"라고 발음된다. 그리고 천천히 최소한 8번 발성되어야 한다. 영혼 차원의 색채는 옅은 황색이다. 소리는 강한 바람소리이다. 이 만트라는 앞서 언급했던 모든 몸들을 조화롭게 하고 매우 평화롭고 만족스러운 감정을 만들어내는 데 유익하다. 또한 그것은 육체적인 부상이나 감정적인 위기, 정신적인 질병 또는 우울증, 개인적인 어려움을 치유하는 데 도움이 된다.

아나미 록(神界) 차원의 만트라

후(HU)는 만물을 창조한 모든 에너지가 존재하고 모든 영혼들이 흘러나온 "창조의 공(空)"이라 불리는 차원의 만트라이다. 그곳은 창조의 중심이다. 이 만트라는 "휘우(Hyoo)"라고 발음된다. 그것은 적어도 9번 반복해서 발성되어야 한다. 상응하는 색채는 백색이다. 소리는 우주의 음악인데, 그것은 언어로는 묘사할 수가 없다. 이 만트라는 영적인 깨달음에 유익하며, 의식을 상승시키고 개인적인 관점을 변화시키는 데 도움이 된다. 그곳은 우리가 시작했던 곳이며, 모든 지식을 통해 돌아가고자 노력해야 할 곳이다.

이런 각각의 만트라들은 영혼의 진동을 그 차원의 수준까지 높이게 되며, 그곳에서 경험할 수 있는 배움의 과정을 상징하는 동시에 그것을 가능케 해준다. 그 각 차원들과 거기에 부합하는 만트라, 소리, 색채에 관한 개괄적인 일람표는 아래와 같다.

이것은 의식레벨을 통한 영혼의 여정을 나타내는 것이다. 각 차원들은 그곳을 이루고 있는 빛과 소리의 진동 및 밀도가 서로 다르다.

차원	만트라	소리	색채
아나미 록(신계)	후	우주의 음악	백색
영혼	샨티	강한 바람	황색
에테르	바주	벌의 윙윙거리는 소리	보라색
코잘(원인)	마나	작은 종이 울리는 소리	황금빛 오렌지색
멘탈	옴	물의 흐름	청색
아스트랄	카라	바다의 미풍 소리	장밋빛/핑크색
물질	아라야	천둥소리	녹색

우리가 물질세계에서 영적인 세계들을 경험할 때, 그곳 안에는 시간과 공간의 분리가 존재하지 않는다. 내가 아는 한 이런 모든 수준들은 여러분 내부 속에, 좀 더 정확히 말하면 여러분의 영혼 의식 속에 동시에 존재한다. 예컨대 차원들 가운데 하나와 연결된 만트라를 의식적으로 노래한다면, 여러분은 동시에 모든 다른 수준들에다 그 만트라를 보내고 있는 것이다. 이것은 특히 후(HU) 만트라 – 휘우로 발성한다 –의 경우 중요한데, 그것은 모든 차원들을 망라하기 때문이다.

여러분이 만트라를 마음속으로 하느냐, 밖으로 소리 내어 하느냐와 관계없이 자신의 경험범위 내에서 폭넓게 수련함으로써 여러분의 영적인 의식 전체가 성장한다.

CD - 〈영혼의 여정〉

내가 지도한 명상용 CD, "영혼의 여정"은 음악 프로듀서 울프 웸즈와 이 프로젝트에 기여했던 많은 성실하고 재능 있는 음악가들과의 협력으로 개발되었다. 그들에게 그것은 사랑의 선물이었으며, 나는 멋진 음악과 그들의 영감에 대해 감사하게 생각한다. 그들이 없었다면 이 CD는 세상에 나올 수 없었을 것이다.

이 매우 특별한 CD를 제작하는 데는 여러 해가 걸렸는데, 왜냐하면 음악가들이 각기 다른 시간에 녹음 스튜디오에 올 수 밖에 없었기 때문이다. 그리고 자연의 소리들은 수많은 인내를 통해 편집되고 녹음되었다. 예를 들어 에테르계에 관련된 소리의 경우, 나는 정원 속의 벌을 뒤따라가 마이크로 벌의 윙윙거리는 소리를 채집했다. 울프는 그 벌 소리를 에테르계의 매우 전형적인 온화하고 아름다운 소리로 배가시켰다.

CD는 일반적으로 알려진 7가지 차원들에 관련된 특징적인 소리들을 담고 있다. 그것은 여러분이 각 색채를 시각화하고 만트라를 가창하고 음악 소리를 즐김으로써 영혼여행을 실습하는 것을 도울 수 있다. 이 명상 CD는 다양성면에서 매우 풍부한데, 여러분은 실습할 때마다 다른 경험을 하게 될 것이고, 결코 지루함을 느끼지 않을 것이다.

영혼여행 실습을 함께 하기 위해 집단적으로 가끔 만나는 사람들이 있으며, 그들은 나중에 자기들의 경험을 서로 나눈다. 나는 영적으로 가르치는 사람들이 집단의 에너지를 강화하고 그들 자신의 주파수를 공통의 영적인 작업에다 동조시키기 위해 이 CD를 이용한다고 들은 바가 있다.

즐거운 영혼여행이 되기를 바란다!

13.치료와 자기치유의 절차들

여러분은 신성한 존재로서 자기 자신을 치료할 수 있는 능력이 있다는 것을 알아야 한다. 먼저 다른 사람을 치료하기 위해 시도하는 것보다는 자신을 치료하는 것이 훨씬 더 낫다. 우리가 늘 타인들을 사랑하고 위로해야 하지만, 타인들을 치료하는 데는 허락이 있어야 한다. 그리고 때때로 그 특정 영혼의 있을 수 있는 카르마적인 조건이나 (병을 통한) 어떤 배움의 경험에 관해 인식해야 한다. 그러므로 다른 개인들을 치료하기에 앞서 영적인 법칙을 위반하지 않기 위해서는 사전조치가 취해져야 하는 것이다. 또한 다른 곳으로 옮겨져야 할 종류의 에너지로 인해 그들이 질병에 걸렸을지도 모른다는 것을 알아야 한다. 따라서 우리가 그런 결정을 할 힘이 없다는 점을 이해하는 것은 중요하다. 인간이 겪는 모든 경험들은 이 번 생(生) 이전에 각 영혼 개인에 의해 선택된 것이라는 최고신의 법칙이 존재한다!

만약 여러분이 병에 걸린 누군가를 돌보며 그 사람에 대해 관여하고 있다면, 자신이 그 사람에게 필요한 경험을 빼앗지 않고 보호하고 있다는 것을 확실히 하기 위해 아래에 기록된 절차를 따라야 한다. 이 삶은 일시적인 것이고, 영혼은 영원하며 불멸이라는 것을 기억하라. 대개 가장 고통스럽고 어려운 경험들은 배움을 위해서는 가장 가치있는 것들이다. 누군가를 돕고 싶다면, 그때 여러분은 그것이 그들 자신의 특정신념을 거스르지 않는지를 분명히하고자 반드시 그들과 논의해야 한다. 여러분은 개인의 선택에 간섭하는 것을 원하지 않는다. 그렇다면 그 병이 치유되지 않을 경우, 그것은 절대자의 힘에 달려 있다는 것을 그들에게 말해야 한다. 만약 그 병이 치료된다면, 그것은 불필요한 경험이라는 것을 의미하며, 반대로 치료가 안 된다면, 그것은 경험해야할 일종의 교훈에 속한 병이다.

치료는 그들의 바로 면전에서 행해질 수도 있고 심지어는 (멀리 떨어진) 다른 장소에서 이루어질 수도 있다. 시간과 공간적 거리는 그런 신성한 힘을 행사하는 데 별로 문제가 되지 않는다. 어떤 개인에게 치료를 행할 경우, 그 사람은 양발을 가지런히 대거나 겹친 채로 누워서 눈을 감고 마치 그들 머리 내부에 TV화면이 있는 것처럼 마음으로 제3의 눈 부위에 집중한다. 그들은 3회 정도 깊은 심호흡을 하고 몸을 이완해야 한다. 또는 의자에 똑바로 앉아 몸의 긴장을 풀고 양발은 닿게 하며 두 손은 깍지를 낀다. 그리고 역시 심호흡을 3번 하고 제3의 눈 부위에 초점을 맞추는 것이다.

이제 여러분은 이 사람의 얼굴을 눈뭉치로 상상해서 마음속에 떠올린다. 그런 다음 자신이 그 눈뭉치를 손에 쥐고 사랑과 자비의 바다 속에다 던져버리는 것을 시각화한다. 그 바다는 진보된 영혼들과 승천한 대사들(Ascended Masters)의 에너지로 이루어진 푸르고 흰 에너지의 흐름이다. 그것은 창조주의 중심으로부터 흘러나와 모든 차원들과 우주들을 관통해 흐른다. 여러분은 그 눈뭉치가 이런 흐름 속으로 흡수되어 그 일부가 되는 것을 마음으로 그린다. 그리고 나서 이렇게 말한다.

"신성한 창조주의 이름으로 나는 요청합니다. 만약 이 질병이 사라져야 할 것이라면, 제거해 주소서. 우리는 있게 될 그 어떤 결정이든 당신의 그 신성한 결정을 받아들입니다. 존재하는 모든 것에 감사드립니다. 바라카 바샤드(Baraka Bashad)."

이렇게 끝마치면 된다. 여러분이 사전에 그 사람과 논의만 되었다면, 수천 마일 떨어진 거리에서도 동일한 절차로 치료를 시행할 수가 있다. 그리고 그것을 밤에 잠들기 직전 침대에 누워 할 수도 있다. 다만 언제 여러분이 그 치료를 행하는지를 그 사람에게 알려주도록 하라. 그럼으로써 그가 그 시간에 몸을 이완하고 에너지를 받을 수가 있으며, 또한 그들 스스로 그 에너지를 끌어당기는 것은 중요하다. 그리고 우리가 우리의 일부인 이 에너지를 이용할 수 있지만, 우리가 실제로 그 치료를 행하는 것은 아니라는 사실을 이해하는 것은 늘 중요하다. 그 치료는 우리가 그 에너지를 유도하는 것이 가능하다는 우리의 앎이 결합되어 이루어지는 것이다. 하지만 만약 에고가 관여하여 그 개인 자신이 명성을 얻는다면, 그것은 위험해지는데, 왜냐하면 그것은 신성한 에너지의 원천을 조작하는 것이기 때문이다. 우리는 항상 그 에너지를 낳는 위대한 원천을 인정해야 한다. 그리고 그 에너지를 이용하고 유도하는 능력에 감사하고 우리가 치료를 행하고 있다고 말하지 않아야 한다.

자기 자신을 치료하기 위해서는 동일한 절차를 따라야 하고 단지 눈뭉치로 (타인이 아닌) 자신을 시각화하면 된다. 누워서 하는 것은 좀 더 이완하고 집중을 잘 할 수 있기 때문에 매우 좋다.

다른 절차는 치료대상인 사람이나 여러분 자신의 얼굴을 떠올려 그 주위를 순수한 청백색 빛 에너지로 에워싸는 것이다. 그리고 그 사람이나 여러분 자신에 대한 보호와 함께 늘 사랑을 보내달라고 요청하는 것이다. 그런 다음 같은 빛과 에너지에 의해 자신이 둘러싸여 보호받고 있음을 보면 된다. 따뜻한 에너지가 여러분 주변을 통과해 흐르고 있으므로 그것을 느껴보기 위해 노력해 보라. 여러분이 거기에 더 집중하면 할수록 그 에너지는 더욱 강하게 된다. 하지만 그렇게 된다는 것을 의심 없이 믿어야만 한다.

어떤 명상이나 치료를 행하기 전에 여러분 자신의 특별한 영적인 인도자나 수호자에게 바람직하지 않은 실재들로부터 자신을 보호해달라고 요청하는 것은 늘 이로운 일이다. 그렇게 함으로써 그것들이 자기들의 욕망을 위해 여러분을 이용하고자 달라붙지 않을 수 있다. 그런 경험들은 이른바 빙의(憑依) 사례들로서 개인들에 의해 목격되거나 기록된 바가 있다. 이런 일들은 적절한 이해나 보호도 없이 오컬트나 심령현상을 실험하려고 시도했을 때 발생하는 불행한 사건들이다. 그것은 파멸적인 경험은 아닐지라도 개인의 삶의 계획에서 불필요한 결과로 인도될 수 있는데, 다시 육화를 하게 유발하거나 무익한 어떤 교훈을 경험하게 만드는 식으로 매우 황폐한 결과가 초래될 수 있다.

영적인 깨달음을 추구하는 많은 존재들이 그런 위험한 경험들을 실험하고자 하는 함정에 빠져든다. 하지만 우리들 대부분은 이미 그런 호된 시련을 겪었고 그것을 멀리하는데, 과거의 깊은 체험으로 인해 더 이상 그런 경험이 불필요하다는 것을 알기 때문이다. 일단 영혼이 어떤 교훈을 경험하거나 배우게 되면, 기억을 통해 그런 경험을 피하게 되고 더 이상 그것을 반복하고 싶은 욕구를 느끼지 않는다. 그럼에도 인간은 때때로 함정에 말려들게 되는데,

조심성이 없이 그들 자신의 사전경고의 느낌에 주의를 기울이지 않기 때문이다.

늘 여러분이 왜 누군가나 자신을 치료하고 싶어하는지를 여러분 자신에게 물어보는 시간을 가져보라. 이것은 그 이유가 인정받을 필요나 성취감이 아니라 확실히 사랑이나 남을 돕고 싶은 소망에서 우러난 것인지를 시험하기 위해서이다. 조화와 균형 속에서 사는 것, 더 나아가 자신의 삶에 대해 개인적인 책임을 지는 것이 가장 커다란 성취라는 사실을 기억하라. 영적인 법칙을 위반하거나 자신을 위험에 빠뜨리지 않고 그런 에너지를 인식해서 적절한 방식으로 이용하는 것이 중요하며, 그것이 또한 가장 위대한 성취이다.

창조주가 여러분을 사랑으로 창조했듯이, 모든 것과 여러분 자신을 그 창조주의 일부로 사랑하는 것은 영적여정에서 커다란 도약이다.

14.에너지 – 그것을 날마다 느끼고 이용하는 방법들

존재하는 모든 것은 다른 진동 상태의 에너지로 이루어져 있다. 물질세계에서 에너지는 보다 느리게 움직이며 더욱 조밀화되고 견고해진다. 여러분이 물질세계를 벗어나 더 높이 올라갈수록 더욱 빨라지는 것은 에너지의 진동이다. 이런 이유 때문에 육체로 이런 에너지들을 감지하는 것은 어렵다. 그것들은 대개 우리 인간의 눈과 귀의 감각능력을 넘어서 있다. 단지 가끔씩만 우리는 영혼으로서 그런 에너지들에 대해 민감해질 수 있다. 여러분이 자신의 귀로 높은 가락의 소리나 신호음을 들을 때마다 그것은 차크라들을 통해 들어오는 다른 차원의 소리들이다. 그리고 그것은 자신의 내면에서 들은 것이다. 그러한 연결은 어떤 차원에 속해 있는 영적인 몸에 서로 관련됨으로써 이루어진 것이다.

예를 들어 어떤 사람이 명상을 하고 특정 차원의 만트라를 반복하며 그 차원을 나타내는 색채와 소리에 집중한다면, 그들은 몸을 통해 그 차원의 소리를 들을 수가 있다. 그것이 아스트랄이나, 멘탈, 코잘, 에테르, 또는 영혼 차원이든 말이다.

여러분의 육체적 모습 안에는 영혼이 자신이 창조된 차원으로부터 나와 자체의 영적여정에서 집어든 이런 모든 다른 몸들이 겹쳐져 존재하고 있다. 영혼이 이런 세계나 차원들을 건너갈 때, 영혼은 자신을 보호하기 위해 외피 혹은 몸을 입는 것이다. 순수한 에너지로 존재하기 때문에 영혼은 그 차원의 에너지로 만들어진 상응한 몸이 없이는 낮은 차원들에서 존재할 수가 없다. 따라서 육체 안에는 많은 다른 에너지체들이 있는 것이다.

육체는 물리적 환경 속의 모든 것과 동일한 에너지로 이루어져 있다. 그러므로 그것은 다른 복체(複體)들과 영혼을 위한 일종의 탈 것이고 보호물이다. 영혼이 물질계를 떠날 때, 그것은 물질차원에다 육체를 내려놓거나 놔두고 떠난다. 마찬가지로 영혼은 더 높은 차원계로 여행을 떠날 때마다 각 차원에다 그 세계에서 사용했던 외피나 몸을 남겨 놓는다. 그것은 단지 그 차원에 다시 들어올 때 필요해서 집어든 하나의 옷일 뿐이다.

만약 여러분이 동력을 공급하는 모터의 프로펠러나 팬의 날을 바라본다면, 그 날은 단단한 고체처럼 보인다. 하지만 그 회전속도가 증가하여 더욱 빨라지게 되면 그것은 보이지 않게 된다. 따라서 에너지가 증가할 때 그것은 다른 존재형태로 바뀌게 되는 것이다.

지금 모든 생명들을 통해 흐르면서 그것들을 부양해주고 있는 에너지는 이곳의 모든 이들이 알고 있다시피 창조주 또는 신(God)이다. 우리 모두는 영혼으로서 이런 창조주와 그 창조물의 일부이다. 우리는 누구나 신성한 시작이 있었고 우리가 존재하는 목적이 있다. 우리는 영혼이 할 수 있는 모든 것을 배우고 경험하기 위해 물질계로 보내졌다. 우리가 영혼이라는 것을 이해하거나 알지 못했으므로 성장의 일부는 그것을 아는 것이고, 그런 다음 우리들 스스로 창조자가 되는 것이다. 여러분의 운명을 창조하는 것은 여러분 자신이다.

우리는 물질세계에 태어나기 전에 우리의 삶을 선택했고 우리가 배워야할 것을 붙잡고 분투하느라 많은 시간을 보냈다. 일어나는 그 무엇이든 받아들여 배우고 경험하게 되면, 여러분은 보다 빠른 비율로 배움의 길로 전진하게 되고 자신과 삶에 관해 한층 높은 이해를 얻는다.

이제 에너지를 느낄 수 있게 되는 것과 그것을 유도하는 것은 간단하다. 그것은 단지 다른 어떤 것과 마찬가지로 연습을 하면 된다. 여러분과 지구, 그리고 지구의 에너지 사이의 최상의 연결 상태를 만들어내어 에너지가 우주로부터 흐를 수 있게 하기 위해 등을 똑바로 세우고 발을 모은다.

근육의 긴장을 풀어주기 위해 항상 3회 정도 심호흡을 한다. 이번에는 눈을 감지 않는다. 기도하는 자세로 손바닥을 합장하여 가슴의 중심에서 약 3인치 정도 뗀 자세를 취한다. 손바닥이 붙은 채로 온기가 느껴질 때까지 양손을 단단히 압박한다. 또는 따뜻함이 느껴질 때까지 7번 정도 손바닥을 서로 비벼도 좋다. 양손이 따뜻해진다는 것을 느낀 후에는 천천히 손을 약 4인치 정도 간격으로 벌린다. 그리고 마치 두 손바닥 사이에 보이지 않는 둥근 공을 쥐고 있는 것처럼 양손의 손가락을 안쪽으로 약간 구부린다. 거리를 두고 손을 움직이되 서로 대지는 말라. 여러분의 주의를 양손에 집중하고 손가락 끝 사이를 이리저리 오가는 미세한 전기적인 찌릿함을 느껴보도록 하라. 이제 한 손을 천천히 아래로 내리고 다른 손도 내린다. 각각의 손을 번갈아 올렸다가 내려 보라. 에너지의 변화를 느낄 수 있을 것이다.

여러분은 또한 그것을 친구와 함께 시도해 볼 수도 있다. 둘 다 자신의 손을 벌리고 에너지를 느껴본 후에 그 상태 그대로 유지한 채 방향을 바꾸어 상대를 향한다. 다른 사람의 손가락에 접촉하지는 말고, 적어도 1~1.5인치 정도는 떨어져 있어야 한다. 천천히 떨어진 손을 당겨 그 손을 다시 가까이 가져갈 때 강해지는 그 에너지를 느껴보도록 하라. 지금 이 에너지는 우리를 통과해 주변으로 흐르고 있고 우리의 차크라가 열려 있다면 그것은 더욱 많이 흐를 것이다. 물론 에너지로 많은 것을 행하기 위해서는 의식적인 자각이 있어야 한다. 에너지는 거기에 있지만 알아차리지 못한 채 지나간다. 그것을 이용하는 비결은 에너지를 알고 그것을 여러분의 생각으로 유도하는 것이다. 여러분이 에너지를 이용하면 할수록 그것은 더욱 더 강력해질 것이다. 때때로 여러분은 자신의 손이 뜨겁게 되는 것을 느낄지도 모르는데, 그때 거기에 강한 에너지가 흐른다는 것을 알 것이다.

여러분이 명상할 때 마음 내키는 대로 에너지를 끌어당긴다면 그것은 만트라를 반복할 때 지장을 준다. 명상은 소모되고 오염된 부위에 에너지를 흘려보내 재생될 수 있도록 이용하는 일종의 온몸을 정화하는 작업이다.

모든 살아 있는 것들은 자체의 고유한 에너지장이 있다. 여러분 야외로 나가 자연 속에 있을 때는 손을 나무나 바위, 식물에다 가까이 붙이고 손 안에 에너지를 형성하기 위해 시도해보라. 그 에너지를 느낄 수 있는지를 주시해보도록 하라. 또한 신발을 벗을 수 있다면 지구 자체의 강한 에너지로 활력을 다시 재충전할 수도 있다. 여러분은 보름달이 뜰 때 달빛 광선의 샤워를 받아본 적이 있는가? 그것 역시 자체의 고유하고도 특수한 에너지를 생성한다.

에너지는 훈련에 의하거나 민감한 사람들에 의해 오라(Aura)처럼 눈에 보일 수도 있다. 아무 것도 없는 텅 빈 하얀 벽 옆에 친구 한 명을 의자에 앉혀보라. 그에게 실제로 주의를 집중하지는 말고 간접적으로 응시해보라. 그 주변에 있는 벽도 역시 받아들여 전체적으로 인식해보라. 그러면 여러분은 그의 둘레에 있는 어렴풋한 윤곽을 보기 시작할 것이다. 여러분이 훈련을 하면 할수록 그것은 더욱 더 명확해질 것이고 색깔도 나타날 것이다!

여러분이 자신의 주의를 긍정적인 것에다 두기 위해 노력하는 것과 자신의 에너지로 부정적인 것을 강화시키지 않는 것은 중요하다. 여러분의 주의가 가는 곳으로 에너지가 흘러간다는 것을 기억하라. 그러므로 여러분을 혼란시키는 것이나 감정적인 스트레스를 일으키는 것에다 주의를 두지 말기 바란다. 좋은 것이나 건설적인 것에다 초점을 맞추도록 하라. 만약 여러분이 질병이나 전쟁, 또는 어떤 것에 대해서 지나치게 우려한다면, 그것을 강화시키고 있는 것이고 그런 일을 실제로 유발할 수도 있다. 늘 전쟁의 상처로 고통 받는 지역들을 위해 신의 가호를 기원하라. 항상 선(善)이 승리하리라는 것을 알고 비운(悲運)이나 부정성을 예견하지 말라.

나는 어떤 것이 나를 짜증나게 할 경우 내가 거기다 주의를 기울인다면 그것이 더 악화되어 보이지만, 내가 단지 주의를 다른 곳으로 돌린다면 그것이 나를 더 이상 괴롭히지 않는다는 것을 안다. 따라서 여러분이 주의를 거두어들이면, 에너지도 사라져버린다. 그렇게 되면 여러분은 자신의 에너지를 건설적이고 긍정적인 방식으로 이용하고 있는 것이다. 그때 여러분은 자신과 타인을 위해 보다 나은 세상을 창조하는 데 일정한 역할을 하고 있는 것이다.

평화 계획

　지금부터 나는 자신의 에너지를 지구상의 위기상황에다 긍정적인 영향을 미치는 쪽으로 사용하고 싶어 하는 모든 이들을 위해 그 방법의 예를 알려주고자 한다. 이 아이디어는 내가 나의 영적인 대사들과 행성형제단으로부터 제안 받은 것이다. 그것은 어떻게 모든 개인들이 자신의 에너지를 다른 사람들과 함께 모아서 통합된 강력한 힘을 창조할 수 있는지에 관련된 하나의 방법이다. 1995년의 세미나 기간 동안, 아이들을 포함한 유럽 전역에서 온 참석자들은 매주 수요일을 이 목적을 위해 선정했다. 평화 계획(Operation peace)은 그 이래 나의 모든 세미나에서 소개되었다.

　나는 평화 계획에 참여해달라고 진심으로 여러분을 초대한다. 이것은 여러분의 개인적인 에너지를 한 점에 모으고 모든 신념체계를 가진 사람들과 함께 이 에너지를 연합하여 영적이고 통합된 힘을 창출하기 위한 것이다. 우리 모두가 우리 자신 내부에 초에너지(super energy)의 근원을 갖고 있기 때문에 우리는 모두 그 우주적 근원의 직접적인 채널들이다. 모든 사람들이 그들 스스로 동시에 힘을 결집함으로써 우리는 전쟁을 평화로, 분열된 세계를 하나의 전체로 변형시켜 공유할 수 있다. 우리가 자신의 에너지를 이 목적을 위해 집중시킬 때, 우리는 또한 지구영단과 행성형제단에 협력하고 있는 것이다.

　빛을 퍼뜨리기를 원하고 평화계획의 일원이 되고자 하는 모든 이들은 매주 수요일마다 그날의 어느 때고 명상이나 기도, 또는 그들 나름대로의 방식에 의해 에너지를 보냄으로써 참여할 수 있다. 이 힘에 집중해서 그것을 지구를 치유하는 데 이용하는 것을 배우기 바란다. 이 아름다운 행성에서의 보다 조화로운 삶을 위해 하나의 힘, 하나의 목표, 하나의 이상이 되어 달라!

이것은 여러분이 자신의 에너지를 증대시키는 데 도움이 될 훈련법들이며, 마지막 두 장에서 좀 더 추가적인 정보를 얻을 수 있다.

날마다를 위한 활력충전

창문의 햇빛을 마주하고 선다. 눈을 감고 깊은 심호흡을 한 번 한다. 마치 여러분 자신의 모든 부정적인 에너지들을 밖으로 몰아내듯이 숨을 토해낸다.

그런 다음 깊은 심호흡을 한 번 더 한다. 그리고 숨을 들여 마실 때, 빛 에너지가 모든 차크라들을 통해, 특히 크라운 차크라(정수리 부위)를 통해 빨려 들어오고 있다고 생생하게 마음에 그린다.

여러분은 그 에너지의 힘을 느낀다. 그것이 여러분을 유일자의 무한한 힘의 원천에 의해 창조된 살아 있는 모든 것들과 연결시켜 주는 생명력이다. 그것은 무한하다. 그러므로 여러분이 원하는 만큼 흡수하도록 하고, 그것이 여러분 내부와 주변으로 흐르는 것을 보아야 한다.

여러분 몸의 중심에는 태양신경총(太陽神經叢)이 있는데, 그것을 붉은 경보버튼으로 시각화하라. 그리고 그것이 이러한 에너지에 의해 활성화되고 있다고 상상해보라. 그것이 열과 빛을 발하기 시작하고 곧 여러분의 몸도 달아오르며, 이제 에너지로 채워졌다.

계획을 추진하는 것은 곧 행동을 취하는 것이다. 지금 여러분은 자신이 바라는 모든 것을 성취할 수 있고 주변의 모든 사람들에게 훌륭한 본보기가 될 수 있다. 이제 눈을 뜨고, 삶과 그것이 베풀 수 있는 모든 것, 그리고 절대자의 강력한 힘에 대해 감사하라.

달콤한 꿈들의 장면

수면에 들어갈 준비가 되었을 때, 눈을 감고 다음과 같이 자신에게 말한다.

"나는 빛에 의해 둘러싸여 있고, 그 빛의 의해 보호받고 있다. 그리고 나는 빛 속을 걷는다. 신은 빛이며, 나도 빛이다."

그런 다음 이 빛이 여러분이 사랑하는 이들을 에워싸고 보호하고 있는 모습을 마음으로 시각화하라. 여러분 주변과 내면에 있는 이러한 따스한 빛으로 이제 여러분은 즐거운 꿈과 함께 평화로이 잠에 빠져든다.

15.사랑과 관계들

　사랑은 단순한 감정이나 표현이 아니라 그것은 우리의 참된 실재에까지 이르는데, 왜냐하면 사랑은 창조의 원천이기 때문이다. 우리는 만물에 대한 창조주의 사랑에 의해서 창조되었다. 참된 사랑은 창조주로부터 흘러나와 모든 생명체들을 부양하는 에너지이다. 그것이 없이는 아무 것도 존재할 수 없다. 따라서 우리는 모두 우주적 존재들이고 하나의 존재양식에 한정돼 있지 않다.

　사랑에는 한계가 없다. 사랑은 풍요롭고 자유로우며 우리의 삶에 가장 중요하다. 사랑은 결코 쇠퇴하지 않는다. 그리고 여러분은 절대로 그것에 관해 걱정해서는 안 된다.

　우리 모두는 개인들이고, 서로 다른데다 독특하다. 이런 차이점들이 갈등의 원인이 될 필요는 없다. 그것은 오히려 서로의 독특

함을 식별
하고 이해
하는 데 도
움이 될 것
이다.

여러분이
겪는 긍정
적이거나
부정적인
모든 경험
들은 자신
의 발전에
중요하다.
때때로 여
러분은 자
기에게 일
어나는 일

옴넥이 시카고의 나이트 클럽 <페이스>에서 일할 때, 딸 토비
와 함께.(1980년대 중반)

을 지나친 저항 없이 그저 받아들여야 한다. 그 경험이 여러분에
게 말하려고 하는 것이 무엇인지를 알기 위해 한 걸음 뒤로 물러
나라. 그것이 여러분에게 무엇을 초래했는가? 그것으로부터 무엇
을 배웠는가? 이것이 절대적으로 핵심적인 것이다. 그것을 일종의
처벌이나 불필요한 어떤 것으로 보지 말라. 왜냐하면 일어나는 모
든 것들은 매우 특별한 이유가 있기 때문이다.

여러분 자신을 귀중하고 특별한 보석, 즉 독특한 보석으로 보는
것은 중요한데, 여러분의 모든 경험들이 자신에게 특유의 형태로
나타나는 까닭이다. 이런 모든 경험들과 모든 재능들은 여러분이
라는 이 특별한 보석의 각 면들을 형성했다. 여러분이 남에게 사

랑을 주면 줄수록 더욱 더 많은 사랑을 받게 된다. 그리고 그때 여러분은 자신에 대해 좋은 느낌을 갖게 되는데, 여러분이 매우 아름다운 어떤 것의 채널이 되었기 때문이다.

여러분 모두는 훌륭한 채널이 될 능력이 있다. 모든 사람들은 그들을 통해 흐르는 이런 에너지를 갖고 있다. 여러분은 단지 그것을 인식하고 자신의 생각과 주의를 집중함으로써 그것을 조종하면 되는 것이다. 모든 것들에게 사랑과 축복을 보내고 창조주로부터 여러분을 통해 흐르는 사랑과 선(善)의 긍정적인 힘이 되기 위해 노력하라.

영혼의 동반자

영혼은 지상에 육화하기 전에 남성 또는 여성 중에 어느 몸으로 살 것인지를 결정한다. 소울 메이트(Soul mate)는 영혼의 일부이며 외부의 사람이 아니다. 그것은 실제로 여러분 자신의 일부이다. 여러분이 외부의 파트너가 없이도 완전하다는 것을 깨닫자마자 더 이상 찾아 헤매지 않으며, 그때 여러분은 영혼의 수준에서 자아실현에 도달한다. 외부에서 소울 메이트를 찾는 것은 일종의 환상이다.

영혼이 자신이 갖고 태어나기를 원하는 성(性)을 결정할 수 있을 때, 그것은 남성이나 여성으로 육화하는 것을 선택할 수 있다. 그리고 자신의 몸에 의존해 영혼은 남성 또는 여성의 특성에 관해 더욱 많은 것을 배운다. 만약 영혼이 반대의 성으로 돌아오기를 선택하여 그 몸에 익숙하지 않다면, 그 성을 받아들여 배우기를 원하기 때문이다. 따라서 그런 경우 그 사람은 동성(同性)의 사람에게 끌릴 수가 있다. 이것은 현재의 육체와는 맞지 않는 영혼 자신의 전생(前生)의 기억과 관계가 있다. 예를 들면, 남성으로 태어났을 때의 강한 기억을 여전히 지닌 채 여성의 몸으로 살고 있는 경우이다.

최종적으로 영혼은 그것이 더 이상 문제가 되지 않는 지점에 이르게 되고 자신이 내면에 (남과 여) 양쪽 극성(極性)을 가지고 있다는 것을 알게 된다. 모든 경험들은 인간이 되는 것에 관련되어 있다. 그리고 여러분이 자신이 영혼임을 알고 내면에 양쪽 에너지를 갖고 있다는 사실을 깨닫자마자, 여러분은 자신의 균형을 찾은 것이다.

사랑과 물질세계에서의 관계들

인간으로서 우리는 타인들과 복잡한 관계를 경험하며 다른 개인들과 카르마적인 인연을 형성하게 된다. 영혼이 창조되었을 때 수많은 다른 영혼들도 동시에 창조되었다. 이런 모든 영혼들은 그들이 물리적 차원에 이를 때까지 공통의 경험과 관계를 맺으면서 다양한 차원들을 통과해 함께 여행하고 있다. 이것은 전체 영혼이 존재하는 내내 계속되는데, 즉 동일한 그룹의 영혼들은 거듭해서 함께 환생하여 관계를 형성하며 그들 모두가 더불어 진보해 나가는 것이다.

사랑은 각 개인에 따라 다르다. 그것은 육체적인 감각을 압도하거나 미묘해질 수 있다. 그것은 창조하거나 또는 파괴하는 데, 그리고 조종하고 통제하거나, 아니면 자유를 부여하는 데 이용될 수 있다. 물질세계에서 사랑은 무수한 방식으로 그 자체를 표현하는 가장 강력한 감정인데, 특히 파트너들 간의 관계에서 그러하다.

관계의 한 가지 형태는 파트너들이 소통하거나 공유하지 않고 그들 자신 주변에 벽을 세우는 것이다. 그들은 단지 상황이나 외적 조건, 또는 어떤 두려움 때문에 함께 머물러 있다. 그들은 서로를 묵인하지만 따로따로 성장한다.

관계의 또 다른 형태는 서로 상대방의 요구를 받아들일 수 없고 오해나 실수를 용서할 수 없는 것이다. 이런 형태의 경우 서로 말과 행위로 상처를 준 후 사과와 죄책감에 의해 생겨나는 결합을 위해서는 싸움과 격렬한 감정분출이 필요하다. 이런 파트너들은 헤어질 것이 거의 틀림없는 일종의 감정의 롤러코스터(roller coster)와 같다.

마지막 형태는 모든 것이 가장 최상이고 견고한 관계이다. 이런 관계는 파트너들이 모든 것을 함께 공유하고, 각자의 개성을 받아들이며, 서로의 소망을 실현하기 위해 노력한다. 다른 사람의 실수를 이해하고 용서할 수 있기 위해서는 신뢰와 정직, 그리고 함께 나누려는 자발성을 필요로 한다. 소통은 중요하다. 일단 여러분이 모든 형태의 사랑을 경험하게 되면, 그때 여러분은 진실하고 조건 없는 사랑을 알 준비가 된 것이다. 조건 없는 사랑은 모든 것을 포용하고 받아들인다. 조건 없이 사랑한다는 것은 창조주의 방식으로 사랑하는 것이고 가장 순수한 형태로 사랑이 흐르게 하는 것이다.

16.죽음에 대한 금성인들의 이해

지구상의 여러분과는 달리 우리 금성인들은 이른바 죽음이라는 것을 하나의 존재에서 다른 존재 방식으로, 또는 상위의 존재 상태로 옮겨가는 것으로 본다. 그러므로 우리에게 죽음은 일종의 즐거운 사건이며, 제한된 상태에서 졸업해서 보다 덜 제한된 존재방식으로 이동하는 것과 같다.

또한 지구인들과 다르게 모든 금성인들은 자기들의 운명을 알고 있고, 이전에 살았던 장소에서 떠나게 될 때를 대비해 준비되어 있다. 아울러 금성인들은 육체적인 존재들이 직면하게 되는 나이를 먹어 노화하는 과정이 없다. 육체적으로 우리는 하나의 육신을 취한 후에 여러분의 연령으로 500세까지 살 수 있으며, 금성에서는 3,000~4,000세를 산다. 만약 여러분이 지구에서의 제한된 시간개념을 극복할 수만 있다면, 그것은 인간들이 생각하는 것처럼 긴 세월이 아니다. 영혼은 불멸이기 때문에 우리는 실제로 영원히 살며, 따라서 몇 천세 사는 것이 무슨 대수이겠는가! 그런데 영원 이라는 것은 매우 매우 긴 시간이 아니라, "무(無) 시간", 즉 영원 한 현존이 지금 그리고 여기에 있다는 것을 의미한다.

그러므로 여러분이 우리의 시간개념이 다르다는 것을 이해할 수 있을 때, 역시 우리의 죽음에 관한 개념을 이해할 수 있을 것이 다. 바뀌는 유일한 것은 여러분의 다음 존재 장소이고 그것은 특 정 삶에서 여러분이 배운 것에 기반을 두고 있다. 그때 여러분은 영혼으로서 아직 배워야 할 것과 배운 것, 또는 실현한 것에 따라 그 장소를 어디에서든 구현한다. 그리고 우리는 모두 참으로 개별 적이기 때문에 이런 장소는 영혼에 따라 달라질 수 있고, 영혼이 존재할 수 있는 수많은 우주와 행성들, 차원들 가운데 한 곳에 배 치될 수 있다.

우리 금성인들은 죽음을 어떤 슬픈 것이나 상실로 느끼지 않는 데, 우리는 그들이 영혼으로서 여전히 살아 있고 그들에 대한 우 리의 관계가 생(生)에 따라 변한다는 것을 알기 때문이다. 여러분 이 이런 사실을 알고 이해할 때, 서로에 대해서나, 동물, 사물들에 대해 집착하지 않는 것이 좀 더 용이해질 것이다. 우리는 우리가 아무 것도 소유할 수 없고, 우리는 단지 필요한 것을 잠시 빌려 사용한다는 것, 그리고 모든 것은 절대자에게 속해 있다는 사실을 안다. 존재하는 모든 것, 만유(萬有)는 영혼이며, 영혼이 우리가 통 제할 수 있는 모든 것이다.

여러분이 타인들이나 어떤 상황에 의해 통제를 받는다면, 그것 은 대개 특정 생의 영향 탓이거나, 인간이 세상에다 만들어 놓은 상황, 개념, 믿음을 받아들였기 때문이다. 이것은 여러분이 물질적 이고 육체와 새로운 뇌를 갖고 있을 경우, 배우는 과정에서 이전에 자신이 무엇이고 어디에 있었는지에 관한 기억을 상실했기 때문에 일어난다. 여러분의 상원의원이라는 사람들이 영적으로 무지하고 또한 자아도취에 사로잡히거나 망각하고 있다면, 여러분에게 아무런 도움이 되지 않는다. 오히려 이와 같은 책들과 자기들의 우주적 기원에 관해 사람들을 상기시키는 성향의 다른 이들은 그런 사이클을 깨뜨리는 한 가지 방법이다. 그리고 사람들이 그들 자신을 영혼으로 이해하도록 준비시키는 것이 바람직하다.

지금 금성에 있는 이들이나 물질계의 상위 차원들에 거주하는 어떤 다른 존재들은 커다란 이점을 갖고 있다. 우리는 물질적인 요소로 이루어진 새로운 몸이나 뇌와 관계해야 할 필요 내지는 육체로 태어나는 충격을 감당해야 할 필요가 없다. 그렇기 때문에 우리의 전생(前生)에 관한 기억과 경험들은 (인간들처럼) 영혼이 육체로 태어나는 과정으로 인해 심각하게 영향 받거나 잠재의식

옴넥 오넥의 금성인 아버지 디아샤르(좌)와 어머니 샤윅(우)을 스케치한 모습.

속에 묻힐 필요가 없다. 따라서 우리는 육체로 있는 이들보다는 적게 고심하며 새로운 환경에 적응할 수가 있다.

하지만 여러분은 육체에 적응해야할 뿐만 아니라 언어도 배워야 하고 수많은 감정적 갈등에 노출되어야 한다. 그런 까닭에 육체적 삶들은 오히려 매우 가치가 있고, 영혼으로서 여러분이 지상에서 보낸 수많은 생들이 있는 것이다. 인간이 모든 조건들을 극복하는 것을 배우고 그것을 초월해서 볼 수 있게 될 때, 그리고 영혼의 깨달음을 발전시켰을 때, 그때 비로소 여러분은 육체적 환생의 마무리 단계에 이르게 된다. 그리고 상위 단계에서 배울 준비가 충분히 된 것이다. 그러므로 우리는 자신이 할 수 있는 한은 모든 것을 배우기 위해 노력해야 하며, 우리가 결코 모든 것을 다 알지는 못한다는 사실을 인식해야 한다!

차원전환(죽음)에 관한 금성인들의 영적인 의식(儀式)

다음의 의식은 우리가 물리적인 언어가 필요없는 아스트랄계에서 정신적으로 행하는 영적의식이다. 나는 그것을 여러분의 이해와 개념에 적합하도록 물리적 언어로 바꾸어놓았다.

금성에서 이 의식을 행할 때 나는 아직 너무 어렸었다. 나는 나중에 오딘 삼촌으로부터 그것을 들어서 알았고, 그것을 대중들에게 알리는 것을 허락받았다.

금성에는 그 의식을 행하기 위한 특별한 사원(寺院)이 있다. 그 사원은 번쩍이는 수정(水晶)처럼 보인다. 이 의식은 3단계로 이루어져 있다. 이 세 단계는 인간 의식(意識)의 세 가지 상태를 상징한다. 그 첫 번째이자 가장 낮은 단계는 인간의 인과적 속성을 상징하고, 두 번째는 단계적인 정신적 과정이며, 세 번째는 때로는 시련으로 알려진 영적인 발전에 대한 것이다. 그때 거기에는 아치 모양으로 된 세 개의 입구가 있는데, 가운데 것은 그 차원전환을 할 사람을 위한 것이다. 그리고 왼쪽의 것은 그 의식에 참여하고자 하는 모든 금성인들을 위한 것이며, 오른쪽의 것은 영적인 스승들과 높은 대사들을 위한 것이다.

처음에 여러분이 입장할 때 방사되는 빛은 매우 밝다. 눈이 거기에 적응하는 데는 한 순간이면 족하다. 그때 그 중심에서 7개의 계단이 있는 사각형 무대가 솟아오른다. 7개의 계단들은 우주의 주권자인 지고한 신의 신성한 7가지 법칙들을 나타내는데, 이것은 여러분이 그 의식에 참여할 만큼 영적으로 진보하기 위해서는 그대로 실천하며 살아야하는 법칙들이다.

그 무대 주변에는 원주의 길이가 약 50피트 정도인 거대한 원이 에워싸고 있다. 그것은 번쩍이는 순수한 붉은 수정으로 만들어져 있었다. 그리고 거기에는 또한 황금의 띠들이 에워싸고 있는데, 약 1피트의 두 황금 띠들 사이에는 약 2피트의 백수정의 띠가 함께 있다. 이 원주는 세 줄의 의자들에 의해 둘러싸여 있었으며, 그 세 줄에는 각각 4개의 의자들이 놓여 있다. 또한 마지막 황금 띠 너머 바로 외곽에는 일부는 지구에서도 익숙하고 일부는 매우 고대의 것인 황도대(黃道帶) 12궁의 상징들을 볼 수 있다.

돔 형태의 지붕을 한 무대 위에는 다른 색깔의 거대하고 둥근 수정빛들로 이루어진 원이 있는데, 각각의 것은 금성의 황도대의 상징들을 나타내고 있다. 그런데 금성의 황도대는 13궁을 갖고 있다. 우리 금성의 상징들은 지구의 것과는 달리 동물을 나타내고 있는 것이 아니라 우리의 행성을 통제하고 뒷받침하는 에너지를 묘사하고 있다.

무대는 황금이며, 7개의 계단들이 있다. 이윽고 금성인들이 입장할 때 거기에는 완전한 침묵만이 존재한다. 착석한 모든 이들은 깊은 명상 속에서 무대에 오를 사람에게 그들의 에너지를 집중한다. 그때 희미하게 들리는 단조로운 음악소리를 들을 수 있고 에너지가 강화되는 것을 느낀다. 그리고 높은 단(壇) 같은 정육면체의 꼭대기에서 13개의 둥근 수정빛들이 작열하고 빛나기 시작하는 것을 알아챌 수 있다. 또한 원주 주변에 앉아 있는 각각의 금성인들로부터 방사되는 빛의 광선을 볼 수 있다. 그들은 그 차원전환을 위해 입구가 나타날 수 있도록 자기들의 집중력으로 에너지를 생성하고 있는 것이다.

정육면체의 꼭대기에서 빛나는 다채로운 광선들과 함께 즐거운 음악이 점점 강해짐에 따라 그 무대 위에 수많은 색채로 이루어진 화염이 나타나는 것을 보게 된다. 화염이 약 10피트 높이로 커졌을 때, 비로소 차원을 전환해서 넘어갈 그 장본인을 볼 수 있다. 천천히, 그리고 대단히 기품 있고 엄숙하게 그 또는 그녀는 계단으로 다가가 그 화염 속으로 걸어들어 간다.

그리고 서서히 소리와 더불어 화염과 맥동하는 빛이 점점 잦아지며 꺼져간다. 이윽고 금성인들은 조용히 자리에서 일어나 기쁨과 감동으로 얼굴에 흡족한 표정을 지으며 사원을 걸어 나간다. 영적인 의식이 완료된 것이다. 이 의식은 아스트랄 차원의 금성을 떠나 상위차원으로 올라가는 각 개인들을 위해 반복되었다.

17.삶의 계획에 대해 알기

　우리 모두는 태어나기 전에 우리가 생존할 시간길이와 우리의
목적, 다른 영혼들과의 카르마적인 관계를 알고 삶의 주기를 선택
한다. 이것은 모든 영혼들에게 진실인데, 즉 물질계로 태어나는 영
혼들도 그러하다. 하지만 이곳 물질계에서의 갈등과 강한 감정들
과의 부딪침, 육체적 배움의 과정의 복잡성으로 인해 이전 삶에
관한 많은 기억과 우리가 했던 선택 및 수명과 끝나는 방식 등의
세부내용들은 거의 망각된다.
　만약 우리의 부모나 보호자들이 우리가 본래 영혼들이었고 이유
야 어찌되었든 선택해서 이곳에 왔다는 것을 상기시켜주었다면,
앞에 놓인 내용들을 기억하고 개관하는 것이 더 쉬워질 것이다.
　한때 나는 자신의 (태어나기 전의) 삶의 계획을 기억하는 한 어린 소녀의 사례를 알고 있었다. TV 다큐멘터리에서 캘리포니아의 한 가족에 관한 이야기를 방영한 적이 있는데, 그 가족은 엄마와 아버지, 그리고 그들의 두 딸로 이루어져 있었다. 그런데 큰 딸이 13세경에 천사들에게 매혹적으로 마음이 끌리게 되었다. 그녀는 또한 가족들에게 자신이 이곳 지구에서 그들과 함께 오래 있지 않을 것이라고 말하기 시작했다! 물론 가족들은 이것을 믿고 싶어 하지 않았다. 하지만 그 소녀는 그것이 계획돼 있었다고 계속해서 주장했다.

부모들은 그녀가 우울해하거나 자살적인 성향에 사로잡혀 있지는 않았기 때문에 지나치게 걱정하지는 않았다. 그러나 그녀는 비교(祕敎) 서적들을 공부하고 천사들에 관한 온갖 종류의 그림들과 모델들뿐만 아이라 이야기와 책들, 달력들도 수집하기 시작했다. 심지어 그녀는 크리스마스 때 천사 쿠키라는 특별한 쿠키를 굽기까지 했다. 게다가 그녀는 천사 같이 외모를 꾸몄고 우울해하거나 불행한 사람들을 돕는 데 점점 더 관심을 기울이기 시작했다. 소녀는 자신이 하려고 계획한 모든 것을 다 했다. 그녀는 학교를 우등으로 졸업했고 학교와 교회 성가대에서 노래했다. 누군가 그녀에게 대학에 가거나 경력을 쌓을 의향이 있느냐고 물었을 때 그녀는 이렇게 말하곤 했다.

"나는 이곳에 더 이상 있지 않게 될 거에요."

"어떻게 그렇게 말할 수 있죠?"

"왜냐하면 난 여기에 단지 잠시 동안만 있기로 선택했기 때문이에요."

이것이 그녀의 답변이었다. 그녀가 18살이었을 때 무도회에 참석했는데, 그것은 고등학교 졸업 댄스 축제였다. 거기에 모든 소녀들이 기대하는 공식적인 행사가 있었으며, 이것은 공주처럼 옷을 차려입고 댄스 파티에 나가는 것이었다. 그녀는 그 행사를 즐겼고,

한 미남 남자친구가 옆에서 에스코트했으며, 행복했다! 그리고 나서 자동차로 귀가하는 길에 사고가 일어났다. 그 차 안에는 6명의 사람들이 타고 있었으나, 오직 그녀 한 사람만이 사망했다.

그녀의 가족들은 오열하며 슬퍼했다. 가족들이 그녀의 방 안에 있던 소유물들을 정리하는 동안, 그녀가 자신이 죽기 전날 가족들에게 쓴 편지 한 통이 발견되었는데, 그 내용은 다음과 같았다.

사랑하는 엄마, 아빠와 가족들에게

저 때문에 울지 마세요. 이곳에서의 내 시간이 다 되었으므로 전 괜찮아요. 전 떠나야 해요. 하지만 전 늘 가까이 있을 거고, 저처럼 여러분의 지상에서의 시간을 마쳤을 때 우리는 모두 다시 만나게 될 거예요. 저는 멋진 삶을 살았고 좋은 친구들, 아름다운 가정과 사랑하는 가족들을 가졌었어요. 이것에 대해 전 감사하게 생각해요. 우리들 각자는 우리의 가족과 시간을 선택하지요. 어떤 장벽이나 한계들은 없다는 것을 알고 사랑하세요. 그것을 느끼고 경험하는 것은 언제나 할 수 있어요. 나의 천사 수집품들을 잘 보관해 주세요.

여러분을 사랑합니다.

- 안젤라 -

그 가족들은 서로를 부둥켜안고 흐느꼈다. 그리고 그들이 아래층으로 내려왔을 때 주방 식탁 위에는 갓 구워진 천사 쿠키가 놓여 있었다. 그것은 아직도 따뜻했다! 그들은 그것이 그녀가 늘 가까이에 있다는 신호라는 것을 알았다. 그리고 그녀를 기리며 그들은 천사들에 관련된 모든 것을 판매하는 상점을 열었다.

하지만 이와 같은 이야기는 자주 일어나지 않는다. 훨씬 흔하게 어떤 기억이나 기억할 수 있는 능력, 또는 비물질적인 친구들과 대화할 수 있는 능력은 종종 아이들의 환상으로 무시되거나 억압

받는다. 영혼으로서의 한 아이가 자신의 부모나 연장자들의 의견을 존중해야 한다고 요구받게 될 때, 의심이 시작되고 자기들의 경험들을 의논하거나 공유하는 것을 억누르기 시작한다. 그것은 이곳 지상에 있는 대부분의 사람들의 이해의 결여로 인해 자기가 비웃음을 받지 않을까하는 두려움과 따돌림을 당해 받아들여지지 못할 거라는 느낌 때문이다. 따라서 이런 기억들은 무디어지거나 잠재의식 속에 묻혀버리고 마는 것이다.

모든 영혼들은 많은 지혜와 지식들을 갖고 있으며, 그것은 이런 기억들을 다시 일깨울 수 있다. 그런 이유로 나와 나 같은 다른 존재들이 모든 영혼들의 의식과 생각을 변화시키고 그들에 의해 경험된 진실과 과거의 삶을 좀 더 이해할 수 있게 하기 위해 이곳에 있는 것이다. 그럼으로써 그들은 자기들의 보편적인 삶을 받아들일 수가 있다. 오늘날에는 자기들의 자녀들을 영혼으로 배려해서 수용해야 한다는 부모들의 좀 더 개선된 인식이 있다. 그리고 그들은 아이들이 자기들과 함께 사는 동안 이런 경험이나 지식들을 보존할 수 있게 돕는다. 이것이 지구에서 새로운 시대가 열리는 출발점이다!

내가 언급했듯이 물질계 상위의 금성이나 어떤 다른 차원에서는 영혼의 이런 기억들은 늘 인지되고 있고, 그 생의 주기로 들어왔을 때 그대로 주변 사람들에 의해 보호된다. 여러분이 보다 높은 세계에 태어나게 되면, 지구나 다른 우주 속의 지구와 같은 행성들처럼 다문화적인 환경 속에서의 분열이나 매우 복잡한 의식이 없이 좀 더 많은 것을 아는 수준에 있게 된다. 기억하라. 각 태양계나 우주마다 분리되고 혼란에 가득찬 채 잘못된 정보를 갖고 있는 존재들이 거주하는 물질차원의 행성이 하나는 있어야 한다는 사실을 말이다. 이것은 필요한데, 왜냐하면 우리가 혼란을 통과하기 위해 노력할 때 그곳에서의 우리의 경험들을 극복하고 완료할 수 있기 때문이다. 물론 나는 그것을 완수했다. 그런 다음에 사물을 분리 없이 보기 시작하고, 비판 없이 사는 것을 배우며, 그런 혼란과 두려움, 분노를 극복한다. 그리고 - 죽음을 두려워하지 않고 - 삶과 그것이 베푸는 모든 것의 한계를 넘어 삶을 보다 높은 배움의 장소로 가기위한 졸업의 기회로 보고 받아들여 사랑하는 것을 배운다. 우리 금성인들은 모든 것을 졸업한 만큼 금성에서 우리는 공격성과 두려움이 없고 고난을 겪지 않는다. 또 이런 경험들을 넘어서 있다. 우리는 (인간들처럼) 우발적이거나 외상적인 죽음에 직면하지 않는다. 물론 우리는 사랑하고 배려하고 가족과 공동체를 형성하여 다른 이들에 대한 감정적인 애착을 함께 나눈다. 우리는 또한 매 삶의 주기마다 있는 모든 이별이 - 그것이 신체적인 것이든, 또는 다른 것이든 - 우리가 불멸이고 존재하기를 멈추지 않기 때문에 단지 일시적이라는 것을 배웠다.

그러므로 우리는 과거 우리가 다른 이들과 함께 삶을 공유했을 때 그들에게 실수했으리라는 것을 알기에 다른 영혼이 자체의 여정에서 진보해 나가는 것을 기쁘게 돕는다. 하지만 우리의 영혼 속에 그들의 기억은 계속해서 살아 있고 내가 이곳 지구에서 이것을 경험했듯이, 앞으로 다른 어디선가 그들과 재회하기를 기대할 수 있는 것이다. 새로운 몸과 상태 속에 있는 오래된 영혼의 친구들과 만나는 것, 즉 그들이 때때로 나를 알아본다는 것은 얼마나 기쁜 일인가! 그때 나는 참으로 내가 이곳 지구에서 이방인이 아니라 단지 오래된 친구, 모든 나의 오랜 영혼의 동료들과 다시 만나, 나누고, 우연히 조우하고 있음을 안다! 그런 다음 우리가 이곳에서의 삶을 마쳤을 때 우리는 어떤 매우 어려운 교과과정을 끝냈다는 것, 그리고 많은 즐거움과 아름다움을 공유했다는 것에 기뻐하고 행복해질 수 있는 것이다. 왜냐하면 이것은 삶의 끝이 아니라 단지 새로운 삶의 시작이기 때문이다!

예를 들면, 나의 금성인 어머니 샤윅(Shawik)은 내가 태어났을 때 테우토니아에서 살았던 자신의 특별한 삶이 마무리되고 내 자신 및 그곳의 그녀 가족과의 인연도 종결될 것이라는 사실을 알고 있었다. 나의 아버지 디아샤르(Deashar)는 이와 관련해 어려움을 갖고 있었지만, 그것을 받아들여야 한다는 것을 인식했었다. 그는 또는 자기가 자신의 일을 계속 할 것이고 나에게 필요한 돌봄의 시간을 갖지 못할 거라는 점도 알고 있었다. 나의 부모는 내가 태어나기 전 오랜 동안 삶을 함께 했었다. 당시 나는 너무 어렸기 때문에 내 어머니의 영적인 전환 의식에 참석할 수 없었다. 하지만 그것이 시행되기 전에 모든 것이 알려져 있었고 각 영혼에 의해 선택되어 있었다.

보통 거기에 부분적으로 늘 슬픔의 기미가 있기는 하지만, 우리가 다른 이들에게 집착하듯이 그런 행위는 자연스러운 것이다. 슬픔을 극복하는 것, 은혜 속에서 기쁨을 발견하는 것, 우리가 사랑하는 이들의 영적승격을 함께 나누는 것, 그리고 그들이 우리와 함께 계속 있기를 바라는 우리 자신의 이기적 욕구 때문에 영혼이 떠나는 것을 어렵게 만들지 않는 것은 하나의 과제이다.

내가 말했듯이 영혼이 존재하는 곳이 어느 차원이냐에 관계없이 여전히 배워야할 교훈이 있고 극복해야 할 어려움들이 있다. 비록 어떤 장소가 물질적인 기준에서 비교할 때 외견상 천국처럼 보이거나 동화 속의 세계처럼 여겨지더라도 항상 다른 형태의 어려움이나 극복할 것이 있는 것이다!

여러분이 어떤 상황에 행복할 때 그것은 대개 자신의 인생계획과 부합한다. 설사 거기에 관련된 어려움이나 장애들이 있다고 할지라도 여러분이 자신의 참나에 의해 인도받을 때는 영혼으로서의 여러분 자신으로부터 뭔가 "옳다"라는 자연스런 느낌이 온다. 하지만 여러분이 어떤 결정에 관해 불확실한 상태에 있거나, 혹은 슬품, 의심, 두려움을 갖고 있을 경우, 이것은 거기에 뭔가 잘못된 것이 있음을 의미한다.

물론 또한 예기치 못한 상황이 일어나기도 한다. 모든 것은 자체의 정당한 이유와 시간 및 조건을 갖고 있다. 여러분의 의식적인 마음이 즉시 그 교훈을 항상 이해하지는 못한다고 하더라도 여러분은 늘 무엇인가를 배우고 있다. 비난과 심판을 사랑과 수용으로 대체하는 훈련을 하도록 하라.

영혼으로서의 여러분은 무엇이 자신에게 옳고 어떤 경험이 자기에게 필요한지를 안다. 만약 여러분이 뭔가를 실행할 필요를 느끼거나 진정으로 성취하기를 원한다면, 또는 그것을 할 수 있을 때 행복하다고 생각된다면, 그때 그것은 여러분이 영혼으로서 선택한 것이다. 물론 거기에는 다른 측면에서 오는 영향이 있을 수 있고, 그것이 여러분에게 어려움을 초래하거나 여러분의 인내를 요구할 수도 있다. 그러나 명상을 하고 영적인 수련을 행함으로써 여러분은 자기 내면의 인도 및 영혼과 연결될 수 있다. 그리고 의식적으로 평화와 균형을 여러분의 존재 속으로 가져올 수 있다. 항상 다음과 같은 점을 기억하라. 이곳 지구에서의 이 삶은 단지 사랑과 자비의 바다의 영원한 해변에 있는 작은 한 모래알에 지나지 않는다. 진리는 그 영원함이 여러분의 것이라는 사실이다.

18.영적인 여정

　이 영적인 여정은 여러분의 참된 존재와의 하나됨의 느낌과 그 위대한 자아에 관한 기억을 일깨우는 데 도움이 된다.

　여정을 위해 다음과 같이 준비하라. 조용하고 어두운 방에 편안히 눕는다. 명상음악을 틀어놓는 것은 유용하며 향을 피우는 것 역시 그러하다.

　여러분이 순수하고 맑은 공기를 호흡하고 있다고 상상하라. 그 공기가 여러분의 왼쪽 콧구멍으로 들어와 뇌를 통과해 지나간다고 생각하라. 그리고 그것이 여러분의 생각과 몸 전체를 통과하며 모든 어둠과 부정성, 불순물들을 걸러낸다고 마음으로 그려라. 이어서 그런 부정적인 요소들이 오른쪽 콧구멍을 통해 빠져나간다고 시각화하라. 즉 왼쪽 콧구멍으로는 정화시키는 맑은 공기가 들어

오고 오른쪽으로는 불순물들이 배출되는 것이다.

여러분의 오른쪽 콧구멍에서 빠져나오는 공기가 처음에는 검고 탁한 상태이지만, 여러분이 정신적으로 육체적으로 정화되는 만큼 그 공기가 점점 더 맑아지는 것을 상상하라. 천천히 규칙적으로 호흡을 계속함에 따라 그 공기는 점차 깨끗해질 것이다.

들이쉬고 내쉬면서 형성되는 한 번의 주기를 돌때까지 맑은 공기를 들이쉬고 맑은 공기를 토해내라. 대략 10분 정도까지 이런 호흡하기를 계속하라.

이제부터는 여러분이 순수하게 빛나는 백광 속에 감싸인 채 과감하게 자신의 영적여행을 떠난다고 상상해보라. 천천히 목표를 향해 매혹적인 숲 속을 걷기 시작한다. 여러분은 황금빛을 따라가고 있고, 온갖 형태와 크기, 종류로 이루어진 아름다운 나무들이 줄지어선 길을 걷고 있다.

나무들의 가지를 바라보라. 그것들은 손을 뻗으면 닿으리만치 낮게 드리워져 있다. 여러분은 직선으로 나 있는 폭이 2피트인 길에서 벗어나지 않고도 나뭇가지들을 만질 수가 있으며, 그 길은 숲을 통과하게 되어 있다.

그 나무의 껍질을 보라. 비록 어떤 나무들은 겉껍질이 거칠기는 하지만 여러분은 생명력 있는 기운을 발하는 아래쪽 내부 핵의 부드러운 곳을 볼 수가 있다. 계속 걸으면서 왼쪽을 바라보라. 길옆에는 작은 팬더(bearcat)가 앉아 있다. 그것은 우호적이고 장난기가 많다. 아래로 손을 뻗어 그것을 쓰다듬어 보라. 팬더는 사랑스럽게 반응한다.

황금빛을 따라 계속 걸어간다. 앞쪽에는 반짝이는 맑은 물로 채워진 아름다운 호수가 있는데, 그것은 산에서 내려오는 물의 흐름으로 형성되었다. 호수에는 활기차고 다채로운 물고기들이 살고 있고, 그 호수물은 외부로 흘러나가 생명의 바다의 일부를 이룬다.

여러분이 생명의 바다 앞에 섰을 때, 물 컵을 들어 자신의 가슴 바로 위로 옮기도록 하라. 그것을 하늘을 향해 쳐들고 마음속으로, 또는 육성으로 다음과 같이 외친다. "사랑! 사랑! 사랑!"

여러분이 위의 높은 하늘을 바라보자 하늘의 사방에서 아름다운 사랑의 진동이 모여드는 것을 보게 된다. 한 줄기의 밝은 광선이 북쪽으로부터 오고, 다른 광선은 남쪽에서, 또 다른 광선은 동쪽에서, 그리고 다시 한 광선은 서쪽에서 온다. 그것들이 만나 융합되어 거의 눈이 멀 정도의 눈부신 흰빛의 광선을 형성한다.

이 광선은 천사 같은 존재들로부터 오는 하늘의 사랑으로 충만해 있다. 그리고 아래의 여러분을 비추고 있다. 그것이 번쩍이며 여러분이 손에 쥔 컵 속으로 들어가고, 컵 속을 빛으로 채우며 그 것을 우유 같은 핑크색 감로주로 변형시킨다. 광선은 그 감로주가 컵의 가장자리로 흘러넘쳐 여러분에게 부어질 때까지 컵 속으로 흐른다.

이제 컵을 아래로 내려 여러분의 입으로 가져가서 그 감로주를 마신다. 이 맛좋은 천상의 사랑을 단숨에 들이키도록 하라. 그것은 살구 같은 맛을 담고 있다. 어떻게 그것이 여러분 몸의 모든 부분을 훈훈하게 달구는지를 느껴보라.

여러분의 컵을 바라보라. 그것이 얼마나 변했는지를 보라. 그 안과 밖을 살펴보라. 어떻게 그것이 이런 천상의 사랑이 담겨지며 변형되었는지를 보라. 다시 그 컵을 여러분의 가슴에다 가져다 대고 몸에 닿는 그 따스함을 즐겨보라.

이것이 자각으로 가는 첫 단계이다. 그런 다음 여러분은 자신의 몸이 둥둥 뜨기 시작하는 것을 느낀다. 여러분은 점점 더 높이 상승한다. 여러분이 위를 올려다보았을 때 빛을 내는 커다란 구름이 여러분과 조우하기 위해 내려오는 것을 목격한다. 그것은 황금빛이 가미된 백색이다. 여러분은 더욱 더 높이 올라간다. 그것은 점점 더 가까이 다가온다. 여러분이 그것에 이르게 되자 그 위에 올라탄다. 그리고 훨씬 더 높이 상승한다.

여러분은 지구 위로 상승하고 있고 구름들을 넘어서서 올라가고 있다. 점점 더 높이 올라간다. 여러분은 지구권을 벗어나 이동하고 있고, 별들을 넘어서서 이 차원을 벗어난다. 그리고 다양한 색채들로 이루어진 수많은 수준들을 통과해 천상에 있는 아름다운 수정 도시에 이르게 된다.

이제 구름에서 내려서서 여러분 앞에 흐르고 있는 성스러운 물, 투명하고 맑은 강물을 바라보라. 이 신성한 치유의 물은 몸의 외부뿐만이 아니라 내부까지도 정화한다. 그것은 모든 마음의 상처들과 육체적 외상들, 고통, 회한, 걱정들을 제거하며, 여러분을 깨끗이 청소해낸다.

여러분 자신을 씻어내라. 여러분의 몸 전체를 그 물 속에 담그도록 하라. 그것은 적절한 온도를 갖고 있고 단지 여러분 가슴 높이 만큼만 올라온다. 골치 아프고 난처한 습관들, 집착들, 문제들이 물에 씻겨 떠내려가는 것을 지켜보라. 그런 다음 정화되고 순수해진 상태로 물 밖으로 나와 반대쪽 강가로 걸어간다.

이것은 두 번째 단계이다. 이제는 후회 없이 결정을 해야 할 때이다. 만약 여러분이 해결하고 싶은 문제를 갖고 있다면, 결정을 하기 위해 그 문제 역시 강물 위에다 띄우도록 하라. 여러분은 반대편 강가에 서서 이런 것들이 물 위에서 좌우로 흔들거리며 내려가는 것을 바라본다. 이제 여러분은 이런 문제들을 보고 있고, 그것들로부터 분리되어 멀리 떨어져 있다. 여러분은 자신에 대한 감정적 집착에 힘들어 했다. 그 문제들을 마주보고 이렇게 말하라.

"신의 이름으로 말하노니, 그것이 나의 행복과 이익을 위한 것이라면, 더 솟아올라라!

신의 이름으로 말하노니, 그것이 나의 행복과 이익을 위한 것이 아니라면, 가라앉도록 하라!"

만약 그것이 물 밖으로 다시 솟아오른다면, 그것을 공중에서 낚아채서 가슴에다 끌어안으라. 그것은 여러분의 행복과 이익을 위한 것이다. 여러분은 자신이 이것을 계속 갖고 다녀야하는지를 알기 위해서 언제나 같은 방법으로 다시 그 문제를 시험해 볼 수 있다.

만약 그 문제가 물속으로 가라 않는다면, 그것은 사라진 것이니 놔두도록 하라. 여러분은 결정을 했고 시험을 끝마쳤으므로 그것은 여러분에게 도움이 되는 것이 아니다. 여러분은 이제 강으로부터 돌아서서 앞쪽의 풀로 뒤덮인 언덕으로 올라가야 한다.

여러분이 그 꼭대기를 향해 올라갈 때 스스로 긍정적으로 계획을 짜도록 하라. 자신을 개선하기 위한 스스로의 노력에 대해 진정으로 자긍심을 가져보라. 어떤 부정적이고 원치 않는 습관들로부터 벗어나겠다고 맹세하라.

이제 언덕의 꼭대기에서 여러분은 보석으로 장식된 황금의 성배(聖杯)를 바라본다. 그 커다란 성배는 황금의 물질로 가득 채워져 있다. 그것은 가치 있는 최고의 사랑인 조건 없는 사랑의 정수(精髓)이다. 그것이 여러분을 변형시킬 것인데, 왜냐하면 그것은 천상의 사랑보다 높은 것이기 때문이다. 그것은 만물의 근원으로부터 직접 발원한 것이다.

여러분은 하늘의 신성한 사랑으로 채워졌고, 맑은 강에서 자신의 몸과 마음을 씻어냄으로써 여러분 자신을 정화했다. 또한 여러분은 신성한 도움으로 필요한 어떤 결정을 했다. 이제 황금의 성배에 담긴 창조주의 사랑을 마셔라. 마지막 한 방울조차도 들이켜라. 이 순간부터는 조건 없이 여러분 자신을 사랑하겠다고 맹세하라.

여러분이 살아 있는 어떤 존재들과 상호작용할 때는 언제나 여러분 자신이 하늘의 천사적 존재들의 사랑으로 가득 차 있고 그 사랑이 여러분으로부터 사람, 동물, 식물들로 흐르고 있다고 마음으로 그려라. 그것은 여러분의 정수리를 통해 흐르며, 계속해서 여러분을 채워준다. 그것은 항상 보충된다.

성배를 다 마신 후에는 그것을 내려놓고, 지평선을 향해 바라보라. 저 멀리 있는 수정도시와 그 한 가운데 거대하게 솟아 있는 황금사원의 황금빛 첨탑을 보라. 여러분은 그 사원으로 급히 달려간다. 여러분은 이제 그곳의 진동으로 진입할 준비가 되었다.

높이 9피트, 폭이 3피트인 커다란 문을 보라. 그 문이 열린다. 그곳으로 들어가서 가장 높은 3가지의 진동, 즉 사랑, 지혜, 지식을 찾아보라.

여러분은 자신의 고등한 자아, 수호천사, 자신의 영적인 인도자 및 마스터를 기다리고 있다. 이제 여러분은 자신의 지구에서의 참된 목적을 배우게 될 것이다. 여러분은 자신의 사명을 기억해낼 것이다. 만약 여러분의 현재에 연결된 전생의 기억들이 있다면, 이곳에서 그것에 관해 알게 될 것이다.

여러분이 배우는 모든 것이 여러분의 행복과 이익에 도움이 될 것이다. 이런 것들이 여러분이 그런 별들에서 태어날 수 있도록 준비시킬 것이다. 이것이 여러분의 별에서의 탄생이다.

완료되었으니 이제는 돌아가서 준비하도록 하라.

19.우리 태양계에 관해 알려지지 않은 이야기와 지구의 영적인 변형

1994년, 나는 명상 속에서 만남을 가졌었다. 나는 내 자신이 어떤 계곡 속에서 인간과 인간이 아닌 수많은 존재들에 의해 둘러싸여 있는 것을 발견했는데, 물론 그 존재들 가운데는 폴 트윗첼과 오딘 삼촌이 있다는 것을 곧 알아보았다. 이 시기가 그들이 지구의 변형과정에 관해 내게 처음으로 언급했던 때였다.

1930년대 이래 그들은 그 작업을 해오고 있었고, 단계적으로 이곳에다 에너지를 창조하고 있다. 그것과 관련해 많은 만남들이 있었으며, 수많은 존재들의 협력이 필요했다. 일부 존재들은 참여하기를 바라지 않았고, 일부 존재들은 참여하고자 했다. 그리고 다른 은하계들에서 온 어떤 존재들은 단지 신경 쓰지 않았다. 하지만 그들은 지구가 모든 다양한 생명체들이 서식하고 있기 때문에 매우 특별한 행성이라는 것은 확신하고 있었다.

따라서 많은 다른 우주인들이 이곳을 방문했고 그 생명들에게 도움을 준 바 있다. 그 변형과 그 과정이 무엇인지를 이해하기 위해서는 여러분이 이 태양계의 역사와 인간, 그리고 지구에 관한 미지의 역사에 대해 알아야 한다. 이것은 이 모임에 참석했던 존재들과 마스터들이 내게 제시해 주었던 정보이다.

약 4,000만 년 전 - 시간은 중요하지 않기 때문에 이 시기가 꼭 정확한 것은 아니다. 오직 그 사건이 중요하며, 시간은 단지 인간에 의해 만들어진 개념이다 - 다른 네 군데의 은하계들로부터 이 태양계로 보내진 4종의 다른 종족들이 있었다. 그들은 (우주적인) 영단으로부터 이곳으로 여행하여 오래된 행성들에다 주민들을 이식시키라는 지시를 받았다. 그리고 그들은 여러분이 상상할 수 있는 것보다 훨씬 더 진보되어 있었다. 그들은 다른 은하계들로 여행할 수 있는 능력뿐만이 아니라, 다른 차원들, 그리고 미래와 과거를 오갈 수 있는 능력도 갖고 있었다.

그들은 텔레파시 능력이 있었으며, 그들이 덜 진화된 존재들과의 소통을 위해 필요할 때를 제외하고는 언어를 사용할 필요가 없었다. 그들은 동물과 식물, 광물 등의 모든 생명체들과 소통했다. 또한 그들은 다른 차원에 있는 존재들과도 교신했는데, 이 존재들은 이전에 물질계에서 살았던 천사들이나 승천한 마스터들이었다.

그들의 기술은 창조의 자연법칙과 완전한 조화를 이루고 있었다. 그들은 자기들의 상념의 에너지로 창조해내는 개념에 관해 통달해 있었다. 그것을 사용하는 데는 책임이 따르는데, 즉 유익하고 조화로운 긍정적이고 건설적인 동기를 위해 사용하느냐. 아니면 권력과 부(富)를 얻는 것과 같은 이기적인 목적을 위해 사용하느냐의 문제가 있는 것이다.

그들은 창조와 창조주에 관해 완전히 이해하고 있었다. 또한 그들은 자기들 자신이 영혼이고, 영원하며, 육체에 국한돼 있지 않다는 것을 알고 있었다. 그들에게 죽음은 존재하지 않았다. 죽음은 그들에게 하나의 존재방식에서 다른 존재방식으로 옮겨가는 전환에 지나지 않았다. 그들은 자기들이 가져보고 싶어 했던 경험이나 완수하고자 했던 사명에 따라 수명을 선택했다.

그들은 인간의 삶을 이곳으로 옮겨와서 여러 행성들에 있는 모든 생명들의 보호자가 되기 위해 이 태양계로 왔다. 황색 인종은 여러분이 화성으로 알고 있는 행성에다 식민지를 건설했고, 적색 인종은 토성, 흑색 인종은 목성, 그리고 백색 인종은 금성에 정착했다. 지구는 그때 하나의 행성의 형태를 이루거나 태양 주위를 도는 궤도에 정착하지 못했기 때문에 단지 주변을 통과하는 혜성이었다. 그러다 지구가 마침내 하나의 행성이 되었을 때, 그것은 물로 뒤덮인 거대한 몸체를 가진 아름다운 모습이었다.

4가지 인종들은 먼 은하계로 가서 수많은 형태의 동물과 물고기, 새, 식물, 광물들을 옮겨 왔고, 모든 생명체들이 조화롭게 사는 독특한 낙원을 (지구에다) 창조했다. 다른 태양계들 내에도 또한 인간형 종족과 비인간형 존재들이 살고 있었으며, 그들은 그 4가지 종족들만큼 영적으로 진보하지 못했었다. 하지만 그들은 우주여행 기술을 갖고 있었다. 그럼에도 그들은 아직도 침략적이고 정복적인 의식 수준을 벗어나지 못하고 있었다. 그들이 이 아름다운 새 행성에 관한 소식을 듣게 되었다. 당시 지구는 기상조건을 조화롭게 하고 거대한 바닷물의 조수(潮水)를 통제하는 두 개의 달을 갖고 있었다.

지구에 거주하려 했던 최초의 존재들은 우리 태양계 외부의 다른 두 태양계들로부터 온 공룡과와 파충류과의 외계종족이었다. 그들은 지능이 높았고 인간들처럼 두 다리로 걸어 다녔다. 그리고 그들은 다른 모든 생명체들보다 자기들이 우월하다고 여기는 호전적인 종족들이었다. 과거 인간형의 4종족들은 그들이 그런 행동을 확대하기 전에 그들과 충돌한 바 있다. 그들은 지구에 있는 광물과 귀중한 보석들을 약탈하기 위해 지구에 도착했다. 곧 이어서 그들은 끔찍한 전쟁을 일으켰다. 그들은 자기들의 고향 행성으로부터 온 증원군(增員軍) 함대와 합류되었다. 그들과 맞서기 위해 인간형 종족들은 지구의 달 가운데 하나에다 기지를 건설했고, 다른 기지 하나는 지구에 있었다. 그것은 여러분이 오늘날 공상과학 영화에서 보는 것 같은 진보된 핵과 레이저 무기를 사용하는 무시무시한 전쟁이었다. 그 전쟁은 매우 오랫동안 지속되었고, 대부분의 생명체들은 몰살당했으며, 달 하나는 파괴되고 말았다. 이윽고 더 이상 지구에 흥미를 느끼지 못한 그들은 부상자들을 남긴 채 자기들의 행성으로 돌아갔고, 지구를 사용하지 않았다.

4종족들은 부상당한 공룡과와 파충류과 외계인들을 도와줄 수 있는지와 지구를 복구할 수 있는지를 살펴보기 위해 소수의 군대를 파견했다. 그들은 곧 핵 방사선 때문에 지구를 정화하기 전에 지구에 있는 것은 너무나 위험하다는 것을 알았다. 더욱이 그 부상자들은 자기들의 고향 행성을 오염시키지 않기 위해서라도 거기에 남아 있어야 했다.

오염된 방사선 탓으로 공룡과와 파충류과 생존자들은 오늘날 여러분이 역사에서 알고 있는 공룡 디노사우르스(Dino -saurs)와 거대한 파충류로 돌연변이가 되었다. 그리고 그곳의 인간들은 이른바 네안데르탈인들(Neanderthals)로 변이되는 함정에 빠져들었다.

지구는 유린되어 폐허가 된 채로 남겨졌고 엄청난 검은 핵구름에 덮여 있었다. 그리고 식물들은 거대한 존재들과 생존한 인간 및 동물들의 먹이로 삼켜지고 있었다. 거대한 혜성 하나가 지구의 바다에 추락하여 다른 커다란 구름을 형성하기까지 수백 년 동안 지구는 이런 식의 상태에 놓여 있었다. 이 구름이 태양의 복사열이 지구의 중력장과 상호작용할 수 없는 어둠을 만들어 냈고, 빙하시대가 창조되었다. 이로 인해 돌연변이 생명체들이 사멸되었으며, 한편 4종족들에게는 그들의 기술과 에너지로 지구를 정화하고 치유할 기회를 주게 되었다.

다시 한 번, 그들은 다양한 생명체들을 지구로 옮겨 왔고, 극단적인 기상 조건과 조수간만의 활동을 제외하고는 또 다시 낙원을 창조해 냈다.

그런데 이 시기 동안 그들은 자기들의 행성들이 물질적인 생명들을 뒷받침할 수 없게 될 자연적인 휴지(休止) 단계에 들어가게 되리라는 것을 깨달았다. 따라서 그들은 함께 지구에다 이주지를 건설하기로 결정했다. 그들은 지구의 달이 하나라는 것을 우려했는데, 왜냐하면 그로 인해 지진과 조수간만에 의한 큰 파도, 폭풍, 그리고 지구의 구조(構造)에 관련된 다른 어려움들이 발생하기 때문이었다. 그들은 자기들 자신을 보호하고 균형 잡기 위해 어떻게 용액(fluid)을 마셔야 하는지를 알고 있었다. 이것이 고대 아틀란티스와 레무리아와 같은 최초의 식민지들이었다.

나머지 사람들은 자기들의 운명을 기다리기 위해 원래의 행성에 머물러 있었다. 그들은 자신들이 서서히 붕괴되고 죽게 되리라는 것을 알고 있었다. 그들은 단지 일부 영적 교사들 및 연장자들과 함께 어린 세대만 지구로 옮겨가기로 결정했다. 지구는 그들 모두가 거주하기에는 너무 작았다. 하지만 그들은 죽음에 대해 두려움을 갖지 않았다.

지구에 있던 사람들은 다시 한 번 낙원을 창조했다. 그들은 다른 차원들로 가는 입구로서 특별한 사원들을 이곳에다 세우라는 지시를 받았다. 거기서 그들은 명상을 하거나 고차원의 존재들과 교신할 수 있었다. 호전적인 존재들 때문에 이 사원들은 그것이 중요하게 될 미래의 시기를 대비해 감추어져 있다.

또한 그들은 하나뿐인 달로 인한 영향을 균형 잡기 위해 지구 주변에다 얼음의 입자들로 두 개의 보호물을 건설하라는 지시를 받았다. 그것이 지구에 열대성 기후를 창조했다. 당시에는 사막이 없었다. 그들은 이곳의 출입구용 특별한 수정을 갖고 있었으며, 그것이 그들이 이런 출입구를 통해 들어갈 수 있도록 그들의 진동을 낮출 수 있었다. 아름다운 행성(지구)에 관한 소식은 퍼져 나갔다. 따라서 어둠의 세력들이 다시 이곳에 오게 되었는데, 그들은 인간형 종족들이었지만 당시에는 영적으로 진보돼 있지 않았다. 그들은 다른 유전자 구조를 갖고 있었다. 그들은 매우 강력한 힘을 갖고 있었으나, 이런 힘들을 남을 조종하고 통제하는 데 이용하고자 했다.[28]

다른 행성들에 남아 있던 사람들은 그들의 마지막 순간에 명상을 수행하고 있었다. 그리고 하나의 보상으로서 그들은 우주영단으로부터 그들의 문명이 다른 차원에서 계속 존속할 것이고 그것이 이곳의 존재들을 보호하게 될 거라는 말을 들었다. 그것은 그들에게 놀랄만한 일이었고, 그것이 미래에 있어서 한 가지 목적에 도움이 될 것이었다.

가까운 태양계에서 이곳에 온 다른 인간형 종족은 정보와 기술을 얻기 위한 교섭을 시도했다. 하지만 그들은 기술 오용과 영적인 법칙 위반의 위험성 때문에 그것을 가질 수 없다고 통고받았다. 그러자 그들은 전쟁을 선포하고 공격했다. 식민지들은 반격하지 않았으나, 나중에 그곳을 재건하기 위해 대부분의 주민들을 은신처로 보냈다.

---

[28] 본 은하문명에서 출간된 책인 <마이트레야 붓다의 메시지>에서는 당시의 이 인간형 종족들이 플레이아데스 성단에서 온 변절자들이라고 언급되어 있다.

(역주)

(마지막 때) 아틀란티스와 레무리아는 그곳의 주민들에 의해 파괴되었다. 그럼으로써 그들의 지식과 기술이 어둠의 세력들에 의해 오용되지 않을 것이었다. 일부 사람들은 지구의 중심(지저세계)으로 숨어들었으며, 그들은 여전히 살아 있다.

　그런데 이 과정에서 수정 구조물이 손상을 입었다. 그리고 지상에 몸을 감추었던 일부 사람들은 홍수가 있게 될 것이라는 말을 들었다. 왜냐하면 (지구주변에 설치되었던) 구조물이 떨어지고 녹아서 거대한 홍수를 일으키게 될 것이기 때문이었다. 그러므로 그들은 거대한 배들을 건조했고 자기들이 할 수 있는 만큼 많은 생명체들을 구조했다. 우리가 성서에서 읽은 대로 단 1척의 방주만이 있었던 것이 아니라 수백 척의 방주들이 있었다. 그들은 어둠의 세력들이 했던 것과 마찬가지로 물이 감소되어 빠지기를 기다렸다. 그 후 어둠의 세력들이 다시 이곳에 와서 이런 사람들을 포획했는데, 그들은 이들이 유전적으로 다르다는 것을 깨달았기 때문이다. 그들은 자기들의 권력과 이기적 목적을 위해서 될 수 있는 대로 비밀 사원들에 관한 정보들을 많이 빼내기 위해 사람들을 고문했다.

　그들은 그 사람들이 다른 차원과 교신하는 능력을 갖고 있는 한 지구를 재건할 수 있다는 것을 알게 되자, 포획한 모든 존재들의 뇌를 두 부분으로 분리시켰다. 그럼으로써 그들은 더 이상 다른 차원들과 교신하는 능력이나 전생(前生), 기술, 사원(寺院), 기타 그어떤 것을 기억하는 능력도 갖지 못하게 될 것이었다. 인간들은 프로그램 되었고 다른 인종과 피부색처럼 설정되었다. 그리고 그들은 사람들에게 종교를 주었으며, 자기들을 숭배 받아야 할 신들(gods)로 종교에다 짜 맞추었다. 전쟁들이 발발했고 조종하는 세력들은 모든 정보와 권력을 갖고 있는 부유한 자들이었다. 그것은 점점 악화되었다. 그리고 오늘날이라고 상황은 다르지 않다. 그것은 더욱 교묘한 수준에서 계속되고 있다. 게다가 인간들은 더 이상 이에 관한 아무런 자각도 갖고 있지 못하다. 비록 깊은 내면에서이긴 하지만, 그들은 무엇인가 더 있으며 하늘을 바라보고 자기들이 다른 어딘가에서 왔다고 믿는다. 왜냐하면 그들은 이곳에서의 자기들의 생존방식이 옳은 것이 아니라는 사실을 느끼기 때문이다. 물론 이것을 기억하는 것은 그들의 영혼이다. 하지만 프로그래밍은 매우 완벽하다.

영적인 변형은 그때 이래 환생하고 발전해 온 이런 모든 존재들이 지구영단과 마찬가지로 그들 스스로 이것을 바로잡고자 하는 것이다. 그들이 했던 첫 번째 것은 영적인 정보를 이곳 지구상에서 소개하는 것이었다. 유입되고 있는 영적 정보들의 쇄도가 있었다. 그리고 사회 속에서 비교적(祕敎的)인 운동들이 증가했으며 더욱 대중적이고 일반적이 되었다. 그들은 또한 국가 지도자들과 접촉했지만, 협력은 거절되었는데, 그들은 자기들의 지배를 포기하지 않으려 하기 때문이다. 영적인 존재들은 다시 진행되고 있는 파괴로부터 지구를 구해야 한다는 것을 알고 있다. 그리고 그들은 기술발전과 더불어 거기에는 더 많은 유전조작이 있게 될 것이라는 사실을 안다.

게다가 원자폭탄의 발명은 지구를 완전히 파멸시킬 수 있었던 위기였다. 이것은 이 태양계뿐만이 아니라 은하계 전체에도 방대한 영향을 미칠 것이다. 그리고 그것은 무수한 존재들에게 피해를 입힐 것이다.

그래서 은하형제단(다른 차원들에서 온 다수의 영적으로 고도로 진화된 존재들의 연합)은 이런 통제와 조작, 오용을 끝내기로 결정했다. 지난 수십 년 동안 그들은 이 행성의 전체 에너지를 바꾸기 위해 작업하고 있으며, 그리하여 마침내 (어둠의 세력들의) 기능을 정지시킬 기술들을 확립했다. 하지만 새로운 기술들은 변형이 완료되고 지구 행성과 그 주민들의 주파수가 바뀌었을 때 도입될 것이다.

은하형제단, 인간과 비인간의 많은 종족들, 지구영단, 승천한 대사들, 천사들과 같은 비물질적인 존재들, 그리고 자연령들은 협력하고 있다. 가이아 여신은 지구 그 자체를 위한 특별한 천사이다.

숨겨진 사원들은 다시 활성화되었고, 그리하여 에너지가 고차원의 세계로부터 그곳으로 흘러 들어가고 있다. 우주선들은 주파수를 변화시키는 진동들을 송출하기 위해 지구 주변에 배치되어 있다. 이런 UFO들은 인간의 육안으로 볼 수 없거나 레이더에 의해 탐지할 수 없는 속도로 진동한다. 그리고 그들은 지속적으로 그런 특수한 에너지를 지구에다 보내고 있다. 자연령들은 모든 자연에다 자체의 주파수를 - 새 소리, 벌, 물, 바람 - 변경하라고 지시했으며, 모든 것들이 우리의 환경에 영향력을 갖고 있다.

주파수의 증대는 점진적인 과정이다. 대략 1993년 이래, 숨겨져 있던 사원들이 활성화되어 왔는데, 그 과정이 성공적이 되리라는 것은 의심의 여지가 없다. 그들이 그것을 미리 알지는 못했지만, 여러 노력들이 이곳의 사람들과 함께 수많은 다른 수준에서 이루어졌다. 더 많은 참여가 이루어지면 질수록 변형은 더욱 빠르게 일어날 것이다. 그들은 그것을 점진적인 변형으로 만들었는데, 너

미래에는 인류와 외계문명이 자유롭게 교류하는 새로운 세상이 도래할 것이다.

무 빠른 변화는 세포구조에 손상을 줄 것이기 때문이다.

여러분은 인공적인 지원 시스템을 갖고 있고 그것은 새로운 차크라 체계이다. 이것은 인간이 새로운 주파수에 따라 기능하도록 두 개의 뇌 반구(半球)를 동시에 작동시키며, 그들의 선조가 갖고 있던 능력을 그들에게 회복시켜 주게 된다. 즉 그들은 텔레파시 능력과 직관, 전생기억, 그리고 개인적인 영적정보 수신능력 등을 갖게 되는 것이다.

차크라들은 각 차원의 에너지로 향한 작은 출입구인데, 인체 내의 각 차원마다 차크라가 있다. 1993년 이후에 태어난 아이들은 이미 그들의 몸에 변화를 갖고 있다. 그들은 손상되지 않은 유전체계와 새로운 차크라 시스템을 갖고 태어났다.

새로운 차크라를 갖게 됨에 따라 육체적으로 불편한 느낌들이 나타날 수 있다. 예컨대 그것은 누군가 여러분의 몸을 바늘로 찌르는 듯한 짧고 날카로운 통증, 흐릿한 시야, 귀에 들리는 격하고 높은 소리, 빠른 심장박동 증상들과 같은 것이다. 또한 약간의 공황을 느끼는 때가 있을 것이며, 충분히 휴식을 취했음에도 몹시 피곤을 느끼는 경우가 있을 것이다. 때때로 여러분은 단지 몇 시간만 잔 후에 깨어날 것이고, 매우 활기에 차 있다는 것을 느낄 것이다. 그리고 식욕이 계속 오르내릴 것인데, 계속해서 배가 고프거나, 반대로 내내 먹을 필요를 느끼지 못할 때가 있을 것이다. 그러나 이런 모든 비정상적인 현상들은 일시적이다. 충분히 물을 마시는 것과 몸에서 어떤 독소들을 배출하는 것은 중요하다.

여러분의 직관적인 능력이 회복되고 있고, 정신적인 텔레파시로 다른 이들과 소통하는 능력 역시 마찬가지이다.

우리는 모든 것이 나름대로 가치가 있다는 것을 깨달아야 한다. 심지어는 부정적인 세력들도 우리가 우리 자신의 다양한 속성과 이런 별개의 속성 및 가능성을 경험하는 것을 돕는 역할을 한다.

하지만 어떤 인간들은 권력과 통제력을 갖는 것에 집착하게 되고 생명 에너지를 다른 사람들을 지배하는 데다 사용한다. 사람들이 자신의 에고와 그들 자신과 이기적 목적을 위해 이런 에너지와 서로를 이용하려는 성향을 극복할 수 없다는 것이 문제였다.

미래에 지구는 과거에 했던 역할보다는 다른 목적에 봉사할 것이다. 지구는 대체로 사람들이 음(陰)이나 양(陽), 또는 긍정적이거나 부정적인 영혼으로부터 나온 반대의 에너지와 마주칠 수 있던 장소였다. 물론 사실상 그것은 동일한 에너지이다. 그런 분리는 개념에 의해 만들어진 것이다. 이 행동은 나쁘고 다른 태도는 좋다고 결정함으로써 여러분은 에너지를 선악으로 나누고 있다. 이런 방식은 또한 여러분이 부정적인 세력들을 뒷받침하여 돕는 것이 된다.

우리의 선조들은 전혀 이기심이 없는 무욕의 사람들이었다. 그들은 창조주나 자연으로부터 나온 어떤 것도 파괴하거나 손상을 주고 싶어 하지 않았다. 그들의 삶의 방식은 물질세계 속에 존재하는 생명체들과 교감하고 소통하고 협력하는 자연스러운 방식이었다. 이것이 앞으로 인간들 속에 다시 정착하게 될 삶의 방식이다.

과거 지구의 원래 식민지 시절에는 여성적 특성이 지배적이었다. 사람들은 자기들의 직관을 활용하고 사랑과 돌봄의 여성적인 원리들을 좀 더 많이 사용하고 있었다. 그런 다음 유전조작 이후에는 남성 에너지가 사회와 개인을 지배했으며, 더욱 많은 힘과 파괴, 권력이 횡행하기 시작했다. 그러나 미래에는 지구가 모든 개인 내부에 있는 남성과 여성의 힘이 동등하고 균형 있게 되는 장소로서 공헌할 것이다.

더욱이 지구는 앞으로 인간들이 한 생(生)의 주기 내에 모든 것을 경험하기 위한 목적에 도움이 될 것이다. 그들은 자기가 선택한 몸을 구현하여 나타낼 수 있다. 그것이 남성이나 여성의 몸일 필요는 없으며, 한 몸으로 양쪽 에너지나 특성을 가질 수가 있다. 왜냐하면 그 신체는 지금과 같은 물질로 이루어진 것이 아니라 다른 주파수를 지니게 될 것이기 때문이다.

사람들은 공동체와 연결망을 형성하여 동물 및 다른 생명체들과 함께 상호작용하게 될 것이다. 지구는 여러분이 아는 것과는 완전히 다른 장소가 될 것이다.

부정적인 세력들이 붕괴됨에 따라 침략행위들이 사라질 것이고, 실제로 다른 사람을 억누르거나 어떤 것에 구속받을 필요가 없게 될 것이다. 모든 사람들은 그들 자신에 대해 책임을 지고 스스로의 삶을 창조하게 될 것이다. 두려움은 제거될 것이다. 그리고 인간이 만든 법률은 더 이상 필요 없을 것이며, 우리는 자연스럽게 영적인 법칙에 복종하게 될 것이다. 왜냐하면 완전한 의식과 자각을 가진 고등한 영혼들처럼 여러분은 존재하는 모든 것과 조화로운 방식으로 자신을 다스릴 것이기 때문이다. 우리는 수백만 년 동안 다른 행성에서 그런 방식으로 살았다. 그것은 단지 영적인 법칙에 따르는 자연스러운 조화이다.

이런 과정을 겪고 우리 사회에서 일어나는 변화들을 수용하기 위해서는 수많은 의지력과 자발적인 포용성이 요구될 것이다. 여러분은 단지 시각화를 통해 이런 가능성이 실현되는 것을 도와야 한다. 그것이 어떤 모습이 될 것인지, 또는 되었으면 하고 여러분이 바라는 모습을 상상해보라. 그러면 마침내 여러분은 그것을 얻게 될 것이다. 우리는 이미 존재하는 것을 억지로 겪기보다는 우리의 참모습과 우리가 되고 싶고 경험하고 싶은 것을 실제로 창조해내는 것을 기대할 수 있다.

나는 이런 정보가 여러분을 고무하고 영감과 용기를 줄 수 있기를 희망한다. 그리고 앞으로 다가올 것이 무엇이든 그것과 마주할 능력을 주어서 그것을 신성한 의지로 받아들이기를 바란다. 왜냐하면 연속적인 삶에서 어떤 일이 일어나든 우리는 늘 살아나가야 하기 때문이다. 여러분은 상황들을 받아들이고 어려운 시기를 꿰뚫어 보는 자신의 창조적 능력에 의존하는 것을 배워야 한다. 하지만 인류가 현재 사용하는 힘과 에너지에 관한 대안적인 방법을 갖고 있는 다른 존재들로부터의 지원이 있게 될 것이다.

지구의 변형이 완료된 이후, 아주 가까운 미래에 지구에서의 삶은 완전히 다른 스타일이 될 것이고, 전적으로 다른 의식이 될 것이다.

내가 여러분이 기억할 수 있기 바라는 것은 다음과 같다.

영혼은 완벽하고 아름다우며 개인적이고 완전하다. 여러분은 자신의 아름다움과 특성을 기억해야 한다. 여러분이 자신의 삶의 방식으로 겪었던 모든 경험들은 각 개인의 영혼이라는 보석을 이루는 일부이다. 이런 아름다움과 특성들은 여러분의 삶의 경험을 통한 과정과 발전에 의해 결정되었다. 여러분의 실재는 끝이 없다. 여러분이 시간과 노화(老化)라는 개념을 극복할 수 있다면, 불멸을 기대할 수 있다. 만약 여러분이 행복해지고 삶과 경험들의 소중함에 대해 감사할 수 있다면, 물질세계에서 아름답고 즐거운 삶을 살 수 있는 더 나은 기회를 얻게 된다. 미래에는 육체가 완전히 다르게 되는 것처럼, 물질세계에서 갖고 있는 모든 감각들이 지금과는 같지 않을 것이다. 여러분은 인간 삶의 다른 측면을 즐겨야 한다. 그리고 물론 자신의 내면에서 조화와 균형을 창조해내야 하는데, 당신이 그것을 할 수 있는 유일한 당사자인 까닭이다.

나는 이 정보가 여러분이 그것을 다른 이들과 나눌만한 가치가 있기를 바란다. 왜냐하면 사람들이 의식적이고 적극적으로 이런 변형과정에 참여하고 그들의 에너지를 긍정적으로 사용하기 시작하면 할수록, 더욱 더 빠르게 그것이 진행될 것이기 때문이다.

나는 여러분에게 "우주적인 사랑과 은총이 있기를 기원합니다." 라는 의미인 금성의 인사말을 남기고자 한다.

아몰 아박투 바라카 바샤드

20.새로운 최고신 또는 서그매드의 확장 광선

　나는 영단으로부터 이 책의 마무리로서 로버트 스콧 렘리얼 (Robert Scott Lemrial)의 다음과 같은 정보를 여러분과 함께 나 누라는 임무를 받았다.

"우리는 영성의 황금시대로 이동하고 있다. 우리가 21세기로 진입할 때 창조적인 원천이 열리게 된다. 그리고 수많은 사람들이 고등한 세계들에 속한 것들을 구현할 수 있게 될 것이다."

- 해롤드 클렘프 -

"ECK 지혜의 사원들, 영적인 도시들, & 인도자들 - 간략한 역사"

　"이 말이 사실상 명상이나 내부 차원의 입구라는 것을 이해하기 위해서는 자신의 통찰력을 이용해야 한다. 그리고 사람들은 자신의 호기심어린 상상력과 모험적인 본성으로 그것을 경험할 수 있다.

　이어지는 내용은 내가 언급해 왔고 또 앞으로도 많이 언급할 명상의 씨앗이다. 참된 내면의 상상력으로 영혼 또는 아트마를 보라. 그리고 지구와 같은 어떤 물질세계보다 훨씬 더 높은 차원인 5차원 내의 영혼계에 있는 샘 하나를 상상해보라. 그것은 거대한 궁전 옆의 아름다운 정원 내에 위치해 있다. 이 샘은 근처에 15피트 높이의 사트 남(SAT NAM)이라는 이름의 영혼계의 지배자 또는 주님의 조각상을 갖고 있다. 이 조각상은 대리석 같은 넓은 사발 안에 똑바로 서 있다. 유려하게 굽은 그 사발은 그것을 떠받치고 있는 짙은 녹색의 지면에서 약 4피트 높이의 단단한 백색 대리석 기둥 위에 놓여 있다.

　사트 남의 조각상은 머리가 완전히 벗겨져 보이지만, 그는 영원히 팔팔한 중년의 모습이고 피부색조는 양팔에 걸린 두 개의 황금 쇠고랑과 함께 청동색이다. 그리고 그는 허리에서 발목 바로 위까지 드리워진 하얀 치마를 입고 있다. 그의 손들은 손바닥이 바깥쪽을 향해 열린 채로 양 옆구리 근처에 내려져 있다. 빛나는 백금의 감로 또는 액체 같은 빛이 부어지며 그의 손바닥을 비추면서 휘어진 흰 대리석 사발 속을 채우고 있다. 주변 전체로 방사되는 그 빛은 지면을 가득 채우며 우아하게 내려앉고 있고, 이어서 에워싼 둥근 대리석 의자 뒤로 조용히 사라진다. 정교하게 조각된 이 12개의 원형 의자는 대리석 다리에 의해 지면에서 3~4 피트 높이로 고정되어 있다. 새로운 샘과 함께 이 빛나는 장소를 발견한 사람들은 대리석 벤치에 앉아 그 샘의 감로주 혹은 번쩍이는 물 같은 액체에서 들려오는 소리를 들을 수 있다.

　12개의 매우 아름답게 빛나는 황금 컵이 사발의 외부 가장자리를 둘러싸고 있는 황금제 고리에 매달려 있다. 만약 여러분이 영혼계의 의식과 그 너머에서 지금 방사되고 있고 여러분 내면에서 확대될 수 있는 새로운 자각을 위해 모험적인 영(Spirit)의 용기가 있다면, 여러분은 이 컵들 가운데 하나로 이런 빛나는 물질 혹은

370

감로주를 떠서 마실 수가 있다.

이 액체는 이곳 지구에서 이해하고 있는 것 같은 물이 아니다. 하지만 감촉은 그렇게 느껴진다. 그것은 지고의 존재, 최고신, 또는 후(HU)의 새로운 광선이며, 여러분이 이 창조적인 실체를 무엇이라고 부르든 그것은 존재하는 모든 것을 초월해 있고 또 배후에서 떠받치고 있다.

하늘은 명상의 씨앗을 소중히 보호하지만 여러분은 거기서 그것을 확대할 수 있다. 일단 여러분이 장엄하고 매혹적인 깨달음의 길에 착수하게 되면, 하늘은 한계가 되는데, 왜냐하면 이 새로운 광선은 몇 년 전까지 절대자 또는 최고신의 연속체(Continuum) 안에 존재하지 않았기 때문이다. 그것은 개인적 존재의 잠재의식으로부터 모든 이식물과 흔적들, 이상(異常) 프로그램들을 뽑아내서 그것들을 개인 너머의 순수하고 투명한 에너지 영역에다 보내는 특별한 목적을 갖고 있다. 그리고 그럼으로써 그들은 그것들에 의해 부정적인 영향을 받음이 없이 처음부터 그것을 객관적이고 주관적으로 볼 수 있다.

그들의 기원에 관한 타고난 실제의 신성한 자각이 표면화되고, 그들은 간단히 자기들이 부정적인 잠재의식 프로그래밍을 해체하거나 순수 에너지로 돌려보낼 기회가 있다는 것을 기억하고 알게 된다. 만약 어떤 사람이 밤에 그들의 꿈 속에 출몰하는 작은 악마들을 제거하기를 선택한다면, 그때 확장되는 사트 남(SAT NAM)의 자각은 즉시 그것들을 없애버릴 것이다. 뒤에 남는 것은 경험에 관한 지혜이다. 그리고 그 결과는 공동창조적인 그들의 신을 의식적으로 알기 위해 이제 믿을 수 없을 정도의 가속화된 속도로 훈련될 수 있고 끌어올려질 수 있는 각성된 존재이다. 그 절대자는 옛적부터 계신 이, 서그매드(SUGMAD), 사트 남(SAT NAM), 근본적인 마한타(Mahanta), 그리고 더욱 심오하고 신비롭게는 '침묵의 존재'라고 부를 수 있다.

이것을 파악하는 것이 처음에는 어느 정도 어려울 수도 있지만,

이 샘은 한 가지 목적을 위해 생겨났으며, 그것은 시초부터 악(惡)이라고 알려진 것을 영구적으로 퇴출시키는 것이다. 이것은 오직 훨씬 나은 어떤 것이 마지막으로 창조됨으로써 이루어질 수 있고, 이제 훈련된 영혼들에게 서그매드에 관한 자각이 확대되는 가운데 악 또는 두려움은 더 이상 불필요하다.

영겁 이전에 생겨난 오래된 시스템은 관리 목적 때문에 (상부와 하부 세계들 속에서 현상유지하며) 적절하게 남아 있다. 하지만 상위 세계들 내의 모든 존재들 가운데서 새로운 가능성의 폭풍이 일어나고 있고, 이 새로운 광선이 각 세계의 통치자 또는 푸루샤(Purusha)를 거친 후 창조계를 통과해서 모든 존재로 방사되고 있다.

그들을 둘러싼 샘들의 네트워크와 황금 피라미드들은 행성들과 바다 밑, 우주의 행성들 사이와 은하계들 사이에 보이지 않게 배치되어 구체적으로 나타나 있다. 그것들은 이원적이거나 양극적이지 않은 재료로 만들어져 있다. 하지만 그것은 뛰어난 능력을 가지고 그 속에 존재할 수 있다. 아무 것도, 그 어떤 힘이나 권력, 무기, 또는 어떤 존재도 그것에 영향을 미칠 수 없고 그것들의 목적을 어떤 식으로든 바꿔놓지 못한다. 이것을 뒤집을 수는 없는 것이다.

고등한 세계에 속한 것을 기술적으로, 그리고 무엇보다 영적인 법칙에 의해 낮은 세계에서 구현하는 능력은 저급한 세계들을 지배하는 군주들의 부정적인 속성 때문에 영적인 도시와 황금 지혜의 사원 지역 외부에 살고 있는 누구에게도 불가능하다.(특히 의도적으로 주민을 방해하고 억압해온 지구와 같은 행성에서는 더욱 그러하다.) 그들의 속성은 저급한 세계들에 빠져 있는 영혼들이 그들의 신성한 참된 본성을 알지 못한 채로 남아있는 것을 보려는 것이다. 그리고 그 신성한 본성은 사실상 위대한 잠재력을 가진 최고신, 후(HU), 또는 서그매드(SUGMAD)의 공동창조적인 개성이다.

낮은 세계의 지배자들은 지금 주민들을 타락시키려는 그들의 속성과 안에서 외부로 향해 있는 속성이 변형되고 있다. 그것이 완료될 때, 창조계의 낮은 세계들은 현재의 이원적인 부정과 긍정의 양극체제 내부에 잠재돼 있는 존재의 신성한 거울세계로 바뀌기 시작할 것이다.

이 과정 동안, 무수한 세월에 걸쳐 낮은 세계들에서 거주하는 영혼들을 통해 잠재의식적으로 운반되었던, 인위적으로 창조된 감정으로서의 "두려움" 또는 "악"은 제거될 것이다. 한 가지 길이 자유로운 영혼들에게 발견되었다. 동시에 영적으로 강렬한 화염과 열광적으로 용기 있는 임시체류자로 인해 그들은 분발하게 된다. 이 임시체류자는 개인적으로 이런 세계들을 탐구하는 동안 전적으로 긍정적인 상위 차원들 및 모든 생명의 배후에 있는 하나의 근원과 공동창조적인 존재가 된다는 아이 같은 놀라움에 동기부여가 되었다. 그들은 "악" 또는 "두려움"이 더 이상 그들을 한쪽 방향으로 몰기 위한 일종의 갈퀴처럼 이용되지 않을 때, 이것을 행할 수 있다.

통계상 낡은 방식은 신성실현이나 개인의 자유를 고취하는 데 결코 조금도 효과적이지 않았다. 하지만 최고신의 새로운 광선 혹은 서그매드의 새 확장 광선은 시험되었고, 참으로 필요한 것으로 판명되었다. 그리고 그것은 지금 가장 높은 세계에서 가장 낮은 세계에 이르기까지 창조계 전역에 공급되고 있다. 최고신 또는 서그매드의 가장 커다란 실제의 문제는 하위 세계 시스템에 관한 중대한 딜레마를 해결하는 것이었다. 다시 말하면, 개인적인 영혼의 형태나 아트마 존재들이 지닌 자체적인 큰 문제의 부분은 그들이 매우 오래 전에 만들어진 하위세계의 법칙 하에서 깨닫지 못한 채로 삶을 살고 있고 고향으로 돌아가지 못하고 있다는 것이다. 각 개인 내에 주어져 있는 선천적인 명령은 그들이 본래 나온 곳인 고향으로 귀향하라는 것이다. 그러나 하위세계의 지배자 또는 푸루샤들의 부정적인 속성과 의도는 영혼들이 이런 선천적인 명령을 수행할 수 없게 주의를 딴 데로 돌리도록 사기와 속임수, 거짓, 지연, 왜곡 등을 통해 타락시키는 것이었다. 이것이 바로 "악" 또는 "두려움"의 낡은 방식이다. 그리고 인간은 "두려움"이 결코 영구적인 것이 아니며 결국 영혼이 경험하는 어떤 단계에서 제거될 수 있다는 것을 기억해야 한다. 풍요로움과 향상, 의식확장 또는 깨달음의 경험들은 절대로 영원히 말살될 수 없다는 것을 기뻐하라.

영혼계에 있는 새로운 샘에 관한 상상적인 기법으로 어떻게 그것이 이곳 지구상의 여러분의 의식을 변형시킬 수 있는지 약간의 훈련을 해보라. 그리하면 참으로 놀라운 각성의 결과들이 나타날 것이다. 여러분은 그 깨어남의 기간 동안 여러분 나름의 독특한 방식으로 자연스럽게 이것을 행할 것이고, 영혼의 참된 목적은 자유롭게 되고 최고신과 함께 성실하고 믿음직한 공동창조자가 되는 것임을 깨닫게 될 것이다. 여러분은 무엇이 도래하고 있고 어떻게 이런 최고신, 서그매드 또는 후(HU)의 확장 광선의 역동적인 변형에 적응해야하는지를 단순히 알고, 깨닫고, 이해할 것이다.

최고신 또는 후(HU)에 관한 이런 새로운 각성과 확장은 수천억 년 동안 단지 한번 일어난다. 여러분은 자기 스스로 우리가 지금 바로 이런 사건이 시작되고 있는 지점에 있다는 것을 발견할 것이다. 이 사건은 지구에 관한 과거의 부정적인 예언과학과 파괴적인 미래상을 안전하게 변형시키고 영원히 끌어올릴 것이다. 그리고 불행하게도 잠재의식적으로 깊이 억압받은 사람들이 놀라운 새 세상의 일부가 되도록 역동적으로 들어 올려 질 것이다. 그때 행성 지구는 자유세계들로 구성된 경이로운 차원 간 은하동맹(銀河同盟)에 받아들여지게 될 것이다. 확실하게 언급하건대, 지구의 가까운 미래 운명은 누군가가 생각하는 그런 (부정적인) 것이 아니다.

이제는 대담하게 다음과 같은 점이 언급되어야 한다. 즉 지구상에 살고 있는 모든 남성과 여성, 그리고 아이들은 의심 없이 곧 지구 너머에는 자비롭고 고도로 진화된 외계의 존재들과 사랑어린 다른 존재들이 있다는 사실을 알게 될 것이다.

　지구의 사람들이 우주 안에서 홀로인지, 아닌지에 관한 가장 커다란 의문은 마침내 곧 한 번은 답변될 것이다.

　진리의 영과 필연성 안에서 충심으로 행복을 기원하며"

- 로버트 스콧 렘리얼 -

감사의 말

나는 이런 특별한 메시지를 기록해 준 로버트 스콧 렘리얼과 집 필과정에서 그것을 나에게 보내준 스탠리 슐츠에게 감사하고 싶 다. 스탠리는 1960년대 이래 내 영적인 작업을 뒷받침해 주었을 뿐만 아니라 나의 멋진 두 아이인 토비와 젠다의 아버지이기도 하 다. 그리고 나는 이 중요한 정보를 내 책에다 첨부해서 출판해 준 데 대해 나의 출판업자인 코우키 홀웬드(Kouki Wohlwend) 여사 에게 특별히 감사를 드린다.

또한 나는 모든 것을 세심하고 끈기 있게 작업해 주고 이 원문 을 독일어로 번역해 준 앤자 스채퍼(Anja Schafer)에게도 고맙게 생각한다.

이 메시지가 여러분의 가슴에 다가가 영혼수준의 에너지를 깊이 흡수할 수 있도록 창조적인 상상력을 고취할 수 있기를 바란다. 그리하여 여러분이 다시 삼라만상 및 창조주와 하나가 되기를 기 원하는 바이다. 미래는 지금이고 여기이다!

사랑과 깊은 감사로 - 바라카 바샤드! - 은총이 함께 하기를!

- 옴넥 오넥, 2012 -

376

□ 용어 해설

아감 디스(Agam Des)

지구상의 티베트 북부, 힌두쿠시 산맥 안에 위치해 있는 영적인 도시. 신(神)을 찾는 구도자들의 고향. 그곳의 영적인 지도자는 ECK 마스터 야우블 사카비(Yaubl Scacabi)이다. 아감 디스는 물질계 상위 수준의 진동에 있고 오직 영혼체로만 방문할 수 있다.

아라야(ALAYA)

물질차원을 위한 만트라. 아(Aah)-라(laa)-야아(yaah)로 발성된다.

아몰 아박투 바라카 바샤드(Amual Abaktu Baraka Bashad)

"우주적인 사랑과 은총이 있기를!"이란 의미이다.

승천한 대사(Ascended Master)

신(神)의 공동창조자들로서 물질세계 너머에서 활동하는 신성(神性)을 실현한 마스터들이다.

아스트랄 차원

느낌과 감정들, 비행접시(UFO), 영혼들의 레벨. 특히 식물 왕국의 수준에 해당된다.

옴(AUM)

멘탈 차원을 위한 만트라이며, 아-오우-음 으로 발성된다.

오라

여러 가지 색채로 인간을 에워싸고 있는 자기장(磁氣場), 각 색채는 다음과 같은 의미가 있다. 흰색(참된 영성), 황색(영혼의식),

남색 또는 보라색(직관), 청색(지혜), 오렌지색(건강), 적색(생명력),
녹색(에너지)

바라카 바샤드(Baraka Bashad)

"은총이 있기를"이란 의미.

코잘(원인계) 차원

기억과 패턴의 레벨. 그리고 영혼이 다양한 삶들을 통해 갖가지
상황에서 겪은 모든 경험들의 저장소. 이것은 과거와 현재, 미래를
망라해서 아카식 레코드(Akashic Record)에 저장된다. 발명가들
은 이곳에서 그들의 발명에 관한 아이디어를 대부분 꿈의 상태에
서 발견한다.

엑칸카(Eckankar)

영혼여행에 관한 고대의 과학

ECK 마스터

바이라기(Vairagi) 수도회 출신의 신성을 실현한 마스터, 초연하
고 사심이 없는 존재들.

ECK 사원(寺院)들

의식(意識)의 다른 수준에 있는 황금지혜의 사원들이고, 유체이
탈을 통해 방문할 수 있다. 육체로 갈 수 있는 엑칸카 센터는 미
국의 챈하센에 있다.

엘람(Elam)

물질우주의 주님. 그는 상위세계들의 주님에 의해 통제를 받으
며, 모든 물질적 문제에 있어서 인류에게 봉사한다.

에테르체

　영혼이 에테르 차원에서 자신을 에워싸고 있는 매우 빛나는 몸.

에테르 차원

　극성 의식(polar-consciousness)의 세계들 가운데 가장 높은 수준이고 직관을 통한 지식의 원천이다. 특히 깨달은 인간들의 레벨이자, 조건 없는 사랑과 무한한 지혜의 고향이다.

퍼비 콴츠(Fubbi Quantz)

　ECK 마스터이고, 티베트 북부의 부이카 마그나 산맥 안에 있는 카추파리 수도원의 대수도원장이다.

게어 히라(Gare Hira) 사원

　힌두쿠시 산맥 내의 영적도시 아감 디스에 있는 지혜의 사원

가드 이터(God Eater)

　아감 디스 내에서 우주 에너지를 섭취하며 살아 있는 대사들. 비록 그들이 육체를 가지고 있기는 하지만, 평균적인 인간의 수명보다 훨씬 월등하게 오래 살 수 있다.

신성 실현

　신 의식(God consciousness)의 상태

고팔 다스(Gopal Das)

　살아 있는 ECK 마스터, 마한타. 파라오들의 시대에 고대 이집트에다 신비학교들(Mystery School)을 설립한 창시자이다.

후(HU)

　창조주에 대한 고대의 명칭. 신을 위한 사랑의 노래로서 마음속

으로, 또는 입으로 소리 내어 낭송한다.

칼라(KALA)
아스트랄 차원을 위한 만트라. "카아 - 라아"로 발성된다.

칼 니란잔(Kal Niranjan)
물질세계들의 지배자, 부정적인 세력, 시간과 공간의 신.

카르마(Karma)
영혼들의 의식발달을 위한 동인(動因)으로서의 원인-결과의 법칙.

카추파리 수도원
티베트 북부 부이카 마그나 산맥 안에 있는 한 ECK 수도원이자, 황금 지혜의 사원이다. 이 수도원의 대수도원장은 ECK 마스터 퍼비 콴츠이다.

클렘프 해롤드(Klemp Harold)
현재 살아 있는 ECK 마스터이고 (1981년 이래) 마한타이다. 와아-지(Waah-Zee) 또는 지(Zee)라는 영적인 이름을 갖고 있다.

의식의 수준들
육체적 수준(물질), 아스트랄 수준(느낌, 감정들), 멘탈 수준(사념들, 상상력의 힘, 지성, 지식), 코잘 수준(기억, 행동패턴, 카르마), 에테르 수준(직관, 지혜, 사랑).

살아 있는 ECK 마스터
하위세계들에서 영혼들을 자아실현과 신성실현으로 인도하고 있는 엑칸카의 영적인 지도자이며, 신성을 구현한 인간이다. 살아 있는 ECK 마스터들의 계보는 수백만 년 전의 첫 ECK 마스터인 가코(Gakko)에게까지 거슬러 올라간다.

마한타(Mahanta)

15번째 순환에 입문한 자, 지고의식의 운반자이자 표현체, 최고신인 서그매드의 한 육화, 또한 살아 있는 ECK 마스터의 별칭이다.

마나(MANA)

코잘(Causal) 차원의 만트라. 마아-나아로 낭송된다.

만트라(Mantra)

힘이 충전된 언어이고, 신성한 영(靈)과 더불어 조화를 얻기 위한 도구이다. 그에 따라 자아실현에 이르고 최종적으로는 신성실현에 도달하게 된다. 마음속으로 외우거나 입으로 낭송하는데, 대부분 영적인 수련과 연관돼 있다.

멘탈 차원

마음, 로고스, 과학, 사념, 지성의 수준이다. 특히 깨어 있거나 자각하고 있는 인간의 레벨이다.

누리 바니(Nuri Bani)

'빛과 소리'를 뜻한다.

물질적 차원

물질우주의 수준이고 시간과 공간 내의 상황에 속한다. 그리고 모든 가시적인 표현체들과 몸들에 해당된다. 특히 광물왕국의 수준이다.

라미 누리(Rami Nuri)

ECK 마스터이고, 아스트랄 수준의 금성의 도시인 리츠(Retz) 내의 〈지혜의 황금사원〉에 보관돼 있는 신성한 책인 샤리야트-키-서그매드(Shariyat-Ki-Sugmad)의 관리자이다.

람카(Ramkar)

코잘 차원과 모든 하위세계들의 주님(지배자)

리바자 타즈(Rebazar Tarzs)

ECK 마스터이고, 페다르 자스큐(Peddar Zaskq:폴 트윗첼)를 포함하여 수많은 ECK 마스터들을 훈련시켰던 스승이다. 리바자 타즈는 힌두쿠시 산맥 내의 한 오두막 안에서 살고 있지만, 어디에나 나타날 수 있다. 그는 또한 살아 있는 ECK 마스터이자 마한타로 봉사한다.

리츠(Retz)

금성의 아스트랄 수준에 있는 도시로서 수도(首都)이다.

사트 남(SAT NAM)

영혼차원에 대한 신의 첫 번째 표현체이며, 위 아래 모든 차원들의 주님(지배자). 창조계 전체의 창조자로서의 힘, 빛, 소리를 의미한다.

자아실현

최고신에 관한 일부 지식을 가진 존재가 창조주와 동일한 특성을 가지게 되는 것.

소항(Sohang)

에테르 차원의 주님이며, 신성한 창조의 힘이 흐르는 통로이다.

그 이름은 "나는 신이다."를 의미한다.

영혼

　모든 우주와 세계들 속에 있는 신성의 개체화된 표현체이며, 사랑과 자비, 무한, 전능, 영원, 불멸의 바다 내의 한 방울의 물과 같다. 그 전체의 일부 존재인 영혼은 창조주의 모든 특성들을 부여받았다.

영혼체(Soul body)

　영혼이 신의 세계들 안에서 경험하기 위해 영혼차원에서 활용하는 몸이다. 즉 자기인식과 자아실현을 위한 하나의 도구이다.

영혼차원

　영혼-자각의 의식수준이며, 거기서 존재들은 그들 자신이 영혼임을 깨닫는다.

소울 메이트(Soul mate)

　영혼으로서(정신이 아니다!) 언제 어디에선가 완성된다는 신화. 영혼은 한 동료나 파트너, 반려자에게 의존하지 않는다.

영혼여행

　신성실현을 목표로 해서 영혼체로 다른 차원들을 통과하는 의식의 이동.

영적인 훈련들

　명상과 집중, 묵상과 같은 창조적인 수련을 말한다. 대개는 고등한 의식수준에서의 영적인 경험을 위한 준비로서 미간의 "제3의 눈"에 초점을 두는 과정이 있다.

서그매드(SUGMAD)

최고신, 사랑과 자비의 바다, 유일자(唯一者), 모든 것을 망라하고 있는 존재, 후(HU), 절대자, 하느님, 또는 무엇이든 인간이 거기에다 붙이고자 하는 어떤 이름의 존재.

황금 지혜의 사원
ECK 마스터들이 인도하는 다른 차원에 있는 ECK 사원들. 이곳은 영혼들의 의식을 성장시키기 위한 훈련센터로서 이용된다.

테우토니아(Teutonia)
금성의 아스트랄 수준에 있는 도시로서 옴넥이 태어난 곳이다. 그녀는 자신의 나머지 삶을 물질 수준의 지구에서 영적인 교사로서 보내기로 자원할 때까지 대략 140년(※우리 시간으로) 동안 그곳에서 살았다.

폴 트윗첼(Paul Twitchell)
마한타, 1965년부터 활동했고, 1971년 사망하여 물질계에서 상위세계로 옮겨갈 때까지 살아 있었던 ECK 마스터. 그는 오늘날까지 비밀리에 보존돼 있던 엑칸카 가르침들을 세상에 소개했는데, 이것은 책 출판과 강연 및 세미나 개최를 통해 이루어졌다. 이렇게 함으로써 그는 인간의 자아개념과 지구상의 그들의 세계에 관해 완전히 새로운 영역을 가르쳤다.

야우블 사카비(Yaubl Sacabi)
영적인 도시 아감 디스 내에 보관돼 있는 엑칸카의 신성한 서(書)인 〈샤리야트-키-서그매드〉를 수호하는 엑칸카 마스터. 그는 그리스 미케네 문명시대 동안 살아 있는 엑칸카 마스터인 마한타로 봉사했다.(기원전 1700년~2000년 사이)

3부 역자 해제 및 부록

■역자 해제: 한 금성인에 의해 조지 아담스키에게 전달된 문서와 관련해서

1950년대와 1960년대는 이 지구상에 처음으로 UFO 현상이 가장 활발하게 나타났던 시기이다. 특히 이때는 미국을 중심으로 한 서구세계에 많은 직접적인 UFO 접촉자들이 등장했던 시대이기도 했다.

아래의 문서는 당시 미국의 저명한 UFO 접촉자였던 조지 아담스키가 한창 우주인들과 접촉하던 시기인 1953년에 한 금성인에 의해 그에게 전달된 문서이다. 그리고 당시 이 문서를 아담스키에게 건네준 존재는 오손(Orthon)이라는 이름의 금성인으로 알려져 있다. 그런데 옴넥 오넥의 말에 따르면, 흥미롭게도 오손은 그녀의 삼촌 오딘(Odin)과 동일인이라고 한다.

조지 아담스키

1990년대에 옴넥이 강연 및 워크샵을 위해 독일을 방문했을 때, 에버하드 본 하겐이라는 한 독일인이 옴넥에게 이 문서(편지)를 보여주고 해독을 요청한 바 있다. 옴넥은 그런 요청에 응해 금성의 문자로 기록된 이 문서를 해석하여 당시 강연과 워크샵에 참석한 모든 이들이 이해할 수 있게 만들어 주었다.

독일에 거주하는 옴넥의 대리인, 앤자 스채퍼는 2010년 2월 조지 아담스키 협회에다 이 문서의 신빙성에 관해 문의해 보았다. 그 결과 이 문서가 진짜이고 실재하며, 또한 정확한 해석이라는 확답을 받았다고 한다.

옴넥이 언급하기를, 이 문서 내용 가운데 한 단락은 그 정보를 해석해서 공개하는 것을 허락받지 못했다고 하는데, 왜냐하면 그것은 금성인들이 사용하고 있는 동력의 원천에 관한 것이기 때문이라는 것이다. 오늘날 옴넥은 이런 에너지의 원천을 "공명 자기(磁氣) 에너지"로 표현하고 있다.

금성인의 문서

◇1953년 금성인 오손에 의해 조지 아담스키에게 전해진 문서의 해독문

(1993년 4월 6일 옴넥 오넥이 해석해서 옮김)

금성인의 오랜 역사를 대표하는 오딘이 팔로마 산의 우리 친구에게	나, 오딘은 당신이 단지 작은 부분만을 알고 있는 우리의 방대한 이치(Ich) 태양계 내의 12개의 행성들을 표시합니다.

친애하는 우리 지구 형제들의 대표자와 행성들의 형제단과 접   촉하는 주요 접촉자들에게

여러분에게 나는 우리의 방대한 우주 내에 있는 모든 존재들에   관해 말하려 합니다. 우리는 지구가 위험에 처해 있다는 생각에   서 왔는데, 인간들이 레이더 빔(Radar Beam)으로 실험을 하고 있기 때문입니다.

유일한 결론은 지구가 위험 속에 있다는 사실입니다. 그리고 자기들 자신에 대한 이해가 결여돼 있고 다른 세계들에 관해 거의 알지 못하는 수많은 다양한 인간들에 의해 상황이 악화되어 있다는 것입니다. 이런 잘못된 생각을 극복하는 것은 참으로 커다란 과업이 될 것이며, 오랜 시간과 엄청난 사랑을 필요로 할 것입니다.

우리는 우리가 아는 것을 여러분과 함께 나누고 싶은 생각이 간절합니다. 하지만 우리는 대중들이 우리가 공유하고 싶은 지식을 늘 이해하거나 신뢰할 수 있기에 앞서 단지 인류가 그들 자신을 보는 방식을 바꾸도록 노력할 수밖에 없습니다.

왜냐하면 그런 지식은 그것이 우리의 소유물인 것과 마찬가지로 여러분의 유산이기 때문인데, 따라서 그것은 살아 있는 모든 존재들의 것입니다.

우리는 우리 자신의 세계들과 지구의 여러분이 아직 발견하지 못한 모든 태양계 주민들에 대한 깊은 영적 이해와 존중으로 인해 이 메시지를

당신에게 위탁하고자 합니다.

우리는 (시간상) 여러분에게는 아주 오래 전이지만, 우리에게는 잠시 전에 이곳에 건설되었던 최초의 식민지들에 대한 우리의 책임감에서 여러분을 사랑하고 인도하고 싶은 충동을 느낍니다.

머지않아 한 존재가 인간의 일원이 되어 도울 것이며, 그는 우리 가운데 한 사람일 것입니다. 이것은 여러분이 이 메시지를 이해하도록 돕기 위해서인데, 그 때까지는 이 문서가 이해될 수 없습니다. 왜냐하면 우리의 언어는 단지 우리의 사념의 상징들이고 여러분이 알거나 이해하는 것처럼 손으로 기록할 수 없기 때문입니다. 이 메시지를 균형을 잡기 위한 열쇠로 보존하십시오. 그러면 새로운 삶의 방식이 여러분의 것이 될 것입니다.

(※옴넥 오넥 주: 이 부분은 동력의 원천에 관한 내용이고 더욱이 사실상 간단하기 때문에 해독해서 옮겨놓을 수가 없다. 또한 그것을 지금 공개하는 것은 적절하지 않은데, 인간들에 의해 오용될 것이기 때문이다.)

우리가 영(spirit)으로 모두 연결되어 있고 우리의 절대자가 제공한 동일한 세계들을 공유할 신성한 권리에 의거해 있으므로 우리는 자신의 영혼 외에는 아무 것도 소유하지 않습니다. 우리 모두는 이런 창조물들이 절대 멸망하지 않고 신성한 유일자가 계획한대로 영원히 존재하도록 돕고 배우기 위해 이와 같은 세계들과 은하계들 속에 있는 방문객들입니다. 우리는 모두가 이런 계획의 한 부분이고, 이제부터 이런 진리들을 모든 이들에게 전해줄 커다란 의무가 있습니다.

사랑이 모든 것을 치유하고 그대들이 10배로 되갚을 수 있는 유일한 힘입니다. 늘 빛 속을 걸어가고 그 빛을 어둠이 점거할수 없는 세상과 나누십시오.

한 사람부터 시작되며, 그 장본인이 여러분이 되도록 하십시오. 여러분의 고향인 지구를 구하세요!

은총이 있기를!

– 금성의 오딘과 행성들의 형제단 –

여기서 이 편지를 아담스키에게 전해준 오손, 즉 옴넥의 삼촌인 오딘이라는 금성인에 대해 좀 더 알아보도록 하자. 아담스키가 평생 동안 저술한 책은 모두 3권인데, 그 첫 번째가 1953년에 발행된 〈비행접시 착륙하다(Flying Saucers have landed)〉이고, 두 번째로 나온 것이 1955년의 〈우주선의 내부(Inside The Spaceship)〉, 마지막으로 낸 것은 그가 1965년 사망하기 몇 년 전인 1961년에 출판한 〈비행접시여, 안녕(Flying Saucer, Farewell)〉이었다.

그런데 오손이라는 존재에 관한 내용이 아담스키의 이 3가지 저서 가운데 〈비행접시 착륙하다〉와 〈우주선의 내부〉에 기록되어 있다. 여기서 우리가 가장 주목해야할 놀라운 부분은 아담스키의 첫 저서인 〈비행접시 착륙하다〉에 자세히 서술돼있다시피, 그가 1952년 11월 20일에 미 캘리포니아 모하비 사막에서 처음으로 접촉했던 우주인이 다름 아닌 바로 오손(오딘)이었다는 사실이다. 그리고 이어서 오손은 아담스키의 본격적인 UFO 탑승 경험이 기록된 그의 두 번째 저서, 〈우주선의 내부〉에 자주 등장하는데, 그 책 1장 말미에는 1953년 2월 18일에 그가 오손과 약 3개월 만에 다시 재회하는 장면이 묘사되어 있다. 이제부터 그 부분을 살펴보기로 하겠다.

당시 아담스키는 알 수 없는 내면의 이끌림에 따라 팔로마 산장에서 로스엔젤리스 시내로 내려와 한 호텔에 머물고 있었다. 그리고 그는 로비에서 자신에게 접근한 두 명의 낯선 남성을 만나게 된다. 그들은 아담스키를 데려가기 위해 접근한 우주인들로서 퍼콘(Firkon)이라는 이름의 화성인과 라무(Ramu)라는 토성인이었다. 곧 이어 그들의 인도에 따라 아담스키는 그들과 함께 차에 동승했고 로스엔젤리스 시외의 고속도로로 1시간 반 가량을 달려 이동한다. 그 이후 부분부터는 〈우주선의 내부〉 원문에서 인용하겠다.

우리가 평탄한 고속도로에서 빠져나와 거칠고 패인 좁은 옆길로 들어섰을 때 차가 덜컹거림에 따라 나는 갑자기 깊은 생각에서 깨어났다. 화성인이 말했다.

"당신을 놀래게 해줄 일이 있습니다."

우리가 15분 가량 이 길을 따라 달려오는 동안 우리의 차를 지나치는 차는 아무 것도 없었다. 그때 나는 흥분하고 말았는데,

조지 아담스키와 금성인 오손이 첫 만남 후 작별하는 장면을 묘사한 상상도.

멀리 지면 위에서 부드럽고 밝게 빛을 발하는 물체를 목격했던 것이다. 우리는 그 물체로부터 약 50피트 이내 거리에다 일단 차를 세웠다. 어림잡아 그것은 높이가 15~20피트 정도였고, 내가 앞서 3개월 전에 처음으로 접촉했던 비행접시, 또는 정찰선과 매우 흡사하다고 생각되었다.

우리가 그 지점으로 점차 다가감에 따라 나는 그 빛나는 우주선 곁의 지면에 한 남성이 서 있다는 것을 알아 차렸다. 차에서 내린 후 나와 동행했던 이들이 그 사람에게 인사말을 건넸다. 정찰선 옆에 있

던 그 남성은 그 우주선에 관계된 어떤 작업을 하고 있던 것으로 보였다. 우리 세 사람이 그를 향해 가까이 걸어갔을 때, 나는 너무나 기쁘게도 그가 내가 처음으로 만났던 금성에서 온 바로 그 친구라는 것을 알아보았다!

그는 처음 만났을 때처럼 스키복 형태의 똑같은 우주복을 입고 있었다. 하지만 이 옷은 허리에 두른 밴드의 위아래가 오렌지색 줄무늬가 달린 엷은 갈색이었다. 그의 밝은 웃음이 그 역시도 나처럼 이런 재회가 대단히 기쁘다는 것을 분명히 나타내주고 있었다. 서로 인사를 나눈 후, 그가 입을 열었다.

"우리가 착륙할 때, 이 소형 정찰선의 작은 부분에 약간의 이상이 발생했어요. 그래서 여러분이 도착하기를 기다리는 동안, 부품을 새 것으로 교체하고 있었습니다."

나는 그가 어떤 장치의 내용물을 모래 바닥에다 비워버리는 것을 호기심에서 주시하였다.

"타이밍이 적절하게 잘 맞았습니다." 그가 말했다.

"여러분이 차로 도착했을 때, 수리를 막 끝내고 있었거든요."

그때 나는 그가 약간의 악센트상의 흔적을 제외하고는 영어를 완벽히 구사하고 있다는 것에 갑작스런 충격을 받았다. 그런데 우리가 처음 만났을 때 그는 우리말을 전혀 할 수 없는 것으로 보였었다. 나는 그가 이에 관해 설명해 주기를 기대했으나, 그가 별 말이 없었으므로 질문을 자제하기로 했다.

그런데 1장의 마지막 부분에서 조지 아담스키는 그가 자신의 책에다 기록한 외계인들의 이름이 본명이 아니라는 점에 관해 다음과 같은 의미심장한 언급을 하고 있다.

이 시점에서 나는 내가 만난 외계에서 온 사람들 가운데 누구도 우리가 아는 것 같은 이름을 나에게 알려준 존재는 없었다는 점을 나의 독자들에게 말하는 것이 좋다고 믿는다. 그 이유에 대해 설명을 듣기는 했지만, 여기서 그것을 모두 밝힐 수는 없다. 이것에 연관된 무슨 큰 미스터리가 있는 것은 아니다. 다만 지금은 우리가 사람들에게 사용하는 이름 같은 개념과는 전적으로 다르다는 정도로만 말해두도록 하겠다.

내가 이런 새로운 우주의 친구들을 만나는 동안 이처럼 이름 없는 상태가 나에게는 아무런 불편함이 없었다. 반면에 나는 이 책의 독자분들에게는, 특히 책의 후반부를 읽을 때 분명히 혼선이 올 수 있다는 것을 깨달았다. 왜냐하면 이 세상의 우리는 다른 사람과의 구분을 위해 자기 나름의 고유한 이름에 의존하고 있기 때문이다. 따라서 나는 그들에게 이름을 붙이려고 한다.

나는 내가 소개하는 이 새로운 친구들의 이름은 그들의 정확한 이름이 아니라는 점을 매우 분명히 하고 싶다. 덧붙여 나는 내가 그런 이름들을 선택한 데는 내 나름대로 충분한 이유가 있다는 것과 이 책에서 그런 이름을 갖게 된 우주인들에게도 전혀 의미가 없지는 않다는 점을 언급하고자 한다.

화성인을 나는 퍼콘이라고 부를 것이다. 토성인은 라무, 그리고 그 금성인의 이름은 오손이라고 할 것이다.

이와 같은 아담스키의 솔직한 고백대로 그가 책에서 언급한 우주인들의 이름은 그들의 본명이 아닌 것이다. 아마도 보안상의 이유로 그들의 원래 이름을 약간 변형해서 지은 것이 아닌가 추측된다. 그러므로 그는 옴넥의 삼촌인 '오딘'을 '오손'으로 바꿔 불렀다고 보아야 할 것이다.

그리고 그 책의 2장, "금성의 정찰선 안에서" 부분을 보게 되면, 이 오손이라는 존재가 아담스키에게 우주문자로 된 편지를 전달한 사실이 있음이 이렇게 나타나 있다.

"같은 말이 지구상의 도처에 있는 비행기 조종사들에게도 해당됩니다."칼나가 조용히 말했다.

"수많은 조종사들이 반복해서 우리의 우주선을 목격합니다. 하지만 그들은 입 다물고 있으라고 압력을 받거나 경고를 받습니다. 그러다 보니 극소수만이 감히 그것을 발설할 뿐이지요."

"지구의 과학자들도 마찬가지입니다." 퍼콘이 말을 덧붙였다.

나는 그들이 우리의 세계와 지구 주민들에 대해 속속들이 알고 있는 지식에 대해 다시 한 번 놀라지 않을 수 없었다.

"그런 것 같습니다." 내가 입을 열었다.

"그렇다면 그 해법은 대부분 세계 전역의 수십억에 달하는 길거리의 보통사람들에게 있다는 것입니다."

"그들이 당신에게 힘이 될 것입니다." 퍼콘이 재빨리 내 말에 동의했다.

"그리고 만약 그들이 충분한 숫자로 모여 어디에서나 한 목소리로 전쟁반대를 외친다면, 여러분 세상의 다른 지역에 있는 어떤 지도자들은 기꺼이 귀를 기울일 것입니다."

나는 이런 대화가 나의 이해에 많은 도움이 되었다고 느꼈다. 그리고 나는 희망으로 가득 채워졌다. 하지만 나는 그렇게 하기 위해

자신이 만난 금성인을 묘사한 그림 앞에 선 조지 아담스키

서는 구체적으로 어떻게 해야 할 것인지 아는 것이 거의 없었기에 화제를 바꾸어 이렇게 말했다.

"조종실에서 내가 보았던 기계장치에 대해서 좀 더 설명해주실 수 있겠습니까? 소리를 기록해서 스크린상의 영상으로 변환시켜주는 장치 말입니다."

"물론이죠." 오손이 대답했다.

"그 장치의 가장 중요한 용도 중의 하나는 우리가 어떤 언어든 아주 쉽게 배울 수 있게 해준다는 것입니다. 우리들 가운데 지구에서 한 동안 살면서 활동하는 이들은 (그 장치를 통해) 실제로 자연스럽게 더 나은 악센트를 구사합니다. 비록 우리에게도 여러분과 마찬가지로 다른 이들보다 아주 뛰어난 언어적 재능이 있어서 사람들과의 직접적인 접촉이 없이도 완벽하게 언어를 구사하는 법을 배우는 이들이 있지만요."

이 부분에서 그는 미소 지으며 우리가 처음 만났을 때 이루어졌던 무언극(無言劇)과 같은 몸짓으로 한 대화를 내게 상기시켜 주었다. 덧붙여 그는 이렇게 언급했다.

"당시 나에게 가장 중요한 것은 당신이 텔레파시 메시지를 주고받을 수 있는지 그 능력을 시험해보는 것이었습니다. 그리고 그 결과로서 당신이 지금 이곳에 와 있는 것이지요! 우리는 지구의 사람들이 개인적 경험이라는 편협한 테두리에서 벗어난 것은 무엇이든 의심하려고 한다는 것을 잘 압니다. *이런 이유 때문에 내가 당신에게 주었던 서신은 일부러 우주문자로 되어 있었던 것입니다.* 비록 그런 문서를 이해하는 인간의 능력은 오래 전에 멸망한 고대문명과 더불어 매장되었다는 것을 우리는 알고 있습니다. 하지만 그것을 장차 해독할 수 있게 될 극소수의 사람들이 여러분 세상에 뿌려져 있습니다. 물론 그런 해독이 이루어져도 대단히 의심 많은 사람들은 여전히 믿기를 거부할 수 있을 것입니다."

이런 모든 내용으로 미루어 볼 때, 오딘이 아담스키에게 우주문자로 된 편지를 전달하고 나중에 옴넥이 지구에 와서 그것을 해독해서 공개하는 이런 모든 일들이 우연이 아니라, 사전에 금성인들에 의해 모두 치밀하게 계획된 것임을 충분히 짐작할 수 있을 것이다.

옴넥의 삶이 우리에게 보여주는 영적인 의미들

이제 마지막으로 정리한다는 의미에서 금성에서 지구로 이어지는 한 편의 판타지 드라마 내지는 SF소설 같은 옴넥 오넥의 파란만장한 삶을 한 번 전반적으로 반추해 보도록 하자.

옴넥은 아스트랄 차원의 금성에서 태어나 일찍이 그 낙원세계에서의 환상적이고 달콤한 삶을 모두 경험했다. 하지만 그녀는 미처 청산되지 않은 일부 업(業)을 해결해야하는 과제와 과거생의 자매와의 카르마적 인연에 따라 지구에 와서 살기로 결심하게 된다. 그리고 우리가 이미 이 책을 통해 잘 알다시피 옴넥의 지구에서의 삶은 고난의 가시밭길이었고, 슬픔과 고독, 어디로 도망칠 수도 없는 시련으로 점철되어 있었다. 결코 녹록치 않았던 그녀의 지구에서의 삶은 우리 보통의 지구 사람들 기준에서 보더라도 결코 평탄하지 않은 매우 고통스런 삶이었음은 누구도 부정할 수 없을 것이다.

하지만 이처럼 다른 별에서 살던 존재가 UFO를 타고 직접 지구에 와서 인간 속에 뒤섞여 사는 사례가 옴넥의 경우만이 유일하지는 않다. 이미 조지 아담스키의 서적에서도 언급되어 있다시피, 비율상 극소수이겠으나 그런 외계의 존재들이 인간으로 위장한 채 우리들 속에 살고 있을 가능성은 얼마든지 있을 수 있다. 그러나 이런 존재들은 이 세상 속에서 어디까지나 인간세계의 관찰과 보고와 같은 나름의 임무와 사명수행을 위해 한시적으로 인간 속의 이방인으로서 살고 있을 뿐이다. 다시 말하면, 그들은 옴넥처럼 카르마적인 요인 때문에 부득이 인간세계에 직접 뛰어든 존재들은 아닌 것이다. 이런 점에서 옴넥의 삶은 매우 독특하며, 우리 인간들에게 시사하는 바가 크다고 할 수 있다.

카르마 청산과 사명수행이라는 2가지 무거운 과제를 짊어지고 지구에 온 그녀의 삶은 그에 따라 일정한 나이에 이르기까지 혹독하리만치 처절한 고난의 연속이었으며 눈물로 얼룩질 수밖에 없었다. 특히 상상조차 할 수 없었던 두 명의 계부(繼父)와 얽힌 시련은 옴넥을 벼랑 끝까지 몰고 간다. 하지만 이를 모두 지켜보며 알고 있던 고향의 금성의 존재들과 마스터들은 옴넥의 간구에도 불구하고 그녀의 지구에서의 삶에 일체 관여하지 않는 것을 우리는 목격했다. 이것이 의미하는 바는 무엇인가? 그것은 "뿌린 대로 거두리라."라는 성서의 말씀대로 자신이 뿌려놓은 그 씨앗(원인)의 결과에 대해 아무도 그것을 대신 처리해주거나 도와줄 수 없으며, 스스로 거두어야한다는 냉엄한 인과법의 실상을 보여주는 것이다. 그리하여 우리는 누구나 옴넥 오넥이라는 한 외계인 여성의 금성에서 지구로 이어지는 삶을 통해 영혼이 진화여정에서 감당해야만 하는 〈카르마의 법(法)〉이라는 우주법칙이 무엇인가를 여실히 체감할 수 있었다. 이처럼 영혼은 자신의 과거 행위로 인한 결과에 대해 반드시 책임을 져야 하고, 그런 어려움의 극복과정과 자각을 통해 비로소 점차 영적으로 성장하고 성숙할 수 있는 것이다. 또한 거듭된 환생과 인과법칙에 의해 나타나는 업보(業報)의 작용이라는 것은 지구상의 특정종교나 우주의 특정 별에서만 적용되는 룰(rule)이 아닌 것이다. 이런 부분과 더불어 우리가 생각해 볼 문제는 현재 지구에 태어나 있는 인간들 가운데 옴넥과 꼭 똑같지는 않더라도 모종의 카르마 청산을 목적으로 이곳에 육화한 외계 존재들이 있을 가능성에 대해서이다. 그리고 그런 존재들에 해당되는 것이 바로 채널링 정보에서 자주 언급되는 소위 "라이트 워커(Light Worker)"에 속한 영혼그룹이다. 이 영혼집단은 빛에 대한 헌신과 봉사를 통해 자신의 카르마를 청산하고 영적으로 상승하고

자 자발적으로 지구에 왔다는 점에서 - UFO를 타고 육신으로 직접 오지 않았다는 점에서만 차이가 있을 뿐 - 옴넥의 경우와 크게 다르지 않다고 볼 수 있을 것이다.

이제 옴넥은 금성에서 직접 지구로 와서 온갖 고난을 몸으로 겪으며 자신의 남은 업을 청산했고, 그런 배움과 연단(練鍛)의 과정을 거치며 오늘날에는 한 영적인 교사로서 우뚝 성장했다. 그리고 이 자서전적 책을 통해 우리에게 불교에서 언급하는 '인연(因緣)'과 '업'이라는 우주보편의 인과법칙이 얼마나 엄정하게 작용하는가를 절실하게 가르쳐주었다. 아울러 우리는 오랜 시대에 걸쳐 금성과 지구문명 사이에 이어져 있는 영적인 연결고리와 밀접한 관련성을 확인할 수 있었다.

한편 옴넥은 누구나 한 번쯤은 머릿속에 떠올릴 수 있는 생각인 '지구는 과연 우주에서 생명이 존재하는 유일한 별인가? 그리고 지구는 우리 은하계와 태양계 내에서 어떤 위치에 있으며, 어떤 영적인 의미를 가진 행성인가?'라는 의문에 대해 가장 적절하게 답을 주고 있기도 하다. 즉 단순히 지구 밖의 다른 별에 생명체가 있느냐 없느냐를 가지고 여전히 따지고 논쟁하는 유치한 수준의 과학계와 대중매체들에게 옴넥은 그것을 훨씬 뛰어넘는 보다 확장되고 심오한 영적인 메시지와 우주적인 가르침을 제시하고 있는 것이다. 근시안적으로 물질적 증거에만 집착하는 과학자들은 옴넥으로부터 배울 필요가 있으며, 열린 마음으로 그녀가 제시한 정보들을 숙고해 본다면, 모든 의문에 대한 충분한 해답이 도출될 것이다.

어떤 면에서 보면, 그녀의 삶과 책들은 지구상의 현 인류를 깨우치기 위해 금성의 마스터들과 지구영단의 대사들이 공동으로 기획, 연출한 한 편의 멋진 작품이 아니었나하는 생각이 들기도 한다. 물론 옴넥은 그 특별 드라마의 가장 적합한 주인공으로 발탁된 흔치 않은 경우일 것이다. 어찌되었든 그녀는 지구에서의 이번 삶을 통해 전생의 모든 카르마를 해결하는 동시에 자신의 본보기적 체험에 의해 지구인들에게 다른 차원의 행성적 삶을 알려주고 많은 인간들을 영적으로 깨우치는 중요한 사명적 역할을 충실히 해내었다. 이점에 대해 역자는 그녀에게 감사하며, 깊은 성원과 격려의 박수를 보내고 싶다.

옴넥은 지구에서의 힘들고 수고로운 삶의 과정을 통해 어쩌면 스스로 금성에서보다 더 많은 것을 배웠을 것이다. 이제 올해 (2014년) 우리 나이로 67세가 된 그녀는 최근의 사진을 보면, 젊고 예뻤던 과거의 모습과는 달리 나이가 많이 들어 보인다. 아마도 지구에 와서 겪은 온갖 풍상(風霜)과 시련, 정신적 스트레스 등이 우리 지구상의 보통 인간들과 똑같이 그녀의 노화를 촉진시킨 것으로 추측되는데, 이런 모습을 놓고 볼 때 다른 행성에서 온 존재 역시도 결국 이곳에서는 어쩔 수 없는 모양이구나 하는 생각이 들기도 한다.

어쨌든 비로소 지구에서의 모든 과업을 끝낸 옴넥은 향후 육신을 벗게 되면, 지구에는 두 번 다시 태어나지 않아도 될 것이다. 즉 옴넥은 깨끗이 청산된 카르마로 인해 행성 지구라는 학교를 완전히 졸업하게 되는 것이며, 고향인 금성으로 돌아가 자신의 영적인 진화를 계속하게 될 것이다.

이제 이 책을 내려놓으며 과연 옴넥의 본보기적인 삶을 통해 우리 각자가 배울 수 있는 교훈은 무엇인가를 진지하게 한 번 생각해 보는 것은 어떨까? 아마도 이 책을 읽은 독자들마다 각기 소감과 느낌이 약간씩 다를 수 있을 것이다. 그러나 역자가 새삼스레 느낀 요점은 우리가 겪는 삶의 모든 고통과 시련들은 다 나름대로 의미가 있으며, 아무 것도 우연한 일은 없다는 사실이었다. 또한 영혼이 점차 배우고 성장해가는 영적인 진화라는 측면에서는 지구와 다른 행성에서의 삶이 크게 다르지 않고 계속 이어지는 연장선상에 놓여 있다는 것이었다. 즉 영혼은 한 별에서 다른 별로 전생

(轉生)하며 끊임없이 배우고 진화해가는 존재인 것이다. 그러므로 일상사의 불행에 대해 늘 불평불만을 늘어놓고 누군가를 원망하기보다는 옴넥처럼 그 고통과 어려움을 받아들여 묵묵히 감내하고 최선의 노력을 하는 것만이 가장 빠른 업장소멸(業障消滅)과 영적 진보의 지름길임을 알 수 있다. 또한 우리의 진정한 영적성장은 자신이 특별하다는 에고적 교만과 자아도취가 아니라 스스로의 부족함에 대한 끊임없는 성찰과 노력, 겸손함에서 이루어진다는 사실을 누구나 배울 수 있으리라고 믿는다. 그럼으로써 우리 자신도 옴넥처럼 장차 금성과 같은 상위차원의 행성으로 옮겨가서 태어나든가, 아니면 다가오는 지구의 황금시대에 이곳 지구에서 영적인 배움과 진화를 계속할 수 있게 될 것이다.

- 역자 -

■부록-1: 옴넥 오넥과의 인터뷰

• **질문자:** 옴넥, 당신은 자신의 자서전인 "나는 금성에서 왔다." 1부에서 금성의 아스트랄 수준에서의 삶과 어떻게 지구에 오게 되었는가에 관해 묘사했습니다. 독자들을 위해 이것을 간략하게 개괄해주시겠습니까?

• **옴넥:** 아주 오래 전에 우리 태양계 내의 오래된 행성들 - 토성, 목성, 화성, 금성을 의미한다 - 은 물리적인 생명체들을 부양할 수 있었습니다. 이런 행성들과 다른 문명들은 지구상의 모든 인간들의 선조들입니다. 당시 이런 행성들에는 오늘날 지구에서 여러분이 영위하는 삶과 같은 물질적인 사회들이 번영하고 있었죠. 그런데 이런 행성들이 진화의 주기를 통과하는 때가 왔고, 그 결과그 행성들은 더 이상 물리적인 생명체들을 뒷받침할 수 없었습니다. 이 행성들의 주민들은 영적으로 진화된 존재들이었기 때문에영단으로부터 특별한 은총을 받았고 상위 차원으로 상승하게 되었습니다. 이런 방식으로 그 주민들과 문화, 도시들, 완전한 사회들이 원래대로 남아 있고 육안에는 보이지 않는 고등한 주파수 수준에서 오늘날에도 존속하고 있습니다. 그리고 이번 생에 나는 금성의 아스트랄 단계의 문명 속에 태어났던 것입니다. 하지만 아직도나는 균형 잡아야 할 카르마적인 부채를 갖고 있었던 까닭에 언젠가 지구로 돌아가야만 할 것이라는 사실을 알고 있었습니다. 그리고 내가 육체로 바뀌어 지구의 물질계에서 내 삶을 계속함으로써이번 생 내에 나의 남은 카르마를 청산할 기회가 나에게 주어졌을때, 나는 거기에 동의했던 것이지요. 이런 방식을 선택함으로써 나는 내 의식과 영적인 지식을 (망각하지 않고) 고스란히 유지할 수있었고 그것들을 지구에 가져올 수 있었던 겁니다. 만약 내가 이

런 방식으로 지구에 가겠다고 결정하지 않았다면, 나는 (지구에서) 다시 태어나는 과정을 겪는 것이 필요했을 것입니다. 나는 그런 탄생과정을 거치게 되면 많은 영적지식들을 상실하게 될 것이라는 사실을 알고 있었습니다.

- **질문자: 언제, 어떻게 지구에 왔나요?**

- **옴넥:** 금성에는 아스트랄 수준뿐만이 아니라 물질계에도 동시에 존재하는 "리츠(Rets)"라는 도시가 있습니다. 이 도시에서 우리는 우리의 삶의 주기를 물질계 안에서 계속하겠다고 결심하게 되면, 육체로 바뀌어 나타날 수가 있어요. 이 과정을 되돌릴 수는 없습니다. 나의 삼촌 오딘과 함께 나는 리츠 내의 한 사원에서 육체로 변화되었죠. 처음에 우리는 작은 우주선을 타고 거대한 시가형 우주선으로 이동했는데, 그것은 은하계 간의 여행에 이용하는 모함(母艦)이었습니다. 그 작은 우주선은 오직 짧은 거리만을 여행할 수 있습니다. 우리는 이 거대한 모선으로 지구의 대기권 근처까지 이동해 왔고, 다시 작은 정찰선으로 갈아탄 후, 마침내 티베트 내의 한 사원에 착륙했어요. 거기에는 은하간 여행자들이 새로운 환경에 적응하고 물리적 조건에 점차 익숙해지기 위해 수천 년 동안 이용해온 전환 장소가 있습니다. 나는 한 수도원으로 데려가졌는데, 거기서 나는 내 육체와 중력에 익숙해지고 미국에서 경험하게 될 내 지구상의 삶을 준비하기 위해 1년 동안 머물러 있었습니다. 그 후 적절한 시기가 되었을 때, 오딘 삼촌은 나를 작은 우주선으로 미국까지 데려갔습니다. 거기에는 "쉴라"라는 이름의 한 소녀가 있었고, 그녀는 과거 프랑스 혁명기 동안의 내 다른 생에서 나의 자매였지요. 그 당시 나는 권력층에 대항해 가난한 사람들을 위해 활동하고 있었으며, 그들이 나를 체포하기 위해 우리 집으로 왔었

습니다. 그때 쉴라는 그들에게 자신이 나라고 말했고, 결국 그녀는 체포되어 나를 대신해서 참수형(斬首刑)을 당했던 것이죠. 그리하여 나는 내 일을 계속할 수 있었습니다. 그러므로 이번 생에서는 그녀가 죽었을 때 내가 그녀의 자리를 이어받게 된 것이고, 그녀의 가족이 나를 받아들여 그녀 대신 나를 키우게 된 것이었습니다.

• **질문자**: 어떻게 당신들은 지구와 금성 사이에 떨어져 있는 엄청난 거리를 극복할 수 있습니까?

• **옴넥**: 우리의 우주선들은 태양에너지나 자기력(磁氣力), 프리 에너지와 같은 자연의 에너지들을 이용합니다.

• **질문자**: 금성은 어떤 생명체도 서식할 수 없을 가능성이 높은 곳인데요?

• **옴넥**: 내가 살았던 곳은 금성의 물질계가 아닙니다. 우리는 일종의 평행 차원에서 살고 있으며, 그것은 물질계와 나란히 존재합니다. 그것은 아스트랄 차원이라고 불리지요. 앞서도 언급했지만, 금성에는 아스트랄계뿐만이 아니라 물질계에도 존재하는 "리츠"라는 이름의 도시가 있습니다. 그리고 그 "리츠" 안에는 우리가 자신의 진동을 낮춤으로써 육체를 구현하여 육신으로 나타날 수 있는 사원(寺院)이 하나 있어요. 아주 오래 전에 금성에서의 생활환경은 (지금과는) 매우 달랐습니다. 즉 우리는 오늘날의 지구에서의 여러분과 마찬가지로 물질적인 수준에서 살고 있었죠. 우리가 수많은 갈등들을 겪었던 때가 있었으며, 이어서 하나의 대변혁이 시작된 시기가 다가왔습니다. 이러한 변혁은 중요한 의식(意識)의 발

전과 더불어 일어났는데, 그것이 결국에는 금성의 주민들과 문화가 상위차원으로 올라서는 결과로 귀착되었던 것입니다.

• **질문자**: 금성에서 당신들은 어떻게 서로 소통하나요?

• **옴넥**: 우리는 정신적 텔레파시를 이용합니다. 우리는 생각의 형태들을 보내고 받을 수가 있습니다. 아주 오래 전에는 정신적 텔레파시에 의한 소통이 물질세계에서도 모든 인간들의 일반적인 의사전달 방식으로 이용된 바가 있었어요. 하지만 지구에서는 오랜 세월이 지나오면서 인간이 이런 능력을 상실해 버린 것이죠.

• **짊문자**: 금성에서 당신들도 음식을 먹습니까?

• **옴넥**: 아니요. 우리는 우리가 살고 있는 차원으로부터 에너지를 흡수합니다. 모든 에너지는 창조주로부터 오며, 모든 차원들을 통해 흐르지요. 아스트랄 수준에서 우리는 우리에게 필요한 것을 직접 흡수할 능력이 있습니다. 우리는 또한 이 에너지를 우리의 환경이나 우리가 갖고 싶은 집, 또는 사용하고자 하는 아름다운 사물을 창조하는 데 이용합니다. 그러나 지구의 물질세계에서 사람들은 이런 에너지를 집중해서 사용하거나 이용하지 못합니다. 나는 늘 사람들에게 이렇게 말합니다.
"당신은 자신에게 필요한 것을 구현할 수 있는 힘을 갖고 있어요. 비록 그것이 아스트랄 세계에서보다는 시간이 더 걸리겠지만요."
　만약 누군가가 앞서 컴퓨터나 주택 같은 것들을 마음속에 떠올려 상상하지 않았다면, 아무 것도 존재하지 않았을 것입니다. 먼저 생각이 거기에 있어야 하며, 그런 다음에 그것이 서서히 구체화되는 것이죠, 사념들은 창조주가 우리의 세계를 창조하는 데 이용하라고 우리에게 준 에너지입니다.

• 질문자: 당신들은 금성에서 어떤 종류의 기술들을 갖고 있습니까?

• 옴넥: 우리는 일반적으로 "공상과학 기술"로 알려져 있는 모든 기술들을 갖고 있습니다. 우리에게 그것은 일종의 자연력으로 작동되는 기술들이기 때문에 고등한 의식과 더불어 연동되는 자연스런 어떤 것이며, (인간의 기술처럼) 생태계를 고갈시키는 것이 아니라 우주와 조화롭게 작용합니다. 그 기술들은 자기(磁氣) 에너지와 공명하는 특성을 가지고 있고 우리의 사고(思考) 과정의 발전과 많은 관계가 있어요. 다른 차원으로부터 오는 에너지가 하루 24시간 내내 여러분의 몸을 통해 흐릅니다. 그리고 여러분이 주의(注意)를 두는 곳으로 그 에너지가 흘러갑니다. 예를 들어 여러분이 삶의 부정적인 측면이나 전쟁의 두려움과 같은 것에다 자신의 주의를 집중한다면, 여러분은 이런 전쟁들이나 부정적인 것들을 뒷받침하게 되는 것입니다. 나는 사람들에게 그렇게 하는 대신에 명상을 하고 어려움을 겪고 있는 지역들에다 사랑과 축복을 보내라고 가르칩니다. 영적으로 하나가 된 힘이 활성화 될 때, 문제들은 마침내 종식될 것이고 해결책이 발견될 것입니다. 이런 지식은 정말 매우 오래된 것인데, 나는 그것을 단순한 용어로 설명하고 있습니다.

• 질문자: 아스트랄 세계에서도 수면을 취하는 시간이 있나요?

• 옴넥: 우리는 지구의 물질계에서처럼 잠잘 필요가 없습니다. 우리는 명상을 합니다. 즉 우리는 피로를 회복하고 집중상태를 균형

잡기 위해 고요한 시간을 갖는 것이죠. 명상은 육체적 존재든, 아니든 간에 모든 인간들에게 유익합니다.

• **질문자**: 당신들은 절대자인 신(God)이나 영혼에 관한 어떤 개념을 갖고 있습니까?

• **옴넥**: 우리는 오직 하나의 원천, 다시 말해 에너지의 근원이 있다는 것을 믿고 있습니다. 우리는 이 근원을 신의 에너지 또는 창조주라고 부릅니다. 이 근원에서 모든 것이 창조된 것이지요. 신은 결코 끝나지 않는 주기(週期)로 있는 모든 것을 창조했으며, 그러므로 그것은 절대로 자신의 창조물들을 통해서 존재하기를 멈추지 않습니다. 우리는 몸 속에 영혼이 있다는 것과 우리가 신의 일부라는 것을 알고 있습니다. 육체라는 것은 단지 우리가 그 안에서 살고 있는 일종의 탈것인데, 그것을 통해서 우리가 이 세상과 소통하고 이 물질세계에서 생존할 수 있는 것이죠. 하지만 여러분의 본질은 영혼입니다. 육체가 더 이상 기능하지 않게 될 때, 영혼은 다른 차원들로 옮겨가서 계속 존재합니다. 그리고 영혼이 물질계로 돌아오기로 결심하게 되면, 그때 영혼은 자신의 영적진화를 위해 어떤 종류의 경험들이 필요한지를 자체적으로 결정합니다.

• **질문자**: 무엇이 그렇게 지구를 관심 있게 만드는 것일까요?

• **옴넥**: 지구는 매우 특별한 행성입니다. 그렇지 않다면 우리가 이곳에 있지도 않을 것이고, 지구를 구하기 위해 아무 것도 하지 않았을 것입니다. 이곳 지구에는 수많은 다른 생명체들이 있고, 매우 다양한 존재들이 있습니다. 우리가 수백만 년 전에 이 모든 생명체들을 이곳으로 옮겨왔고 지구에 거주케 했습니다. 우리는 무

수한 생명체들이 서로 조화롭게 살고 있는 아름다운 낙원을 창조한 바 있습니다. 지구의 선조들은 원래 금성, 토성, 화성, 목성 등에서 왔으며, 그리고 그에 앞서 그들은 이 태양계에다 인간생명을 이식시키려는 의도로 수많은 다른 은하계들로부터 온 것입니다. 그때 이래 그들은 지구에서 살아왔던 것이고, 대단히 많은 일들이 이곳에서 벌어졌습니다. 그 결과 그들은 자기들의 기원을 망각했고, 본래의 풍요로움과 유산을 모두 잃어버렸던 겁니다. 오늘날에도 다른 행성과 은하계들로부터 온 많은 존재들이 지구를 방문하고 있으며, 일부는 이곳에 머물러 있거나 여러분 속에서 살고 있습니다. 우리는 사람들에게 어떻게 그들이 자기들의 의식과 현존으로 서로 도울 수 있는지를, 또한 명상하고 주의를 행성 지구를 치유하는 데다 집중함으로써 지구에 도움을 줄 수 있는지를 가르칩니다.

• 질문자: 현재 우리는 수많은 자연 재앙들과 경제, 사회 분야에서의 변화를 겪고 있는데요.

• **옴넥:** 지구와 지구상의 인간들은 지금 변형과정을 통과하고 있습니다. 이 과정은 오래 전에 시작되었으며, 그럼으로써 인간은 수천 년 동안 이 행성에 영향을 미치고 있는 조종과 통제로부터 마침내 자유로워질 것입니다. 우리는 다른 태양계들 내의 온갖 종류의 존재들과 만난 바가 있는데, 일부는 물리적 존재들이고 일부는 비물질적 존재들이며, 또한 일부는 인간형 존재들이고 일부는 비인간형 존재들이었습니다. 심지어는 다른 우주나 세계들로부터 온 존재들과도 접촉했는데, 그들도 지구의 변형을 돕기로 결정했습니다. 그것은 쉽지 않은 과정입니다. 다른 차원들 내의 영단들은 지구의 진동율을 증진시키기 위해 주파수를 전송함으로써 이 과정을 시작했습니다. 지구의 변형은 수많은 존재들의 노력과 관련된 정보들이 결합되어 나타나는 것이며, 그런 정보들은 이 세상의 모든 문화권에서 예언의 형태로 찾아볼 수가 있습니다.

인체 내에는 새로운 차크라 체계가 확립되었고, 2개의 뇌 반구가 다시 온전히 하나로 기능할 수 있도록 맞추어져 동시성을 지니게 되었습니다. 이러한 변화의 결과로 인해 그들의 참된 자아뿐만이 아니라 직관과 과거의 존재형태에 관한 지식에 다시 연결되었습니다. 새로운 세대들은 이미 이런 새로운 차크라 체계와 동시성을 지닌 온전한 뇌를 갖고 태어났습니다. 지구의 주파수가 점차 높아질 것입니다. 최종적으로 기존의 기술들은 더 이상 작동할 수 없게 될 것이지만, 모든 것은 아무런 피해도 주지 않고 점진적인 과정 속에서 일어날 것입니다. 사람들이 자기들의 기존의 기술에 의존할 수 없다는 사실을 스스로 깨닫는 것은 좋은 훈련입니다. 정치제도들이 이미 흔들리고 있고 부패했다는 것이 발견되었습니다. 사람들은 그들의 부당한 활동들을 인식해가고 있습니다. 돈이 더 이상 돌지 않게 될 때 사람들은 자력으로 물품들을 해결하는 방법을 찾을 것입니다. 모든 힘이 사람들 속에 있습니다. 모든 것을 독점하는 큰 기업들이 있을 수도 있지만, 기업들을 위해 일하는 모든 인간들이 진정한 창조자들입니다. 그들이 떠나고 자기들의 에너지를 거두어들일 때, 이런 기업들은 더 이상 기능할 수 없습니다. 그리하여 사람들은 이런 산업들이 필요치 않다는 것, 다시 말해 단지 그 산업들이 사람들을 필요로 했다는 것을 깨달을 것입니다.

• 질문자: 세상이 종말을 고하지 않고, 변화하게 될까요?

• 옴넥: 그렇습니다. 사람들이 함께 일하며 새로운 사회를 형성할 것입니다. 물론 전환기에는 어려움이 있게 될 것입니다. 그리고 그런 변형을 받아들일 수 없는 사람들은 주로 정보의 결여로 인해 광적이 되어 서로를 파괴할 것입니다. 하지만 자기력과 태양 에너지, 프리 에너지 등과 같은 새로운 기술들이 나타나게 될 것이고 모든 것이 자연과 조화롭게 작용하게 될 것입니다. 인간들은 다른 행성들에서 온 사람들을 두려워할 필요가 없습니다. 이런 존재들을 만나는 것은 인류 자신의 운명입니다. 인간들은 우리 태양계 내의 〈행성들의 형제단〉에 의해 다른 태양계 출신의 부정적인 외계인들과 여러 위험들로부터 보호를 받아 왔습니다. 우리는 인류의 의식이 우리가 우리의 기술적 지식을 전수할 수 있는 수준에 도달할 때까지 보호를 제공할 수가 있습니다. 그리하여 사람들이 다른 행성들을 여행하고 탐사할 수 있지만, 다른 종족들에게 해를 끼치지는 않게 될 것입니다. 그리고 내가 메시지를 전달하기는 하지만, 아무도 내 말을 믿으라고 강요하지는 않습니다. 모든 개인들은 그들 자신의 길을 가야하고 자신만의 고유한 방식을 발전시켜야 합니다. 그럼에도 나는 모든 이들은 인간의 운명과 현재와 미

래에 일어나는 일들에 관한 기본적인 지식이 필요하다고 믿습니다. 여러분이 그 전체적인 이야기를 알 때, 비로소 여러분은 육체적 존재로서 뿐만이 아니라 모든 존재의 본질적인 생명력으로서의 이 세상과 우주, 그리고 자기 자신에 관한 새로운 개념을 받아들일 수가 있습니다. 일단 여러분이 이런 지식을 갖게 되면, 변화는 자체적으로 일어날 것입니다. 나는 진리에 대한 독점권이 없는데, 왜냐하면 그것은 여러 가지 방식으로 오기 때문이지요. 나는 조건 없는 사랑을 가르치기 위해 내 최선을 다할 뿐입니다. 사랑은 나에게 가장 중요한 것이며, 사랑 다음에는 존중, 그리고 이해입니다.

• **질문자:** 어떻게 해서 당신 책이 출판된 것입니까?

• **옴넥:** 〈나는 금성에서 왔다〉의 원고는 이미 1960년대 말에 집필돼 있었습니다. 그 이전에 나는 엑칸카의 창시자인 폴 트윗첼을 만났습니다. 폴은 금성의 아스트랄계에서 나를 알고 있었고, 그는 엑칸카의 가르침에 관한 자신의 강연회에서 내게 다가왔지요. 그 때 거기서 나는 첫 번째 남편인 스탠리와 함께 있었습니다. 폴과 나는 가까운 관계로 맺어졌고 나는 그가 엑칸카를 자리 잡게 하는 데 그를 도왔습니다. 그리고 폴이 내가 자서전을 쓰도록 영감을 주었던 것입니다. 원래 내 책은 그를 통해서 출판될 예정이었습니다만, 애석하게도 1971년에 그가 급사하고 말았죠. 그래서 당시 그 책은 출판되지 못했습니다. 책의 출판은 많은 세월이 흐른 후인 1990년대 초에 퇴역 공군대령이자 UFO 연구가인 웬델 스티븐슨씨의 도움으로 이루어졌습니다. 미국에서 내 책이 출간된 직후, 한 독일인 출판업자가 내 책에 관심을 보였고, 곧 이어서 독일에서 출판되었지요. 그때부터 나는 독일과 스위스, 오스트리아

등을 여러 번에 왕래하며 인터뷰를 가지게 되었으며, 강연과 워크숍을 개최했습니다.

• 질문자: 당신이 수많은 공개적인 석상에 출현했었기 때문에 1990년대 이래 많은 사람들이 아직도 당신을 알고 있습니다. 그러나 말년에는 당신을 자주 보지는 못한 것 같습니다. 이제 당신은 새로 발간된 책을 가지고 우리에게 돌아왔습니다. 그동안 무슨 일이 있었나요?

서점의 〈저자 책 사인회 행사〉에서 독자에게 사인해주고 있는 옴넥.

• 옴넥: 서기 2,000년까지 나는 매 5년마다 우주선에서 검사를 받아 왔습니다. 나의 삶은 내가 지구에 왔던 초기부터 내 삼촌 오딘과 많은 금성인들에 의해 관찰되고 추적되었습니다. 왜냐하면 나는 지구상의 사람들이 자신의 어려움들을 더 낫게 이해할 수 있게 하기 위해 이곳의 다른 이들 속으로 파송되었기 때문입니다. 그럼으로써 그들이 영적으로 성장하는 가운데 좀 더 도움을 받을 수 있고

뒷받침을 받을 수 있는 것이죠. UFO 안에서 이런 검사를 하는 동안에 그들은 또한 나의 부조화된 에너지를 제거하여 균형 잡히게 하고 건강상태를 체크합니다.

지구의 파멸을 막기 위해서 진행 중인 지구의 변형과정이 이미 시작되었습니다. 다른 행성들에서 온 존재들의 이전의 모든 노력들은 지구상의 실패한 통치자들에게 손을 뻗치기 위한 것이었습니다. 이런 이유로 나는 지구로 가라는 요청을 받았고, 그 결과 지구상의 인간들 속에서 살 수 있었지요. 또한 그럼으로써 나는 이곳 인간들의 감정과 어려움들을 이해할 수가 있었으며, 영적인 지식을 나눌 수가 있었습니다.

내가 아스트랄계에 태어났을 때, 내 몸의 기능은 다른 사람들의 몸과는 약간 달랐습니다. 그래서 나는 정기적으로 우주선 안에서 검사를 받았고, 가능한 한 치료를 받았습니다. 그렇게 함으로써 나는 이곳에서 계속 살 수 있었는데, 왜냐하면 나는 인간들의 부정적인 감정과 그들이 남긴 부정적 에너지에 익숙하지 않았기 때문이었죠. 그러나 내 자신의 영적인 발전을 이룩해야 하는 이유들 때문에 나는 기존의 검사를 더 이상 받지 않고 다른 모든 사람들처럼 - 이런 종류의 특별한 치료 없이 - 지구상에서 살아가기로 결심했습니다. 나는 늘 높은 혈압을 갖고 있었어요. 나는 그런 상태로 일상생활을 해왔지만, 지난 몇 년간 내 건강에는 문제가 생기기 시작했습니다. 따라서 나는 그동안 해왔던 것만큼 활동할 수가 없었어요. 그리고 2009년 11월에 나는 뇌졸중(腦卒中)을 한 번 겪었습니다. 뇌졸중을 겪은 지 일주일 정도 후에 유럽에서 새로운 출판업자가 나타났고, 독일의 한 병원에 입원해 있는 동안 나는 새 책 출판 계약서에 사인하게 되었던 것이죠. 2011년에 내 책은 독일에서 합본판으로 출판되었으며, 이제 2012년에는 내 모든 원고들이 영어로도 책으로 나오게 되었던 것입니다.

나는 내가 여러분에게 전해준 정보들이 여러분의 삶에 중요한 변화를 만들어내는 데 도움이 되기를 바랍니다. 이런 모든 지식과 정보들은 여러분이 그것을 자신의 삶에 적용하여 유용하게 만들지 않는 한, 별 의미가 없습니다. 나는 아름답고 독특한 인간 - 여러분의 고유한 권한으로서의 한 개인 -으로서의 여러분에게 요청하고 있습니다. 부디 이런 정보들을 여러분의 삶에다 적용하세요. 그리고 필요한 변화를 만들어내기 위해 노력하십시오. 여러분 자신을 시험해보고 조화와 균형을 유지하기 위해 전념해 보세요. 어떤 분야에 지나치게 탐닉하지는 마십시오. 광신적이 되지는 말라는 것이죠. 이런 균형을 잊지 마세요. 다른 존재들과 더불어 조화롭게 머무는 것이 좋습니다. 그들이 개인적이 되는 것을 허용해주고 여러분 자신도 개인으로 머무십시오. 그리고 다른 사람이나 어떤 기준에다 초점을 맞추지 말고 여러분 자신에게 집중하세요. 그것은 여러분에게 달려 있습니다. 즉 여러분은 노력하여 변화를 만들어 낼 수 있고, 다른 관점에서 인생을 볼 수 있습니다. 아니면 이런 정보를 단순히 저장하여 그것이 쓸모없게 될 수도 있는 것이죠.

이런 정보들을 다른 사람들과 함께 나누십시오. 그것을 활용가능하게 만드세요. 내가 여러분과 함께하기 위해 노력했던 것처럼 말이죠. 그리고 나는 그것이 유익하기를 바랍니다. 나는 여러분이 이런 정보를 잊지 않고 자신의 삶을 변화시켜 여러분 본래의 독특하고 특별한 인간이 될 수 있기를 희망합니다.

● **질문자: 친애하는 옴넥, 이 인터뷰에 응해 주신 데 대해 감사드립니다.**

■부록-2: 우주형제들의 실체와 활동 및 마이트레야와의 관련성

※다음의 내용은 현재 서구에서 장차 마이트레야(彌勒佛)의 도래에 관해 가장 적극적으로 알리며 활동하고 있는 영국의 벤자민 크렘(Benjamin Creme)씨가 UFO 우주형제들의 실체와 그 역할에 대해서 언급한 인터뷰 자료이다. 벤자민 크렘씨는 1950년대의 젊은 시절 UFO에 관계된 그룹에 소속되어 일한 적이 있으며, 지금은 세계의 스승인 마이트레야의 향후 공식적 출현계획을 세계전역에 전파하고 있는 일종의 대변인으로 활약하고 있다. 지구영단과 연계된 이런 활동과 더불어 또한 그는 UFO 현상이 앞으로 이루어질 이런 마이트레야의 출현과도 관련성이 있다고 주장하고 있다.

한편 마이트레야 대사는 현재 영단을 이끄는 수장으로서 지고의 영적존재이다. 이 신성한 존재는 메시지를 통해 이 세상을 지배하고 있는 상업 지상주의(至上主義)의 폐해와 탐욕, 부도덕성을 지적하고 있고, 장래 일본을 발단으로 한 세계 주식시장의 대붕괴와 이로 인한 자본주의의 해체 및 새로운 시대의 도래를 예측하고 있기도 하다.[29]

이런 UFO 우주인과 영단의 대사들에 관계된 정보들은 앞서의 옴넥 오넥의 책 내용과도 어느 정도 연관되는 부분이고 또 흥미로운 내용이므로 발췌해서 소개하고자 한다. 참고로 영국 사람인 벤자민 크렘씨는 본래 화가로서 오랫동안 신지학(神智學)을 공부해온 학도이자 또한 영단의 한 마스터의 제자이다. 그는 지금의 사명수행을 위해 한때 자신의 스승의 밑에서 집중적인 고난도의 훈련을 받은 것으로 알려져 있다. 현재 그는 세계 전역을 돌며 강연과 인터뷰, 매스컴 출연을 통해 미래에 예정돼 있는 마이트레야 공식출현을 활발하게 알리고 있다. 그리고 이에 관련된 다수의 책들을 저술한 바 있다. 이 내용은 그가 운영하는 단체인 〈쉐어 인터내셔널〉 사이트에서 가져 왔다. (역자)

---

[29] 마이트레야 대사는 불교에서 말하는 '미륵부처님'으로서 이와 관련된 보다 깊고 자세한 정보는 본 도서출판 은하문명에서 출간한 <마이트레야 붓다의 메시지>를 참고하시기 바람. (역주)

(이 인터뷰는 제인즈 페르재닉에 의해 영국의 저술가이자 쉐어 인터내셔널의 편집자인 벤자민 크렘씨와 이루어졌다. 질문자인 제인즈 페르재닉은 슬로베니아 출신의 쉐어 인터내셔널 협력자이다.)

우주형제들의 실체와 활동

• 질문: 당신이 마이트레야의 도래에 관한 활동에 몰두하기 이전인 1950년대에는 UFO와 연결돼 있었다고 들었습니다. 당신은 개인적으로 조지 아담스키와 알고 있었습니다. 어떻게 그 모든 것이 시작되었고, 또 당신의 UFO와 관련된 경험은 어떤 것이었는지 설명해 주시겠습니까?

• 벤자민: 나는 처음에 UFO에 관한 것을 아담스키가 집필한 〈비행접시 착륙하다〉에서 읽었습니다. 그 책의 마지막 장에는 그가 아리조나의 사막에서 한 금성인과 만나는 내용이 실려 있었지요. 그 책은 아담스키만의 독자적인 저서는 아니었고 영국인이었던 데스몬드 레슬리(Desmond Leslie)와 함께 쓴 공저(共著)였습니다. 그리고 데스몬드 레슬리가 집필한 부분은 세계의 다른 지역에서 수많은 시대에 걸쳐 있었던 비행접시에 관련된 역사적 내용이었습니다. 그것은 어느 정도 역사적이고 이론적인 연구 자료들이었고, 책은 아담스키의 실제적인 접촉경험으로 마무리되고 있었습니다.

그 다음에 나는 역시 아담스키가 쓴 〈우주선의 내부〉라는 책을 읽었는데, 거기서 그는 이른바 모선이라고 하는 우주선에 탑승한 자신의 경험을 서술하고 있었지요. 이 모선은 금성인들의 우주선이었습니다. 그리고 그는 한 금성인 마스터와 오랫동안 대화를 나누었는데, 내가 생각하기에 그 마스터는 그 모험을 지휘하는 중요한 인물 같았습니다. 여하튼 그는 금성인 마스터였지요.

그것은 매우 흥미로운 대화였습니다. 그래서 나에게 있어 UFO 현상은 그 현상 자체보다도 비행접시 배후에 있는 그 목적이라든가 의미에 관해 더 많은 관심이 갔습니다. 그들이 다른 행성들에서 온 존재라는 사실 때문에 사람들은 그곳이 다른 태양계라고 생각합니다. 하지만 내 정보로는 그들은 우리 태양계 내의 다른 행성들에서 온 것입니다. 그들이 지구를 방문할 만큼 관심이 있다는 것은 흥미롭긴 합니다만, 그들이 우려하는 특성들은 훨씬 더 흥미롭습니다. 그들이 걱정하는 것은 우리가 우리자신을 파괴해서는 안 된다는 것이었습니다. 그것은 우리가 환경보호적인 관점에서 세상을 파괴하지 말고 우리의 삶의 방식과 세상을 대하는 방법을 바꿔야한다는 것입니다. 그리고 핵무기를 사용하는 전쟁으로 서로를 죽여서는 안 된다는 것이었지요. 아담스키가 그 금성인 마스터와 나눈 이야기는 철학적이고 영적인 담론이자 가르침이었는데, 그 책은 정말 나에게 깊은 감명을 주었습니다.

내가 UFO에 관해 처음 들은 것은 1947년이나 1948년, 혹은 1945년경이었던 것 같은데, 소위 UFO에 가까이 접근했던 민간 항공기에 관한 기사가 신문에 보도되던 때였습니다. 조종사가 그것을 보고했고 승객들은 비행기 속에서 우연히 UFO를 목격하고는 했었습니다. 그들은 이것을 둥근 원반형 물체로 보았으며, 때때로 그것은 한 대나 여러 대가 비행기 옆에서 나란히 비행했습니다. 당시 이런 일이 빈번하게 일어났습니다만, 날마다 일어나거나, 매일 그런 소식을 듣는 것은 아니었지요. 이러한 보도들은 한 동안에 걸쳐 일정한 간격을 두고 반복되었습니다.

내가 아담스키 책을 읽기 전, 처음으로 UFO에 관한 보도내용을 듣거나 읽었을 때, 나는 그것들이 일반 비행기와는 완전히 다른 시스템으로 건조된 미국이나 러시아의 실험 중인 특수 항공기라고 믿었습니다. 그것은 둥근 접시 형태였고, 따라서 우리는 그것을 "비행접시"라고 불렀습니다. 나는 아담스키 책을 읽을 때까지의 초기에는 그것들을 실험 단계에 있는 미국이나 러시아, 또는 양쪽의 비밀 비행기라고 생각했습니다. 그리고 나서 그때 비로소 무엇인가 다른 일이 진행되고 있고 그들이 이 세상이 아닌 다른 곳으로부터 왔다는 것이 명확해졌습니다.

그런 다음 1959년 1월 초에 나는 지구영단에 소속되어 있는 마스터들 가운데 한 분과 만나게 되었습니다. 그리고 그것에 관해 다른 곳에서 이야기하고 책을 집필하는 내 작업이 시작되었습니다. 그런데 그 작업은 UFO를 이용하는 존재들인 우주형제들과 함께하는 작업이었습니다. 그리고 나의 마스터는 말하자면, 우리들 사이에서 연락책처럼 행동했습니다. 나에게는 그 두 가지가 확인되었는데, 즉 내가 아담스키의 책을 읽은 사실이 나로 하여금 UFO에 관해 많은 생각을 하지는 않았음에도 그것이 다른 행성들에서 왔을 가능성에 마음을 활짝 열게 해주었던 것이죠. 하지만 나는 즉시 비행접시 사건에 관여하게 되었고, 아담스키가 속해있던 한 그룹의 일원이 되었는데, 그럼에도 그것은 단지 유체이탈(幽體離脫) 상태에서 만났던 것이었습니다. 우리가 외부세계에 대해 비밀리에 일했지만, 우리들 자신에게 서로 비밀은 없었습니다. 그리고 우리는 한 위원회의 일원이었고, 모든 것이 UFO 현상에 관련되어 있던 우리에게 부여된 어떤 작업을 실행했습니다.30)

---

30) 벤자민 크렘씨는 초창기에는 처음으로 우주인들과 텔레파시 교신이 이루어져 잠시 그들을 위해 활동을 하다가 1959년경부터 영단의 마스터들과 연결되어 활동 방향이 전환된 케이스에 해당된다. 사실 그는 다른 인터뷰에서 이렇게 언급한 바 있다. "나는 1958년 말경에 우주형제들과 가장 가까운 접촉상태로 진입했고 그들을 위해 일했습니다. 그리고 나는 조지 아담스키가 영국을 방문했던 동안 아주 잠시 그와 함께 일을 했으며, 내 자신의 경험을 토대로 그의 접촉에 관한 진실성

418

내 경험으로 볼 때, 이른바 UFO들, 비행접시들은 우리 태양계 내의 행성들로부터 옵니다. 즉 플레이아데스나 시리우스, 또는 우리 태양계 밖의 어딘가가 아니라 주로 화성이나 금성으로부터 온다는 것입니다. 목성이나 토성, 수성 같은 몇몇 다른 행성들도 관련돼 있긴 하지만, 목격되는 대부분의 UFO들은 주로 금성과 화성으로부터 오고 있습니다. 그리고 그것들 모두는 화성에서 제작되었으며, 심지어는 금성인의 것들도 그렇습니다. 디자인이 금성의 것이고 외형이나 기술이 아주 독특하고 다르지만, 그 UFO들은 실제로 모두 화성에서 만들어진 것입니다. 그리고 그것들은 모두 상념에 의해 건조된 것입니다.

화성이나 금성, 목성 등에서 신체를 갖고 있는 주민들은 우리가 경험하는 물질성의 진동이나 수준과는 같지 않습니다. 우리는 단지 물질의 3가지 측면만을 아는데, 그것은 즉 고체 물질, 액체 물질, 가스 상태의 물질입니다. 그러나 가스 위에도 이제까지 지구에서 발견되지 않은 추가적인 4가지 상태의 물질 단계가 있습니다. 그것들이 발견되었을 때, 우리는 질병의 속성과 기원, 이 행성 위의 생명의 목적과 다른 행성들에 있는 생명의 실체에 관해 엄청나게 많은 것을 이해하게 될 것입니다.

금성과 화성, 그리고 다른 행성들에 있는 존재들은 물질의 4가지 상위 수준에 있습니다. 만약 여러분이 화성이나 금성에 간다면 아무 것도 보지 못할 것이지만, 그럼에도 그들은 물질적인 요소의 상태로 있고, 우리가 에테르라고 이름을 붙인 보다 미묘하고 미세한 물질 재료로 이루어진 몸들을 갖고 있습니다. 우리들 자신도 고체물질, 액체물질, 가스체물질로 구성된 몸들과 4가지 상위 에테르물질계를 갖고 있지만, 후자의 것은 아직 발견하지 못한 것입

을 보증할 수 있습니다." (역주)

니다.

위대한 과학자이자 심리학자였던 빌헬름 라이히(Wilhelm Reich)[31]는 그것이 존재한다는 것을 실증한 바 있는데, 그는 한 때 프로이드의 동료이고 조력자였습니다. 그는 1957년 미국의 감옥에서 사망했습니다. 그는 자신이 에테르적 세계들로부터 끌어당겼다고 주장한 물질을 도구로 질병들을 다루었다는 혐의로 체포되었으며, 그 물질을 그는 오르곤(Orgone) 에너지라고 불렀습니다. 그는 세상을 오르곤 에너지로 이루어진 방대한 세계들 가운데 하나로 보았는데, 그 에너지가 우주 안의 어디에나, 외부의 견고한 물질계 이면에 존재한다고 적절하게 생각했던 것이죠.

신비주의자들(비교도)은 에테르적인 세계를 4개의 세계들로 이해하며 진동이 높아지는 만큼 더욱더 미세해 진다는 것을 압니다. 4번째 에테르적 세계는 가스 단계 바로 위에 있고, 여러분이 에테르 시각을 갖고 있지 않는 한, 보이지 않습니다. 이런 에테르 에너지의 실체가 빌헬름 라이히의 다양하고도 간단한 실험에 의해 명백히 실증되었던 것입니다. 그럼에도 그는 체포되었는데, 왜냐하면 그가 오르곤 에너지 축적장치라고 불렀던 도구를 사용했기 때문이었지요. 그것은 어떤 수준의 에테르 에너지들, 즉 두 가지 하위수준인 3번째와 4번째 세계의 에너지를 축적하는 장치였으며, 그는 그것을 가지고 암을 포함한 다양한 질병들을 치료하려고 했던 것입니다. 그러나 미국에서 그것은 불법으로 간주되었습니다. 미 식품의약품안전청(FDA)은 그를 고발했고, 그가 자신의 작업을 실증하는 것을 허용하지 않았습니다. 그래서 그는 감옥에서 죽었던 것입니다.

우리가 에테르 수준의 에너지들이 물질수준보다 더 미세하고 포

---

31)(1897~1957) 오스트리아 태생의 미국의 정신분석학자.

착하기 어렵다는 점을 이해하지 못하는 한, 인간은 UFO 현상이나 크롭 서클(미스터리 서클)이 만들어지는 것을 이해할 수 없습니다. 왜냐하면 그것이 서로 관련돼 있기 때문입니다. 크롭 서클들은 몇 몇 다른 행성들로부터 온 존재들과 더불어 주로 화성과 금성의 우주인들에 의해 만들어지고 있습니다. 전 세계에 걸쳐 있는 그것들 대부분은 화성인들과 금성인들의 작품입니다. 크롭 서클들(crop circles)이 주로 영국 남부에 있지만, 그것들이 많든 적든 미국과 캐나다, 호주, 뉴질랜드, 페루 등의 세계 전역에서 목격되었습니다.

모든 행성들과 마찬가지로 우리의 행성은 자기장(磁氣場)을 갖고 있는데, 그 자체의 에너지들은 직선이나 십자 형태로 교차하여 이동합니다. 그리고 이런 라인들이 교차하는 곳에는 결국 일종의 보텍스나 힘의 중심들이 형성됩니다. 크롭 서클을 만들고 있는 우주

영국 들판의 밀밭에 순식간에 만들어지는 크롭 서클.

인들은 우리 행성의 자기장 안에 있는 농후한 물질계에다 이런 자기적 보텍스들을 복제하고 있습니다. 그러므로 자체의 고유한 수준에 있는 행성의 자기장이 있고, 그에 상응한 물질계가 존재하는데, UFO들을 조종하는 우주인들에 의해 현재 그것이 복제되고 있으며, 크롭 서클들이 만들어지고 있는 것이죠.

• 질문: 왜 그들이 이것을 하고 있는 것인가요?

• 벤자민: 그들은 물질계에다 새로운 형태의 에너지, 또 그 에너지를 사용하는 새로운 형태의 기술을 위한 토대를 만들고자 이것을 하고 있으며, 그것은 결국 이 행성에서 개발될 것입니다. 그것은 다가오는 시대, 우리가 진입하고 있는 새로운 시대인 보병궁시대를 위한 일종의 선물입니다. 그 때는 행성과 태양의 에너지를 이용하는 경이로운 발견들이 이루어질 것이고, 응용될 것입니다. 이것이 이 행성에서의 우리의 삶의 방식들을 완전히 변화시킬 것입니다. 그리고 우리가 지금은 상상할 수 없는 우주에너지를 통제하는 단계로 인도할 것입니다.

향후 2,500년 내에 우리는 태양계 주변을 마음대로 여행할 수 있는 단계에 이를 것입니다. 그리고 시공을 초월한 에너지를 이용하여 은하계로 나아가 최초로 태양계와 방대한 은하계 지역을 탐사하게 될 것입니다. 따라서 공간적 거리와 시간적 한계를 뛰어넘게 될 겁니다. 사람들은 자기들이 무엇인가를 은하계로 보낼 경우 그것이 수백 년이 걸릴 것이라고 생각합니다. 그리고 자신들이 가고 싶은 어딘가에 도달하기 전에 사망하거나 돌아오지 못할 거라고 여깁니다. 하지만 이것은 사실이 아닙니다. 화성이나 금성에서 오는 존재들에게는 그것이 그리 먼 거리가 아닙니다만, 우리의 거리 계산으로는 여전히 멀리 떨어진 거리입니다. 그러나 그들은 단 몇 분 내에 이곳에 옵니다. 일단 여러분이 시간이 존재하지 않고 또 한 장소에서 다른 장소에 이르기 위해 감당해야만 한다고 생각하는 공간 역시 존재하지 않는다는 것을 이해한다면, 시간은 문제가 되지 않습니다. 그렇기에 우주 내의 방대한 거리를 몇 분만에 여행할 수가 있습니다.

• 질문: 왜 그들이 이런 패턴(미스터리 서클)을 보여주기 위해 곡물인 밀밭 같은 곳을 선택하는 것일까요?

• 벤자민: 크롭 서클들은 그것이 계절적이기 때문에 이용됩니다. 우리는 여름이나 가을의 짧은 기간 동안만 밀밭을 보게 되고, 그 다음에 그것들은 수확됩니다. 그래서 더 이상 우리는 크롭 서클을 보지 못합니다. 그 후 밀밭은 그 다음 해에 다시 자라나게 됩니다. 그러면 크롭 서클들은 동일한 장소에 다시 나타나는데, 왜냐하면 그 장(場) 안에 에너지를 투입함으로써 그들이 매번 정확히 같은 지점에다 서클들을 다시 만들기 때문이지요. 만약 모든 곳에다 에너지를 투입한다면, 바다나 산, 또는 아무 것도 자라지 않은 바위를 포함해서 세계 전역에 서클들이 있게 될 것입니다. 그것들이 곡물로 디자인되어 있는 만큼 실제의 곡물 서클로 만들어져 보이도록 고려돼 있는데, 그것이 주기적이기 때문입니다. 그런 다음 그것은 베어집니다. 이것은 우리의 자유의지를 침해하지 않는, 지구의 사람들이 말하는 간접적인 방식입니다. 금성과 화성 같은 행성들로부터 이곳에 온 내가 말하는 우주형제들은 조직망의 한 부분이며, 단순히 하나의 분리된 행성으로서가 아니라 체계적인 방식으로 활동합니다. 그들은 지구가 미래의 기술을 개발하는 것을

돕고 있습니다. 또한 그들은 자기들이 이곳에 와 있고, 우리에 관해 알고 있으며, 우리를 돕고 있다는 것을 적절하게 우리에게 알리고 있습니다. 그리고 그들은 100% 우호적이며 해롭지 않습니다.

• 제인즈: 크롭 서클 현상이 1970년대 말부터 나타나기 시작했습니다만, **훨씬** 이전에 15세기와 16세기에도 사람들은 그것에 관해 알고 있었습니다. 그런데 왜 그것들이 지금 그처럼 대량으로 나타나는 것일까요? 그리고 외견상 왜 주로 영국에서 생겨나는 것인지요?

다양하고도 정교한 문양으로 만들어지는 크롭 서클들

• 벤자민: 크롭 서클들의 숫자는 세계 전역에서 증가하고 있습니다. 그것들은 언제나 있었지만 단지 소수였을 뿐입니다. 그것들이 증가하고 있는 이유는 우리 행성의 영단과 관계하고 있는 우주형제들이 지구의 물질세계에 다

미래의 기술에 관한 이런 에너지 자기장을 창조하는 속도를 높이고 있기 때문입니다. 왜 지금이냐고요? 왜냐하면 그 전체적인 과정이 가속되고 있기 때문이죠. 지구영단의 대사들과 고위입문자들이 일상적인 세상으로 귀환하고 있습니다.

　그들이 세상 밖에 있었던 것은 아닙니다만, 그들은 수천 년 동안 깊은 산과 사막 속에 은둔해 있었습니다. 그들이 세상의 배후에서 일해 왔었으나 이제 그들은 자기들의 작업을 외부로 구체화해서 나타나기 시작했습니다. 내가 아는 바로는 이미 14명의 마스터들이 공개적으로 세상 속에서 인간으로 살고 있습니다. 그리고 마스터들 중의 마스터이고 세계의 스승이신 마이트레야 대사님께서도 역시 마찬가지입니다. 그리고 수많은 크롭 서클들이 영국 남부에서 나타나는 이유는 마이트레야님이 영국 런던에 계시기 때문입니다. 즉 그가 지금 세상의 초점이기 때문이지요. 그 서클들이 그 사실을 의도적으로, 미묘하게, 넌지시 암시하고 있는 것입니다.

• **질문:** 이런 과정이 계속 증가하게 될까요? 그리고 우리가 UFO들과 좀 더 가까이 접촉하게 되겠습니까?

• **벤자민:** 모든 행성들의 영단들은 서로 연락을 주고받고 있습니다. 이것은 사람들이 이해해야만하는 어떤 것에 해당되는데, 즉 그들 자신이 그런 소통을 하는 것이 아니라 영단이 그것을 하고 있다는 사실입니다. 영단은 여러 다른 수준에 있는 마스터들과 더욱 다양한 수준에 있는 제자들로 이루어져 있습니다. 그리고 이런 모든 사도들과 서로 다른 등급에 있는 입문자들 출신의 일부가 우주형제들과 함께 일하는 그룹의 일부일 수가 있습니다.

　우주형제들은 이 지구상에 아담스키와 기타 다른 이들과 같은 사람들을 보유하고 있으며, 그들은 우주형제들의 실체를 이 세상에다 알리는 역할뿐만이 아니라 내가 지금 여기서 밝힐 수 없는 다른 이유들을 위해 활동하고 있습니다. 적어도 당분간은 비밀로 유지되어야 하는 이런 작업에는 여러 가지 측면들이 존재합니다. 그들은 지구의 균형이 회복되는 것을 돕고, 특히 - 카르마의 법칙 한도 내에서 - 우리 행성의 오염을 어느 정도 정화시킴으로써 지구를 구하는 위대한 작업을 행하고 있습니다. 하지만 그들이 우리의 대기를 정화하고 인간이 원자로와 핵실험을 통해 공기 중에 방출하는 핵 방사선을 내파장치로 청소하는 동안에도 이 세상은 살기가 무한히 괴로운 곳이 될 것입니다.

UFO 현상과 마이트레야와의 관련성

• 질문: UFO들이 마이트레야의 도래와 어떤 관계가 있습니까?

• 벤자민: 관련이 있습니다. 대략적으로 말한다면, UFO들의 활동은 마이트레야를 위한 무대를 준비하고 있는 것입니다. 이 행성을 방문하고 있는 대부분의 UFO들은 화성과 금성으로부터 온 것입니다. 그것들의 다수, 심지어는 금성의 것들도 대개 화성에서 건조된 것인데, 화성은 일종의 거대한 산업행성입니다.

　모든 UFO들은 포착하기 어렵고 에테르적이며, 물리적이거나 농후하게 물질적이지 않습니다. 그들은 우리의 시야 범위에 들어올 때까지 UFO 소재 자체의 진동율을 낮출 수가 있습니다. 따라서 그것은 일정한 시간 동안은 우리의 눈에 보이지 않습니다.

　일반적으로 여러분이 에테르적인 영시 능력을 갖고 있지 않은

한은 UFO가 눈에 보이지 않을 것입니다. 하지만 화성인들이나 금성인들에게는 그것이 눈에 보이는데, 왜냐하면 그들은 같은 종류의 에너지 속에 있기 때문이지요. 만약 여러분이 화성에 간다면 아무 것도 보지 못할 것이지만, 그럼에도 화성에는 이곳보다 더 많은 사람들이 있습니다. 그들의 기술은 현재 시점에서 우리의 것보다 수천 년 앞서 있습니다. 하지만 우리가 머지않아 이 지구에 정착될 빛의 기술을 보유하게 될 때, 나눔의 원리가 지배할 것이고 더 이상 전쟁은 없을 것입니다. 빛의 기술은 우리에게 필요한 모든 것을 태양으로부터 직접 공급해줄 것입니다. 이것이 금성과 화성, 기타 다른 행성들이 에너지를 얻는 방법입니다. 기술적인 관점에서 볼 때 그 기술이 우리의 진화속도를 경이적으로 높이게 될 것입니다.

우리의 행성은 우주공간 속에서 그 거대한 몸체로 인해 자체의 축(軸)에서 약간 벗어나려는 힘의 영향을 받고 있습니다. 그리고 만약 그것이 우리의 우주형제들에 의해 바로잡혀지지 않았다면, 모든 생명들이 대격변과 같은 참사로 고통을 겪었을 것입니다. 그들은 지구가 자체의 축에 원래대로 계속 고정돼 있도록 우리의 행성주변에다 빛의 에너지 고리를 배치해 두었습니다. 그래서 그들이 우리의 행성을 정찰하고 있는 동안은 우리가 계속해서 안전하게 유지되고 있는 것입니다. 또한 그들은 우리의 카르마를 간섭하지 않는 한도 내에서 지구상의 원자력발전소가 대기 속에다 방출하는 수많은 핵 방사선을 중화시키고 있습니다. 아울러 그들은 지구의 바다 속으로 내려가 해양생물들을 대량으로 멸종시키고 오염시키게 될 우리가 그곳에다 쏟아 부은 폐기물과 쓰레기들을 처리하고 있습니다.

지구는 이미 위험스러운 단계까지 오염되었습니다. 환경오염이 질병들 가운데 가장 커다란 살인자이며, 그 많은 부분이 핵 방사선에 관련되어 있습니다. 앞으로 마이트레야님과 대사들의 충고가 세상의 모든 핵분열 발전소들을 즉각 폐쇄시키게 될 것입니다. 빛의 기술이 도입되기 전에는 핵 발전 과정을 임시수단인 안전한 핵융합으로 대체할 수 있을 것입니다.

• **질문: 마이트레야께서 다른 행성들에 실제로 생명체가 있고 우리를 보호하기 위해 지구에 오고 있는 다른 존재들이 있다고 말씀하시나요?**

• **벤자민:** 마이트레야께서 이제까지 그렇게 직접적으로 말하신 적은 없지만, 그는 최근에 인류를 항상 보호해온 우주의 매우 진보된 존재들에 관해 이야기하셨습니다. 우주의 모든 행성들은 예외 없이 생명이 거주하고 있습니다. 내 경험에서 볼 때, UFO들은 절대적으로 실재합니다. 그것들은 대개 우리에게 목격될 수 없는데, 왜냐하면 그 일반적인 상태는 견고한 물리적 수준이 아니라 상위

의 에테르 수준에 있기 때문입니다. 우리가 그것을 보게 될 때는 그 승용물이 우리 육안의 시각권 내에 들어올 때까지 자체의 진동율을 낮추었기 때문인 것입니다. UFO들은 수천, 아니 수백만 대가 항상 거기에 존재하고 있습니다. 그들은 수많은 방식으로 우리를 돕고 있고, 그들이 없다면 지구는 참으로 매우 고통스러운 장소가 될 것입니다. 그들은 인간이 핵실험을 통해 대기 중에 방출하고 있는 엄청난 양의 핵 방사선을 처리하고 있습니다. 우주의 존재들은 이런 핵 방사선을 중화시키는 내파장치를 갖고 있습니다. 그들의 도움이 없을 경우 우리의 강이나 하천들은 마실 수 없게 될 것이며, 말 그대로 우리는 죽어가고 있을 것입니다. 또한 엄청난 수의 기형아(畸形兒)들이 태어나게 될 것입니다. 이 모든 것은 핵에너지를 오용한 결과입니다. 그들의 도움이 없다면 우리는 이런 모든 비극에 직면할 것입니다.

• 질문: 다른 행성의 주민들로부터 어떤 위협이 있을 수 있다고 생각하십니까?

• 벤자민: 절대로 아닙니다. 그들의 의도는 전적으로 이로운 것입니다. 사실 그들의 도움이 없었다면, 이 시점에 지구는 살기에 부적합한 행성이 되었을 것입니다. 우리는 그들에게 막대한 카르마적 부채를 지고 있습니다.

• 질문: 외계인들에 의해 이 세상의 문제에 대한 어떤 개입이 있었던 적이 있나요?

• 벤자민: 이 태양계 내의 모든 행성들의 영단은 서로 접촉하고

있습니다. 그리고 외계에서 일어나는 모든 일은 법칙 하에서 일어난다고 이해합니다. 우리 태양계 내의 모든 행성들에 생명체가 거주하고 있지만, 만약 여러분이 화성이나 금성에 간다면 아무 것도 발견하지 못할 것인데, 그들이 가스보다 미세하고 엷은 에테르적인 몸으로 존재하고 있기 때문입니다. 다시 말해 당신이 에테르 영시 능력을 갖고 있다면 그곳의 존재들이 인간들만큼이나 실제적으로 느껴지게 될 것입니다. 그러나 그렇지 못하다면, 그리고 에테르적인 시력이 없는 대부분의 인류에게는 이런 행성들이 생명이 거주하지 않는 곳으로 보이게 될 것입니다.

우리가 UFO라고 부르는 우주선들이 오랫동안 이 행성을 감시해 왔다는 것을 보여주는 충분한 증거들이 있습니다. 이것은 이 행성이 어느 정도 원래대로 계속 보존되고 있다는 것을 의미합니다. 우주에는 우리의 행성에 자기적인 인력(引力)을 미치고 있는 거대한 별이 있으며, 그로 인해 지난 180년에 걸쳐 지진발생이 점점 증가해 왔습니다.

우리가 UFO라고 부르는 비행체를 이용하는 이른바 "우주형제들"은 주로 화성과 금성뿐만이 아니라 목성과 토성, 기타 몇몇 다른 행성들에서 오고 있습니다. 그리고 그들은 우리의 행성을 축에다 유지시키는 빛의 고리를 지구 주변에다 설치했습니다. 그 문제가 자체의 축에서 아주 약간 벗어나는 것이긴 하지만, 이 빛의 고리는 카르마의 한도 내에서 지구가 지탱되도록 해주며, 그럼으로써 지축이 흔들리지 않게 됩니다. 이러한 지축변동은 수많은 예언가들에 의해 파멸이 일어날 것이라고 예언되었던 것입니다. 그것은 발생하지 않을 것이며, 우리의 우주형제들에 의해 배치된 빛의 고리는 아무도 옮길 수가 없습니다. 그들의 도움이 없다면, 이 행성은 혼란의 소용돌이에 빠지게 될 것입니다. 우주형제들의 주요 활동 가운데 하나는 우리의 행성을 파괴하고 있는 오염을 중화시키는 것이며, 그것은 주로 전 세계의 발전소들로부터 나온 핵 방사선에 의해 유발되었습니다. 모든 지하 핵폭발 또한 기나긴 반감기(半減期)를 가진 핵 방사선에 의해 완전히 오염된 먼지를 공기 중에 방출합니다.

카르마가 허용하는 한도 내에서 그들은 가능한 만큼 핵 방사선과 오염을 청소해내고 있으며, 그렇지 않다면 이 행성은 이제 살 수 없는 세계가 될 것입니다. 마스터들의 말에 따르면, 이미 환경오염이 이 세상에서 첫 번째 가는 살인자가 되었다고 합니다. 오염이 인간의 면역체계를 약화시킴으로써 수많은 사람들이 폐렴과 유행성 독감, 에이즈(AIDS), 인체면역결핍 바이러스 등으로 사망하고 있습니다. 우리가 호흡하는 바로 그 공기와 물, 토양이 완전히 오염되었고, 우리는 우리 자신과 우리의 자녀들이 계속 살아가기 위해 필요한 우리의 행성을 파괴하고 있습니다.

〈선언의 날〉 이후에 일어나게 될 주요 일들 가운데 하나는 인류가 적극적으로 환경을 정화하고 지구를 다시 생존에 적합한 세계로 만들도록 그들의 주의를 전환시키는 것입니다. 나이에 관계없이 모든 인간들은 이 과정에 참여하게 될 것입니다. 굶주리고 있는 수백만의 사람들의 배를 채워주고 나눔의 과정이 진행되자마자, 그 다음에는 모든 이들의 주의가 우리의 생태계를 되살리는 데로 돌려져야 합니다. 그렇지 않으면 우리 행성의 미래는 없게 될 것입니다.

우리의 생태계가 존속되고 있는 주요 요소들 중에 하나는 우리의 우주형제들입니다. 즉 우리는 그들에게 막대한 카르마적인 빚을 지고 있습니다. 신성한 위계구조 수준에 있는 모든 행성들은 서로 연결되어 있고 상호 소통하고 있습니다. 이 태양계는 행성이

따로따로 움직이거나 다수의 죽은 행성들의 집단이 아니라 하나로 작용합니다. 그것들은 모두 다른 단계에 있는 생명들과 함께 팀을 이루고 있는 것입니다.

우리는 중간쯤의 단계에 있습니다. 금성은 지구에 비교할 때 믿을 수 없을 정도로 진보되어 있으며, 목성, 토성, 기타 다른 행성들도 마찬가지입니다. 그들은 우리를 속속들이 알고 있기에 인간을 실험할 필요가 없습니다. 게다가 그들은 매우 진보되어 있으므로 에테르적인 재료로 이루어진 UFO 우주선을 제작할 수가 있습니다.

또한 그들은 우주형제들이 실제로 이곳에 있다는 것을 간접적으로 우리에게 알리기 위한 한 가지 수단으로서 크롭 서클을 만듭니다. 오직 그들만이 동시에 영국 남부 들판 전역에다 몇 초 내에 믿기 힘든 복잡하고 아름다운 크롭 서클들을 창조해낼 수 있습니다. 이 기술은 우주선에 프로그램돼 있는데, 그들이 단지 체공해 있으면, 단 몇 초만에 작업이 이루어집니다.

• 질문: 우주형제들이 미래에는 세상에서 좀 더 공개적으로 활동하게 될까요?

• 벤자민: 그렇습니다. 그것은 이미 시작되고 있습니다.

• 질문: 당신은 우리 태양계 내의 모든 행성들에는 예외 없이 모두 생명체가 거주하고 있다고 언급하셨지만, 물질로 이루어진 우리의 몸은 다른 비율로 진동하고 있습니다. 따라서 우리가 그곳에 가더라도 아무 것도 보지 못할 것입니다. 서구의 정부들이 이 사실을 알고 있을까요?

• 벤자민: 예, 일부는요. 다른 정부는 아마도 모를 것입니다. 정부 내에 내 책을 읽은 개인들이 있을 수가 있고, 아니면 스스로 이런 지식에 접근하게 된 이들이 있을 수가 있습니다. 다른 행성들로부터 와서 활동하고 있는 이들인 우주형제들, 그리고 우리 행성에 진입하기 위해 UFO 비행체를 이용하는 존재들은 전 세계의 모든 이들과 접촉합니다. 나는 여러 정부들 내부에는 비밀리에 그들과 접촉하거나, UFO현상에 관한 지식을 갖고 있는 사람들이 있다고 확신하는데, 그들은 주로 공군과 국방성 안에 있습니다. 사실 영국 국방성은 농부들이 UFO 활동과 연결되는 것을 막고 크롭 서클들을 없애기 위해 그들에게 돈을 지불합니다.

• 질문: 당신 정보에 따르면, 크롭 서클과 빛의 서클들은 우주형제들에 의해 나타난 것이고, 후자의 것은 마이트레야와 관계가 있습니다. 이것이 과연 인류가 최종적으로 확대된 가족을 배우게 되리라는 것을 의미할까요?

태극(음양)과 주역(周易)의 괘상을 표현한 크롭 서클도 있다.

• 벤자민: 예, 분명히 그렇습니다. 커다란 음모가 있습니다만, 그것은

UFO에 관한 음모입니다. 세계의 주요 정부들은 UFO들이 실제로 존재하고 매우 진보된 우주선이라는 것을 알고 있습니다. 현재 여러 해 동안 영국에서는 특수기관이 UFO들을 다루고 있는데, 그것은 정부가 아니라 특별한 부서입니다. 이 부서는 그들이 목격하고 시험했던 특정의 우주선들과 제휴하는 방식으로 한 가지 승용물을 개발하고 있습니다.

대부분의 UFO들은 우리 태양계 내의 행성들에서 오고 있습니다. 그리고 공표되어 퍼뜨려진 이론과 계속 진행되고 있는 음모는 우리 태양계 안에 지구 외에는 생명체가 없다는 것인데, 그것은 거짓입니다. 사실 우주선들은 지구보다 엄청나게 진보된 행성들로부터 오는 것입니다.

모든 행성들의 모든 영단들은 계속해서 서로 연락을 취하고 있습니다. 이것은 하나의 태양계이고, 모든 행성들은 태양계에 속한 일부입니다. 이제 머지않아 이런 정보들이 좀 더 확산되어 알려질 것입니다. 마이트레야께서는 물론 다른 행성들의 영단들과 계속 소통하고 계시며, 때때로 그들을 이용하기도 합니다. 예를 들면 호주에는 마리 맨(Marree man)이라고 부르는 길이가 약 3km에 달하는 거대한 그림이 있는데, 그것은 아델라이드 북북 지역 사막의 대지 위에 새겨져 있습니다. 그것은 한 손에 부메랑을 들고 있는 기품있는 인물을 땅에다 묘사한 매우 거대한 표지물입니다. 그 그림은 마이트레야에 의해 이루어진 것이고 실제적인 작업은 우주형제들이 관여해서 한 것입니다.

• 질문: 당신은 다른 프로젝트들에 관련해서 UFO들과 함께 일하는 다양한 개인들이 있다고 언급하셨는데요. 미국에서는 스티븐 그리어(Steven Greer)에 의해 수행된 '폭로 프로젝트'라고 부르는

흥미로운 프로젝트가 있습니다. 이에 관해 한 말씀 해주시겠습니까?

• 벤자민: 그리어 박사는 훌륭한 일을 하고 있습니다. 그가 - 내가 아는 한 - 우주형제들과 함께 일하고 있는 것은 아닙니다만, 그는 UFO의 존재를 입증하는 다량의 증거들이 있다는 사실에 참지 못하고 있습니다. 그들이 온 곳이나 그들의 목적에 관한 증거는 없습니다. 그러나 그들은 실제이고, 활동하고 있으며, 사실상 존재하고 있습니다. 그들은 오랜 세월에 걸쳐 수십만 명의 사람들에게 목격되어 왔습니다. 그럼에도 불구하고 지구상의 정부들은 자기들이 갖고 있는 그들의 존재에 관한 충분한 자료들을 공개하기를 거부하고 있습니다.

이것은 미국과 러시아, 영국, 유럽과 다양한 다른 국가들의 고위수준에서 행해지고 있는 거대한 은폐공작입니다. 그들은 장기간에 걸쳐 조종사, 경찰, 군인, 대중들로부터 자료와 증거들을 수집해 왔습니다. 하지만 이런 엄청난 양의 증거들은 결코 출판되거나 발표된 적이 없이 은폐되어 있습니다. 세상의 어떤 지역에서는 사람들이 갑자기 증발되기도 하고 그들에 관한 소식은 아무 것도 더 이상 들을 수가 없습니다. 또한 그런 증거자료 등을 불신시키기 위한 매스컴의 보도들도 있습니다. 이런 식으로 정부는 대중들이 아는 것을 통제하거나, 우주형제들과 UFO에 관해 모르도록 조종하고 있는 것이지요. 이런 수법을 통해 그들은 그것을 억압할 수 있습니다.

그리어 박사는 이를 용납하지 않고 있는 것이며, 그는 자신이 갖고 있는 UFO에 관한 경험들을 알리고자 하고 있습니다. 그는 다른 사람들 - 미국과 영국의 전직 육군, 공군 요원들 - 이 나서서 그들이 가진 증거를 공개할 수 있는 방안을 계획했습니다. 그런 사람들이 자기들의 신분과 경험을 이런 공개적인 방식으로 제공할 때, 그들은 그것이 대중들이 더 낫게 이해할 수 있게 인도하고 혹시라도 정부들이 마침내 공개적인 태도로 바뀌기를 희망합니다.

물론 정부들이 자기들의 정보에 관해 그런 성명을 발표한다면, 동시에 그들은 정치적인 자살을 범하는 것일 수도 있습니다. 그들은 생각하기를, 만약 우리 대중들이 인간보다 대단히 진보된 우주 형제들의 기술을 알게 된다면 이들의 아이디어와 지혜가 지구상의 정부들의 것보다 훨씬 더 가치 있게 평가받게 될 거라고 우려합니다. 이런 정부들은 서로 전쟁을 벌이고 경쟁적으로 상대국의 경제를 파괴하여 세상 도처의 수억 명의 사람들의 삶을 불행으로 몰아넣는 일 외에는 아무 것도 하지 않습니다.

불가피하게 우리는 당신네 정부의 아무개들은 필요치 않고 우주 형제들이 와서 우리를 그들의 방식으로 가르쳐주기를 원한다고 말할 것입니다. 그때 그들은 자기들의 권력이 상실된다는 것을 알고 있으며, 따라서 정부들은 모든 것을 비밀에 붙여두고 있는 것이죠.

• **질문:** 그리어 박사가 주도하고 있는 일이 성공하리라고 생각하십니까? 정부가 나설까요?

• **벤자민:** 정부는 오직 그들이 어쩔 수 없이 그것을 해야 할 때만 움직일 것입니다. 마이트레야 대사님이 공개적으로 알려졌을 때 말입니다. 마이트레야님은 세계의 스승이고 지구영단의 수장(首長)이신데, 인간의 평범한 세상으로 귀환해 계십니다. 그들이 알려지고, 마이트레야님이 알려졌을 때, 내가 지금 질문 받고 있는 것 같은 의문들에 대해 그분이 답하시게 될 것입니다. 그리고 이 행

성과 다른 행성들 간에 관한 진실이 알려질 것입니다. 그때 비로소 다른 행성들에서 온 주민들이 착륙할 것이고, 그들의 존재에 관한 실체가 밝혀질 것입니다.

우리는 이런 우주선들과 그 안에 탑승한 존재들이 에테르 물질로 이루어져 있다는 것을 이해해야 하며, 그것이 일종의 물질이긴 하지만, 우리의 육체적 물질보다는 미묘하고 엷은 것입니다. 우리도 또한 에테르 구조 안에 그런 엷은 물질을 갖고 있지만, - 물질적인 것은 단지 그것이 하향적으로 응축된 것이다 - 우리는 그것을 보지 못합니다. 따라서 우리에게는 그것이 존재하지 않는 것과 같습니다. 우주형제들은 에테르 물질의 진동율을 그것이 우리 시각 영역 내에 들어올 때까지 낮출 수가 있습니다. 그래서 우리가 그 우주선들을 볼 수 있는 것이죠. 하지만 그것은 일시적으로 나타난 모습일 뿐입니다. 그리고 우주형제들이 이 지구에서 살며 거동할 때는 그에 상응한 이 세상의 몸을 만들거나 취해야만 합니다.

먼저 우주형제들의 실재에 관한 지식이 전파되고 수용되었을 때, 마이트레야님과 우리 지구영단의 대사들이 받아들여져 성공적으로 출현하게 될 것입니다. 인간들은 우주형제들과 우주선들이 실제로 있고 다른 행성들에는 오직 우호적이고 선의(善意)만을 가진 주민들이 살고 있다는 것을 확인할 것입니다. 또한 그들은 단지 서로 돕기를 바라며, 그리고 카르마의 법칙이 허용하는 한도 내에서 이 지구를 돕는다는 사실을 알게 될 것입니다.

우리가 그들을 받아들여 그들의 행동과 어떻게 그들이 우리를 돕는가를 알게 된다면, 그때 이 지구행성의 발전은 경이적인 속도로 진척될 것입니다.

• 질문: 결론적으로 당신은 마이트레야가 없이는 우리가 UFO에

관한 정보들이 공개되는 것을 보지는 못할 거라고 생각하십니까?

• **벤자민**: 글쎄요, 그런 식의 표현은 내 의도와는 어긋나 있습니다. 나는 마이트레야님이 없이는 우리가 그런 상황을 맞이하지 못할 거라고 말하지는 않겠지만, 마이트레야님과 함께 우리는 그것을 보게 될 것입니다. 마이트레야 대사님이 이곳에 계신다는 사실이 - 나는 마이트레야님이 절대적으로 확실히 내가 지금 말하고 있는 이곳 런던에 살며 머물러 계신다는 것을 압니다 - 우주형제들에 관한 진실이 알려지게 되도록 보장할 것입니다. 그분은 이제 머지 않아 실제로 자신의 공개적인 사명에 착수하게 될 것입니다.

세상은 점차 그분이 누구이고 그분의 사명이 무엇인가를 이해하게 될 것입니다. 그리고 사람들이 그분을 받아들이게 될 때, 물론 그들은 그분이 UFO와 우주형제들에 관해 말씀하시는 것을 수용할 것입니다. 그리하여 우주형제들과 우리 사이에는 공개적인 교류가 시작될 것입니다.

금성에서 온 여인

개정판 1쇄 발행 / 2022년 9월 23일
저자 / 옴넥 오넥
옮긴이 / 光率
발행인 / 朴仁鎬
발행처 / 도서출판 은하문명
등록 / 2002년 12월 05일 (제2020-000063호)
주소 / 서울시 서초구 서운로 160
전화 / (02)737-8436
팩스 / (02)6209-7238
인터넷 홈페이지 (www.ufogalaxy.co.kr)
한국어 판권 ⓒ 도서출판 은하문명

ISBN: 978-89-94287-22-5 (03000)